Helmut LICHOWSKI
Ingrid JAUK-WODA
Andrea GAAL
Dieter AIGNER

KOMPETENZORIENTIERT

RECHT

HUM

Verlag Hölder-Pichler-Tempsky GmbH
www.hpt.at

Mit Bescheid des Bundesministeriums für Bildung vom 16. Oktober 2017, GZ BMB-5.034/0037-IT/3/2017, gemäß § 14 Abs. 2 und 5 des Schulunterrichtsgesetzes, BGBl. Nr. 472/86, als für den Unterrichtsgebrauch für den V. Jahrgang an Höheren Lehranstalten für wirtschaftliche Berufe im Unterrichtsgegenstand Recht (Lehrplan 2016) geeignet erklärt.
Mit Bescheid des Bundesministeriums für Bildung, Wissenschaft und Forschung vom 3.8.2018, GZ BMBWF-5.034/0025-IT/3/2018, gemäß § 14 Abs. 2 und 5 des Schulunterrichtsgesetzes, BGBl. Nr. 472/86, als für den Unterrichtsgebrauch für den V. Jahrgang an Höheren Lehranstalten für Mode, für den IV. und V. Jahrgang an Höheren Lehranstalten für Tourismus und für den V. Jahrgang an Höheren Lehranstalten für Kunst und Gestaltung für geeignet erklärt.

Änderungen aufgrund von Veränderungen der Rechtsordnung und des Normenwesens, in der Statistik und im Bereich von Wirtschaftsdaten sowie Software-Aktualisierungen liegen in der Verantwortung des Verlags und werden nicht neuerlich begutachtet.

Dieses Schulbuch wurde auf Grundlage zielorientierter Lehrpläne verfasst. Konkretisierung, Gewichtung und Umsetzung der Inhalte erfolgen durch die Lehrer/innen.

Schulbuchnummer Buch: 185026 **Schulbuchnummer Buch + E-Book: 185992**

Autorenteam und Verlag bitten, alle Anregungen und Vorschläge, die dieses Lehrbuch betreffen, an folgende Adresse zu senden:
Verlag Hölder-Pichler-Tempsky GmbH, Frankgasse 4, 1090 Wien
E-Mail: service@hpt.at

2. Auflage, aktualisierter Nachdruck 2020 (2,00)

Schulbuchvergütung/Bildrechte: © Bildrecht GmbH, Wien
Cover-Bild: Robert Kneschke – Fotolia.com

Satz: Alexandra Kollwig
Druck und Bindung: Brüder Glöckler GmbH, Wöllersdorf

ISBN 978-3-230-04609-3

Inhaltsverzeichnis

Inhalt

10. Semester

Semestrierung für HÖHERE LEHRANSTALTEN FÜR TOURISMUS (HLT)

7. Semester: Bereich 1 | Rechtliche Grundlagen ... 7; Bereich 2 | Personenrecht ...15; Bereich 3 | Familienrecht ... 28; Bereich 4 | Erbrecht ... 40

8. Semester: Bereich 5 | Sachenrecht ... 48; Bereich 12 | Recht im Internet ... 128; Bereich 6 | Grund- und Menschenrechte ... 62; Bereich 7 | Non-Governmental Organizations ... 73

9. Semester: Bereich 8 | Vertragsrecht (Schuldrecht) ... 82; Bereich 17.1, 17.3, 17.4 | Rechtsdurchsetzung ... 203; Bereich 9: Schadenersatzrecht ... 104

10. Semester: Bereich 10 | Mietrecht ... 115; Bereich 15 | Arbeitsrecht ... 157; Bereich 16 | Sozialrecht ... 194; Bereich 14 | Strafrecht ... 144; Bereich 17.2 | Rechtsdurchsetzung ... 207

Semestrierung für HÖHERE LEHRANSTALTEN FÜR KUNST UND GESTALTUNG (HLK)

9. Semester: Bereich 1 | Rechtliche Grundlagen ... 7; Bereich 2 | Personenrecht ...15; Bereich 3 | Familienrecht ... 28; Bereich 4 | Erbrecht ... 40; Bereich 5 | Sachenrecht ... 48; Bereich 8 | Vertragsrecht (Schuldrecht) ... 82; Bereich 9: Schadenersatzrecht ... 104; Bereich 17.1, 17.2: Rechtsdurchsetzung ... 203

10. Semester: Bereich 10 | Mietrecht ... 115; Bereich 11: Konsumentenschutzrecht ... 121; Bereich 12: Recht im Internet ... 128; Bereich 14 | Datenschutzrecht ... 138; Bereich 15 | Arbeitsrecht ... 157; Bereich 16 | Sozialrecht ... 194; Bereich 17.3, 17.4 | Rechtsdurchsetzung ... 209

Semestrierung für HÖHERE LEHRANSTALTEN FÜR MODE (HLM)

9. Semester: Bereich 1 | Rechtliche Grundlagen ... 7; Bereich 2: Personenrecht ...15; Bereich 3 | Familienrecht ... 28; Bereich 4 | Erbrecht ... 40; Bereich 5 | Sachenrecht ... 48; Bereich 8 | Vertragsrecht (Schuldrecht) ... 82; Bereich 17.1, 17.2 | Rechtsdurchsetzung ... 203

10. Semester: Bereich 10 | Mietrecht ... 115; Bereich 11: Konsumentenschutzrecht ... 121; Bereich 12: Recht im Internet ... 128; Bereich 14 | Datenschutzrecht ... 138; Bereich 15 | Arbeitsrecht ... 157; Bereich 16 | Sozialrecht ... 194; Bereich 17.3, 17.4 | Rechtsdurchsetzung ... 209

Quellen

Bildquellen: (von links nach rechts bzw. oben nach unten): S. 9: stokkete – Fotolia.com • 10: vege – Fotolia.com • 11: Elnur – Fotolia.com • 12: contrastwerkstatt – Fotolia.com, Kheng Guan Toh – Fotolia.com, Cover – Doralt [Hrsg.]: Kodex des österreichischen Rechts/Bürgerliches Recht 2020/21. LexisNexis 2020, markus_marb – Fotolia.com • 13: Fiedels – Fotolia.com • 15: Creativemarc – Fotolia.com, Lars Zahner – Fotolia.com, fotoinfot – Fotolia.com • 16: candy1812 – Fotolia.com, nmann77 – Fotolia.com, J.Mühlbauer exclus. – Fotolia.com • 17: Robert Wilson – Fotolia.com, Arsel – Fotolia.com, fovito – Fotolia.com • 19: Sergey Nivens – Fotolia.com, denys_kuvaiev – Fotolia.com, photophonie – Fotolia.com, Christian Schwier – Fotolia.com • 20: Stefan_Weis – Fotolia.com • 21: Markus Mainka – Fotolia.com • 22: dalaprod - Fotolia.com • 23: goodluz – Fotolia.com • 24: Monkey Business – Fotolia.com, nmann77 – Fotolia.com • 25: sdecoret – Fotolia.com • 28: Khorzhevska – Fotolia.com, Monkey Business – Fotolia.com, iordani – Fotolia.com • 29: Syda Productions – Fotolia.com, Shmel – Fotolia.com • 30: yanlev – Fotolia.com, JackF – Fotolia.com • 31: magnificent – Fotolia.com, Lattek – Fotolia.com • 32: Sven Bähren – Fotolia.com • 33: goodluz – Fotolia.com • 34: Africa Studio – Fotolia.com • 35: nmann77 – Fotolia.com • 36: CrimeScene – Fotolia.com, lassedesignen - Fotolia.com • 37: pololia – Fotolia.com, Kirill Grekov – Fotolia.com • 38: nmann77 – Fotolia.com • 40: megakunstfoto – Fotolia.com, Dan Race – Fotolia.com • 41: Kzenon – Fotolia.com, Butch – Fotolia.com • 42: Sylvie Bouchard – Fotolia.com • 44: ckellyphoto – Fotolia.com • 46: Helmut Lichowski • 48: chika_milan – Fotolia.com • 49: absolutimages – Fotolia.com, js-photo – Fotolia.com, Rostislav Sedlacek – Fotolia.com, maxcam – Fotolia.com, eccolo – Fotolia.com, 3dmavr – Fotolia.com • 50: auremar – Fotolia.com • 51: Helmut Lichowski • 52: JackF – Fotolia.com, Piotr Marcinski – Fotolia.com, Juhku – Fotolia.com • 53: Brigitte Bonaposta – Fotolia.com, BlueSkyImages – Fotolia.com • 54: js-photo – Fotolia.com • 55: XtravaganT – Fotolia.com, Elfe – Fotolia.com • 56: Ralf Geithe – Fotolia.com • 56: Michael Ebardt – Fotolia.com, fidelio – Fotolia.com • 59: esdras700 – Fotolia.com, Franz Peter Rudolf – Fotolia.com • 60: Scisetti Alfio – Fotolia.com, fotodo – Fotolia.com • 62: Photocreatief – Fotolia.com • 63: magele-picture – Fotolia.com, ArTo – Fotolia.com • 63: moonrun – Fotolia.com, Zerbor – Fotolia.com • 65: John Gomez – Fotolia.com • 66: Visions-AD – Fotolia.com, stockWERK – Fotolia.com, christophe BOISSON – Fotolia.com • 67: Diana Kosaric – Fotolia.com, Brian Jackson – Fotolia.com • 68: route55 – Fotolia.com • 73: luckybusiness – Fotolia.com, Tupungato – Fotolia.com • 74: 12ee12 – Fotolia.com, Romolo Tavani – Fotolia.com • 75: robert – Fotolia.com • 79: Frank Gärtner – Fotolia.com, Photographee.eu – Fotolia.com • 80: chrupka – Fotolia.com • 82: StockPhotoPro – Fotolia.com, vege – Fotolia.com • 83: nmann77 – Fotolia.com, contrastwerkstatt – Fotolia.com, eccolo – Fotolia.com • 84: thingamajiggs – Fotolia.com, Minerva Studio – Fotolia.com, Antonioguillem – Fotolia.com, euthymia – Fotolia.com • 85: WS-Design – Fotolia.com, Kzenon – Fotolia.com, JackF – Fotolia.com • 86: Mykola Komarovskyy – Fotolia.com, Hetizia – Fotolia.com • 87: rashadashurov – Fotolia.com, manstock007 – Fotolia.com, nuiiun – Fotolia.com, pikselstock – Fotolia.com • 88: djvstock – Fotolia.com, BillionPhotos.com – Fotolia.com, Vesna Cvorovic – Fotolia.com • 89: Gina Sanders – Fotolia.com, blende11.photo – Fotolia.com • 90: Wolf – Fotolia.com, Joachim Lechner – Fotolia.com, emiliau – Fotolia.com • 91: slasnyi – Fotolia.com • 92: Cara-Foto – Fotolia.com • 93: stockpics – Fotolia.com, Primastock – Fotolia.com, Valerii Dekhtiarenko – Fotolia.com • 94: Photographee.eu – Fotolia.com, Andrey Popov – Fotolia.com, Zerbor – Fotolia.com, guukaa – Fotolia.com • 95: Sven Weber – Fotolia.com • 96: Katja Xenikis – Fotolia.com, i-picture – Fotolia.com • 98: Eisenhans – Fotolia.com, M.Dörr & M.Frommherz – Fotolia.com, topae – Fotolia.com • 99: Jacques PALUT – Fotolia.com, Countrypixel – Fotolia.com, Gina Sanders – Fotolia.com • 100: DragonImages – Fotolia.com, Janni – Fotolia.com, Maurice Tricatelle – Fotolia.com • 101: tashka2000 – Fotolia.com, Marco2811 – Fotolia.com, diez-artwork – Fotolia.com • 104: virtua73 – Fotolia.com • 105: Photographee.eu – Fotolia.com, werbefoto-burger.ch – Fotolia.com • 106: mikemobil2014 – Fotolia.com, Andrea Arnold – Fotolia.com, Stephan Morrosch – Fotolia.com • 107: Mariusz Niedzwiedzki – Fotolia.com • 108: euthymia – Fotolia.com, Dan Race – Fotolia.com, Michael Eichler – Fotolia.com • 109: goodluz – Fotolia.com, lenets_tan – Fotolia.com • 110: VRD – Fotolia.com, Friedberg – Fotolia.com, contrastwerkstatt – Fotolia.com • 111: littleny – Fotolia.com, lunamarina – Fotolia.com, Tiberius Gracchus – Fotolia.com • 112: Bastos – Fotolia.com, Jürgen Fälchle – Fotolia.com • 113: made_by_nana – Fotolia.com • 115: pixelkorn – Fotolia.com • 117: Photographee.eu – Fotolia.com • 118: eccolo – Fotolia.com • 121: Rawpixel.com – Fotolia.com • 122: Cover – Konsument 12/2016, Dan Race – Fotolia.com • 123: chalabala – Fotolia.com, Syda Productions – Fotolia.com • 124: Frank Boston – Fotolia.com • 125: chris12619berlin – Fotolia.com • 126: Denis Rozhnovsky – Fotolia.com, Kenishirotie – Fotolia.com • 128: Syda Productions – Fotolia.com, neirfy – Fotolia.com • 129: XtravaganT – Fotolia.com • 130: Scanrail – Fotolia.com • 131: Stanisic Vladimir – Fotolia.com, photolars – Fotolia.com • 132: Rido – Fotolia.com • 133: Artco – Fotolia.com, mariesacha - Fotolia.com • 134: gpointstudio – Fotolia.com, Gina Sanders – Fotolia.com, nuzza11 – Fotolia.com, grafikplusfoto – Fotolia.com • 135: Elnur – Fotolia.com • 136: Talex – Fotolia.com, Gina Sanders – Fotolia.com • 138: deepagopi2011 – Fotolia.com, Jürgen Fälchle – Fotolia.com • 139: Scanrail – Fotolia.com • 140: stockphoto-graf – Fotolia.com • 143: John Smith – Fotolia.com, ferhaterdem – Fotolia.com • 144: BortN66 – Fotolia.com, pololia – Fotolia.com • 145: euthymia – Fotolia.com • 146: Antonioguillem – Fotolia.com, fd-styles – Fotolia.com • 147: John Gomez – Fotolia.com, Manuela Manay – Fotolia.com, Bernd Libbach – Fotolia.com • 148: Stefan_Weis – Fotolia.com, Dan Race – Fotolia.com • 149: 2707195204 – Fotolia.com, animaflora – Fotolia.com, Lonely – Fotolia.com • 150: flyinger – Fotolia.com, yupachingping – Fotolia.com, Photographee.eu – Fotolia.com • 151: eyetronic – Fotolia.com, Dan Race – Fotolia.com, Photographee.eu – Fotolia.com • 152: Syda Productions – Fotolia.com • 153: Erica Guilane-Nachez – Fotolia.com • 154: Jörg Lantelme – Fotolia.com • 155: mino21 – Fotolia.com, Lonely – Fotolia.com • 157: contrastwerkstatt – Fotolia.com • 158: rogerphoto – Fotolia.com, christian42 – Fotolia.com • 159: Marco2811 – Fotolia.com, kwarner –Fotolia.com • 160: eyetronic – Fotolia.com • 161: contrastwerkstatt – Fotolia.com, goodluz – Fotolia.com • 163: Coloures-Pic – Fotolia.com • 164: Birgit Reitz-Hofmann – Fotolia.com • 165: WavebreakMediaMicro – Fotolia.com • 166: Gina Sanders – Fotolia.com • 167: Gina Sanders – Fotolia.com, Gina Sanders – Fotolia.com, mh-werbedesign – Fotolia.com • 168: WavebreakMediaMicro – Fotolia.com • 170: Photographee.eu – Fotolia.com • 171: Photographee.eu – Fotolia.com • 172: Joachim Lechner – Fotolia.com, Maksim Kabakou – Fotolia.com • 174: Elnur – Fotolia.com, W. D. Summers – Fotolia.com • 175: Artem Morozov – Fotolia.com • 176: Gina Sanders – Fotolia.com • 178: motorradcbr – Fotolia.com • 180: RTimages – Fotolia.com • 181: Edler von Rabenstein – Fotolia.com • 182: Firma V – Fotolia.com, Robin – Fotolia.com • 183: Jeanette Dietl – Fotolia.com • 184: Jeanette Dietl – Fotolia.com, Gina Sanders – Fotolia.com • 186: Robert Kneschke – Fotolia.com • 188: Marco2811 – Fotolia.com • 189: Joanna Zielinska – Fotolia.com • 194: Photocreo Bednarek – Fotolia.com, Andrey Kuzmin – Fotolia.com • 195: Coloures-Pic – Fotolia.com, AK-DigiArt – Fotolia.com • 196: RioPatuca Images – Fotolia.com • 197: visualpower – Fotolia.com • 198: JackF – Fotolia.com, Andrey Popov – Fotolia.com • 199: animaflora – Fotolia.com • 200: lilo – Fotolia.com, Gina Sanders – Fotolia.com • 201: Elnur – Fotolia.com, Kzenon –Fotolia.com • 203: Thomas Reimer – Fotolia.com, ArTo – Fotolia.com • 204: Minerva Studio – Fotolia.com, Gajus – Fotolia.com • 205: Corgarashu – Fotolia.com • 206: ungermedien – Fotolia.com • 207: Torbz – Fotolia.com, BillionPhotos.com – Fotolia.com • 208: philipk76 – Fotolia.com • 209: photo 5000 – Fotolia.com, Coloures-Pic – Fotolia.com • 210: JM Fotografie – Fotolia.com • 212: ArTo – Fotolia.com, rangizzz – Fotolia.com.

Alle anderen Abbildungen: Autorinnen und Autoren.

Textquellen: 71: „Ein schlimmer Befund", www.orf.at (http://newsv1.orf.at/091006-43350/; Zugriff am 2.3.2017); 71: „42.073 Asylanträge 2016 in Österreich: Obergrenze zu 96 Prozent erfüllt", kurier.at/15.1.2917 (apa/and; https://kurier.at/politik/inland/fluechtlingszahlen-obergrenze-im-jahr-2016-zu-96-prozent-erreicht/241.101.460); 78: „Syrien: Ein Höllenloch ohne Wiederkehr. Bericht: Amnesty International dokumentiert unfassbares Grauen in einem Gefängnis" (VON), Kurier/8.2.2017); 81: „Greenpeace-Studie zu Pestiziden: Risiko für Wildbienen und andere Tiere größer als angenommen" (Greenpeace), Presseaussendung/12.1.2017) (http://www.greenpeace.org/austria/de/presse/presseaussendungen/Gentechnik/Greenpeace-Studie-zu-Pestiziden-Risiko-fur-Wildbienen-und-andere-Tiere-groBer-als-angenommen/); 153: „Prügelvideo: „Sie haben erreicht, was sie wollten" - Aufmerksamkeit (Karl Oberascher), www.kurier.at/15.11.2016 (https://kurier.at/chronik/pruegelvideo-sie-haben-erreicht-was-sie-wollten-aufmerksamkeit/230.789.699); 164: „Teilzeitarbeit: Gut oder böse? (hie), Die Presse/12.4.2014; 191: „Wenn der Kollektivvertrag nicht passt" (cka), Die Presse/8.5.2014.

Zu diesem Buch

Die Situationen, in denen wir Rechtswissen benötigen, werden von Jahr zu Jahr zahlreicher – denken wir dabei nur an die Rechtsfragen in Zusammenhang mit den neuen Informationstechnologien wie Bestellungen im Internet, digitale Unterschriftsleistung usw. Dementsprechend werden wir alle von einer Gesetzesflut überschwemmt, und nicht einmal Fachleuten gelingt es heute, den Überblick zu bewahren.

Darüber hinaus gibt es aber **juristisches Basiswissen,** das zwar nicht auf alle Detailfragen eine Antwort geben kann, uns aber weiterhilft, wenn ein Rechtsproblem auftritt. Das vorliegende Lehrwerk soll helfen, dieses Basiswissen zu **erlangen** und nachhaltig zu **festigen,** um es in konkreten Situationen **anzuwenden.**

Darauf aufbauend können die Lernenden in der Folge – je nach ihrer beruflichen Tätigkeit – rechtliches Spezialwissen erlangen. Außerdem können sie sich im täglichen Leben durch das Basiswissen **vorbeugend rechtlich richtig** (d. h. vor allem „beweissichernd") verhalten.

„**Recht kompetenzorientiert**" hilft im Sinne der oben genannten Ziele, zu **motivieren** und zur **Selbsttätigkeit** anzuregen: Die einzelnen Bereiche werden, in der Reihenfolge dem **Lehrplan** folgend, **semestriert** aufbereitet.

Die selbsttätige und nachhaltige Auseinandersetzung der Lernenden mit den einzelnen Bereichen soll dadurch gefördert werden, dass jeder Bereich nach folgendem **Konzept** aufgebaut ist:

- **Überblick** über die zu erlangenden Kompetenzen am Beginn jedes Bereichs
- kompakte **Definitionen**
- praktische **Beispiele, Übersichten** und **Informationsgrafiken** sowie Ergänzungen in der Randspalte
- **Checks** für die Selbsttätigkeit zwischendurch, zumeist mit konkreten **Aufgabenstellungen** oder einfachen **Rechtsfällen**
- ein **Wissens- und Verständnischeck** am Ende jedes Bereichs, um festzustellen, ob die wichtigsten Kompetenzen erlangt wurden
- didaktisch anregendes **Bildmaterial**

Ein **Sachregister** am Ende dieses Lehrwerks erleichtert das schnelle Finden der wichtigsten Rechtsbegriffe.

Wien, im November 2020 Die Autoren

Team der Autorinnen und Autoren:

OStR. MMag. Dr.Helmut Lichowski, Lektor an der FH Wiener Neustadt, Lehrgangsleiter an der Sicherheitsakademie des BMI (für die Berufsreifeprüfung im Fachbereich Recht), langjähriger Lehrer an der BHAK Wien 12 und langjähriger Bundes-ARGE-Leiter für Recht und Volkswirtschaft (BHS – kfm. und techn. Schulen)

OStR. Mag. Ingrid Jauk-Woda, Juristin und Absolventin des Universitätslehrganges für Werbung und Verkauf; Lehrerin für Recht, Volkswirtschaft und Soziale Handlungsfelder an der HLW 10 Reumannplatz in Wien, langjährige Unterrichtstätigkeit im HAK- und HLW-Bereich sowie bei WIFI und BFI. Mehrjährige Berufspraxis bei Gericht, in der Verwaltung, im Sozialbereich und im Marketing

Mag. Andrea Gaal, LL.M., MBA, langjährige Erfahrung in Anwaltskanzleien, Lehrerin an einer BHAK/BHAS in Wien. Abschlüsse in „Europäisches und internationales Wirtschaftsrecht" und „General Management"

Mag. Dieter Aigner, Gerichtstätigkeit und mehrjährige Praxis in einer Anwaltskanzlei und bei einer Versicherungsgesellschaft, Lehrtätigkeit am IBC Hetzendorf

1 Rechtliche Grundlagen

Wo Menschen miteinander zusammenleben, braucht es als Grundlage **ordnende Spielregeln**. Diese **Verhaltensregeln** werden als **„Normen“** bezeichnet.

Jede Person ist von Geburt an Teil einer Gemeinschaft und an deren Regeln gebunden. Diese Regeln können **Normen des Staates** wie Gesetze und Verordnungen sein oder aus **gesellschaftlichen oder verinnerlichten Regeln**, beispielsweise **Sitte oder Moral**, hervorgehen.

Diese Normen bieten dem Einzelnen **Ordnung, Halt und Schutz**, stellen ein **Wertesystem** dar und wirken sich auf alle Lebensbereiche eines Menschen aus. Durch sie werden **Grenzen** gesetzt, aber auch **Freiräume und Handlungsmöglichkeiten** eröffnet.

Normen in der Form von Sitte, Moral, Religion und Recht **organisieren und strukturieren** das **Zusammenleben** von Menschen in einem Staat, indem sie Regeln und Verhaltensweisen aufstellen, die ein **funktionierendes Miteinander** ermöglichen.

Einen wichtigen Bereich der **staatlichen Rechtsnormen für Privatpersonen** stellen die Regelungen des Bürgerlichen Rechts dar. Vom **Bürgerlichen Recht** oder **Privatrecht** sind wir alle ständig umgeben und niemand von uns kann behaupten, das Bürgerliche Recht ginge ihn nichts an: Fast täglich kaufen wir etwas, schließen **Beförderungsverträge mit Betreibern von öffentlichen Verkehrsmitteln** ab, mieten eine Wohnung oder ein Fahrzeug oder nehmen eine Arbeitsstelle an. Daher benötigen wir gerade auf diesem Gebiet grundlegende Rechtskenntnisse, um unser privates und geschäftliches Leben rechtlich zu ordnen. Außerdem können wir auf diese Art entsprechende Streitigkeiten vermeiden, mögliche Konflikte regeln und uns schützen.

Im ersten Bereich dieses Buches erwerben Sie folgende Kompetenzen:

Kompetenzen 1

- die **wichtigsten Verhaltensregeln (Normen)** für eine Gemeinschaft beschreiben und miteinander vergleichen
- die **Bedeutung von Normen** und vor allem der **staatlichen Rechtsordnung** verstehen
- die **Möglichkeiten des Zugangs zum Recht** darstellen und beruflich und privat nützen
- jene Gesetze identifizieren, die entsprechende **Regelungen zur Problemlösung** enthalten
- die **Unterschiede** zwischen **Privatrecht (Bürgerlichem Recht)** und **öffentlichem Recht** erklären
- die Abgrenzungen zwischen **allgemeinem Privatrecht** und **Sonderprivatrechten** wie Unternehmensrecht und Konsumentenrecht vornehmen

1.1 Grundbegriffe des Rechts

Definition

- **Normen** sind **Regeln** für **menschliches Zusammenleben**, denen jeder Mensch unterworfen ist.
- Unter **Recht** versteht man staatlich festgelegte beziehungsweise anerkannte ordnende gesellschaftliche Regeln. Als **positives Recht** sind diese niedergeschrieben, allgemein geltend und mit staatlicher Zwangsgewalt durchsetzbar.

1.1.1 Normen

Norm	Sitte	Moral	Religion	Recht
Erklärung	Verhaltensregeln einer Gruppe	verinnerlichte Regeln und Werte	Vorschriften und Regeln einer Religion	verbindliche, staatliche Ordnung menschlichen Zusammenlebens
Beispiel	Verhalten bei Tisch	Gerechtigkeit	Fastenregeln	Strafgesetz
Sanktion	Gruppendruck	Gewissensbisse	unterschiedlich, je nach Stärke des Glaubens	Staatliche Zwangsgewalt (beispielsweise Strafen)

1.1.2 Stufenbau der Rechtsordnung

Gesetze schaffen eine **Ordnung** für menschliches Zusammenleben. Eine mögliche Sanktion bei Verletzung der Norm ist eine **Freiheitsstrafe**. Diese kann mit **staatlicher Zwangsgewalt** durchgesetzt werden.

Definition

Unter **Rechtsordnung** versteht man die **Gesamtheit aller Normen innerhalb eines Staates,** die das menschliche Zusammenleben regeln und die **mit Zwangsgewalt** durchsetzbar sind. Unter Stufenbau der Rechtsordnung versteht man eine Hierarchie (Rangordnung) innerhalb der Rechtsnormen eines Staates, deren Grundlage die Verfassung darstellt.

Beim Stufenbau der Rechtsordnung steht die **Verfassung** in der Hierarchie **am höchsten**. Alle **untergeordneten Normen** gehen von ihr aus und **müssen** ihr **entsprechen**. Widerspricht eine niedrigere Norm (z. B. ein einfaches Gesetz) einer höheren Norm (z. B. einem Verfassungsgesetz), so geht die höhere Norm vor. Zum Beispiel kann ein verfassungswidriges Gesetz vom **Verfassungsgerichtshof aufgehoben** werden.

- **Generelle Normen: Verfassungsgesetze, einfache Gesetze und Verordnungen** sind generelle Normen. Sie gelten **für alle Menschen**.
- **Individuelle Rechtsnormen: Bescheide und Urteile** werden als individuelle Rechtsnormen bezeichnet. Sie gelten nur für bestimmte, von der Entscheidung betroffene Personen.

Norm	Erklärung	Bereich
Verfassungsgrundsätze	grundlegende Verfassungsprinzipien, z. B. Bundesverfassungsgesetz	Gesetzgebung
EU-Recht	alle Verordnungen, Richtlinien und Beschlüsse der EU, z. B. EU-Verbraucherrechtsrichtlinie	Gesetzgebung
Einfache Bundesverfassungs- und Landesverfassungsgesetze	Verfassungsgesetze, die nicht leitende Grundsätze darstellen, z. B. Datenschutzgesetz	Gesetzgebung
Einfache Bundes- bzw. Landesgesetze	wichtige Normen in der Praxis **Bundesgesetze:** gelten für ganz Österreich, z. B. ABGB **Landesgesetze:** gelten für das jeweilige Bundesland, z. B. Jugendschutzgesetze	Gesetzgebung
Verordnungen	erläutern oder ergänzen ein Gesetz, z. B. Reifeprüfungsverordnung	Verwaltung
Bescheide	Entscheidung im Einzelfall, z. B. Steuerbescheid (Finanzamt)	Verwaltung
Urteile, Beschlüsse	Entscheidung im Einzelfall, z. B. Scheidungsurteil (Gericht)	Gerichtsbarkeit
Vollstreckung (Exekution)	zwangsweise Durchsetzung von Bescheiden oder Urteilen, z. B. Forderungsexekution (Gehaltspfändung)	Gerichtsbarkeit Verwaltung

1.1.3 Zugang zum Recht

Neben der Literatur und der Einholung von Rechtsauskünften stellt die **elektronische Kundmachung** von Rechtsnormen im **Rechtsinformationssystem des Bundes (RIS)** den wichtigsten Zugang zum Recht dar.

Rechtsinformationssystem des Bundes (RIS)

Bundesgesetze (für ganz Österreich gültig) werden in **Bundesgesetzblättern**, **Landesgesetze** (gültig für das jeweilige Bundesland) in **Landesgesetzblättern** kundgemacht.

Medientipp

www.ris.bka.gv.at

Inhalte:

- **Elektronische Dokumentation des österreichischen Rechtsbestandes**
- Gliederung in die Bereiche **Gesetze, Verordnungen und Staatsverträge**
- Kundmachung der im Bundesgesetzblatt und in den Landesgesetzblättern zu verlautbarenden **Rechtsvorschriften**
- Zugang zum **EU-Recht**

Rechtsauskünfte

- **Internet:** Zahlreiche Informationen bietet das **Internet** beispielsweise auf den **Websites** von **staatlichen Einrichtungen, der Europäischen Union, von Interessenvertretungen** wie der Wirtschaftskammer und der Arbeiterkammer, Vereinen etc.

Medientipp

www.justiz.gv.at
www.austria.gv.at
www.europa.eu
www.parlament.gv.at
www.oesterreich.gv.at
www.sozialversicherung.at
www.notar.at
www.rechtsanwaelte.at
www.arbeiterkammer.at
www.wko.at
www.polizei.gv.at
www.volksanwaltschaft.at
www.konsument.at
www.rechtsfreund.at
www.evz.de

Beratungseinrichtungen

Staatliche Einrichtungen	Berufliche Parteienvertreterinnen und Parteienvertreter
z. B. Ministerien, Magistrat der Stadt Wien, Bezirksgerichte, Volksanwaltschaft Diese Einrichtungen bieten meist eine **kostenlose** Beratung an.	z. B. Rechtsanwältinnen und Rechtsanwälte, Notarinnen und Notare sowie Steuerberaterinnen und Steuerberater Eine Beratung ist **kostenpflichtig** (die Erstinformation ist kostenlos).
Interessenvertretungen und sonstige Vereinigungen	**Private Non-Profit-Organisationen**
z. B. Sozialpartner (Wirtschaftskammer, Landwirtschaftskammer, Arbeiterkammer, Österreichischer Gewerkschaftsbund), Verein für Konsumenteninformation, Kammer der Wirtschaftstreuhänder, ÖAMTC Für Mitglieder ist die Beratung meist **kostenlos.**	z. B. Caritas, Diakonie, Österreichisches Rotes Kreuz, Volkshilfe Die Beratung ist meist **kostenlos.**

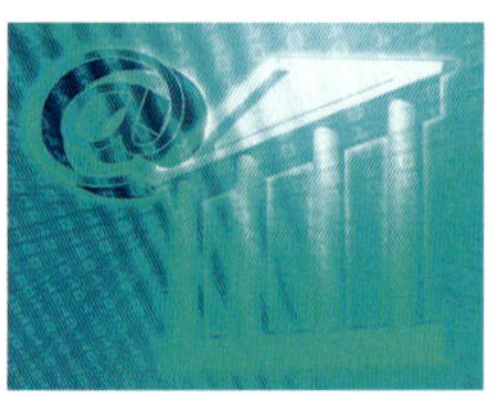

Für viele Anträge ist eine **elektronische Signatur** erforderlich.

E-Government

Im Rahmen des E-Governments wird die **elektronische** Einbringung von **Anträgen** bei Behörden sowie die Abwicklung von **Verfahren** und die elektronische Speicherung der Verwaltungsakte ermöglicht. Alle **Formulare der Behörden** Österreichs werden zum Download bereitgestellt.

1.2 Einführung in das Bürgerliche Recht

Gesetzessammlung samt ABGB

Das Privatrecht regelt die Rechtsverhältnisse der Einwohnerinnen und Einwohner eines Staates untereinander. Der Mensch wächst im Kreise seiner Familie auf. Er erhält in der Regel eine Ausbildung und übt einen Beruf aus, ist Eigentümer von Vermögen und erwirbt Sachen, heiratet vielleicht und hat selbst Kinder, schließt Verträge ab, gehört Vereinen an und stirbt eines Tages. Die meisten rechtlichen Normen, die sich auf diese Ereignisse beziehen, gehören zum Privatrecht (Bürgerliches Recht oder Zivilrecht). Für Streitigkeiten aus solchen Privatrechtsverhältnissen und deren Entscheidungen sind unabhängige Zivilgerichte zuständig. Hier muss allerdings die Person, deren Privatrechte verletzt wurden, selbst als Klägerin oder Kläger das Gericht anrufen. Den Grundsatz, dass man in privaten Rechtsverhältnissen selbst aktiv werden muss, bezeichnet man als „Privatautonomie".

Das öffentliche Recht hingegen erfasst das Verhältnis des Staates zum Einzelnen in der Ausübung der staatlichen Hoheitsgewalt sowie das Verhältnis der staatlichen Organe zueinander. Dabei geht es im Wesentlichen um Verfassungs- und Verwaltungsrecht, Völkerrecht und um die Verfahrensvorschriften zur Rechtsdurchsetzung. Entscheidend für das öffentliche Recht ist nicht die Beteiligung des Staates schlechthin, sondern die Ausübung von staatlicher Hoheitsgewalt.

Wenn der Staat z. B. für die Polizei zwanzig Dienstfahrzeuge anschafft und diese bei einem Autohändler kauft, ist diese Handlung dem Privatrecht zuzuordnen, weil der Staat hier keinerlei Hoheitsgewalt und keinerlei Zwang ausübt, sondern die gleiche Rechtsstellung hat wie jeder andere Vertragspartner.

Recht

- **Privates Recht**
  - regelt die Beziehungen der Einzelnen untereinander. **Durchsetzung:** Privatautonomie
  - z. B. ABGB, Sondergesetze
- **Öffentliches Recht**
  - erfasst das Verhältnis des Staates in Ausübung von Hoheitsgewalt zum Einzelnen sowie jenes der Hoheitsträger und ihrer Organe zueinander.
  - z. B. Verfassungs- und Verwaltungsrecht, Völkerrecht, Strafrecht, Verfahrensvorschriften

Das österreichische Staatswappen

1.2.1 Rechtsquellen des Privatrechts

Die Hauptrechtsquelle des allgemeinen Privatrechts ist das Allgemeine Bürgerliche Gesetzbuch (ABGB), in dem die großen und wichtigsten Teile des Privatrechts enthalten sind. Da die Vorschriften dieses Gesetzbuches schon vor mehr als 200 Jahren, nämlich 1812, in Kraft getreten sind, wären zahllose Regelungen heute nicht mehr aktuell, wenn sie noch unverändert gelten würden: Denken Sie nur daran, wie sich seit damals das Geschäfts- und Vertragsleben, aber auch die Wohnsituation der Menschen geändert haben; in welchem Umfang Sie am Straßenverkehr teilnehmen, wie folgenschwer Unfälle und die damit zusammenhängenden Schadenersatzansprüche heute sein können oder wie sich das Verhältnis von Ehepartnern zueinander seither geändert hat.

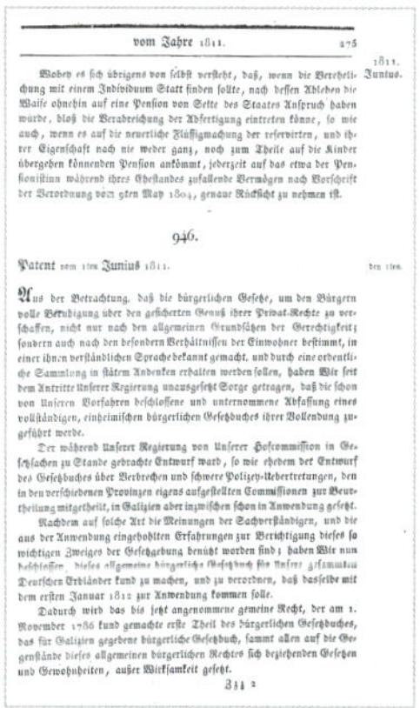

Historische Ausgabe des ABGB

Das Allgemeine Bürgerliche Gesetzbuch

1502 Paragrafen

In Kraft getreten 1812

- **Einleitung:** Von den bürgerlichen Gesetzen überhaupt
- **1.** Von dem Personenrecht
- **2.** Von dem Sachenrecht
- **3.** Von den gemeinschaftlichen Bestimmungen

Allgemeines Privatrecht (Allgemeines Bürgerliches Recht, Zivilrecht) regelt Rechtsverhältnisse, die für alle bedeutsam sind.

Beispiele:

- Personenrecht
- Familienrecht
- Erbrecht
- Sachenrecht
- Schuldrecht

Daher wurden die Bestimmungen des ABGB vielfach novelliert, also erneuert. In jenen Sachgebieten allerdings, in denen es seither sehr umfangreiche Neuentwicklungen gab, konnte man mit einzelnen Änderungen nicht mehr das Auslangen finden und hat daher so genannte Sondergesetze („Nebengesetze") geschaffen, die verschiedene, in der heutigen Zeit wichtige Rechtsgebiete regeln. Dazu zählen beispielsweise das Ehegesetz, das Mietrechtsgesetz, das Wohnungseigentumsgesetz und das Konsumentenschutzgesetz. Für die Vergangenheit wie für die Zukunft können wir daher sagen, dass rechtliche Vorschriften immer an den Wandel einer Gesellschaft angepasst werden müssen. Wo es große gesellschaftliche und (dadurch) notwendige rechtliche Änderungen gab, wurden Sondergesetze geschaffen.

Sonderprivatrechte regeln Rechtsverhältnisse für bestimmte Personengruppen oder bestimme Sachgebiete.

Beispiele:

- Unternehmensrecht
- Konsumentenrecht
- Teile des Arbeitsrechtes
- Urheberrecht
- Patentrecht

1.2.2 Abgrenzung ABGB und Nebengesetze

Große Gebiete der Sonderprivatrechte, die in wichtigen Nebengesetzen geregelt sind, müssen wir vom ABGB unterscheiden können. Dazu gehören:

- das **Unternehmensgesetzbuch (UGB):** Dieses kommt für Rechtsgeschäfte zur Anwendung, die zum Betrieb eines Unternehmens gehören.
- das **Konsumentenschutzgesetz (KSchG):** Es enthält Schutzvorschriften für Konsumentinnen und Konsumenten, wenn ein Rechtsgeschäft zwischen einem Unternehmen einerseits und einem Verbraucher andererseits abgeschlossen wird. Das bedeutet, dass das Konsumentenschutzgesetz nicht angewendet wird, wenn zwei Privatpersonen miteinander oder zwei Unternehmer miteinander einen Vertrag schließen.

Für jene Fälle, für die weder das UGB noch das KSchG Sonderregelungen enthalten, gilt nachrangig das ABGB.

Check 1

1. **Analysieren** Sie die **Unterschiede** zwischen Sitte, Moral, Religion und Recht und **beurteilen** Sie deren Bedeutung für die Gesellschaft.
2. **Beschreiben** Sie die Begriffe **individuelle** und **generelle Rechtsnorm** und beurteilen Sie, ob es sich in nachstehender Tabelle um eine generelle oder eine individuelle Rechtsnorm handelt.

	Generelle Rechtsnorm	Individuelle Rechtsnorm
Strafgesetzbuch		
Bescheid über Baubewilligung		
Urteil eines Bezirksgerichtes		
Leistungsbeurteilungs-verordnung		
Datenschutzgesetz		

3. **Erklären** Sie die **Unterschiede** zwischen öffentlichem Recht und Privatrecht.

Wissens- und Verständnischeck 1

Schätzen Sie Ihr Wissen bzw. Verständnis ein: +2 = ganz gut, –2 = nicht gut	+2	+1	–1	–2
Ich kann die wichtigsten Normen beschreiben und sie voneinander unterscheiden.				
Ich kann den Stufenbau der Rechtsordnung beschreiben und die Grundstrukturen der Rechtsordnung erklären.				
Ich kenne das ABGB und weiß, was man unter „Nebengesetzen" versteht.				
Ich kann erklären, wann die Sonderprivatrechte, das Unternehmensgesetzbuch und das Konsumentenschutzgesetz angewendet werden.				

Sind Sie mit Ihrem Lernfortschritt zufrieden?

Wenn Sie noch weitere Anleitungen und Übungen benötigen, hilft Ihnen Ihre Lehrerin/Ihr Lehrer weiter!

2 Personenrecht

Menschen haben Forderungen und Schulden, sind Eigentümer beweglicher und unbeweglicher Sachen und verpflichten sich nahezu täglich zu Lieferungen und Leistungen oder nehmen diese entgegen. Gemeinsam mit unserem bereits vorhandenen Wissen aus der Betriebswirtschaftslehre zum Vertragsrecht wollen wir in diesem Kapitel lernen, Fähigkeiten zur Lösung konkreter Rechtsfälle anzuwenden. Daneben kommt es aber auch darauf an, welche Rechte zwischen Eltern und Kindern sowie zwischen Ehepartnern und Partnern einer Lebensgemeinschaft bestehen und wie sich diese Partner, falls es nötig ist, wieder trennen können.

Im zweiten Bereich dieses Buches erwerben Sie folgende Kompetenzen:

Kompetenzen 2

- die Fähigkeiten feststellen, die Personen aufweisen müssen, um im **Privatrecht am Rechtsleben teilnehmen** zu können
- angeben, welche Rechte zwischen **Kindern** und ihren **gesetzlichen Vertretern** bestehen
- erklären, was man unter einer Erwachsenenvertreterin bzw. einem Erwachsenenvertreter versteht und welche Aufgabenbereiche die **Erwachsenenvertretung** umfasst
- beschreiben, welche Rechte und Pflichten zwischen **Ehepartnern** und **eingetragenen Partnern** bestehen
- einen Vergleich zwischen **Ehe** und **Lebensgemeinschaft** vornehmen
- die **Arten der Scheidung** unterscheiden und deren Folgen erklären

2.1 Rechts- und Handlungsfähigkeit

Damit Personen am Rechtsleben teilnehmen können, bedürfen sie bestimmter Fähigkeiten. Zunächst müssen wir allerdings klären, welche Personen überhaupt gemeint sein können. Wir unterscheiden dabei:

Natürliche Personen nehmen konstant am Rechtsleben teil.

- **Natürliche Personen** (Menschen): Deren Teilnahme am Rechtsleben beginnt mit der Geburt und endet mit dem Tod.
- **Juristische Personen:** Dies ist eine Personenmehrheit oder Vermögensmasse, die als solche am Rechtsleben teilnimmt. Während die natürliche Person schon kraft ihres Menschseins rechtlich existiert, wird der juristischen Person diese Eigenschaft vom Gesetz besonders eingeräumt. Diese Erfindung der Juristen kommt dem Bedürfnis des Wirtschafts- und Vereinslebens entgegen. So kann etwa ein Verein selbst Vermögen erwerben, nicht nur seine Mitglieder.
  Die Teilnahme der juristischen Person am Rechtsleben beginnt mit ihrer Entstehung (z. B. der Eintragung in das Firmenbuch) und endet mit deren Auflösung (z. B. der Löschung der Eintragung).

Ein Fußballklub kann als juristische Person agieren.

2.2 Rechtsfähigkeit

Mit der Geburt setzt die Rechtsfähigkeit der natürlichen Person ein.

Definition

Rechtsfähigkeit ist die Fähigkeit, **Rechte und Pflichten zu haben.** Die Rechtsfähigkeit einer natürlichen Person ist unabhängig von Alter und Geisteszustand. Sowohl natürliche Personen (Menschen) als auch juristische Personen sind rechtsfähig.

Rechtsfähigkeit einer natürlichen Person

Die volle Rechtsfähigkeit des Menschen beginnt mit der Geburt, also der natürlichen oder künstlichen Trennung des Kindes vom Mutterleib. Die Rechtsfähigkeit tritt ein, sobald das Kind ein Lebenszeichen von sich gegeben hat. Allerdings steht auch das noch Ungeborene unter dem Schutz des Gesetzes. Es kann – unter der Voraussetzung, dass es dann lebend geboren wird – bereits Träger von Rechten sein, soweit das zu seinem Vorteil ist.

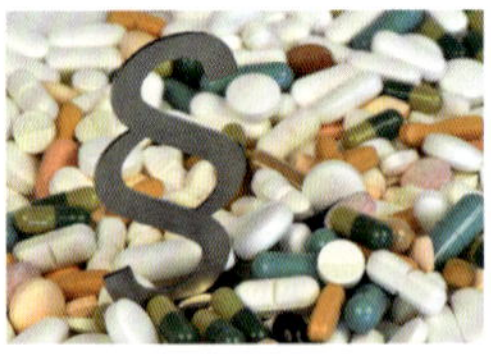
Der Contergan-Skandal erreignete sich in den 60er Jahren.

Ein Kind, das im Mutterleib durch eine zum Schadenersatz verpflichtende Handlung eines anderen geschädigt wird, ist berechtigt, nach seiner Geburt Ersatz für die erlittenen Nachteile zu fordern. Dies kann im Falle von Verletzungen des Embryos durch Unfälle oder im Falle der Schädigung durch gefährliche Medikamente, die der Mutter verabreicht wurden, geschehen (z. B. „Contergan").

Check 2.1

1. **Führen** Sie eine Internetrecherche **durch** und informieren Sie sich zum Thema „Contergan" und den rechtlichen Folgen.
2. **Erstellen** Sie eine Übersicht bzw. Inhaltsangabe zu dem von Ihnen recherchierten Rechtsfall, der sich tatsächlich ereignet hat, und nehmen Sie in dieser Übersicht Bezug auf die Rechtsfähigkeit einer natürlichen Person bzw. auf das bereits Gelernte.

Der Tod beendet die Rechtsfähigkeit einer Person.

Die Rechtsfähigkeit einer natürlichen Person endet mit dem Tod. Im Normalfall wird der Tote von einem so genannten Totenbeschauarzt untersucht und dann der Zeitpunkt des Todes, die Todesart sowie die Todesursache im **Totenschein** eingetragen. Mit diesem können die Angehörigen beim Standesamt des Sterbeortes die Ausstellung der Sterbeurkunde beantragen. In manchen Fällen kann allerdings weder ein Totenschein noch eine Sterbeurkunde ausgestellt werden, weil keine Leiche vorhanden ist. In diesem Fall passiert Folgendes:

- **Beweisführung des Todes:** Sind Beweismittel für den Tod vorhanden (Beispiel: jemand stürzt vor Zeugen in den Krater eines Vulkans), werden in einem Gerichtsverfahren die Zeuginnen und Zeugen vernommen. Der Gerichtsbeschluss am Ende des Verfahrens ersetzt die standesamtliche Sterbeurkunde.
- **Todeserklärung:** Die Voraussetzung für eine gerichtliche Todeserklärung ist **Verschollenheit**.

Definition

Verschollenheit liegt vor, wenn der Verschollene
- lange **abwesend** ist,
- wenn **keine Nachrichten** von ihm vorliegen,
- sein **Aufenthalt unbekannt** ist und
- Umstände vorliegen, die seinen **Tod als wahrscheinlich** annehmen lassen.

Das Todeserklärungsgesetz enthält entsprechende Regeln dazu, wie lange jemand verschollen sein muss, bis die Angehörigen bei Gericht ein Todeserklärungsverfahren beantragen können. Allgemein gilt: Je wahrscheinlicher die Umstände des Todes sind bzw. je größer die Gefahr war, in der sich die verschollene Person zuletzt befand, desto kürzer sind die Fristen.

Allgemeine Verschollenheit	Jemand ist älter als 25 Jahre und mindestens **zehn Jahre** verschollen. Jemand ist älter als 80 Jahre und mindestens **fünf Jahre** verschollen.
Allgemeine Gefahrenverschollenheit (z. B. nach Teilnahme an einer Expedition, bei Großbrand)	Zwischen **Ende der Gefahr** und Todeserklärung muss **ein Jahr** liegen.
Kriegsverschollenheit (vermisste Kriegsteilnehmer)	Zwischen **Ende des Krieges** und Todeserklärung muss **ein Jahr** liegen.
Seeverschollenheit (Schiffsunglück)	Seit **Untergang** des Schiffes müssen **sechs Monate** vergangen sein.
Luftverschollenheit (Flugzeugabsturz)	Seit **Absturz** des Flugzeuges müssen **drei Monate** verstrichen sein.

Nach Schiffsunglücken müssen sechs, nach Flugzeugabstürzen drei Monate für eine Todeserklärung wegen Verschollenheit vergehen.

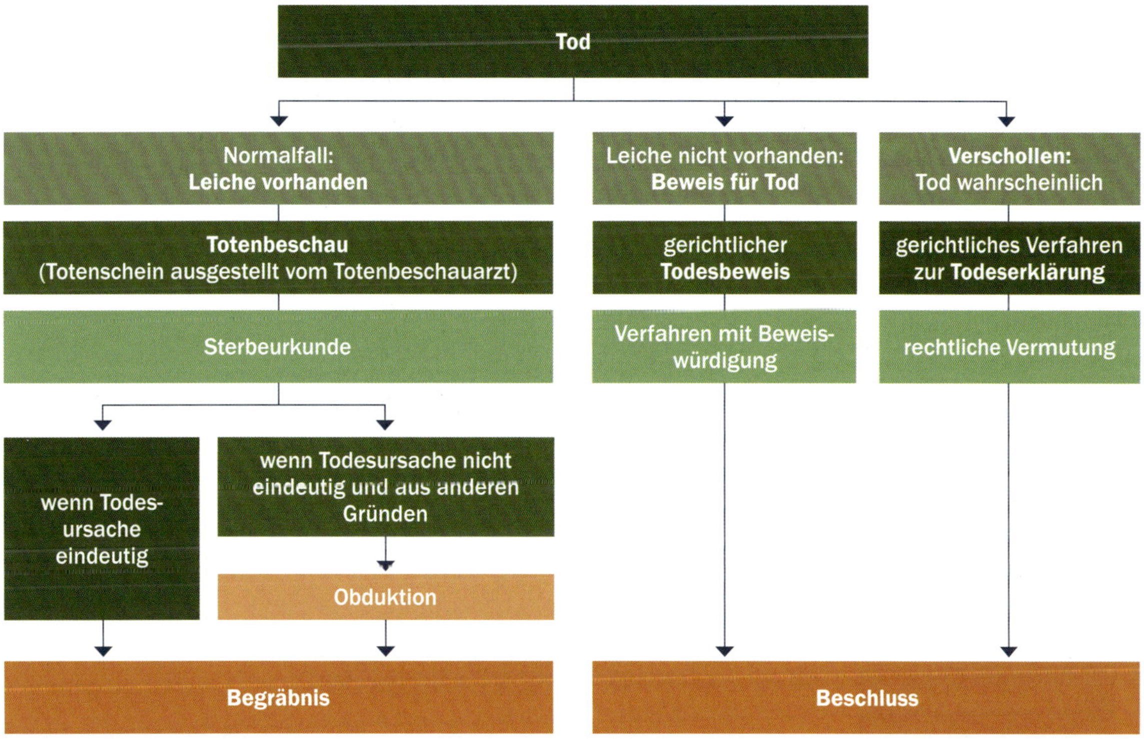

Obduktion und Organentnahme

Da mit dem Tod die Rechtsfähigkeit des Menschen endet, kann sein Körper, falls die Todesursache nicht eindeutig ist oder Fremdverschulden zu befürchten ist, obduziert werden. Dabei wird auf Anordnung des Gerichts oder aus sanitätspolizeilichen Gründen (z. B. Seuchengefahr) die Leiche geöffnet, um die Todesursache festzustellen.

Eine **Organentnahme** ist an jedem Verstorbenen zulässig, sofern dieser nicht zu Lebzeiten ausdrücklich (Beweis!) widersprochen hat. Der Widerspruch muss den Ärztinnen und Ärzten spätestens zum Zeitpunkt der Organentnahme vorliegen. Er kann schon von vornherein im Widerspruchsregister des Österreichischen Bundesinstituts für Gesundheitswesen festgehalten werden. Bei Minderjährigen bis zum 14. Lebensjahr müssen zu deren Lebzeiten die gesetzlichen Vertreter widersprechen.

Diese Regelung (**Widerspruchslösung**) gilt auch in anderen EU-Ländern. In Deutschland und in weiteren EU-Ländern gilt die **Zustimmungslösung**, also das Umgekehrte: Wenn dort jemand nach seinem Tod Organe spenden möchte, muss er dies schon zu Lebzeiten nachweislich dokumentieren (z. B. Organspenderausweis).

Medientipp

Unter www.oebig.at findet man Informationen zum Widerspruchsregister.

In Deutschland gilt bezüglich der Organspende eine Zustimmungslösung.

Check 2.2

1. **Recherchieren** Sie im Internet im Zusammenhang mit der Organentnahme, in welchen Ländern Europas die Widerspruchslösung und in welchen Ländern die Zustimmungslösung gilt. Informationen über die Widerspruchslösung in Österreich finden sie unter www.help.gv.at.
2. **Erstellen** Sie eine Übersicht mit Argumenten für und gegen die Widerspruchslösung sowie Argumenten für und gegen die Zustimmungslösung. **Bedenken** Sie bei beiden Varianten vor allem die möglichen Folgen und Probleme für die jeweilige Gesellschaft, z. B. Organknappheit für mögliche Organempfänger.

	Widerspruchslösung	Zustimmungslösung
PRO		
CONTRA		

3. Die 25-jährige Sabine L. ist im sechsten Monat schwanger. Bei einem Spaziergang mit einer Freundin überquert sie plaudernd die Straße und wird von einem unaufmerksamen Autofahrer, der mit überhöhter Geschwindigkeit fährt, niedergestoßen. Außer zerrissenen Strümpfen und ein paar Abschürfungen hat die Schwangere keinerlei Schäden bzw. Verletzungen und einigt sich mit dem Autofahrer, der seinen Fehler einsieht, auf eine symbolische Wiedergutmachung von 250 €.
   Drei Monate später – anlässlich der Geburt – stellt sich heraus, dass das Kind mit schweren körperlichen Defekten zur Welt kommt. Wie ist die Rechtslage? **Lesen** Sie dazu § 22 des ABGB!
4. Die 46-jährige Heidrun L. liegt seit einem Skiunfall vor drei Jahren im Spital im Koma. Laut Auskunft der Ärztinnen und Ärzte ist es ziemlich ausgeschlossen, dass sie noch einmal zu Bewusstsein kommt. Ihr Ehemann möchte die Todeserklärung beantragen. Wird er mit seinem Wunsch durchkommen?

Rechtsfähigkeit einer juristischen Person

Eine juristische Person – das ist eine Personenmehrheit, aber auch eine Vermögensmasse – ist ebenfalls rechtsfähig. Juristische Personen werden durch ein Gesetz (z. B. Kammern) oder durch den Gründungsvertrag ihrer Mitglieder geschaffen. Ihre Existenz endet, wenn ein Auflösungsgrund eintritt. Da juristische Personen nicht unmittelbar selbst handeln können, benötigen sie entsprechende Organe, die dann für sie die Handlungen setzen.

2.3 Handlungsfähigkeit

Definition

Handlungsfähigkeit ist die Fähigkeit, den – schon durch die Rechtsfähigkeit gegebenen – Kreis an Rechten und Pflichten durch **eigene Handlungen zu verändern**. Nicht alle Personen sind dazu in der Lage. Es fehlt ihnen ganz oder teilweise die **Entscheidungsfähigkeit**, d. h. die Fähigkeit, die Folgen ihres Handelns zu verstehen und sich danach zu verhalten (altersabhängig!). Die Handlungsfähigkeit wird in die **Geschäftsfähigkeit** und die **Deliktsfähigkeit** unterteilt.

- Die **Geschäftsfähigkeit** ist die Fähigkeit, **verbindliche Willenserklärungen** abzugeben (z. B. kaufen und verkaufen, Mietverträge abschließen, Darlehen aufnehmen). Sie setzt die Entscheidungsfähigkeit voraus.
- Unter **Deliktsfähigkeit** versteht man, dass jede Person für ihr eigenes unerlaubtes Handeln verantwortlich ist (**Zurechnungsfähigkeit**). Diese Verantwortlichkeit gibt es sowohl in privatrechtlicher Hinsicht, indem man einen Schaden ersetzen muss, als auch in strafrechtlicher Hinsicht, indem man sich vor dem Strafgericht zu verantworten hat.

Um im Sinne der Geschäftsfähigkeit verbindliche Willenserklärungen **selbstständig** (d.h. ohne Zustimmung des gesetzlichen Vertreters) abzugeben, wird eine geistige Reife benötigt, die dem Kind noch fehlt, die mit dem Älterwerden zunimmt und mit der Volljährigkeit vollständig gegeben ist. Das bedeutet also, dass Personen im Alter von 14 bis 18 Jahren (Minderjährige) lediglich in eingeschränktem Ausmaß geschäftsfähig sind („schutzberechtigte Personen").

Die Geschäftsfähigkeit erlaubt es uns, Rechtsgeschäfte abzuschließen – gleichzeitig ist man für Verstöße gegen das Recht straf- und privatrechtlich verantwortlich.

Altersstufen der Geschäftsfähigkeit

Von 0 bis 7 Jahren („Kinder")

Diese Personen sind **gänzlich geschäftsunfähig** und an ihrer Stelle geben die Eltern oder der Vormund entsprechende Willenserklärungen ab. Eine Ausnahme von diesem Grundsatz stellt der so genannte **Taschengeldparagraf** dar: Schließt ein Kind ein Rechtsgeschäft ab (etwa bis zur Höhe des üblichen Taschengeldes), das eine geringfügige, alterstypische Kleinigkeit darstellt, so wird das Geschäft rückwirkend gültig, sobald es vom Kind erfüllt wird (wenn z.B. bei einem Kauf der Kaufpreis bezahlt wird). Außerdem können diese Personen ein bloß zu ihrem Vorteil gemachtes Versprechen (= eine Schenkung ohne Verpflichtungen) annehmen.

Von 7 bis 14 Jahren (unmündige Minderjährige)

Diese Personen sind noch nicht mündig („unmündige Minderjährige" – es fehlt ihnen noch die Deliktsfähigkeit). Abgesehen davon, dass auch für diese Altersstufe der „Taschengeldparagraf" gilt (und zwar bis zu einem höheren üblichen Taschengeld), dürfen auch diese Personen bereits Geschäfte selbstständig tätigen, aus denen sie nur **berechtigt**, nicht aber verpflichtet werden.

Hat der Unmündige **ohne Zustimmung** seines gesetzlichen Vertreters ein Geschäft abgeschlossen, das ihn **verpflichten** würde, so ist es nicht einfach nichtig (wie beim Kind), sondern lediglich nicht voll gültig. Hier spricht man von einem **hinkenden** oder **schwebenden Rechtsgeschäft**. Durch die nachträgliche Zustimmung des gesetzlichen Vertreters erlangt das Geschäft volle Gültigkeit. Bis zu dieser Zustimmung ist der andere Vertragspartner an seine Erklärung gebunden. Er kann jedoch verlangen, dass sich der Vertreter binnen angemessener Frist äußert; andernfalls wird das Geschäft als von Anfang an ungültig angesehen.

Durch den Taschengeldparagrafen können Kinder kleine Geschäfte tätigen.

Von 14 bis 18 Jahren (mündige Minderjährige)

Diese mündigen Minderjährigen können bereits selbstständig (d.h. ohne Zustimmung ihres gesetzlichen Vertreters) Verpflichtungserklärungen abgeben. Sie können:

- über Sachen bestimmen, die ihnen zur **freien Verfügung** überlassen wurden (z.B. Geschenke, Geld – nicht jedoch über Schulsachen, Kleidung, Nahrungsmittel);
- **Dienstverträge schließen** (aber keine Lehr- und Ausbildungsverträge, da diese auch Erziehung umfassen). Der gesetzliche Vertreter kann jedoch aus wichtigen Gründen – z.B. wegen Gefährdung der Gesundheit oder Sittlichkeit – ein vom mündigen Minderjährigen selbstständig eingegangenes Dienstverhältnis vorzeitig lösen. Wurde Minderjährigen von gesetzlichen Vertretern eine Ermächtigung zum selbstständigen Betrieb eines Erwerbsgeschäftes erteilt, so liegt für alle Rechtsgeschäfte, die sich im Rahmen des Betriebes halten, unbeschränkte Geschäftsfähigkeit vor (wichtig für die Geschäftspartnerinnen und Geschäftspartner der Minderjährigen);
- über ihr **Einkommen** aus Dienstverträgen oder Erwerbsgeschäften **verfügen**, solange sie ihren Lebensunterhalt nicht gefährden.

Ab dem Alter von 14 Jahren dürfen Minderjährige Verpflichtungserklärungen abgeben.

Grundsätzlich müssen bei Rechtsgeschäften von großer (rechtlicher bzw. wirtschaftlicher) Tragweite immer die entsprechenden gesetzlichen Vertreter zustimmen. Bei medizinischen Behandlungen (z.B. einer Operation) ist die Zustimmung aber nicht von einem bestimmten Alter abhängig, sondern von der **Einsichts-** und **Urteilsfähigkeit**. Diese wird bei mündigen Minderjährigen vermutet.

Entwicklungsstufen der Geschäftsfähigkeit

	Alter in Jahren	
Geburt	0	**geschäftsunfähig** Ausnahme: Taschengeldparagraf sowie Annahme von Schenkungen ohne jegliche Verpflichtung
Unmündige Minderjährige	7	**beschränkt geschäftsfähig** Annahme von Schenkungen; Verträge: schwebend unwirksam
Mündige Minderjährige	14	**deliktsfähig; erweitert geschäftsfähig** 1. Sachen zur freien Verfügung 2. Verpflichtung zu Arbeitsleistungen 3. Verfügen über freies Arbeitseinkommen
Volljährige	18	**voll geschäftsfähig**

Alter in Jahren

Definition

Personen, die das **18. Lebensjahr** vollendet haben, sind **volljährig** und damit **eigenberechtigt**, d. h. sie haben die volle Geschäftsfähigkeit.

Mit der Volljährigkeit enden die Obsorgepflichten (= Pflege und Erziehung) der Eltern. Deren Unterhaltspflichten bleiben jedoch bis zur Erlangung der Selbsterhaltungsfähigkeit der oder des Eigenberechtigten aufrecht (z. B. Lehrabschluss, Studienabschluss). Stellt sich jedoch heraus, dass die Eigenberechtigten nicht die dem Alter entsprechende Einsichts- und Urteilsfähigkeit haben, ist eine Erwachsenenvertreterin/ein Erwachsenenvertreter zu bestellen (▸ Bereich 2.6).

Erweiterte Obsorgepflicht

Innerhalb des gemeinsamen Zusammenlebens wird die Obsorgepflicht für minderjährige Personen auf alle Volljährigen ausgedehnt, die mit den Minderjährigen im gemeinsamen Haushalt und in einem familiären Verhältnis leben (z. B. volljährige Geschwister, Lebensgefährtin oder Lebensgefährte des Obsorgepflichtigen, enge Angehörige).

2.4 Regelungen zum Schutz von Jugendlichen

Über die rechtlichen Möglichkeiten von Jugendlichen im Rahmen der Geschäftsfähigkeit hinaus gibt es zahlreiche zusätzliche Rechte von jungen Menschen, aber auch Regelungen, um diese vor möglichen Gefahren zu schützen, denn Jugendliche sind „schutzberechtigte" Personen.

Ca. 20 % der Mädchen und 10 % der Burschen unter 20 Jahren in Österreich tragen Piercings.

- **Piercings:** Piercen ist für **Jugendliche ab 14 Jahren** ohne Zustimmung der Eltern **erlaubt, außer** die **Wundheilung** dauert **länger als 24 Tage.** Die gleiche Regelung gilt auch für das Anbringen von *Permanent Make-up.* Vor der Behandlung muss ein Informationsgespräch über die Risiken (z. B. Entzündungen) erfolgen.
- **Tätowierungen:** Tätowieren ist für Personen **ab 18 Jahren** ohne elterliche Zustimmung **zulässig**. Das Tätowieren von Jugendlichen unter 16 Jahren ist verboten. Bei Jugendlichen **zwischen 16 und 18 Jahren** müssen die **Erziehungsberechtigten** schriftlich einwilligen.
- **Schönheitsoperationen:** Bei **Jugendlichen unter 18 Jahren** ist **die Zustimmung der Eltern** erforderlich. Nasenkorrekturen oder Brustvergrößerungen für Unter-16-Jährige sind verboten. Über-16-Jährige bedürfen der Zustimmung der Eltern und einer nachweislichen psychologischen Beratung.

Über die Verhütung kann man ab 14 Jahren selbst entscheiden.

- **Abtreibung:** Bei **mündigen Minderjährigen ab 14 Jahren** können Schwangerschaftsabbrüche **ohne Zustimmung der Eltern** erfolgen, wenn die **Entscheidungsfähigkeit gegeben** ist. Falls der Arzt nach einem Gespräch meint, dass diese nicht vorliegt, ist die Zustimmung der Eltern erforderlich. Bei Unter-14-Jährigen ist die Zustimmung der Eltern jedenfalls notwendig.

- **Jugendschutzgesetze:** In Österreich werden die Jugendschutzgesetze von den Bundesländern als **Landesgesetze** beschlossen. Es gibt daher kein für Österreich einheitliches Jugendschutzgesetz. Eine österreichweite Harmonisierung der Jugendschutzbestimmungen wird jedoch angestrebt. In den Jugendschutzgesetzen sind beispielsweise die **Ausgehzeiten**, der **Alkohol- und Tabakkonsum** und **verbotene Orte** geregelt. Jugendschutzgesetze enthalten auch Bestimmungen über jugendgefährdende Medien, Autostoppen und Urlaub, die jedoch von Bundesland zu Bundesland unterschiedlich geregelt sind. Eine einheitliche Regelung, die den Kauf und den Konsum von Tabak erst ab 18 Jahren erlaubt, wurde 2018 österreichweit umgesetzt.

In Wien, Niederösterreich und dem Burgenland gilt ein einheitliches Jugendschutzgesetz.

Beispiel: Wiener Jugendschutzgesetz (JSG) 2002 für Wien, Niederösterreich und das Burgenland			
Ausgehzeiten	**Alkohol**	**Tabakkonsum**	**Verbotene Orte**
bis 14 Jahre 5.00 – 23.00 Uhr **14 bis 16 Jahre** 5.00 – 1.00 Uhr **16 bis 18 Jahre** unbegrenzt; Eltern dürfen in jedem Fall Einschränkungen machen.	Der Konsum von nicht hochprozentigem Alkohol ist ab 16 Jahren erlaubt. Der Konsum von Spirituosen ist erst ab 18 Jahren gestattet.	Der Konsum von Tabak ist ab dem vollendeten 18. Lebensjahr in der Öffentlichkeit erlaubt.	Der Aufenthalt an verbotenen Orten, z. B. Sexlokalen, Peepshows, Casinos etc., ist für Jugendliche verboten.

Um einen Altersnachweis erbringen zu können, sollte die bzw. der Jugendliche einen amtlichen Lichtbildausweis bei sich haben.

Strafen bei Verletzung des Wiener Jugendschutzgesetzes

- **Jugendliche:** Verwarnung, Informationsgespräch bei der Kinder- und Jugendhilfe, Geldstrafe bis 200 €
- **Unternehmerinnen und Unternehmer:** Geldstrafe bis 15.000 €, Ersatzhaft bei Nichtzahlung
- **Erziehungsberechtigte:** Strafe bis 700 €

Die **zuständige Behörde** ist das Magistrat der Stadt Wien als Bezirksverwaltungsbehörde. Das JSG wird von der Polizei überwacht, Strafen werden vom Magistratischen Bezirksamt ausgesprochen.

2.4.1 Urlaub ohne Eltern

Meist entscheiden die Eltern, ob eine Jugendliche oder ein Jugendlicher alleine verreisen darf. Im **Ausland** gelten die **Jugendschutzgesetze des Urlaubslandes.** Sinnvoll ist es, eine schriftliche **Bestätigung** des Einverständnisses eines Erziehungsberechtigten mit Namen, Adresse und Telefonnummer mitzunehmen. Zusätzlich sollten reisende Jugendliche eine **Kopie der Geburtsurkunde** sowie eine **Kopie des Reisepasses** der gesetzlichen Vertreterin bzw. des gesetzlichen Vertreters bei sich haben. Die Zustimmung eines Elternteils ist ausreichend.

Für Reisen ins Ausland sollte man eine Einverständniserklärung der Eltern in der Landessprache mithaben.

Bei Reisen von Jugendlichen im **Inland** ist die **Zustimmung eines Erziehungsberechtigten** erforderlich. Die schriftliche Einverständniserklärung sollte auch hier mitgenommen werden. Zusätzlich ist das **Jugendschutzgesetz des jeweiligen Bundeslandes** zu befolgen. Beispielsweise ist in Wien, Niederösterreich, Oberösterreich und Kärnten altersunabhängig nur die Zustimmung eines Erziehungsberechtigten erforderlich; in Salzburg, der Steiermark und Tirol hingegen ist für die Übernachtung in Hotels, Jugendherbergen und auf Campingplätzen neben der elterlichen Zustimmung das Alter von 16 Jahren notwendig.

Der Konsum jeglicher illegaler, psychoaktiver Substanzen ist verboten.

2.4.2 Weitere Regelungen für Jugendliche

- **Drogen:** Der **Erwerb und Besitz** von **illegalen Drogen** ist verboten. Es herrscht jedoch der Grundsatz **„Therapie statt Strafe"**. Es besteht die Möglichkeit für die Staatsanwaltschaft, vorläufig von der Verfolgung zurückzutreten oder das Verfahren auf eine Probezeit (1 bis 2 Jahre) einzustellen, wenn die Drogen dem persönlichen Gebrauch dienen und eine Untersuchung bei der Gesundheitsbehörde erfolgt.
- **Girokonto:** **Ab 14 Jahren** kann von mündigen Minderjährigen, die keine regelmäßigen Einkünfte haben, ein eigenes Konto nur mit ausdrücklicher Zustimmung der gesetzlichen Vertreterin bzw. des gesetzlichen Vertreters eröffnet werden. Bei einem regelmäßigen Einkommen kann von Über-14-Jährigen ein Girokonto selbstständig errichtet werden. Es darf darüber eigenständig verfügt werden, soweit der Lebensunterhalt nicht gefährdet ist.
- **Ferialjob:** Ein Ferialjob kann ab dem **15. Geburtstag nach Vollendung der allgemeinen Schulpflicht** verrichtet werden.

Check 2.3

Erörtern Sie die jeweilige Rechtslage bei folgenden Fällen:

1. Der 5-jährige Oskar kauft von seinem Taschengeld Süßigkeiten. Da er den Preis der Süßigkeiten bereits kennt, legt er das Geld auf die Verkaufstheke.
2. Der 6-jährige Timo kauft ebenfalls von seinem Taschengeld Süßigkeiten, allerdings hat er das Geld dafür daheim vergessen und verspricht der Verkäuferin, dass er es am nächsten Tag vorbeibringen wird oder seine Eltern am nächsten Tag zahlen.
3. Die 8-jährige Christine erhält von ihrer Großmutter zum Geburtstag eine Goldmünze im Wert von 450 €. Einige Wochen später möchte sie diese in der Bank verkaufen, um sich vom Erlös das neueste Smartphone zu kaufen.
4. Die 16-jährige Schülerin Anna H. betritt eine Boutique, um sich einen Designermantel zu kaufen. Vom Verkäufer befragt gibt sie vor, bereits 18 Jahre alt zu sein, worauf der Kaufvertrag abgeschlossen wird.
5. Die 13-jährige Dorothea S. bestellt eine Lieferung Öl für den Ofen in ihrem Zimmer. Die von der Verkäuferin verlangte Zustimmung des gesetzlichen Vertreters bleibt jedoch aus. Die Verkäuferin weiß nun nicht, was sie tun soll.
6. Der 17-jährige Michael K. aus einem Bundesland erhält von seiner Mutter zur Finanzierung seines Studienaufenthaltes in Wien monatlich 900 €. Am ersten November erhält er diese Summe für den Monat November, kauft jedoch am Tag darauf für seine Freundin einen Verlobungsring um 790 €.
7. Tante Berta schenkt ihrem Neffen Arnold eine Goldmünze im Wert von 1.450 €. Der Neffe nimmt das Geschenk dankbar an. Kann Arnold die Goldmünze verkaufen, wenn er
   a. zehn Jahre alt ist? **b.** 15 Jahre alt ist?
   Begründen Sie Ihre Antworten.
8. Die 10-jährige Tina bekommt von ihrer Tante Pauline ein Reitpferd geschenkt. Ihre Mutter ist – nicht zuletzt wegen der Einstell-, Futter und etwaiger Tierarztkosten – entsetzt und wehrt sich gegen die Schenkung. Mit Erfolg?
9. Die 17-jährige Petra lebt in Wien. Sie trinkt in einem Club ein Glas Wodka und ein Glas Weißwein. Sie kommt am nächsten Tag um 5.00 Uhr früh nach Hause. Mit ihren Eltern hatte sie vereinbart, dass sie schon um 24.00 Uhr zu Hause sein wird.
10. Der 15-jährige Marcel lässt sich ein Lippen- und Nasen-Piercing machen, dem die Eltern nicht zustimmen. Er möchte sich auf dem Arm tätowieren lassen, seine Eltern sind jedoch nicht einverstanden.
11. Bei der 16-jährigen Melanie stellt der Frauenarzt fest, dass sie im 2. Monat schwanger ist. Sie überlegt, eine Abtreibung vornehmen zu lassen, ohne ihre Eltern vorher zu fragen.

2.5 Die gesetzlichen Vertreter

Für Minderjährige

- **Eltern:** Zur Vertretung von Minderjährigen und zur Verwaltung des Vermögens sind beide Elternteile berechtigt und verpflichtet. Sie sollen dabei einvernehmlich vorgehen. Bei alltäglichen Entscheidungen gilt im Zweifel die Handlung jenes Elternteils, der sie als erster gesetzt hat. Kann in wichtigen Angelegenheiten keine Einigung erzielt werden, entscheidet das Gericht. Außerdem sind die Eltern auch zur Obsorge (Pflege und Erziehung) verpflichtet. Dabei hat das Kindeswohl Vorrang.
- **Obsorgeverpflichtete/Obsorgeverpflichteter:** Für diese Funktion kann die bzw. der nächste geeignete Verwandte oder, falls eine solche/ein solcher nicht vorhanden ist, jede andere „taugliche“ Person bestellt werden.
- **Kurator:** Wollen Minderjährige ein Geschäft mit ihren gesetzlichen Vertretern abschließen, so würden diese Vertreter einer Interessen- und Pflichtenkollision unterliegen. Daher wird für den Abschluss dieses Geschäftes vom Gericht ein Kollisionskurator bestellt, der die Interessen des bzw. der Minderjährigen zu wahren hat.

Eltern, ein Vertreter oder ein Kurator können Minderjährige gesetzlich vertreten.

Für Volljährige (Eigenberechtigte)

Erwachsenenvertretung

Während im Allgemeinen Handlungsfähigkeit und Verantwortung mit dem Lebensalter zunehmen, kann es vorkommen, dass eine schon volljährige Person wegen einer **psychischen Erkrankung** oder **geistigen Behinderung** nicht selbstständig Geschäfte tätigen kann, **also beschränkt geschäftsfähig ist**. Für solche Fälle enthalten das ABGB sowie das 2. Erwachsenenschutzgesetz Regelungen, unter welchen Umständen für solche Personen eine Erwachsenenvertreterin bzw. ein Erwachsenenvertreter zu bestellen ist und welche Handlungen für diese schutzwürdige Person vorzunehmen sind.

Die vertretene Person verliert nicht automatisch ihre Geschäftsfähigkeit. Sie kann alle Rechtsgeschäfte des täglichen Lebens abschließen, soweit sie ihre Lebensverhältnisse nicht übersteigen und sie dafür entscheidungsfähig ist. Mit Erfüllung der sie betreffenden Pflichten werden diese rückwirkend rechtswirksam. Ausgenommen sind Geschäfte, die durch den Erwachsenenvertreter bzw. die Erwachsenenvertreterin ausdrücklich genehmigt werden müssen. Sie sind schwebend unwirksam, solange der Erwachsenenvertreter nicht zustimmt (▶ Bereich 2.3).

Gesetzliche Vertreter

Eltern	Mutter	Obsorgeverpflichtete/r	Erwachsenenvertreter/in	Sonstige gesetzliche Vertreter
für minderjährige Kinder	für minderjährige, uneheliche Kinder	für minderjährige Kinder, wenn die Eltern nicht in der Lage oder gestorben sind	für Nicht-Entscheidungsfähige, also für Betroffene einer psychischen Krankheit oder einer vergleichbaren Beeinträchtigung der Entscheidungsfähigkeit	z. B. für Geschäfte zwischen Minderjährigen und ihren gesetzlichen Vertretern

2.6 Erwachsenenschutzgesetz

Medientipp

www.help.gv.at
www.bka.gv.at
www.justiz.gv.at

Durch das 2. Erwachsenenschutzgesetz sollen die **Autonomie** und die **Möglichkeiten der Selbstbestimmung** für volljährige Menschen, die in ihrer Entscheidungsfähigkeit beeinträchtigt sind, erweitert werden und so lange wie möglich erhalten bleiben. Das Inkrafttreten des 2. Erwachsenenschutzgesetzes am 1. Juli 2018 sah den Ersatz der bisherigen Regelungen, die die Sachwalterschaft betrafen, vor.

2.6.1 Ziele

Das Erwachsenenschutzgesetz verfolgt die folgenden grundlegenden Ziele:

- Wahrung der **Autonomie** und **Selbstbestimmung** von volljährigen Personen, die ihre Angelegenheiten aufgrund einer psychischen Krankheit oder einer vergleichbaren Beeinträchtigung der Entscheidungsfähigkeit nicht für sich selbst besorgen können
- Förderung und Erweiterung der **selbstbestimmten Vorsorge**
- Zugeständnis von mehr Autonomie in **rechtlichen und persönlichen Angelegenheiten** für Beeinträchtigte
- **stärkere Hilfestellung** bei Entscheidungen für Betroffene
- Beschränkung der gerichtlichen Rechtsfürsorge auf rein **rechtliche Inhalte**

2.6.2 Inhalte

Clearing

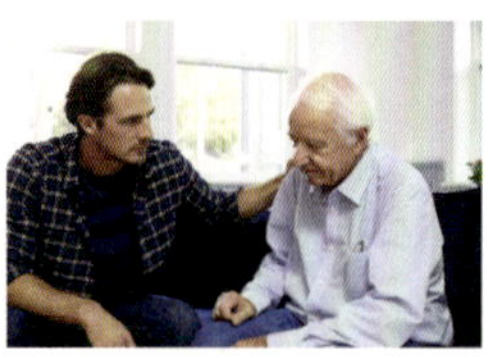

In Österreich sind derzeit 60.000 Menschen beeinträchtigt.

Dieses erfolgt im Vorfeld durch die **Erwachsenenschutzvereine**. Es wird festgestellt, **in welcher Form eine Vertretung nötig** ist und durch wen sie erfolgen soll. Falls eine Hilfestellung beispielsweise in Form von sozialen Diensten durch Hilfseinrichtungen ausreicht, ist eine gerichtliche Vertretung nicht notwendig.

Vier Vertretungsmodelle

Die Möglichkeiten der Vertretung wurden ausgebaut. Die **Vorsorgevollmacht** wurde erweitert, die **gewählte** und die **gesetzliche Erwachsenenvertretung** wurden neu eingeführt. Es fungieren die **Erwachsenenvertreterinnen und Erwachsenenvertreter** als Vertreter.

1. Vorsorgevollmacht

Definition

Eine **Vorsorgevollmacht** ist eine Vollmacht, die dann wirksam wird, wenn die Vollmachtgeberin bzw. der Vollmachtgeber die zur Besorgung der anvertrauten Angelegenheiten erforderliche **Entscheidungsfähigkeit verliert.**

In Österreich gibt es ca. 70.000 registrierte Vorsorgevollmachten.

Durch die Vorsorgevollmacht kann jede Person, die entscheidungsfähig ist, **persönlich festlegen, durch wen** sie im Falle des Verlustes der Entscheidungsfähigkeit **vertreten** werden möchte. Die Vollmacht ist **schriftlich** bei einem Notar, Rechtsanwalt oder einem Erwachsenenschutzverein zu verfassen und wird im Österreichischen Zentralen Vertretungsverzeichnis (ÖZVV) eingetragen.

Es erfolgt **keine regelmäßige Kontrolle**. In manchen Angelegenheiten ist eine gerichtliche Genehmigung erforderlich.

2. Gewählte Erwachsenenvertretung

Definition

Die **gewählte Erwachsenenvertretung** ist für eine volljährige Person bestimmt, die ihre Angelegenheiten aufgrund einer Beeinträchtigung der Entscheidungsfähigkeit nicht selbst besorgen kann, aber noch fähig ist, die Bedeutung und Folgen einer Bevollmächtigung zu verstehen.

Die gewählte Erwachsenenvertretung ist für Personen vorgesehen, die **nicht mehr voll geschäftsfähig** (gemindert entscheidungsfähig) sind. Die Vertretungsbefugnis ist **schriftlich** zu verfassen. Sie beginnt mit der Eintragung in das ÖZVV und endet durch Widerruf. Die Vertretungsbefugnis beinhaltet nicht die Vertretung vor Gericht. Es kann darin aber geregelt werden, dass Entscheidungen nur gemeinsam mit dem oder der Betroffenen gefällt werden können.

Als gewählte Erwachsenenvertreterinnen und Erwachsenenvertreter können Angehörige, Nachbarn oder Freundinnen und Freunde fungieren. Die Lebensumstände und die finanzielle Situation werden **jährlich kontrolliert.**

3. Gesetzliche Erwachsenenvertretung

Definition

Die **gesetzliche Erwachsenenvertretung** ist eine Vertretung für Personen, die ihre Vertretung nicht mehr selbst wählen können.

Die gesetzliche Erwachsenenvertretung beinhaltet auch die Vertretung vor Gerichten.

Die gesetzliche Erwachsenenvertretung erfolgt durch **nahe Angehörige**. Sie beginnt mit der Eintragung ins ÖZVV und **endet nach drei Jahren automatisch.** Es hat eine jährliche Kontrolle zu erfolgen.

4. Gerichtliche Erwachsenenvertretung

Definition

Die **gerichtliche Erwachsenenvertretung** ist eine **gerichtlich bestellte Vertretung** für eine nicht geschäftsfähige erwachsene Person, die bestimmte Angelegenheiten aufgrund einer psychischen Krankheit oder einer vergleichbaren Beeinträchtigung ihrer Entscheidungsfähigkeit nicht selbst besorgen kann und für die andere Vertretungsarten nicht in Betracht kommen.

Die gerichtliche Erwachsenenvertretung wird **durch das Gericht bestellt.** Sie ist aber auf bestimmte Handlungen beschränkt, eine Vertretung für sämtliche Angelegenheiten ist nicht vorgesehen.

Die gerichtliche Erwachsenenvertretung kann mit der bisherigen Sachwalterschaft verglichen werden.

Die Vertretung **endet** nach Erledigung einer bestimmten Angelegenheit (z. B. Bankgeschäft) bzw. **spätestens nach drei Jahren.** Es erfolgt eine **jährliche Kontrolle** der Lebenssituation und eine Rechnungslegung zur Kontrolle der Finanzen.

Gegenüberstellung der vier Vertretungsmodelle

	Vorsorgevollmacht	Gewählte Erwachsenenvertretung	Gesetzliche Erwachsenenvertretung	Gerichtliche Erwachsenenvertretung
Betroffene Person	entscheidungsfähige Person	nicht mehr voll geschäftsfähige (gemindert entscheidungsfähige) Person	Person kann ihre Vertretung nicht mehr selbst wählen	geschäftsunfähige Person, andere Vertretungsmöglichkeiten ausgeschlossen
Vertretung	Vorsorgebevollmächtigte/Vorsorgebevollmächtigter für den Fall des Verlusts der Geschäftsfähigkeit durch entscheidungsfähige Person bestellt	Erwachsenenvertreterin/Erwachsenenvertreter durch gemindert entscheidungsfähige Person selbst gewählt	nach Belehrung durch Rechtsanwältin/Rechtsanwalt, Notarin/Notar und Erwachsenenschutzverein wird eine nahe Angehörige/ein naher Angehöriger zur Vertretung bestellt	durch Gerichtsbeschluss wird eine Person mit Vertretungsbefugnis bestellt, meist eine nahe Angehörige/ein naher Angehöriger, ein Erwachsenenschutzverein oder eine Notarin/ein Notar (gegen Entschädigung)
Art des Antrags	**schriftlich** vor Rechtsanwältin/Rechtsanwalt, Notarin/Notar oder Erwachsenenschutzverein	**schriftlich** vor Rechtsanwältin/Rechtsanwalt, Notarin/Notar oder Erwachsenenschutzverein	**Belehrung und Eintragung** im ÖZVV durch Rechtsanwältin/Rechtsanwalt, Notarin/Notar oder Erwachsenenschutzverein	**Gerichtsbeschluss** mit Wirkung ab Eintragung
Eintragung im ÖZVV	ja	ja	ja	nein
Ende des Vertretungsverhältnisses	Beendigung durch **Wegfall des Vorsorgefalles**, falls Entscheidungsfähigkeit wieder erlangt wurde	Beendigung durch **Widerruf**	Beendigung **automatisch nach 3 Jahren**	Beendigung nach **Erledigung einer Angelegenheit, spätestens nach 3 Jahren**
Ausmaß der Vertretung	für einzelne Angelegenheiten oder Arten von Angelegenheiten	Vereinbarung über Vertretungsbefugnisse (z. B. manche Entscheidungen nur nach Vereinbarung mit der/dem Schutzbefohlenen)	Vertretung in Verwaltungs- und in Gerichtsverfahren; Verwaltung von Einkünften und Vermögen; Abschluss von Rechtsgeschäften zur Deckung des Pflege- und Betreuungsbedarfs; Entscheidung über medizinische Behandlungen, Änderung des Wohnortes etc.	für einzelne oder bestimmte Angelegenheiten
Kontrolle	keine regelmäßige Kontrolle; gerichtliche Kontrolle z. B. nur bei Meinungsverschiedenheiten über medizinische Behandlungen	Lebensumstände und die finanzielle Situation werden jährlich kontrolliert.	Lebensumstände und die finanzielle Situation werden jährlich kontrolliert.	Lebensumstände und die finanzielle Situation werden jährlich kontrolliert.

Check 2.4

Erörtern Sie zusammen mit einer Lernpartnerin oder einem Lernpartner die jeweilige Rechtslage bei folgenden Fällen:

1. Der 16-jährige Simon B. ist Sohn eines Bauern und hat vom Großvater fünf Hektar Wald geerbt. Er möchte seiner 17-jährigen Schwester einen Teil des Waldes verkaufen. Die Eltern haben jedoch keine Ahnung, wie dabei vorzugehen ist.
2. Für den psychisch kranken Herrn Weiß wurde vor einem Notar eine gewählte Erwachsenenvertreterin für die Angelegenheiten seiner Vermögensverwaltung bestellt. Unklar ist den Angehörigen des Herrn Weiß, ob sich diese Bestellung auf die gesamte Geschäftsfähigkeit des Herrn Weiß auswirkt.
3. Der 53-jährige Frühpensionist Albert ist seit einem Arbeitsunfall gehbehindert und nicht in der Lage, seine Einkäufe, Bankgeschäfte und Amtswege zu tätigen. Diese Wege nimmt ihm in der Regel seine Lebensgefährtin Erna ab. Erna erkrankt jedoch selbst schwer und kommt ins Spital. Benötigt Albert nun einen Erwachsenenvertreter?
4. Stellen Sie sich vor, Sie befürchten für sich die Gefahr eines Verlusts der Geschäftsfähigkeit und wollen einer Person Ihrer Wahl eine Vorsorgevollmacht erteilen. **Recherchieren** Sie im Internet auf www.help.gv.at, welche Schritte Sie im Detail unternehmen müssen. **Erstellen** Sie dann eine Liste, in der Sie die erforderlichen Schritte in Stichwörtern zusammenfassen.

Wissens- und Verständnischeck 2

Schätzen Sie Ihr Wissen bzw. Verständnis ein: +2 = ganz gut, −2 = nicht gut	+2	+1	−1	−2
Ich kann die Rechts- von der Handlungsfähigkeit unterscheiden.				
Ich kann ein gerichtliches Verfahren zur Todeserklärung von jenem zum Todesbeweis unterscheiden.				
Ich kann erläutern, welche Verträge Minderjährige im Rahmen der Geschäftsfähigkeit selbstständig abschließen können.				
Ich kann erklären, was man unter der Deliktsfähigkeit versteht.				
Ich kann Beispiele für gesetzliche Vertreter angeben.				
Ich kann erklären, was man unter einem Erwachsenenvertreter versteht und wann ein solcher benötigt wird.				
Ich kenne die vier Vertretungsarten des Erwachsenenschutzgesetzes.				

Sind Sie mit Ihrem Lernfortschritt zufrieden?

Wenn Sie noch weitere Anleitungen und Übungen benötigen, hilft Ihnen Ihre Lehrerin/Ihr Lehrer weiter!

3 Familienrecht

Viele Fragen des Familienrechts werden auch von jungen Menschen häufig gestellt: Mit welchen Verwandten ist man näher, mit welchen entfernter verwandt? Wie ist das Rechtsverhältnis zwischen Eltern und Kindern? Ist heute eine Verlobung noch sinnvoll? Welchen Sinn und Zweck hat eine Ehe, wenn man doch einfach so zusammenleben kann? Welche rechtlichen Folgen hat eine Heirat bzw. eine „eingetragene Partnerschaft" und wie können diese Verbindungen aufgelöst werden? Was sind die rechtlichen Folgen einer Scheidung, welche Konsequenzen hat die Auflösung einer „eingetragenen Partnerschaft"?

Im dritten Bereich dieses Buches erwerben Sie folgende Kompetenzen:

Kompetenzen 3

- die **Arten der Verwandtschaft** sowie den **Grad der Verwandtschaft** zwischen Personen feststellen
- **gegenseitige Rechte** und **Pflichten** von Eltern und Kindern aufzählen
- die rechtlichen Auswirkungen von **Ehe und Lebensgemeinschaft** miteinander vergleichen
- die **Rechtsverhältnisse zwischen Ehepartnern** und **eingetragenen Partnern** charakterisieren sowie die wichtigsten **Scheidungsgründe** und Auflösungsgründe einer Partnerschaft nennen

Das Familienrecht betrifft Ehepaare genauso wie Familien.

3.1 Verwandtschaft und Adoption

Unter „Familie" versteht das ABGB ein Stammelternpaar mit all seinen Nachkommen.Dabei unterscheidet man zwischen **Verwandtschaft in direkter (gerader) Linie** und **Verwandtschaft in der Seitenlinie**.

3.1.1 Arten der Verwandtschaft

Verwandtschaft in **direkter Linie** besteht zwischen allen Vorfahren und ihren Nachkommen (z. B. Urgroßeltern – Großeltern – Eltern – Kinder – Enkelkinder). Verwandtschaft in der **Seitenlinie** besteht zwischen allen Personen, die mindestens von einem gemeinsamen Vorfahren abstammen (z. B. Bruder – Schwester; Onkel und Tante – Neffe und Nichte; Cousin – Cousine). Der Grad der Verwandtschaft wird bei beiden Arten nach der Anzahl der Zeugungen berechnet, die zwischen den verwandten Personen liegen. **Beispiele:** Die Enkelin ist mit ihrer Großmutter im 2. Grad direkter Linie verwandt, Geschwister sind im 2. Grad der Seitenlinie verwandt.

Die Verwandtschaft von Bruder und Schwester besteht in der Seitenlinie.

Unter **Schwägerschaft** versteht man das Verhältnis zwischen einem Ehepartner und allen Verwandten des anderen Ehepartners. Dabei ist man im gleichen Grad verschwägert, in dem der Ehepartner verwandt ist (z. B. mit der Schwiegermutter im 1. Grad).

3.1.2 Adoption

Die Adoption stellt eine „Wahlverwandtschaft“ dar, weil sie durch einen Vertrag („nach freier Wahl“) zwischen der bzw. dem Annehmenden und dem Wahlkind zustande kommt. Dieser Vertrag bedarf zu seiner Gültigkeit jedoch einer **gerichtlichen Bewilligung** (Bezirksgericht), wobei Kinder, die über 14 Jahre alt sind, der Adoption zustimmen müssen.

Wahlvater und **Wahlmutter** („Adoptiveltern“) müssen das **25. Lebensjahr** vollendet haben und **älter** sein als das Wahlkind. Die gerichtliche Bewilligung wird nur erteilt, wenn zwischen den Vertragspartnern ein **echtes Eltern-Kind-Verhältnis** besteht oder hergestellt werden soll. Dies kann auch bei volljährigen Wahlkindern ein Anliegen sein (z. B. bei der Übernahme eines Betriebes oder Bauernhofes). Kein berechtigtes Anliegen sind jedenfalls Umgehungsabsichten (z. B. zur Übernahme einer Mietwohnung, Steuerersparnis). Durch die Adoption entstehen die **gleichen Rechte**, wie sie **durch die eheliche Abstammung** begründet werden. Durch gerichtliche Verfügung können auch im Ausland erfolgte Adoptionen anerkannt werden.

Adoptierte haben ein doppeltes Erbrecht: sowohl gegenüber ihren leiblichen Eltern als auch gegenüber ihren Adoptiveltern.

3.1.3 Eltern und Kinder

Bei den Rechtsverhältnissen zwischen Eltern und Kindern unterscheidet man zwischen der so genannten „Obsorge“ und der gesetzlichen Vertretung.

Eltern sind zur Obsorge verpflichtet.

Pflege und Erziehung

Zur Pflege und Erziehung (gesetzlich: „Obsorge“) sowie zur gesetzlichen Vertretung des Kindes sind in erster Linie dessen Eltern berufen. Dabei ist aber das „**Wohl des Kindes**“ zu fördern, also eine angemessene Versorgung, Fürsorge, Wertschätzung und Förderung der Fähigkeiten des Kindes. Was bedeutet nun Pflege, was Erziehung?

Definition

Die **Pflege** umfasst besonders die Wahrung des **körperlichen Wohles** und der **Gesundheit** sowie die unmittelbare **Aufsicht**. Die **Erziehung** umfasst besonders
- die Entfaltung der **körperlichen**, **geistigen**, **seelischen** und **sittlichen Kräfte**,
- die Förderung der **Anlagen**, Fähigkeiten, Neigungen und Entwicklungsmöglichkeiten des Kindes sowie dessen **Ausbildung** in Schule und Beruf. Das Ausmaß richtet sich nach den **Lebensverhältnissen der Eltern**.

Die Aufgabe der Pflege und die Erziehung können sich überschneiden. Die Pflicht zur Pflege und Erziehung erstreckt sich auch auf Stiefkinder, d. h. leibliche Kinder der Ehepartnerin oder des Ehepartners aus einer früheren Ehe, die im gemeinsamen Haushalt leben (in **Patchwork-Familien**, so genannte „erweiterte Obsorgepflicht“). Die Eltern haben bei der Pflege und Erziehung auch auf den **Willen des Kindes** zu achten, soweit dem nicht dessen Wohl oder ihre Lebensverhältnisse entgegenstehen.

Die Erziehung von Kindern umfasst auch die Entwicklung körperlicher Kräfte.

Das minderjährige Kind hat die **Anordnungen der Eltern** zu befolgen. Zur Pflege ist bei Fehlen des Einvernehmens derjenige Elternteil berechtigt und verpflichtet, der den Haushalt führt, in dem das Kind betreut wird. Kommt zwischen den Eltern und dem mündigen Minderjährigen **keine Einigung über seine Ausbildung** zustande, kann das **Gericht** zur Entscheidung angerufen werden.

Welche Personen sind mit der Obsorge betraut?

Definition

Bei **ehelichen Kindern** zunächst
- **beide Eltern** einvernehmlich;
- **ein Elternteil**, wenn der andere gestorben ist (bzw. seit mindestens sechs Monaten unbekannten Aufenthaltes ist) oder ihm bzw. ihr die **Obsorge** gerichtlich entzogen wurde.

Bei **unehelichen Kindern** sowie Kindern, deren Eltern geschieden sind, müssen sich die leiblichen Eltern über die Obsorge einigen (unter Umständen unter Mitwirkung des Gerichts).

Es ist auch eine gemeinsame Obsorge der Eltern möglich. Grundsätzlich gilt, dass jener Elternteil, in dessen Haushalt das Kind hauptsächlich lebt, die gesamte Obsorge über hat.

Sind die leiblichen Eltern nicht in der Lage (vorübergehend oder dauernd), für die Kinder zu sorgen, können so genannte **Pflegeeltern** mit der Pflege und Erziehung des Pflegekindes betraut werden. Im Gegensatz zur Adoption verbleibt die gesetzliche Vertretung jedoch bei den leiblichen Eltern.

Gesetzliche Vertretung

Die Unterhaltspflicht besteht bis zur Selbsterhaltungsfähigkeit – also über die Schulzeit hinaus bis zu Studienabschluss oder bis zum Ende der Berufsausbildung.

Die gesetzliche Vertretung betrifft nicht nur das Auftreten der Vertreterin bzw. des Vertreters, z. B. gegenüber Behörden und Schulen, sondern auch die Zustimmung für den Abschluss von Verträgen (▸ Bereich 2.3 Handlungsfähigkeit). Sollte ein minderjähriges Kind bereits Vermögen besitzen, so beinhaltet die gesetzliche Vertretung auch die so genannte **Vermögensverwaltung**. Dabei ist dieses Vermögen mit der „Sorgfalt ordentlicher Eltern“ zu verwalten.

Unterhalt und Ausstattung

Der jeweils für das Kind zu leistende Unterhalt hängt vom Alter und den Bedürfnissen des Kindes sowie vom Einkommen und den sonstigen Sorgepflichten der Eltern (bzw. Unterhaltsverpflichteten) ab. Die Unterhaltspflicht besteht bis zur **Selbsterhaltungsfähigkeit** des Kindes: Darunter versteht man, dass das Kind eine abgeschlossene Berufsausbildung oder einen Studienabschluss hat, sodass es selbst einen Beruf ergreifen und sich dadurch selbst erhalten kann. Schon während der Dauer des Unterhaltsanspruches vermindert sich dieser, wenn das Kind eigene Einkünfte hat (z. B. Lehrlingsentschädigung, Lohn für Ferialarbeit usw.). Nachrangig geht die Unterhaltspflicht auf die Großeltern über.

Für den Unterhalt des Kindes müssen die Eltern nach ihren Kräften anteilig beitragen. Falls die Eltern getrennt leben (z. B. nach einer Scheidung), hat jener Elternteil, der das Kind versorgt und den Haushalt führt, in dem das Kind lebt, dadurch seinen Beitrag geleistet. Der getrennt lebende Elternteil ist zur Zahlung eines Unterhaltsbeitrages verpflichtet.

Auch die Kinder können verpflichtet werden, ihren Eltern Unterhalt zu leisten, falls diese sich nicht selbst erhalten können oder ihr Einkommen (Pension, Sozialhilfe, Mindestsicherung, Pflegegeld) nicht vollständig ausreicht.

Wenn ein Kind anlässlich seiner Heirat einen eigenen Haushalt begründen möchte (z. B. Wohnung, Möbel, Geschirr) und dafür selbst zu wenig Geldmittel hat, so haben die Eltern das Kind finanziell zu unterstützen, wenn sie genügend verdienen. Diesen Anspruch des Kindes nennt man Recht auf **Ausstattung**. Diese Ausstattung beläuft sich auf etwa 25 bis 30 % des Jahresnettoeinkommens der Eltern.

Obsorge und Vertretung bei Scheidung der Eltern

Bei Scheidungen ist auf das Kindeswohl Rücksicht zu nehmen.

Bei **Scheidung** der Ehe bleiben **beide Eltern** weiterhin mit der Obsorge betraut. Sie können auch vereinbaren, dass ein Elternteil, bei dem sich das Kind hauptsächlich aufhält, die alleinige Obsorge erhält. Kommt binnen angemessener Frist eine Vereinbarung nicht zustande, muss das Gericht – unter Berücksichtigung des Kindeswohls – für einen Zeitraum von **sechs Monaten eine vorläufige Regelung** erlassen, in der festgelegt wird, wer zunächst mit der Obsorge betraut ist (bei diesem Elternteil muss das Kind im Haushalt leben). Dabei müssen für den anderen Elternteil ausreichend **Kontaktmöglichkeiten** mit dem Kind geschaffen werden. Nach Ablauf der Frist wird dann anhand der während der Frist gemachten Erfahrungen festgelegt, wer unter Berücksichtigung des Kindeswohls die **endgültige Obsorge** erhält.

Dabei wird auch angeordnet, wie die Kontaktrechte des anderen Elternteils mit dem Kind wahrgenommen werden sollen und ob vom Gericht ein **„Besuchsmittler“** ernannt wird, der für die ordnungsgemäße Übergabe und Rückübernahme des Kindes durch die Kontaktberechtigte bzw. den Kontaktberechtigten sorgt.

Bei dieser Gerichtsentscheidung können Richterinnen und Richter auch die Dienste von Psychologinnen und Psychologen sowie Sozialarbeiterinnen und Sozialarbeitern in Anspruch nehmen, die vorher entsprechende Erhebungen pflegen. Wird gemäß Gerichtsentscheid nur ein Elternteil **alleine** mit der Obsorge betraut, hat der **andere** das **Recht**

- auf persönlichen Kontakt mit dem Kind,
- über wichtige Angelegenheiten des Kindes und Maßnahmen rechtzeitig informiert zu werden
- und sich diesbezüglich zu äußern. Die Äußerung ist zu berücksichtigen, wenn sie dem Kindeswohl besser entspricht.

Check 3.1

1. **Führen** Sie ein Interview mit Ihren Eltern **durch** und halten Sie dabei schriftlich fest, mit welchen Personen Ihre Mutter und mit welchen Personen Ihr Vater verwandt und verschwägert ist. Versuchen Sie dann, im Kreis dieser Personen jeweils die Art sowie den Grad der Verwandtschaft festzulegen.
2. **Erstellen** Sie eine Liste darüber, was man in einer Familie unter Pflege, was man unter Erziehung und was man unter gesetzlicher Vertretung versteht. Listen Sie sodann auf, welche Pflichten eine gesetzliche Vertreterin bzw. ein gesetzlicher Vertreter hat und welche Personen als gesetzliche Vertreter in Frage kommen.
3. **Erstellen** Sie – eventuell gemeinsam mit einer Lernpartnerin oder einem Lernpartner – eine Übersicht über die Unterhaltsansprüche einer Minderjährigen sowie über die Obsorgepflichten der Eltern bei Scheidung.

3.2 Ehe und Scheidung

Definition

Die Ehe ist eine **Wohnungs-, Wirtschafts- und Geschlechtsgemeinschaft** von Mann und Frau, die auf Dauer geplant ist und **gesetzliche Folgen** hat. Hinsichtlich dieser Folgen unterscheidet sie sich von der Lebensgemeinschaft, bei der Mann und Frau bloß auf Dauer zusammenleben (aber ebenfalls zumeist eine Wohnungs-, Wirtschafts- und Geschlechtsgemeinschaft bilden).

Die Eheschließung zieht weitreichende gesetzliche Folgen nach sich.

Vor einem Eheabschluss ist es möglich, sich zu verloben. Die **Verlobung** (gesetzlich „Verlöbnis") ist ein vorläufiges Versprechen, einander zu heiraten (ohne Formvorschriften) und ist grundsätzlich **rechtlich unverbindlich**. Beim Rücktritt vom Verlöbnis können allerdings für den am Rücktritt schuldlosen Teil gewisse Schadenersatzforderungen entstehen, z. B. Aufwendungen im Hinblick auf eine gemeinsame Wohnung. Außerdem können gegebene Geschenke zurückgefordert werden. Heiratswillige, die sich bereits zum Eheabschluss beim Standesamt angemeldet haben, gelten auf jeden Fall als verlobt. Seit 1.1.2019 können auch gleichgeschlechtliche Paare eine Ehe eingehen („Ehe für alle"), falls sie keine eingetragene Partnerschaft (▶ Bereich 3.3) begründen wollen.

3.2.1 Abschluss und Form des Ehevertrages

Definition

Rechtlich kommt eine **Ehe** dadurch zustande, dass zwei Personen verschiedenen Geschlechts im Ehevertrag ihren **Willen erklären** („Ja-Wort"),

- in unzertrennlicher Gemeinschaft zu leben,
- Kinder zu zeugen, sie zu erziehen und
- sich gegenseitig Beistand zu leisten.

} **„Ehezwecke"**

Im Standesamt kann eine Ehe geschlossen werden.

Auch kinderlose Ehen sind voll gültig und begründen die gegenseitige Beistandspflicht. Für die **Form** der Eheschließung gilt, dass die Verlobten bei **gleichzeitiger Anwesenheit** vor der **Standesbeamtin** oder dem **Standesbeamten** die Eheerklärung („Ja") abgeben. Anschließend ist die Ehe in das Familienbuch des Standesamtes einzutragen und eine Heiratsurkunde auszustellen. Die Heiratsurkunde ist eine Abschrift aus dem Familienbuch. Für die Eheschließung können auch Trauzeugen genannt werden. Ein Eheabschluss ohne Trauzeugen ist aber auch voll gültig.

3.2.2 Voraussetzungen für die Ehe

Ab Anmeldung zur Eheschließung gilt man als verlobt. Die Verlobten müssen handlungsfähig und ehemündig sein.

Voraussetzungen der Eheschließung

Handlungsfähigkeit	Ehefähigkeit
- Handlungsunfähige können eine Ehe nicht eingehen. - Minderjährige oder aus anderen Gründen beschränkt Handlungsfähige bedürfen der Einwilligung des gesetzlichen Vertreters. - Wird die Einwilligung grundlos verweigert, kann sie vom Gericht erteilt werden.	- vollendetes 18. Lebensjahr - Hat eine Person das 16. Lebensjahr vollendet, kann das Gericht sie auf ihren Antrag für entscheidungsfähig und ehefähig erklären, wenn sie für diese Ehe reif erscheint und der künftige Ehepartner volljährig ist. Zusätzlich benötigt diese Person jedoch die Einwilligung des gesetzlichen Vertreters. - Heiratet eine minderjährige Person, wird sie einer volljährigen Person gleichgestellt.

Ehen sind im Fall von zu enger Verwandtschaft, Doppelehe und Adoption nichtig.

Eine Ehe ist nichtig, wenn einer der Ehegatten zum Zeitpunkt der Eheschließung nicht ehefähig war. Weiters dürfen keine **Eheverbote** vorliegen: Dazu gehören zahlreiche Verbote, die man in zwei Gruppen einteilen kann. Solche, bei deren Vorliegen eine bereits geschlossene Ehe trotzdem gültig bleibt (Eheverbote ohne Nichtigkeitsfolgen) und solche, die eine Ehe **nichtig** (ungültig) machen. Nichtig ist eine Ehe in diesen Fällen:

Eheverbot mit Nichtigkeitsfolge	Betroffener Personenkreis
Verwandtschaft	Verwandte in gerader Linie und voll- und halbbürtige Geschwister; gleichgültig, ob die Verwandtschaft auf ehelicher oder unehelicher Geburt beruht
Doppelehe	bereits verheiratete Personen
Adoption	Adoptierende einerseits und Adoptivkind oder dessen Nachkommen andererseits (Aufhebung der Adoption ist jedoch möglich)

3.2.3 Rechtliche Folgen der Ehe

Eine Ehe bringt sowohl persönliche Rechtswirkungen als auch vermögensrechtliche Wirkungen mit sich.

Persönliche Rechtswirkungen	Vermögensrechtliche Wirkungen
Lebensgemeinschaft	**Vermögen**
Die Lebensgemeinschaft beinhaltet gemeinsames Wohnen (außer bei beruflichen Erfordernissen), Treue, anständige Begegnung, Beistand (Erkrankungen, Notlagen, Mitarbeit im Familienbetrieb).	Grundsätzlich besteht Gütertrennung, d. h. jeder Ehegatte behält seine Vermögenswerte und haftet selbst für seine Schulden. Allerdings gilt der Grundsatz, dass alles, das während der Ehe erworben wurde, im Zweifel von beiden Ehegatten stammt, unabhängig davon, ob nun ein Ehegatte oder beide erwerbstätig waren.
Haushaltsführung	**Unterhalt**
Jeder Partner hat seinen Beitrag zu leisten, wobei die Tätigkeit im Haushalt einer Berufstätigkeit gleichkommt.	Wer den gemeinsamen Haushalt führt und kein eigenes Einkommen hat, hat Anspruch auf Unterhalt durch den anderen Ehegatten, der außerhalb des Haushalts berufstätig ist (laut Gerichtsentscheidungen ca. 33 % des Nettoeinkommens des berufstätigen Partners).
Familienname	**Schlüsselgewalt**
Die Partner können einen gemeinsamen Familiennamen bestimmen, andernfalls behält jeder Ehegatte den eigenen Familiennamen. Wird ein gemeinsamer Name bestimmt, kann der andere Partner seinen bisherigen Familiennamen unter Setzung eines Bindestrichs voran- oder nachstellen.	Jener Partner, der den gemeinsamen Haushalt führt und keine eigenen Einkünfte hat, kann – im Rahmen des ehelichen Lebensstandards – Rechtsgeschäfte des täglichen Lebens für den gemeinsamen Haushalt abschließen und den anderen damit verpflichten.

Persönliche Rechtswirkungen	Vermögensrechtliche Wirkungen
Wohnung	**Anspruch auf Abgeltung bei Mitarbeit**
Der Partner, dem die Wohnung nicht gehört, ist in seinem **Wohnbedürfnis geschützt.** Das bedeutet, dass der andere alles zu unterlassen und vorzukehren hat, damit der auf die Wohnung angewiesene Ehegatte diese nicht verliert. Wenn ein Partner dem anderen das weitere **Zusammenleben unzumutbar** macht (z. B. durch einen körperlichen Angriff, eine Drohung mit einem solchen oder ein die Gesundheit beeinträchtigendes Verhalten), so kann der andere **aus der Wohnung gewiesen** werden und ihm ein Rückkehrverbot für zwei bis vier Wochen auferlegt werden (**Wegweisung** nach dem Sicherheitspolizeigesetz).	Jener Partner, der **im Betrieb des anderen mitarbeitet** (z. B. in Familienbetrieben, in der Landwirtschaft), hat – unter Berücksichtigung der gewährten Unterhaltsleistungen – einen Anspruch auf **angemessene Abgeltung** seiner Tätigkeit. Dieser Anspruch verjährt in sechs Jahren. In der Praxis wird diese Abgeltung häufig erst bei der Scheidung berechnet.

3.2.4 Scheidung und Scheidungsgründe

In Österreich ist der häufigste Auflösungsgrund einer Ehe immer noch der Tod. Fast jede zweite Ehe endet heute jedoch durch Scheidung, wobei Scheidungen im städtischen Bereich wesentlich häufiger sind (z. B. sind in Wien zwei von drei Ehen davon betroffen) als im ländlichen Bereich. Eine Scheidung kann ein Ehegatte nur begehren, wenn er entscheidungsfähig ist.

Scheidungsgründe

Bei vielen Scheidungsgründen spielt das **Zerrüttungsprinzip** eine Rolle: Es bedeutet, dass die eheliche Gemeinschaft schon so zerbrochen ist, dass die Wiederherstellung einer dem Wesen der Ehe (Ehezwecke!) entsprechenden Lebensgemeinschaft nicht mehr erwartet werden kann. Im streitigen Ehescheidungsverfahren hat die Richterin bzw. der Richter während des gesamten Verfahrens auf Chancen der Versöhnung der Ehepartner Bedacht zu nehmen. Außerdem sind die Scheidungswilligen schon **vor** Beginn des Verfahrens auf außergerichtliche Beratungsangebote hinzuweisen.

Scheidungsanwältinnen und Scheidungsanwälte beraten im Fall einer Scheidung.

Bei einigen Scheidungsgründen muss ein Richter genau abwägen, wen die Scheidung samt ihren Folgen härter träfe: die Klägerin bzw. den Kläger oder die Beklagte bzw. den Beklagten. Diesen Grundsatz bezeichnet man als **Härteklausel**.

Sind sich die Partner über die Scheidung samt ihren Folgen absolut einig, so können sie bei Gericht eine **einvernehmliche Scheidung** beantragen. Dabei müssen sie jedoch bereits eine schriftliche Einigung über die wesentlichsten Voraussetzungen und Folgen vorlegen. Ist dies der Fall, erfolgt die Scheidung durch gerichtlichen Beschluss.

Scheidung wegen Eheverfehlungen	Scheidung wegen ehezerrüttenden Verhaltens ohne Verschulden	Auflösung der häuslichen Gemeinschaft	Einvernehmliche Scheidung
Hier wird die Ehe wegen **Verschuldens** einer der Ehepartner geschieden. Solche Eheverfehlungen sind z. B. Ehebruch, grundlose Verweigerung des Geschlechtsverkehrs, Misshandlungen etc. Frist für die Geltendmachung: **sechs Monate** ab Kenntnis des Scheidungsgrundes	Ehezerrüttendes Verhalten eines Ehepartners (ohne Verschulden) aufgrund von ▫ einer psychischen Krankheit oder ▫ einer vergleichbaren Beeinträchtigung seiner Auffassungs- und Urteilsgabe oder ▫ einer schweren ansteckenden oder ekelerregenden Krankheit, deren Heilung in absehbarer Zeit nicht erwartet werden kann. **Härteklausel** ▫ Keine Scheidung darf erfolgen, wenn das Scheidungsbegehren sittlich nicht gerechtfertigt ist (wenn die Scheidung den anderen außergewöhnlich hart träfe).	Nach **drei Jahren** kann man wegen tief greifender, unheilbarer Zerrüttung die Scheidung begehren. ▫ Es erfolgt keine Scheidung, wenn nach Überzeugung des Gerichtes eine Wiederherstellung der ehelichen Lebensgemeinschaft zu erwarten ist. **Härteklausel** ▫ Keine Scheidung darf erfolgen, wenn an der Zerrüttung der Kläger allein oder überwiegend schuld war und den Beklagten die Scheidung härter träfe als den Kläger die Abweisung. Nach **sechs Jahren** ist dem Begehren stattzugeben.	▫ **Einvernehmen** über die Scheidung (gemeinsamer Scheidungsantrag) ▫ unheilbare Zerrüttung ▫ **Auflösung** der ehelichen Lebensgemeinschaft seit mindestens einem halben Jahr ▫ schriftliche Vereinbarung über die **Obsorge** für minderjährige Kinder, **Aufenthaltsvereinbarungen** (bei welchem Elternteil das Kind leben soll) im Fall der beiderseitigen Obsorge der Eltern ▫ **Aufteilung des Vermögens** und Einigung über gegenseitige Unterhaltsansprüche **Scheidung erfolgt durch Beschluss**

Check 3.2

1. **Recherchieren** Sie auf der Homepage www.help.gv.at die einzelnen Schritte sowie die Voraussetzungen für einen Eheabschluss und geben Sie an, was man unter einer Ehe versteht und welche rechtliche Wirkung eine Verlobung haben kann.
2. **Erheben** Sie auf der Homepage www.help.gv.at die Möglichkeiten einer Namensänderung im Zusammenhang mit einer Eheschließung und versuchen Sie dann, folgenden fiktiven Fall zu lösen: Frau Klug und Herr Schön wollen heiraten.
Erläutern Sie, welche Möglichkeiten es für Ihren Familiennamen gibt.
3. Nehmen Sie folgenden Fall an: Ihre Ehegattin bzw. Ihr Ehegatte betrügt Sie und möchte sich scheiden lassen. Sie sind jedoch dagegen. Wie kann die Scheidung trotzdem durchgesetzt werden? **Geben** Sie die Lösung in drei bis vier Sätzen **an.**
4. **Erstellen** Sie – eventuell gemeinsam mit einer Lernpartnerin oder einem Lernpartner – eine Übersicht über die persönlichen Rechtswirkungen sowie über die vermögensrechtlichen Wirkungen der Ehe.
5. **Geben** Sie **an,** was man unter dem Zerrüttungsprinzip und was man unter der Härteklausel versteht und fertigen Sie eine kurze Übersicht an, bei welchen Scheidungsgründen welches Prinzip eine Rolle spielt.

3.2.5 Rechtliche Folgen der Scheidung

Die rechtlichen Folgen der Ehe betreffen sowohl die Aufteilung des Vermögens als auch die aus der Scheidung resultierenden Unterhaltsansprüche.

Vermögen

Hinsichtlich des ehelichen Vermögens gibt es Vermögensbestandteile, die aufgeteilt werden, und solche, die nicht aufgeteilt werden.

Die Ehewohnung sowie Haushaltsgegenstände wie Möbel sind Teil des ehelichen Gebrauchsvermögens.

Aufteilung	Keine Aufteilung
Eheliches Gebrauchsvermögen: Das sind die beweglichen oder unbeweglichen Sachen, die dem Gebrauch beider Ehegatten gedient haben, z. B. Haushaltsgegenstände (Geschirr, Möbel etc.) oder die Ehewohnung (auch dann, wenn sie ein Ehepartner in die Ehe eingebracht, geerbt oder geschenkt bekommen hat). **Eheliche Ersparnisse:** Das sind Wertanlagen die während aufrechter Ehe angesammelt wurden und die ihrer Art nach üblicherweise für die Verwertung bestimmt sind.	Alle Sachen, die: ◻ **ein Ehepartner** in die Ehe **eingebracht, geerbt** oder **geschenkt** bekommen hat (ausgenommen das Gebrauchsvermögen und die Ehewohnung); ◻ dem **persönlichen Gebrauch** eines Ehepartners allein oder der **Ausübung seines Berufes** dienen; ◻ zu einem **Unternehmen** gehören oder ◻ Anteile an einem **Unternehmen** sind, **außer** es handelt sich um **bloße Wertanlagen.**

Die Aufteilung erfolgt „**nach Billigkeit**“, d. h. dem richterlichen Ermessen ist ein weiter Spielraum eingeräumt, sodass besonders berücksichtigt werden kann, was jeder Gatte zum Erwerb des Vermögens, das nun aufgeteilt wird, im Rahmen seines ehelichen Beistands beigetragen hat. Ebenso ist bei der Aufteilung das **Wohl der Kinder** zu berücksichtigen. So wird in der Regel jener Elternteil, dem das Sorgerecht für die Kinder zugesprochen wird, dazu auch den nötigen Hausrat bzw. die Wohnung erhalten.

Wurden bereits vor einem Scheidungsverfahren so genannte „**Vorausverfügungen**” getroffen (durch einen Notariatsakt über die eheliche Wohnung und Ersparnisse oder durch einfache Schriftform über das Gebrauchsvermögen), so sind bei der Aufteilung nach der Scheidung die **Partner** und das **Gericht** daran **gebunden**. Das Gericht kann bei seiner Entscheidung von der getroffenen Vereinbarung lediglich dann abgehen, wenn sich durch diese eine deutliche Verschlechterung der Lebensbedürfnisse eines Partners ergeben würde.

Selbstverständlich sind bei der Aufteilung **Schulden**, für die beide Ehegatten die Haftung übernommen haben, entsprechend zu berücksichtigen (z. B. ein gemeinsamer Kredit oder die Bürgschaft des einen für die Schulden des anderen). Einer der beiden Ehegatten ist zur Rückzahlung dieser Schulden zu verpflichten (**primäre Haftung**).

Die Haftung des anderen Ehepartners bleibt dabei den Gläubigern gegenüber aufrecht (**sekundäre Haftung**). Der Gläubiger muss sich zuerst an den primär Haftenden wenden und darf den sekundär Haftenden erst dann in Anspruch nehmen, wenn er gegen den primär Haftenden **erfolglos Exekution** (**Zwangsvollstreckung**) geführt hat.

Unterhaltsansprüche

Unterhaltsansprüche haben

- der **schuldlos oder aus minderem Verschulden geschiedene Ehepartner:** Der allein oder überwiegend schuldig geschiedene Ehepartner muss „den nach den Lebensverhältnissen der Ehegatten angemessenen" Unterhalt leisten. Dies allerdings nur dann, wenn der Berechtigte diesen Unterhalt aus den Erträgnissen seines Vermögens oder einer Erwerbstätigkeit, die von ihm „den Umständen nach erwartet werden kann", nicht zu bestreiten vermag.
- **ausnahmsweise** auch der **allein oder überwiegend schuldig geschiedene Ehepartner** („**Bedarfsunterhalt**"): Unterhalt ist in der Regel auch unabhängig vom Verschulden an der Scheidung nach dem Lebensbedarf des oder der Berechtigten („**Billigkeitsunterhalt**") zu gewähren. Dieser **verschuldensunabhängige Unterhalt** ist für zwei Gruppen gedacht:
  - für **junge Mütter** oder **Väter**, die sich um die Kinder aus der gescheiterten Ehe kümmern und keinem bezahlten Beruf nachgehen können. Sie sollen den Unterhalt in der Regel befristet bekommen.
  - für **ältere Hausfrauen** oder **Hausmänner**, die sich zwar nicht (mehr) um den Nachwuchs kümmern, aber sich in Folge lang andauernder Ehe und mangelnder Berufsfähigkeit, hohen Alters oder mangelnden Gesundheitszustandes nicht selbst erhalten können.

Der **Unterhaltsanspruch erlischt oder vermindert** sich, wenn der Unterhaltsbedürftige besonders **schwerwiegende Eheverfehlungen** begangen hat (z. B. Straftaten), seine Bedürftigkeit **grob schuldhaft** herbeigeführt hat (z. B. Spielverluste im Casino) oder andere **schwerwiegende Gründe** vorliegen (z. B. ehrloser oder unsittlicher Lebenswandel, grobe Verletzung der ehelichen Beistandspflicht). Weiters erlischt der Anspruch, wenn die oder der Berechtigte wieder heiratet. Der Anspruch ruht, wenn die berechtigte Person eine Lebensgemeinschaft (Wohnungs-, Wirtschafts- und Geschlechtsgemeinschaft) eingeht.

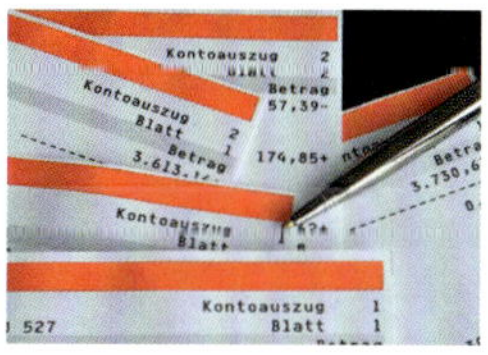

Der Unterhalt orientiert sich an den bisherigen Lebensverhältnissen.

Unterhaltsansprüche des Kindes aus einer geschiedenen Ehe

Für den Unterhalt des Kindes (zur Deckung der „den **Lebensverhältnissen** der Eltern angemessenen Bedürfnisse") haben die Eltern nach ihren Kräften anteilig beizutragen. Jener Elternteil, der den Haushalt führt, in dem das Kind lebt, hat dadurch seinen Beitrag geleistet. Der getrennt lebende Elternteil ist zur Zahlung eines Unterhaltsbeitrages verpflichtet. Der jeweils zu leistende Unterhalt hängt vom Alter und den Bedürfnissen des Kindes sowie vom Einkommen und den Sorgepflichten des Unterhaltsverpflichteten ab. Die Unterhaltspflicht besteht bis zur Selbsterhaltungsfähigkeit des Kindes.

3.2.6 Aufhebungs- und Nichtigkeitsgründe

Neben der Scheidung und dem Tod gibt es Nichtigkeits- und Aufhebungsgründe, die zu einer Auflösung einer Ehe führen können.

Norm	Nichtigkeitsgründe	Aufhebungsgründe
Zustandekommen	**Schwerwiegende Fehler** bei der Eheschließung	Diese sind **Willensmängel.**
Rechtswirkung	Die Ehe ist nichtig. Sie wird behandelt, als hätte sie nie bestanden. Kinder gelten jedoch als ehelich.	Die Ehe gilt vom Urteil an als aufgelöst.
Beispiele	◻ **Formmangel** (z. B. Eheschließung nicht vor Standesbeamten) ◻ **Mangel der Geschäfts- und Urteilsfähigkeit** (z. B. bei geistig Kranken) ◻ **Namens- und Staatsangehörigkeitsehe** (Heirat, um eine Staatsbürgerschaft oder ein Aufenthaltsrecht zu erlangen) ◻ **Doppelehe** ◻ **Verwandtschaft**	◻ **Mangel der Einwilligung des gesetzlichen Vertreters** bzw. der gesetzlichen Vertreterin bei Minderjährigen ◻ **Irrtum** über **Eheschließung** oder **Identität** der Ehepartnerin/des Ehepartners ◻ **Irrtum** über **persönliche Umstände** der Ehepartnerin/des Ehepartners (z. B. Verschweigen von Vorstrafen oder von schweren Krankheiten) ◻ **arglistige Täuschung, Zwang** (Zwangsehe)

Beispiel: Zwangsehe

Gesetzeslage in Österreich: Neben der Tatsache, dass die Zwangsverheiratung einen Aufhebungsgrund darstellt, wurde durch die Strafrechtsreform 2016 für die Zwangsehe ein eigener Straftatbestand im Strafgesetzbuch eingeführt.

Medientipp

www.gewaltinfo.at
www.bmgf.gv.at

Definition

Unter **Zwangsheirat** versteht man eine **Nötigung zur Eheschließung im In- oder Ausland.**

Die Zwangsverheiratung stellt Gewalt an Kindern bzw. jungen Mädchen mit oft schwerwiegenden Auswirkungen dar. Die Zwangsehe erfolgt meist aufgrund von **Traditionen,** der **Familienehre** oder **Armut.** Bei in Österreich lebenden jungen Mädchen werden die Zwangsverheiratungen oft während der Ferien durchgeführt.

Die Nötigung zur Ehe muss mit **Gewalt oder massiver Drohung** erfolgen. Die Bestimmung gilt für alle Personen, die in Österreich wohnhaft sind. **Strafbar** machen sich alle an der Zwangsehe **Beteiligten;** die Strafdrohung beträgt zwischen 6 Monaten und 5 Jahren Freiheitsstrafe.

Beratung: Verein „Orient Express“

- Beratung und Krisenintervention bei Zwangsverheiratung
- Notwohnungen
- Training, Workshops, Informationsveranstaltungen
- Organisation von Anwältinnen und Anwälten

Weltweit

Von Zwangsverheiratung sind weltweit ca. 200 Millionen Mädchen (v. a. in islamischen und hinduistischen Gesellschaften wie der Türkei, Pakistan, Indien sowie anderen asiatischen und afrikanischen Staaten) jährlich betroffen. Mehr als ein Viertel der Mädchen wird vor dem 15. Lebensjahr verheiratet (oft bereits ab dem 8. Lebensjahr).

Auf internationaler Ebene gibt es zum Schutz von Mädchen und Frauen vor allem die **UN-Konvention** zur Beseitigung jeder Form von Diskriminierung von Frauen **(CEDAW).**

3.3 Lebensgemeinschaft und eingetragene Partnerschaft

Lebensgemeinschaft

Definition

Wenn **zwei Partner, zwei Partnerinnen oder ein Partner und eine Partnerin** länger andauernd in einer **Wohn-, Wirtschafts- und Geschlechtsgemeinschaft** leben und diese Personen nicht verheiratet sind und nicht in einer eingetragenen Partnerschaft leben, spricht man von einer **Lebensgemeinschaft**.

Aus einer Lebensgemeinschaft ergeben sich keine Verpflichtungen wie Treue- oder Unterhaltspflicht. Es handelt sich um ein rechtlich unverbindliches Zusammenleben und alle Krisen-, Krankheits- oder Trennungsfälle sollten vorsorglich durch schriftliche Übereinkommen geregelt werden.

Lediglich das so genannte **Wegweisungsrecht** nach dem Sicherheitspolizeigesetz (▶ Bereich 3.2.3) gilt auch für Lebensgefährten. Darunter versteht man, dass eine Partnerin bzw. ein Partner aus der Wohnung gewiesen werden kann und dieser Person ein Rückkehrverbot für zwei bis vier Wochen auferlegt wird, wenn sie der oder dem anderen das Zusammenleben unzumutbar macht (z. B. durch einen körperlichen Angriff, eine Drohung mit einem solchen oder ein die Gesundheit beeinträchtigendes Verhalten – Näheres enthält der § 38a SPG). Daneben gibt es für Lebensgefährten auch Sonderregelungen im Mietrecht (Eintrittsrecht der Lebensgefährten im Falle des Todes der Mieterin bzw. des Mieters ▶ Bereich 10.2) sowie im Erbrecht (▶ Bereich 4.3).

Eingetragene Partnerschaft

Definition

Paare (gleich oder verschiedengeschlechtlich), die volljährig und entscheidungsfähig sind, haben die Möglichkeit, eine **eingetragene Partnerschaft** zu begründen. Dies kann bei **gleichzeitiger** und **persönlicher** Anwesenheit beider vor der zuständigen Beamtin bzw. dem zuständigen Beamten der Bezirksverwaltungsbehörde (Bezirkshauptmannschaft bzw. Magistrat) oder vor dem zuständigen Standesbeamten geschehen. Auf Wunsch kann dabei auch eine Zeremonie (Festakt) mit zwei Begleitpersonen (Zeugen) stattfinden.

Homosexuelle Paare können eine eingetragene Partnerschaft eingehen.

Die Rechtsgrundlage ist das Bundesgesetz über die eingetragene Partnerschaft (Eingetragene Partnerschafts-Gesetz, EPG), BGBl. I 135/2009 i. d. g. F. 161/2017. **Voraussetzungen** für die Begründung sind Volljährigkeit beider Partner, Entscheidungsfähigkeit (ist diese beschränkt, ist die Einwilligung des gesetzlichen Vertreters nötig), keine Verwandtschaft in gerader Linie oder Geschwister, kein Adoptivverhältnis und keine aufrechte Ehe oder aufrechte eingetragene Partnerschaft.

Namen

Beide Partnerinnen sowie beide Partner behalten ihre Namen. Eine Namensänderung kann jedoch in der Form beantragt werden, dass beide denselben Nachnamen erhalten. Ein bisheriger Nachname kann dann dem Nachnamen der Partnerin bzw. des Partners (jeweils mit Bindestrich) voran- oder nachgestellt werden.

Gegenseitige Rechte und Pflichten

Aufgrund der Eintragung sind die Partner zur partnerschaftlichen Lebensgemeinschaft und Vertrauensbeziehung verpflichtet. Wie bei einer Ehe drückt sich das durch gemeinsames Wohnen, gemeinsame Finanzierung der Lebensverhältnisse und gemeinsame Haushaltsführung aus.

Führt eine Partnerin bzw. ein Partner den Haushalt, wird dadurch ein Beitrag zur Deckung der Lebensverhältnisse geleistet. Diese Person hat somit einen Anspruch auf Unterhalt.

Partnerschaftsverträge können eingetragene Partnerschaften genauer regeln.

Wie bei einer Ehe ergeben sich auch **Beistandspflichten**, **Treuepflichten** und die **Schlüsselgewalt** sowie ein gesetzliches Erbrecht. So wie es bei der Ehe Ehepakte (Notariatspflicht) gibt, besteht auch hier die Möglichkeit für einen „**Partnerschaftsvertrag**". Allerdings behält der Partner nach einer Trennung die partnerschaftliche Wohnung, wenn er sie in die Partnerschaft eingebracht hat und die Partner eine diesbezügliche Vereinbarung geschlossen haben.

Auflösungsgründe und Auflösungsfolgen

Die Gründe für eine Auflösung sind grundsätzlich dieselben wie bei der Scheidung einer Ehe – die unheilbare Zerrüttung vorausgesetzt: Tod, Auflösung aus Verschulden (z. B. körperliche oder seelische Gewalt), ehezerrüttendes Verhalten eines Partners ohne Verschulden, Aufhebung der häuslichen Gemeinschaft seit mindestens drei Jahren sowie einvernehmliche Auflösung.

Wie bei den Scheidungsfolgen ist auch hier eine Vermögensaufteilung vorzunehmen und es können Unterhaltsansprüche einer Partnerin bzw. eines Partners entstehen.

Änderungen in anderen Rechtsgebieten

Eingetragene Partner haben das Recht, sich bei der Krankenversicherung kostenfrei mitversichern zu lassen. Im Fall des Todes der Partnerin oder des Partners haben sie ein gesetzliches Erbrecht wie Ehegatten, sind pflichtteilsberechtigt und haben das Recht auf eine Hinterbliebenenpension.

Check 3.3

1. **Fertigen** Sie eine Übersicht **an**, aus der hervorgeht, welche Vermögensteile eines Ehepaares im Falle der Scheidung aufgeteilt werden, welche nicht aufgeteilt werden und was mit den Schulden des Ehepaares geschehen könnte.
2. Nehmen Sie folgenden Fall an: Herr Schön und Frau Klug-Schön möchten sich scheiden lassen und suchen bei Ihnen Rat. Sie sollen das scheidungswillige Ehepaar vor allem hinsichtlich etwaiger gegenseitiger Unterhaltsansprüche beraten. **Entwerfen** Sie ein Beratungskonzept.
3. Anlässlich einer gemütlichen Zusammenkunft diskutieren Sie im Kreise Ihrer Freundinnen und Freunde die wesentlichen rechtlichen Unterschiede zwischen Ehe, Lebensgemeinschaft und eingetragener Partnerschaft. **Geben** Sie **an**, wie Ihr Diskussionsbeitrag aussehen würde.
4. **Diskutieren** Sie in einer Kleingruppe, welches Risiko z. B. eine Frau eingehen würde, die in einer Lebensgemeinschaft lebt, kein eigenes Einkommen hat und den gemeinsamen Haushalt führt.
   Erstellen Sie dann eine Liste über mögliche Punkte eines so genannten „Partnerschaftsvertrages" für diese Frau, mit dem man ihre – gegenüber einer möglichen Rolle als Ehefrau – unsichere Rechtsstellung absichern könnte.

Wissens- und Verständnischeck 3

Schätzen Sie Ihr Wissen bzw. Verständnis ein: +2 = ganz gut, –2 = nicht gut	+2	+1	–1	–2
Ich kann die Arten der Verwandtschaft unterscheiden.				
Ich kann die Voraussetzungen für eine Adoption nennen.				
Ich kann erklären, was man unter Erziehung versteht.				
Ich kann Ehe und Lebensgemeinschaft voneinander unterscheiden.				
Ich kann die Voraussetzungen für eine Eheschließung nennen.				
Ich kann die vier großen Arten der Scheidungsgründe nennen und für jede Art ein Beispiel angeben.				
Ich kann erklären, was man unter einer eingetragenen Partnerschaft versteht.				

Sind Sie mit Ihrem Lernfortschritt zufrieden?

Wenn Sie noch weitere Anleitungen und Übungen benötigen, hilft Ihnen Ihre Lehrerin/Ihr Lehrer weiter!

4 Erbrecht

Da der Tod in der heutigen Gesellschaft häufig verdrängt wird, treffen viele Menschen keine verbindliche Vorsorge (Testament). In den meisten Fällen gelangt die Erbschaft (die man auch **Verlassenschaft** nennt) an den Ehepartner, an Kinder, nähere Verwandte oder an andere Personen, die der bzw. dem Verstorbenen nahe standen (z. B. Lebensgefährten). Dadurch werden einerseits bedürftige Angehörige versorgt, andererseits wird innerhalb einer größeren Familie Vermögen gebildet. Natürlich können so in einer Gesellschaft ungleiche Startbedingungen entstehen: Während einer seine Karriere als kleiner Angestellter in einem Unternehmen beginnt, erbt ein anderer mit ähnlicher Ausbildung gleich das ganze Unternehmen.

Im vierten Bereich dieses Buches erwerben Sie folgende Kompetenzen:

Kompetenzen 4

- erklären, wie man **Erbe** werden kann und die Gründe aufzählen, bei deren Vorliegen man nicht erben kann
- die **Formen der Testamente** nennen sowie die Möglichkeiten einer **Testamentserrichtung** analysieren und die rechtlichen Folgen ableiten
- das **gesetzliche Erbrecht** und das **Pflichtteilsrecht** der engsten Angehörigen, der Ehepartner und eingetragenen Partner sowie das **außerordentliche Erbrecht** von Lebensgefährten erklären
- die einzelnen Stationen eines **Verlassenschaftsverfahrens** erläutern

4.1 Grundbegriffe

Ein handschriftlich abgefasstes Testament

Damit jemand Erbe werden kann, muss es einen so genannten **Erbrechtstitel** geben. Einschließlich des Testaments gibt es insgesamt drei Erbrechtstitel, von denen eine Erbin/ein Erbe einen nachweisen muss.

Definition

- Ein **Erbvertrag** ist ein Vertrag, in dem sich zwei Personen gegenseitig zu Erben einsetzen. Dieser Vertrag ist in Österreich nur zwischen Ehegatten oder eingetragenen Partnern über drei Viertel ihres Vermögens gültig. Ein Erbvertrag kommt in der Praxis äußerst selten vor.
- Ein **Testament** ist eine Erklärung und Hinterlassung des „letzten Willens".
- Das **Gesetz** legt fest, welche Personen die Erbschaft erhalten, wenn es weder einen Erbvertrag noch ein Testament gibt.

Eine Erbin oder einen Erben nennt man auch **Gesamtrechtsnachfolger**, weil sie/er sämtliche Rechte und Pflichten der verstorbenen Person übernimmt (also auch die Schulden). Daneben gibt es auch die Möglichkeit, einer anderen Person als den Erben einzelne Stücke aus der Erbschaft zu vermachen. Dies kann z. B. eine goldene Uhr, ein Auto oder eine bestimmte Geldsumme sein. Der Erbe muss dann dem so genannten **Vermächtnisnehmer** diese Gegenstände oder die Geldsumme übergeben. Dies nennt man **Vermächtnis**; die Person, die die Sachen erhält, **Vermächtnisnehmerin** oder **Vermächtnisnehmer**. Wird das Vermächtnis in einem eigenen Schreiben festgelegt (und nicht im Testament), nennt man dieses Schreiben, das – ähnlich den Testamenten – gewisse Formerfordernisse aufweisen muss, eine **„letztwillige Verfügung"**. Darunter fallen auch alle anderen Verfügungen des Verstorbenen (z. B. die Einsetzung eines Testamentsvollstreckers: Diese Person soll die Ausführung der Testamentsanordnungen begleiten, überwachen und abwickeln).

Trauerzeremonien sind Teil jeder Kultur.

Darüber hinaus kommt es manchmal vor, dass jemand, obwohl sie oder er als Erbe eingesetzt ist, die Erbschaft wegen Erbunfähigkeit nicht antreten kann. Dazu muss einer der im Gesetz aufgezählten Gründe vorliegen.

Erbunfähigkeit gegenüber der verstorbenen Person

Erbunfähig ist,

- wer gegen den Verstorbenen, seinen Ehepartner, seinen Lebensgefährten, eingetragenen Partner oder seine Verwandten in gerader Linie, Geschwister und deren Kinder und Partner eine (vorsätzlich begangene, gerichtlich) strafbare Handlung, die mit mehr als einjähriger Freiheitsstrafe bedroht ist, begangen hat;
- wer eine letztwillige Verfügung (z. B. ein Testament) durch Zwang oder Betrug veranlasst oder verhindert hat, sie gefälscht oder verheimlicht hat;
- wer dem Verstorbenen in verwerflicher Weise schweres seelisches Leid zugefügt hat;
- wer seine familienrechtlichen Pflichten dem Verstorbenen gegenüber grob vernachlässigt hat;
- wer wegen vorsätzlich begangener Handlungen zu einer lebenslangen oder zwanzigjährigen Freiheitsstrafe verurteilt worden ist.

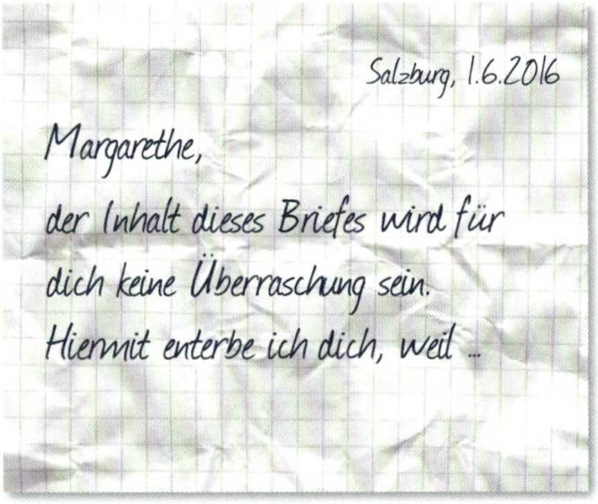

Enterbung ▶ Bereich 4.4

Bei sämtlichen Gründen für die Erbunfähigkeit könnte es allerdings passieren, dass die oder der Verstorbene zu erkennen gegeben hat (Beweis!), dass der erbunfähigen Person **verziehen** wurde.

Erbunfähigkeit gegenüber der Verlassenschaft

Die **Erbunfähigkeit** ist für Personen gegeben,

- die strafbare Handlungen gegen die Verlassenschaft begehen;
- die die Verwirklichung des letzten Willens des Verstorbenen vereiteln oder zu vereiteln suchen;
- die bereits zu Lebzeiten des Verstorbenen (vor Gericht oder vor einem Notar) auf ihr Erbrecht verzichtet haben oder dies im Rahmen des Verlassenschaftsverfahrens (nach dem Tod der Person) tun.

Die **Verlassenschaft** gilt als juristische Person und setzt die Rechtsposition der oder des Verstorbenen so lange fort, bis eine Erbin bzw. ein Erbe (oder die Erben) eingeantwortet ist (sind). Erst dann darf die Erbschaft von Erben in Besitz genommen werden.

4.2 Testamente

Welche Gültigkeitserfordernisse bestehen für Testamente? Weil es so viele sind, werden sie hier hinsichtlich der Gesichtspunkte Inhalt, Person und Form gegliedert:

Ein Testament muss bestimmte Voraussetzungen erfüllen, um rechtlich gültig zu sein.

Inhalt

- Es sollte über sämtliche **Vermögensrechte** des oder der Verstorbenen verfügt werden.
- Unbedingt erforderlich ist die **Einsetzung eines Erben**. Dabei kann auch ein Nacherbe festgelegt werden, d. h. eine Person, auf die die Erbschaft als nächste übergehen soll. Der erste Erbe darf dann die Erbschaft zwar nutzen, sie aber nicht belasten oder veräußern.
- Die Erklärung muss **ausdrücklich**, überlegt und besonnen abgegeben werden. Nicht vorliegen dürfen daher Betrug oder wesentlicher Irrtum.

Ein Sonderfall ist dabei der so genannte Motivirrtum. Er wird nur anerkannt, wenn das Motiv entscheidend war. **Beispiel:** Jemand setzt im Testament eine Person als Erben ein, die ihm vermeintlich das Leben gerettet hat – in Wirklichkeit war es jedoch der Zwillingsbruder.

Person

- Handlungsfähige Personen ab vollendetem 18. Lebensjahr können testieren.
- Personen zwischen 14 und 18 Jahren sowie jene, denen gerichtlich ein Erwachsenenvertreter bestellt ist, können nur mündlich vor Gericht oder vor zwei Notaren (bzw. einem Notar mit zwei Zeugen) ein Testament formulieren; dabei haben sich das Gericht oder die Notare davon zu überzeugen, dass die Erklärung des letzten Willens frei und überlegt erfolgt.
- Personen, denen die Entscheidungsfähigkeit vollkommen fehlt und die dadurch den Inhalt und die Folgen ihrer letztwilligen Verfügung nicht verstehen, können überhaupt nicht testieren (siehe auch den Abschnitt zum Inhalt).

Wer kann nicht Testamentzeuge sein?
- Personen unter 14 Jahren
- Wahrnehmungsunfähige (Blinde, Taube oder solche, die die Sprache nicht verstehen)
- Personen, die im Testament selbst etwas erhalten sowie deren engste Verwandte, Ehegatten, Lebensgefährten, eingetragene Partner, gesetzliche Vertreter oder Dienstnehmer

Form

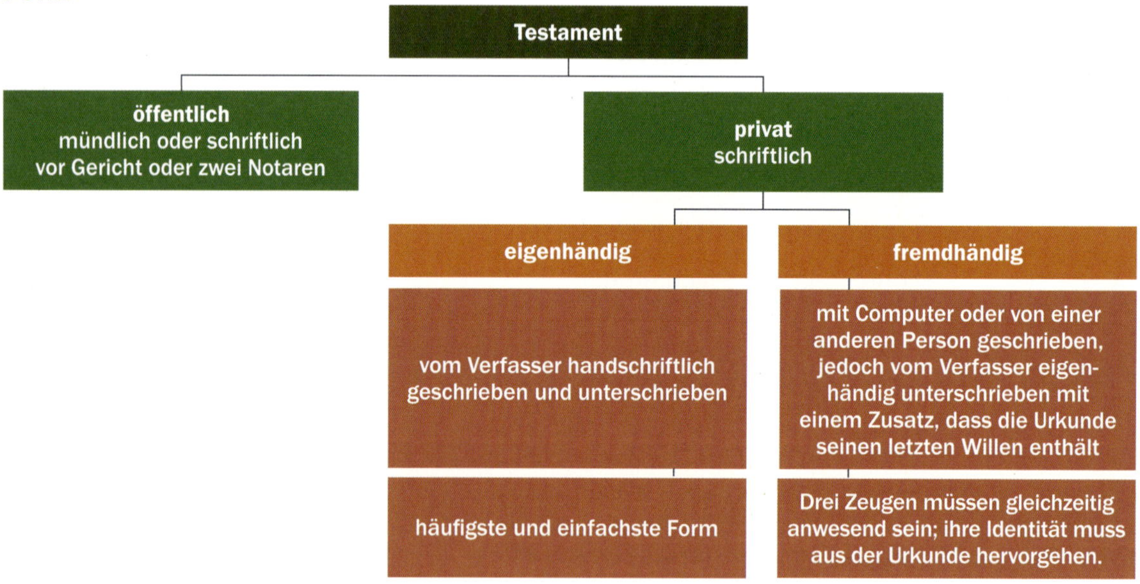

Zusätzlich gibt es noch eine weitere Unterscheidung:

- **Ordentliche Testamente** sind alle in der obigen Übersicht angeführten Formen.
- **Außerordentliche Testamente** werden auch **Nottestamente** genannt. Sie sind für Notsituationen vorgesehen (Seuche, Seenot usw.), die durch objektive Umstände begründet sind. Wenn die unmittelbare Gefahr besteht, dass jemand stirbt, bevor er auf ordentliche Weise seinen letzten Willen erklären kann, kann er mündlich oder schriftlich vor nur **zwei Zeugen** testieren. Die Zeugen müssen älter als 14 Jahre alt und gleichzeitig anwesend sein. Sollten nach dem Tod des Verfügenden die Zeugen keine übereinstimmende Aussage machen, ist das Testament ungültig. Ein Nottestament verliert drei Monate nach Wegfall der Gefahr seine Gültigkeit.

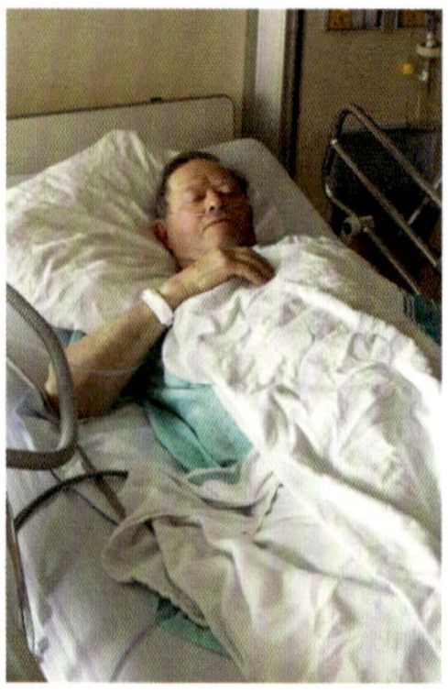

Ein Patient auf der Intensivstation kann seine Wünsche in einer Patientenverfügung festhalten.

Über die Art und den Ort der Aufbewahrung von Testamenten gibt es keine zwingenden Vorschriften. Damit man aber sichergeht, dass nach dem Tod das Testament noch vorhanden ist und gefunden wird, kann man es bei einer Notarin oder einem Notar, einer Rechtsanwältin oder einem Rechtsanwalt oder bei Gericht hinterlegen. Die Hinterlegung wird dann im **zentralen Testamentsregister der Notariatskammer bzw. der Rechtsanwaltskammer** eingetragen. Diese Register werden im Todesfall abgefragt.

Jedes Testament kann vom Errichter jederzeit widerrufen werden. Es gilt das zuletzt errichtete Testament, daher ist die Angabe eines **Datums** empfehlenswert!

Nicht zu den Testamenten im engeren Sinne gehört die so genannte **Patientenverfügung**, bei der die Einsetzung eines Erben fehlt, die aber in Hinblick auf eine Spitalsbehandlung der oder dem Kranken oft zusätzlich ein Anliegen ist. Sie wird in der Bevölkerung auch als **„Patiententestament“** bezeichnet, weil sie eben auch eine letztwillige Verfügung beinhaltet.

Hier sehen Sie ein Beispiel für einen Teil einer **Patientenverfügung**. Ein vollständiges, vorgefertigtes Formular können Sie unter **www.oesterreich.gv.at** herunterladen.

Patientenverfügung

Diese Patientenverfügung wird gemäß Patientenverfügungs-Gesetz (BGBl. I Nr. 55/20016) errichtet.

Meine Patientenverfügung:

Im Vollbesitz meiner geistigen Kräfte, bei klarem Bewusstsein, ohne Druck und Zwang, nach reiflicher Überlegung und in Kenntnis der reichlichen Tragweite erstelle ich diese Patientenverfügung für den Fall, dass ich in Folge einer Krankheit meinen Willen als Patient(in) nicht mehr fassen oder – in welcher Form auch immer – äußern kann (z. B. Bewusstlosigkeit). Solange ich diese Patientenverfügung nicht widerrufe oder sonst zu erkennen gebe, dass sie nicht mehr wirksam sein soll, bzw. eine von mir vorgenommene Änderung vorliegt, gilt diese Patientenverfügung als Ausdruck meines Willens.

Ich möchte mit dieser Urkunde eine ______________________ Patientenverfügung errichten.

Als beachtliche Patientenverfügung muss sie als wichtige Orientierungshilfe berücksichtigt werden.

Meine Daten:

Name: ______________________ Vorname: ______________________

Geburtsdatum: ______________________ Geburtsort: ______________________

Straße: ______________________ PLZ, Wohnort: ______________________

Telefon: ______________________ E-Mail: ______________________

Beschreibung meiner persönlichen Umstände und Einstellungen:

Damit meine behandelnden Ärztinnen und Ärzte für den Fall, dass ich mich während meiner medizinischen Behandlung nicht mehr verständigen kann, meinen Willen als Patient(in) besser beurteilen können, halte ich Folgendes über meine Einstellung zu meinem Leben, meiner Gesundheit und Krankheit, meinem Sterben und meinem Tod fest.

____

____

____

____

Check 4.1

1. **Recherchieren** Sie auf der Website www.help.gv.at die Mustervorlage eines privaten, schriftlichen und eigenhändigen Testamentes und versuchen Sie, auf Basis dieser Vorlage Ihr eigenes Testament zu entwerfen. **Achtung:** Bitte unterschreiben Sie es nicht, sonst könnte es gültig sein!
2. **Erklären** Sie, welche Arten von Testamenten es gibt und welche Voraussetzungen für eine Testamentserrichtung gegeben sein müssen. Halten Sie Ihr Arbeitsergebnis in einer kurzen Übersicht schriftlich fest.
3. Versuchen Sie, folgenden Rechtsfall zu lösen: Anlässlich eines Segelturns befinden Sie sich mit einem Freund und dem Skipper an Bord und geraten in einen heftigen Sturm, bei dem der Skipper schwer verletzt wird. Da er um sein Leben fürchtet, möchte er sein Testament machen. Er hat sich aber beide Hände gebrochen und kann nicht schreiben. Wozu können Sie ihm raten?
4. Mit dem Wissen, dass immer das zuletzt errichtete Testament das jeweils gültige ist, hat eine Tochter das letzte Testament ihres verstorbenen Vaters versteckt und das vorletzte – das für sie günstiger ausfiel – der Notarin für die Abwicklung der Verlassenschaft übergeben. Das letzte Testament wird jedoch von einem darin ebenfalls als Erben eingesetzten Verwandten gefunden. Da beide Testamente ein Datum aufweisen, fliegt der Schwindel auf.
   Erstellen Sie einen kurzen schriftlichen Lösungsvorschlag für diesen Rechtsfall.

4.3 Gesetzliche Erbfolge

Ist weder ein Erbvertrag noch ein Testament vorhanden, so kommen nach dem ABGB (§§ 744 ff.) die Ehegattin bzw. der Ehegatte oder der eingetragene Partner sowie jene Personen als Erben in Betracht, die mit dem Verstorbenen in nächster Linie verwandt sind. Etwa 70 % der Österreicherinnen und Österreicher machen kein Testament, sodass die gesetzliche Erbfolge eintritt. Zur gesetzlichen Erbfolge kommt es auch, wenn der Verstorbene durch eine letztwillige Verfügung nicht über sein gesamtes Vermögen verfügt hat; hier geht der Rest an die gesetzlichen Erben.

Ehegatten, eingetragene Partner

Ehegatten steht ein gesetzliches Erbrecht zu.

Neben den Verwandten hat zunächst die überlebende Ehegattin oder der überlebende Ehegatte bzw. die eingetragene Partnerin oder der eingetragene Partner ein gesetzliches Erbrecht. Wie viel diese Person erhält, hängt aber davon ab, welche sonstigen Verwandten noch vorhanden sind.

Der überlebende Ehegatte bzw. eingetragene Partner erhält

- neben Verwandten der 1. Linie (**Kindern**) ein **Drittel**,
- neben Verwandten der 2. Linie (**Eltern**) zwei **Drittel**

der Erbschaft. Ist ein Elternteil vorverstorben, so erhält der Ehegatte bzw. der Partner auch dessen Anteil.

Sofern der Ehegatte oder Partner nicht rechtmäßig enterbt worden ist, gebührt ihm noch zusätzlich das so genannte **gesetzliche Vorausvermächtnis**: Sie bzw. er hat das Recht, weiter in der Ehewohnung zu wohnen und die zum Haushalt gehörenden beweglichen Sachen zu verwenden, soweit dies zur Fortführung der bisherigen Lebensverhältnisse nötig ist. Dieses Recht behält der Ehepartner bzw. der eingetragene Partner sogar im Falle einer Wiederverehelichung (Wiederverpartnerung).

Lebensgefährten können sich ebenfalls auf ein Vorausvermächtnis berufen, wenn sie in den letzten drei Jahren vor dem Tod des oder der Verstorbenen in einem gemeinsamen Haushalt gelebt haben.

Liniensystem des Erbrechts

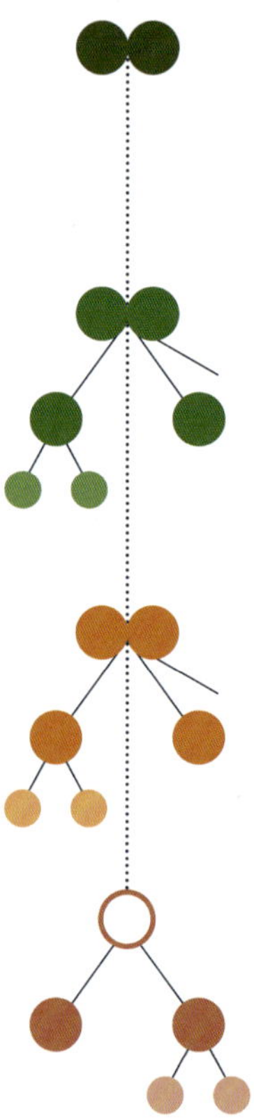

Urgroßeltern

4. Linie: Urgroßeltern der verstorbenen Person

Großeltern

3. Linie: Großeltern der verstorbenen Person mit ihren Kindern (= Tanten und Onkeln) und deren Nachkommen

Eltern

2. Linie: Eltern der verstorbenen Person mit ihren Kindern (= Geschwistern) und deren Nachkommen

Verstorbener

1. Linie: verstorbene Person mit ihren Kindern und deren Nachkommen

Verwandte

Die gesetzliche Verwandtenerbfolge beruht auf einem **Liniensystem**:

- Die **1. Linie** bildet die Verstorbene bzw. der Verstorbene mit den jeweiligen Nachkommen (Kinder, Enkel usw.).
- Zur **2. Linie** gehören die Eltern der oder des Verstorbenen und deren Nachkommen (dies sind die Geschwister, Neffen und Nichten des Verstorbenen).
- Zur **3. Linie** zählt man die Großeltern und deren Nachkommen (diese sind die Onkel und Tanten der bzw. des Verstorbenen).
- Von der **4. Linie** kommen nur mehr die Urgroßeltern der bzw. des Verstorbenen in Betracht.

Angehörige der nächstfolgenden Linie sind immer dann Erben, wenn aus der vorhergehenden Linie **niemand vorhanden** ist oder niemand erbt. Innerhalb einer Linie schließt der nähere Verwandtschaftsgrad den entfernteren aus. Dies trifft aber nur auf lebende Mitglieder einer Linie zu: Verstorbene werden durch ihre eigenen Nachkommen **repräsentiert**. Diese erhalten zusammen immer jenen Teil, der auf den durch sie vertretenen Vorfahren entfallen wäre.

Beispiel: Erbfolge

Ein Verstorbener hatte zwei Söhne, von denen einer – mit zwei Kindern – bereits längere Zeit tot ist. Seine beiden Kinder teilen sich den Erbteil ihres vorverstorbenen Vaters.

Ausnahme und Grenze der Repräsentation: Ist ein Elternteil der bzw. des Verstorbenen bereits verstorben, dann gibt es keine Repräsentation und auch der Anteil des verstorbenen Elternteils fällt dem Ehegatten bzw. dem eingetragenen Partner zu.

Lebensgefährten – außerordentliches Erbrecht

Hat der Verstorbene keine letztwillige Verfügung gemacht und gibt es auch sonst keine gesetzlichen Erben (Ehepartner, eingetragener Partner, Verwandte), so erhält die Lebensgefährtin bzw. der Lebensgefährte **die gesamte Erbschaft**. Voraussetzung dafür ist allerdings, dass beide in den letzten **drei Jahren** vor dem Tod der bzw. des Verstorbenen als Lebensgefährten im gemeinsamen Haushalt gelebt haben.

Falls auch kein Lebensgefährte für die Erbfolge berechtigt ist, hat der Staat das Recht, sich die Erbschaft anzueignen.

Pflegevermächtnis

Wurde der oder die Verstorbene in seinen letzten Lebensjahren von nahen Angehörigen – in nicht geringfügigem Ausmaß, d. h. in der Regel durchschnittlich **mehr als monatlich 20 Stunden** – gepflegt, so gebührt diesen Angehörigen ein gesetzliches Vermächtnis, wenn die Pflege der verstorbenen Person in ihren letzten drei Lebensjahren mindestens **sechs Monate** hindurch **unentgeltlich** durchgeführt wurde.

Die Festsetzung bzw. Leistung der entsprechenden Summe wird durch eine Notarin bzw. einen Notar als Gerichtskommissär im Laufe der Verlassenschaftsabhandlung veranlasst.

4.4 Pflichtteil

Da der letzte Wille der verstorbenen Person maßgeblich ist, kann diese, auch wenn sie verheiratet ist und Kinder hat, eine familienfremde Person zum Erben einsetzen. Eine volle Verwirklichung dieses **Grundsatzes der Testierfreiheit** würde aber von vielen nahen Angehörigen als ungerecht empfunden werden. Daher ist die Freiheit der Erbeinsetzung zugunsten bestimmter Angehöriger eingeschränkt und das Gesetz sichert der Familie damit wenigstens einen **Teil der Erbschaft** zu.

Der Ehegatte (eingetragener Partner oder eingetragene Partnerin) und die Nachkommen haben einen Pflichtteilsanspruch, man nennt sie **Pflichtteilsberechtigte**. Der Anspruch ist jedoch kein Erbrecht, sondern eine Forderung auf Geldabfindung gegen den oder die Erben. Diese Geldansprüche können die Pflichtteilsberechtigten jedoch erst ein Jahr nach dem Tod des Verstorbenen fordern.

Zusätzlich gibt es für die Erben bei bestimmten Gründen die Möglichkeit, die Pflichtteilsschulden zu stunden (auf höchstens fünf Jahre, in Ausnahmefällen zehn Jahre) oder bei Gericht um Ratenzahlung anzusuchen.

Definition

Der **Pflichtteilsanspruch** beträgt
- für den **Ehegatten** bzw. den **eingetragenen Partner/die eingetragene Partnerin**
- und **Nachkommen**

die **Hälfte** dessen, was ihnen nach **gesetzlicher Erbfolge** zugefallen wäre.

Schenkungen, die Pflichtteilsberechtigte zu Lebzeiten des oder der Verstorbenen erhalten haben, sind auf den Pflichtteil anzurechnen, werden also von der Geldabfindung abgezogen.

Herabsetzung des Pflichtteils auf die Hälfte durch letztwillige Verfügung

Der Pflichtteil eines Ehepartners, einer Ehepartnerin oder eines eingetragenen Partners bzw. einer eingetragenen Partnerin oder eines Kindes kann herabgesetzt werden, wenn für längere (ca. 20 Jahre) Zeit vor dem Tod des Verstorbenen **kein Naheverhältnis** vorlag, wie es zwischen solchen Familienangehörigen für gewöhnlich besteht. Diese Herabsetzung steht jedoch nicht zu, wenn der oder die Verstorbene den persönlichen Verkehr mit dem Pflichtteilsberechtigten grundlos abgelehnt hatte (Beweis!) oder es einen berechtigten Anlass für den fehlenden Kontakt gegeben hat.

Hat aber der sonst Pflichtteilsberechtigte einen Enterbungsgrund gesetzt, ist er vom Pflichtteil **vollständig ausgeschlossen** – außer, der bzw. die Verstorbene hat ihm bereits zu Lebzeiten nachweislich verziehen. Eine Enterbung kann aber nur aus den im **Gesetz aufgezählten Enterbungsgründen** stattfinden (▶ Bereich 4.1 Grundbegriffe).

4.5 Verfahren

Österreichische Notariatskanzlei

Niemand darf eigenmächtig über die Erbschaft verfügen, sondern es muss ein gerichtliches Verfahren stattfinden, die **Verlassenschaftsabhandlung**.

Tod

Totenbeschau

Die nächsten Angehörigen erhalten beim Standesamt des Sterbeortes die **Sterbeurkunde** und benachrichtigen die Arbeitgeberin bzw. den Arbeitgeber oder die Pensionsstelle der verstorbenen Person.

Todesfallaufnahme

Diese erfolgt durch den Notar. Dabei werden sämtliche persönlichen und finanziellen Verhältnisse der bzw. des Verstorbenen, die erbberechtigten Verwandten und deren Personaldaten, die aufgefundenen Testamente usw. ermittelt.

Unbekannte Gläubiger werden mit einem Gerichtedikt aufgefordert, sich zu melden. www.edikte.justiz.gv.at

voraussichtliche Aktiva über 5.000 €	**voraussichtliche Aktiva unter 5.000 €**
Der Notar führt die Abhandlung durch, eröffnet das Testament, ermittelt die Erben.	Keine Verlassenschaftsabhandlung. Die Erbschaft wird „**armutshalber abgetan**", die Aktiva werden den Erben und Gläubigern überlassen.

Erbantrittserklärung

Die Erben erklären, ob sie die Erbschaft ausschlagen oder annehmen. Im letzteren Fall gibt es zwei Möglichkeiten.

Bedingte Erbantrittserklärung	**Unbedingte Erbantrittserklärung**
Der Erbe haftet für die Schulden der verstorbenen Person nur **betragsbeschränkt** bis zum Wert der übernommenen Erbschaft. Beispiel: Bei einem Wert von 12.000 € und Schulden von 16.000 € haftet der Erbe bis 12.000 €. Der Wert der Haftung muss durch Errichtung eines **Inventars** ermittelt werden (Sachverständige, Kosten, Dauer).	Der Erbe haftet für sämtliche Schulden der verstorbenen Person **unbeschränkt**, auch mit dem Privatvermögen. Achtung: Eine Erbantrittserklärung kann nicht widerrufen werden. Kein Inventar, der Erbe bekräftigt in Eidesform (**Vermögenserklärung**) den Wert der Erbschaft. Ein falscher Eid ist strafbar.

Einantwortungsbeschluss des Gerichts

Dieser erfolgt, nachdem alle Verpflichtungen aus dem Testament erfüllt sind (Vermächtnisse, Erbteilung unter mehreren Erben usw.). Der Erbe kann damit über die Erbschaft verfügen.

Eine Notarin oder ein Notar als **Gerichtskommissär** (d. h. als Beauftragter des Gerichts) führt das Verfahren durch. Mit einem **Einantwortungsbeschluss** des Gerichts wird das Verfahren beendet und der Erbe wird (oder die Erben werden) Eigentümer der Erbschaft.

Dieses Verfahren bietet verschiedene Vorteile:

- Es verbietet eigenmächtiges Verhalten und vermeidet **Streit** unter den Erben,
- es sorgt für Ordnung im **Grundbuch**,
- es garantiert **Minderjährigen**, die ihre Eltern durch Tod verloren haben, die Bestellung von gesetzlichen Vertretern.

Bei geringfügigen Erbschaften unterbleibt die Verlassenschaftsabhandlung. Sind keine Erben vorhanden oder lehnen alle Erben die Erbschaft ab, kann sie der Staat beanspruchen.

Europäische Regelungen

Für 25 Mitgliedstaaten der EU wird durch die EU-Erbrechtsverordnung eine Regelung für **grenzüberschreitende Erbfälle** erlassen: Zuständig für die Abwicklung der Verlassenschaftsabhandlung ist das zuständige Gericht jenes Staates, in dem die oder der Verstorbene zum Zeitpunkt des Todes den **gewöhnlichen Aufenthalt** hatte. Nach diesem bestimmt sich auch das anzuwendende Recht.

Für einen Österreicher, der seinen Lebensabend in Italien verbringt, kommt beispielsweise italienisches Erbrecht zur Anwendung.

Check 4.2

1. Herr Huber hinterlässt weder Testament noch Erbvertrag, jedoch Eltern, Ehefrau und vier minderjährige Kinder. **Geben** Sie **an:**
   a. wer wieviel erbt;
   b. wie hoch der Pflichtteil der jeweiligen Personen ist.
2. **Erörtern** Sie die Gründe, bei deren Vorliegen
   a. ein Pflichtteil auf die Hälfte herabgesetzt werden kann;
   b. nicht einmal ein Pflichtteilsanspruch besteht.
   Halten Sie das Arbeitsergebnis schriftlich fest.
3. **Erarbeiten** Sie die Unterschiede zwischen bedingter und unbedingter Erbantrittserklärung und erörtern Sie, was für eine Erbin bzw. einen Erben ein Grund sein könnte, eine unbedingte Erbantrittserklärung abzugeben.

Wissens- und Verständnischeck 4

Schätzen Sie Ihr Wissen bzw. Verständnis ein: +2 = ganz gut, –2 = nicht gut	+2	+1	–1	–2
Ich kann die Formen der Testamente nennen.				
Ich bin in der Lage, ein privates, schriftliches und eigenhändiges Testament zu verfassen.				
Ich kann erklären, welcher Personenkreis ein gesetzliches Erbrecht hat.				
Ich kann einige Gründe aufzählen, bei deren Vorliegen man nicht erben kann.				
Ich kann die wichtigsten Schritte eines Verlassenschaftsverfahrens erläutern.				

Sind Sie mit Ihrem Lernfortschritt zufrieden?

Wenn Sie noch weitere Anleitungen und Übungen benötigen, hilft Ihnen Ihre Lehrerin/Ihr Lehrer weiter!

5 Sachenrecht

Die Vorschriften des Sachenrechts sind für die meisten Menschen von großer Bedeutung: Sie regeln die Frage, wem die Sachen (Rechtsobjekte) gehören, wer sie beherrschen und darüber verfügen darf. Da persönliches Eigentum von Sachen in unserer Gesellschaft für die meisten Menschen von Kindheit an sehr bedeutsam ist, spielt der Begriff des Eigentums im Sachenrecht eine zentrale Rolle und es hängt von der jeweiligen Ideologie ab, die hinter der Verfassung eines Staates steht, ob dieses **Herrschaftsrecht absolut** oder **beschränkt** ist.

Die Rechtsordnungen der Staaten müssen danach trachten, dass die grundsätzlich anerkannten Eigentumsrechte des Einzelnen die Interessen seiner Mitbürgerinnen und Mitbürger sowie der Allgemeinheit nicht zu stark beeinträchtigen, denn die **schrankenlose Freiheit des einen** würde zu einer **Beschränkung der Freiheit anderer** führen. So ist zum Beispiel in Österreich das Eigentumsrecht durch zahllose Regelungen eingeschränkt. **Sachenrechte**, d. h. die Herrschaft einer oder eines Berechtigten an einer Sache, müssen von anderen respektiert werden und für diese erkennbar sein. Man nennt diesen Grundsatz **Publizität**: Er gilt z. B. beim Grundbuch.

Weiters können Sachenrechte, z. B. das **Eigentum**, gegen alle Personen verteidigt und durchgesetzt werden. Dabei gibt es sogar strafrechtlichen Schutz (z. B. beim Diebstahl von fremdem Eigentum). Der bloße **Besitz** einer Sache ist kein Sachenrecht, weil ein Dieb auch ein „Besitzer" ist und den Willen hat, eine fremde Sache zu behalten.

Im fünften Bereich dieses Buches erwerben Sie die folgenden Kompetenzen:

Kompetenzen 5

- **Besitz** und **Eigentum** an **beweglichen** und **unbeweglichen Sachen** erklären
- den Fall einer **Besitzstörung** lösen sowie **Streitfälle zwischen Nachbarn** beurteilen
- die **Bedeutung** und den **Aufbau des Grundbuchs** erläutern und einem **Grundbuchsauszug** wesentliche Informationen entnehmen

5.1 Grundbegriffe

Definition

Im rechtlichen Sinn ist alles eine **Sache**, was von der **Person verschieden** ist und von ihr gebraucht bzw. verwendet ist.

§ 285 ABGB: „Alles was von der Person unterschieden ist und zum Gebrauch der Menschen dient, wird im rechtlichen Sinne eine Sache genannt."

Dabei gibt es eine Sonderregelung für **Tiere**: Diese werden durch besondere Gesetze geschützt (z.B. Tierschutzgesetz – verbietet das Quälen und grundlose Töten von Tieren), werden aber ansonsten behandelt wie Sachen. Das bedeutet, man kann ein Tier kaufen und verkaufen, schenken und geschenkt bekommen, mieten und vermieten usw.

Tiere werden durch besondere Gesetze geschützt.

Definition

§ 285a ABGB: „Tiere sind keine Sachen; sie werden durch besondere Gesetze geschützt. Die für Sachen geltenden Vorschriften sind auf Tiere nur insoweit anzuwenden, als keine abweichenden Regelungen bestehen."

Einteilung der Sachen

Die folgende Einteilung ist für die rechtliche Behandlung der Sachen wichtig:

Sachen

bewegliche – unbewegliche	körperliche – unkörperliche	vertretbare – unvertretbare
können ohne Schaden an einen anderen Ort gebracht werden – oder nicht	können mit den Sinnen wahrgenommen werden – oder nicht	können jederzeit durch gleichartige ersetzt (vertreten) werden – oder nicht
Bücher, Autos – Grundstücke	Tiere, Luft, Häuser – Rechte	Schuhe, Bücher – ein Bild von Albrecht Dürer

verbrauchbare – unverbrauchbare	freistehende – öffentliche / private	Hauptsachen – Nebensachen
ihr hauptsächlicher Zweck liegt im Verbrauch – oder nicht	jeder kann sie sich aneignen – oder nicht, weil sie der Öffentlichkeit oder einer Privatperson gehören	die Sachen selbst mit sämtlichen Bestandteilen – oder die Sachen, die in wirtschaftlichem Zusammenhang mit der Hauptsache stehen
Lebensmittel, Benzin – Werkzeug, Kleidung	Luft, Mücken – öffentliche Straßen – Privatautos	Auto – Werkzeug, Reserverad

Häuser und Autos gelten als Sachen.

Inhaber – Besitzer – Eigentümer

Während in der Umgangssprache des täglichen Lebens diese drei Begriffe nicht unterschieden werden, haben sie im Rechtsleben eine unterschiedliche Bedeutung.

Definition

Inhaberin oder **Inhaber** ist, wer eine Sache (in seiner tatsächlichen Gewalt) hat, sie jedoch nicht für sich behalten will. Sie bzw. er hat **keinen Besitzwillen** und ist jederzeit bereit, die Sache wieder herzugeben (z.B. Garderobier, redlicher Finder).

Garderobe im Theater

Definition

Besitzerin oder **Besitzer** ist, wer aufgrund eines Rechtstitels (z.B. Miete) oder einer Tatsache (z.B. Diebstahl) eine Sache hat und sie (für eine bestimmte Zeit oder für immer) für sich behalten will. Sie bzw. er **hat den Besitzwillen** (z.B. Mieter, Diebin).

Die Rechtsordnung berücksichtigt hier die Bedürfnisse des täglichen Lebens und schützt den **Besitzer einer Sache** durch die Möglichkeit der **Besitzstörungsklage** (▶ Bereich 5.2).

Mietwohnung

Definition

Eigentümerin oder **Eigentümer** ist, wer aufgrund eines Rechtstitels ein Vollrecht an einer Sache hat. Ein Eigentümer kann grundsätzlich mit dieser Sache machen, was er will und jeden anderen davon ausschließen. Da jedoch eine vollständige Ausnutzung des Eigentumsrechts fremde Interessen schädigen könnte, gibt es **Beschränkungen des Eigentums** (▶ Bereich 5.3).

Aktentasche

Arten des Besitzes		
rechtmäßig – unrechtmäßig	**redlich – unredlich**	**echt – unecht**
Die Besitzerin bzw. der Besitzer hat einen gültigen Rechtstitel – oder nicht.	Die Besitzerin bzw. der Besitzer glaubt, einen solchen Rechtstitel zu haben – oder nicht.	Die Besitzerin bzw. der Besitzer hat die Sache weder durch Gewalt oder List noch durch Bittleihe erhalten – oder schon.
Beispiele: Käuferin, Mieter – Diebin, Räuber	Beispiel: jemand hält sich für den Mieter – jemand weiß, dass sein Mietvertrag ungültig ist	Beispiel: Käufer, Pächter – Räuber, Betrüger oder jemand, der die Leihsache nach Widerruf der Leihe nicht zurückgibt

5.2 Besitzstörung

Definition

Unter **Besitzstörung** versteht man **jeden unbefugten eigenmächtigen Eingriff** in den Besitz eines anderen, wodurch sich für diesen ein wirklicher oder möglicher Schaden ergibt. **Eigenmacht** liegt nur dann nicht vor, wenn der Eingriff von der Besitzerin bzw. vom Besitzer gestattet wird oder gesetzlich gedeckt ist (z. B. polizeiliche Verfolgungsmaßnahmen).

Ein Besitzer hat das Recht, seinen Besitz im Wege der Selbsthilfe zu verteidigen, falls behördliche Hilfe zu spät käme. Der behördliche Schutz wird in einem besonders geregelten und raschen **Besitzstörungsverfahren** verwirklicht, wobei der Kläger in diesem Verfahren lediglich seinen **bisherigen** (ruhigen) **Besitz** und die **Störung** durch den Beklagten **beweisen** muss. Ob der Besitz zu Recht besteht oder nicht, wird in diesem Verfahren nicht geprüft, ebenso wenig, ob allenfalls Schadenersatzansprüche bestehen. So ist also das Besitzstörungsverfahren lediglich auf die **Wiederherstellung des vorigen Zustandes** und die **Unterlassung künftiger Eingriffe** gerichtet.

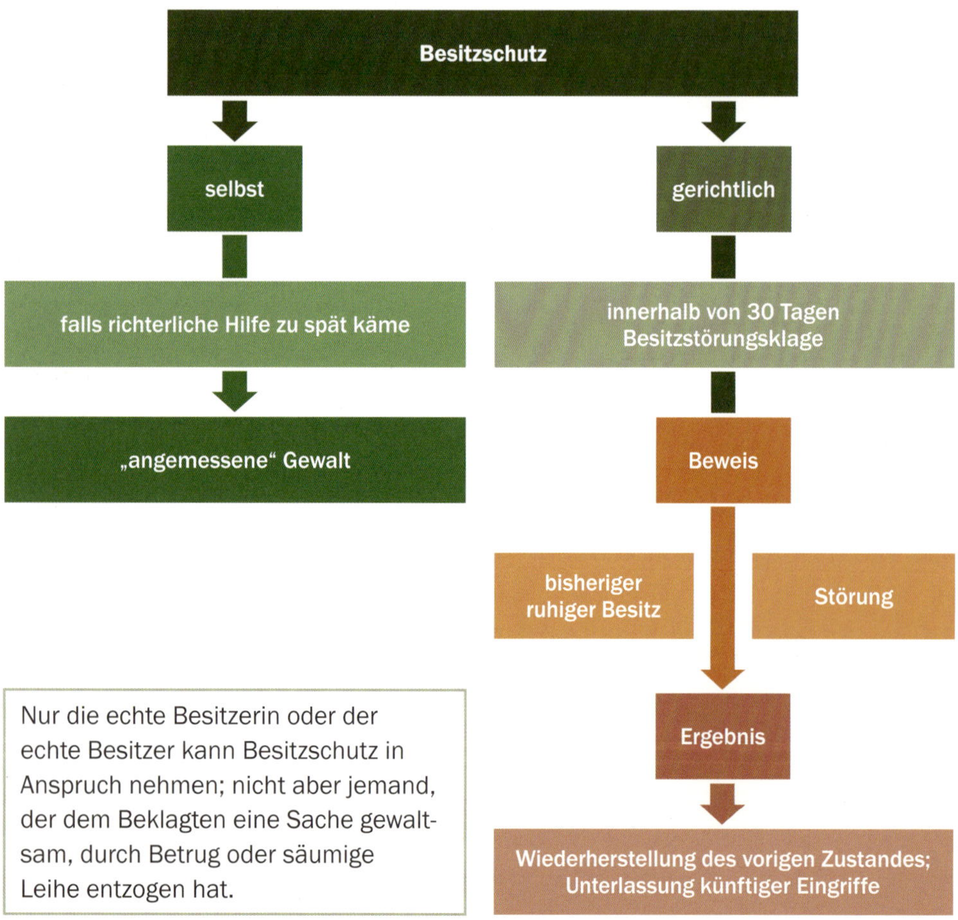

Nur die echte Besitzerin oder der echte Besitzer kann Besitzschutz in Anspruch nehmen; nicht aber jemand, der dem Beklagten eine Sache gewaltsam, durch Betrug oder säumige Leihe entzogen hat.

Die Frage, ob der Besitz zu Recht besteht, ist in einem eigenen Verfahren abzuklären. Vorteil des Besitzstörungsverfahrens ist also eine rasche Erledigung, die besonders dann praktisch ist, wenn Eigentümer und Besitzer verschiedene Personen sind; z. B. wenn der Eigentümer eines Gartens sich in den USA befindet, der Pächter sich aber gegen eine Besitzstörung zur Wehr setzen möchte.

Etwaige Schadenersatzansprüche müssen in einem eigenen Gerichtsverfahren geltend gemacht werden.

5.3 Eigentum, Eigentumsbeschränkungen und Eigentumserwerb

Definition

Die Eigentümerin bzw. der Eigentümer hat ein **Vollrecht** und damit das umfassendste Recht an einer Sache. Ein Eigentümer kann nach Belieben darüber verfügen und jede andere Person davon ausschließen.

Da jedoch eine vollständige Ausnutzung des Eigentumsrechts fremde Interessen schädigen könnte, gibt es **Beschränkungen** des Eigentums.

5.3.1 Eigentumsbeschränkungen

- **Enteignung:** Dies ist in Österreich die stärkste Eigentumsbeschränkung und besteht darin, dass jemandem gegen seinen Willen sein Eigentum weggenommen wird. Möglich ist dies jedoch nur, wenn es **gesetzlich** geregelt ist, wenn eine **Entschädigung** erfolgt und wenn **öffentliches Interesse** vorliegt (z. B. Enteignung eines Grundstückes für den Bau einer Autobahn).
- **Bauvorschriften, Denkmalschutz, Naturschutz:** Hier gibt es zahlreiche gesetzliche Regelungen. So sind z. B. die Bauordnungen der einzelnen Bundesländer als Landesgesetze geregelt, weil der Bau von Häusern je nach Landschaft, Klima und Tradition unterschiedlich sein soll.
- **Veräußerungs- und Belastungsverbote:** Das Veräußerungsverbot untersagt die Übertragung, das Belastungsverbot die Beschränkung des Eigentums (durch ein Pfandrecht oder ein Nutzungsrecht). Das bedeutet, dass ein Eigentümer seine Sache zwar je nach Belieben benützen darf, sie aber ohne Zustimmung nicht verkaufen oder als Pfand einsetzen darf.

Denkmalschutz kann zu einer Eigentumsbeschränkung führen.

Derartige Verbote können auf verschiedene Weisen entstehen:

- **durch Gesetz** (z. B. bei Eigentumswohnungen, deren Errichtung durch öffentliche Mittel gefördert wurde);
- **durch Richterspruch** (z. B. kann der Richter dem Schuldner – im Fall eines bevorstehenden Zwangsvollstreckungsverfahrens – die Veräußerung bestimmter Sachen verbieten);
- **durch Vertrag** oder **letztwillige Verfügung**: Diese verpflichten nur den ersten Eigentümer, nicht dessen Erben oder sonstige Rechtsnachfolger.

Beispiel: Verbot durch Vertrag

Ein Vater, der seinen Sohn als leichtfertig kennt, schenkt ihm das Wohnhaus der Familie, belastet es jedoch mit einem **Veräußerungs- und Belastungsverbot**. Mit diesem Verbot ist der Sohn belastet und der Vater begünstigt.

Würde der Sohn dieses Wohnhaus nun trotzdem verkaufen, wäre der Vertrag mangelhaft und es würde zu Schadenersatzforderungen des Käufers kommen.

Wird dieses Belastungsverbot (zusätzlich zur vertraglichen Begründung) zugunsten des Vaters ins Grundbuch eingetragen, wäre der Kaufvertrag ungültig und es könnte kein Eigentumsübergang stattfinden. Da das Grundbuch ein öffentliches Verzeichnis darstellt (Publizität), wirken dessen Eintragungen gegenüber jedermann.

Veräußerungs- und Belastungsverbote kommen in der Praxis nur an Liegenschaften und meist **gemeinsam** vor: Dies vor allem deshalb, weil jede Belastung, insbesondere die Verpfändung, letztlich zur Veräußerung führen kann (denn das Grundstück wird gerichtlich versteigert, wenn die Schulden nicht bezahlt werden). Daher ist ein Veräußerungsverbot ohne Belastungsverbot zumeist nicht zielführend.

Nachbarrechtliche Beschränkungen

Schädigende Einwirkungen vom Nachbargrundstück können untersagt werden (so genannte Immissionen wie Lärm, Geruch, Rauch ▶ Bereich 5.3.2).

5.3.2 Nachbarrechte

Nachbarrechte regeln das Zusammenleben.

Schädigende Einwirkungen, die vom Nachbargrundstück kommen, stellen ebenfalls Eigentumsbeschränkungen dar, in diesem Fall jedoch im privaten Interesse. Das bedeutet, dass man sich im Falle derartiger Einwirkungen (**Immissionen**) privatrechtlich zur Wehr setzen muss – also Klage beim Zivilgericht erhebt.

Was versteht man nun unter schädigenden Einwirkungen?

- Die Eigentümerin bzw. der Eigentümer eines Grundstückes kann dem Nachbarn die von dessen Grund ausgehenden **Immissionen** (Einwirkungen durch physikalische Stoffe wie Abwässer, Rauch, Gase, Wärme, Geruch, Lärm und Erschütterungen) untersagen, wenn sie
  - das **ortsübliche Maß** überschreiten und
  - zu einer **wesentlichen Beeinträchtigung** führen.

  Beim Rechtsproblem der Immissionen (§§ 364 bis 364b ABGB) sind stets die Umstände des Einzelfalls zu berücksichtigen. Da dies, wie man sich vorstellen kann, nicht einfach ist (Sachverständigengutachten!), gestalten sich Prozesse wegen unzulässiger Einwirkungen vielfach recht kompliziert. Nach einer Entscheidung des Obersten Gerichtshofes ist zum Beispiel der Untersagungsanspruch auch dann gegeben, wenn nur ein Teil einer Liegenschaft, ja selbst nur eine Wohnung oder ein Teil einer Wohnung derartig beeinträchtigt wird, dass die Beeinträchtigung das **nach den örtlichen Verhältnissen gewöhnliche Maß** übersteigt. Direkte Zuleitung (z. B. von Abwässern) von einem Nachbarn ist unter allen Umständen unzulässig (d. h. hier ist weder eine Beeinträchtigung noch eine ortsübliche Überschreitung nötig).

Lärm stellt eine Beeinträchtigung dar.

  Das Klagerecht wegen Immissionen steht zwar laut Gesetz nur dem Grundeigentümer zu. Ein Mieter oder Pächter hat aber nach heutiger Rechtsprechung ebenfalls ein Untersagungsrecht. Als **Beklagten** lässt die Rechtsprechung dagegen nicht bloß den Eigentümer des benachbarten Grundes zu, sondern auch dessen Benützer für eigene Zwecke, insbesondere den Mieter oder Pächter – und zwar, wenn die Einwirkung von diesem veranlasst wurde. Die Klage geht auf Unterlassung und Wiederherstellung, Setzen von Maßnahmen zur Beseitigung der Einwirkung und gegebenenfalls auf Schadenersatz.

Entzieht ein Baum den Nachbarn Licht, kann das als Beeinträchtigung gewertet werden.

- **Entzug von Licht und Luft durch Pflanzen der Nachbarn:** Jeder Grundstückseigentümer hat einen Unterlassungsanspruch gegen den Nachbarn, dessen Pflanzen ihm Luft und Licht entziehen, wenn dieser Entzug das ortsübliche Maß überschreitet und zu unzumutbarer Beeinträchtigung führt. Bevor allerdings das Gericht zur Entscheidung angerufen wird, muss ein Mediationsverfahren durchgeführt werden.

5.3.3 Eigentumserwerb und Arten des Eigentums

Der Eigentumserwerb kann sich auf zwei Arten ereignen: **Ursprünglicher Erwerb** (hier wird das Recht unabhängig von anderen Personen erworben) und **abgeleiteter Erwerb** (hier wird das Recht vom Eigentumsrecht des Voreigentümers abgeleitet).

Rechtserwerb

ursprünglich	abgeleitet
stützt sich nicht auf den Vormann	vom Recht eines Vormannes

Ursprünglicher Eigentumserwerb

Beispiele für den ursprünglichen Eigentumserwerb sind:

- die **Aneignung** von freistehenden bzw. herrenlosen Sachen. Jede und jeder zumindest beschränkt Geschäftsfähige kann an ihnen Eigentum erwerben.

Aneignung von Sachen

ursprünglich herrenlose Sachen	nachträglich herrenlose Sachen	„ansprüchige“ Sachen
Freistehende Sachen (immer seltener!) können ins Eigentum erworben werden.	Diese Sachen können – falls der frühere Eigentümer seinen Besitzwillen aufgegeben hat – ins Eigentum erworben werden.	Diese Sachen können nur aufgrund einer besonderen Berechtigung ins Eigentum erworben werden.
	Sonderregelungen gelten für Haustiere und gezähmte Tiere.*	jagdbare Tiere, Fische (Jagd- und Fischereiberechtigung), Bodenschätze (Bergwerksberechtigung)

* Haustiere und gezähmte Tiere als nachträglich herrenlose Sachen können nicht angeeignet werden, solange der Eigentümer Gewalt über sie hat. Diese Gewalt gilt im Zweifel als verloren, wenn ein Tier über 42 Tage ausgeblieben ist (gesetzliche Vermutung!). Bei Bienen gilt diese Vermutung dann, wenn ihre Spur durch zwei Tage nicht mehr verfolgt werden kann.

Ähnliche Regelungen bestehen für das Finden und Nehmen von verlorenen Sachen. Hier richtet sich das Ausmaß der Pflichten des Finders nach dem Wert des Fundgegenstandes. Die Finderin bzw. der Finder hat einen Anspruch auf Finderlohn. Nähere Informationen enthält die Homepage www.fundamt.gv.at.

Ein verlorener Schlüssel kann über das Fundamt wiedererlangt werden.

- **Erwerb durch guten Glauben:** Angenommen, jemand verkauft mir eine Sache, obwohl er gar nicht deren Eigentümer ist (z. B. ein geliehenes Fahrrad). Muss ich dann die Sache zurückgeben oder erlange ich Eigentum? In welchen Fällen ist es also möglich, Eigentum auch vom Nichteigentümer zu erwerben – es kann doch niemand mehr Rechte übertragen, als er selbst hat?

Wenn die Erwerberin bzw. der Erwerber **gutgläubig** und **entgeltlich** eine **bewegliche** Sache auf eine der nachfolgenden Arten erwirbt, dann wird sie bzw. er Eigentümer der Sache:

Rechtsquellen:
§§ 367 und 368 ABGB

Gutgläubiger Erwerb	Anmerkungen
bei einer **öffentlichen Versteigerung**	Die Versteigerung muss mit behördlicher Ermächtigung unter ordnungsgemäßer Bekanntmachung erfolgen.
von einer **Unternehmerin** oder einem **Unternehmer** im gewöhnlichen Betrieb seines Unternehmens	gilt für alle Geschäfte der Unternehmerin bzw. des Unternehmers, die zum Betrieb des Unternehmens gehören. Es genügt die Annahme des Erwerbers, der Unternehmer sei befugt, über die Sache zu verfügen.
von **jemandem**, dem der Eigentümer selbst die Sache anvertraut hat	„Vertrauensmann“ (**Vertrauensperson**) Die Eigentümerin bzw. der Eigentümer hat die Vertrauensperson ja selbst ausgewählt; somit trifft den Eigentümer der Nachteil, wenn diese Person nicht den Erwartungen entspricht.

Der Erwerber wird also in allen drei Fällen Eigentümer der veräußerten Sache, auch wenn z. B. der Verkäufer gar nicht verfügungsberechtigt war. Die **Gutgläubigkeit** des Erwerbers ist ausgeschlossen, wenn er schon aus der Natur der Sache, dem auffallend geringen Preis, den persönlichen Eigenschaften seines Vormannes oder aus anderen Umständen Verdacht in Bezug auf die Verfügungsberechtigung hätte schöpfen können.

- Weitere Arten des ursprünglichen Eigentumserwerbs sind der **Schatzfund** (der Entdecker und der Grundeigentümer teilen sich das Eigentum) und die gutgläubig erfolgte **Vermengung** und **Vereinigung** fremder, vertretbarer Sachen mit den eigenen in der Form, dass sie nicht mehr unterschieden werden können.

Durch Erwerb einer Sache im Zuge einer öffentlichen Versteigerung wird man zum Eigentümer.

Abgeleiteter Eigentumserwerb (§ 442 ABGB)

Bezüglich des Eigentums gilt, dass niemand mehr Rechte übertragen kann, als sie oder er hat. Das heißt, dass man nur so viele Rechte erwerben kann, wie der Voreigentümer auch hatte. Die Übergabe einer Sache kann direkt („von Hand zu Hand“) erfolgen.

In jenen Fällen, wo das schwierig ist, kann auch eine Übergabe durch Zeichen erfolgen (z. B. Übergabe von Autoschlüssel und Wagenpapieren, Übergabe von Garten- oder Wohnungsschlüsseln).

Wenn die beiden Voraussetzungen (**Titel und Modus**) erfüllt wurden, wird die Erwerberin bzw. der Erwerber Eigentümer der Sache. Dabei ist es möglich, dass die Bezahlung oder vollständige Bezahlung erst später erfolgt.

Bei vielen Verkäufen und Käufen (z. B. auf Kredit mit Ratenzahlungen) wird ein so genannter **Eigentumsvorbehalt** vereinbart, d. h. die Käuferin bzw. der Käufer erhält die Ware auch ohne vollständige Bezahlung des Kaufpreises sofort und kann sie verwenden, wird aber erst mit Bezahlung des vollen Kaufpreises Eigentümer.

Vorteile des Eigentumsvorbehalts

- Die **Verkäuferin** bzw. der **Verkäufer** „**behält**“ sich das Eigentum bis zur Zahlung des letzten Teilbetrages „**vor**“. Zahlt der Käufer nicht oder teilweise nicht, kann er die Sache unter Berufung auf sein Eigentum zurückverlangen.
- Die **Käuferin** bzw. der **Käufer** braucht sich über die Behebung eines Mangels, sollte bei der Sache einer auftreten, keine Gedanken machen. In diesem Fall muss der Eigentümer – also der Verkäufer – für die Reparatur seines Eigentums sorgen. Das bedeutet, dass bei Käufen unter Eigentumsvorbehalt die bei Warenkäufen übliche Gewährleistungsfrist (jene Frist, für deren Dauer der Verkäufer für die Mängel der Sache einstehen muss) erst nach Bezahlung des letzten Kaufpreisteils beginnt und damit wesentlich länger ist.

Arten des Eigentums

Das Eigentumsrecht an einer Sache kann entweder einer Person oder mehreren Personen zustehen. Wir unterscheiden daher folgende Arten des Eigentums:

Ein Haus kann mehrere Eigentümer zu ideellen Anteilen haben.

Alleineigentum

Eine Person ist alleine Eigentümer einer Sache.

Miteigentum zu ideellen Anteilen (schlichtes Miteigentum)

Mehrere Personen sind Eigentümer einer Sache. Dabei ist nicht die Sache selbst, sondern das Eigentumsrecht nach Quoten (d. h. nach ideellen Anteilen oder Bruchteilen) geteilt. Die Personen haben jeweils lediglich ein Verfügungs- und Nutzungsrecht im Ausmaß ihrer Anteile (z. B. erben drei Schwestern von ihrem Vater ein Haus: Jede ist nur zu einem Drittel Eigentümerin des Hauses).
Die häufigste Frage, die bei einem Streit unter Miteigentümern entsteht, ist jene, wie man dieses Miteigentum aufheben kann. Dafür gibt es zwei Möglichkeiten: Die **Realteilung** (wenn es sich um eine teilbare Sache handelt) oder die **Zivilteilung**. Letztere besteht in einer gerichtlichen Versteigerung der gemeinsamen Sache und Aufteilung des Erlöses. Zu einer gerichtlichen Versteigerung kommt es meistens dann, wenn diese von einer Miteigentümerin oder einem Miteigentümer durch Erhebung einer so genannten **„Teilungsklage“** verlangt wird.

Wohnungseigentum

Auch das Wohnungseigentum ist kein Eigentum an einem bestimmten Teil eines Hauses, sondern ein Miteigentumsrecht nach ideellen Anteilen (Quoten), das jedoch mit einem ausschließlichen Nutzungs- und Verfügungsrecht am Wohnungseigentumsobjekt (z. B. Wohnung, Garage) verbunden ist (▸ Bereich 5.3.4).

5.3.4 Das Wohnungseigentum

Definition

Sämtliche Miteigentümer einer Liegenschaft schließen einen schriftlichen Vertrag (**Wohnungseigentumsvertrag**), mit dem die selbstständigen Räumlichkeiten des Hauses den einzelnen Miteigentümern zur **ausschließlichen Nutzung** (Wohnen oder Betrieb) und **alleinigen Verfügung** (Verkaufen, Schenken, Vererben, Verpfänden, Vermieten usw.) zugeordnet werden. Durch Eintragung dieses Wohnungseigentumsvertrages ins **Grundbuch** entsteht **Wohnungseigentum**.

Rechtsquelle: Wohnungseigentumsgesetz 2002 i. d. F. BGBl I Nr. 100/2014

Der Miteigentumsanteil, mit dem das Wohnungseigentum an einem bestimmten Objekt verbunden wird, richtet sich nach dem **Nutzwert** des Objekts. Dieser wird aus der **Nutzfläche** und der sonstigen Beschaffenheit des Objekts ermittelt. Die Größe der Miteigentumsanteile ist von Bedeutung für die Aufteilung der Kosten des Hauses (z. B. Betriebskosten wie Wasser, Rauchfangkehrer, Müllabfuhr und Reparaturkosten).

Wohnungseigentum entsteht durch Einverleibung (Eintragung) ins Grundbuch.

Gegenstand des Wohnungseigentums kann nicht nur eine Wohnung sein, sondern z. B. auch eine Garage, ein KFZ-Abstellplatz oder ein Geschäftsraum. An jenen Teilen der Liegenschaft, die der allgemeinen Benützung dienen (z. B. Stiegenhaus, Waschküche), kann kein Wohnungseigentum begründet werden.

Der **Anteil**, mit dem Wohnungseigentum verbunden ist, ist unteilbar und steht nur **einer Person** oder zwei natürlichen Personen (im Verhältnis 1:1), die eine so genannte **Eigentümerpartnerschaft** bilden, zu. Diese beiden Personen haften für alle Verbindlichkeiten, die sich aus dem gemeinsamen Wohnungseigentum ergeben, **solidarisch** (d. h. jeder für alles) und dürfen über das Wohnungseigentum nur gemeinsam verfügen.

Sämtliche Wohnungseigentümer bilden die **Eigentümergemeinschaft**, die in Angelegenheiten der Verwaltung der Liegenschaft eine **juristische Person** darstellt (also klagen und geklagt werden kann). Sie wird im Allgemeinen vom bestellten Verwalter **vertreten**. Die Willensbildung in der Eigentümergemeinschaft erfolgt zumeist in der **Eigentümerversammlung** durch Mehrheitsbeschluss. Die Minderheit kann gegen solche Beschlüsse das Gericht anrufen.

Die allgemeine Benützung schließt die Gründung von Wohnungseigentum aus – etwa im Fall des Stiegenhauses.

Häufig werden Wohnungsanlagen von Firmen von vornherein zu dem Zweck errichtet, sie als Wohnungseigentum an Interessentinnen und Interessenten zu vergeben. Hierbei hat ein Bewerber – nach Entrichtung der vereinbarten Beträge – das unabdingbare Recht, dass ihm der Organisator nach Vollendung der Anlage die ihm zugesagte Wohnung verschafft. Zum Schutz des Wohnungseigentumsbewerbers gibt es zahlreiche Bestimmungen im Wohnungseigentumsgesetz, im **Bauträgervertragsgesetz** 1997 und im **Konsumentenschutzgesetz**.

Check 5.1

Lösen Sie – vor dem Hintergrund des bisher Gelernten – folgende Rechtsfälle:

1. Eine ältere Dame ist glückliche Eigentümerin eines Wochenendhäuschens in einer Siedlung. Innerhalb einer Woche ereignet sich jedoch Folgendes: Das Wochenendhäuschen, das bislang eine Insel der Ruhe und Erholung war, steht unter dem lärmenden Einfluss des Nachbarn, der plötzlich eine Kegelbahn installiert hat, die jeden Nachmittag und Abend von zahlreichen Gästen genützt wird. Noch während die Dame überlegt, was sie gegen den unerträglichen Lärm der Kegelbahn unternehmen könne, dringt Schmelzwasser von einem anderen Nachbarhaus, anstatt durch eine Dachrinne abzufließen, in ihren Grund und in ihr Haus ein und verursacht an den Außen- und Innenwänden erhebliche Schäden. Die Wände sind feucht, die ältere Dame kann wegen der Kegelbahn nicht schlafen.

2. Die Eigentümerin des Wochenendhauses (siehe voriger Fall) konnte erreichen, dass der Nachbar seinen Regenabfluss von einer Baufirma reparieren lässt. Während sie eines Tages einkaufen geht, steigen die Bauarbeiter über ihren Zaun, um in ihrem Garten ihre Notdurft zu verrichten. Dabei zertrampeln sie das Rosenbeet der Eigentümerin des Wochenendhauses.

Untersuchen Sie, ob in folgenden Fällen Eigentum erworben wurde:

3. Das Fahrrad Ihrer Mutter schenken Sie Ihrer gutgläubigen Freundin.
4. Sie versetzen vertragswidrig die geliehene Perlenkette Ihrer Tante im Dorotheum. Dort kauft sie Ihre gutgläubige Freundin.
5. Ein Dieb verkauft das gestohlene Bild einer gutgläubigen Galeriebesitzerin. Dieser kaufen Sie es gutgläubig ab.
6. Sie fahren für eine Woche auf Urlaub und vertrauen den von Ihnen sehr geliebten Hund Ihrer Freundin an. Diese ist jedoch von der Hundehaltung überfordert und braucht andererseits dringend Geld. Daher verkauft sie den Hund an einen Tierliebhaber.
7. Ein Juwelier kauft eine gestohlene Stereoanlage und verkauft sie Ihnen.
8. Sie wollen Ihre neue Wohnung einrichten und erwerben für Ihr Vorzimmer einen sehr schönen Garderobenschrank. Dieser wird jedoch in Teilen erzeugt und zusammengestellt und erst in sechs Wochen geliefert. Sie fragen sich nun, ab wann Sie eigentlich Eigentümer der Garderobe sind, zumal Sie für den Schrank bereits eine Anzahlung geleistet haben und sich ein von beiden Seiten unterschriebenes, ausgefülltes Kaufvertragsformular in Ihren Händen befindet. Entscheiden Sie sich für die richtige Lösung der Frage, wann Sie Eigentümer sind:
   a. Nach vollständiger Bezahlung des Garderobenschranks.
   b. Nach Unterschrift des Kaufvertrages.
   c. Nach Montage und Übergabe des Garderobenschranks.
   d. Nach Unterschrift des Kaufvertrages sowie vollständiger Bezahlung.
   e. Nach Unterschrift des Kaufvertrages und Übergabe des Garderobenschranks.
9. Drei Schwestern erben ein Haus mit drei Wohnungen, die jedoch eine unterschiedliche Größe aufweisen. Während zwei der Schwestern verheiratet sind und mit ihren Familien in eigenen Häusern wohnen, möchte die jüngste Schwester die größte der drei Wohnungen haben und dort einziehen. Erörtern Sie deren Möglichkeiten.

5.4 Das Grundbuch

Liegenschaften werden im Grundbuch verzeichnet.

Das Grundbuch bietet eine verlässliche und umfassende Informationsmöglichkeit über eine Liegenschaft. Es werden aber auch das Eigentumsrecht und andere Rechte, die ein Grundstück oder ein Gebäude betreffen, erst mit der Aufnahme in das Grundbuch (**„Einverleibung"**) voll wirksam. Während man früher durch Einblick in das **Hauptbuch** Klarheit gewinnen konnte, in dem die Grundbuchsbeamten alle Eintragungen handschriftlich vornahmen, kann heute bei jedem Bezirksgericht und – kostenpflichtig – aus dem Internet (z. B. www.jusline.at) ein Ausdruck aus der **Datenbank** angefordert werden.

Dazu braucht man jedoch die **Einlagezahl**, unter der die Liegenschaft gespeichert ist, oder zumindest die **genaue Adresse**.

Ist beides nicht bekannt, können diese Angaben mithilfe von so genannten **„Hilfsverzeichnissen"**, die beim zuständigen Bezirksgericht aufliegen oder gespeichert sind, erhoben werden. Notare und viele Rechtsanwälte sind direkt an die Grundstücksdatenbank angeschlossen und können so von ihren Kanzleien aus Auskunft geben.

5.4.1 Organisation des Grundbuchs

Es wird von den Bezirksgerichten auf dem Weg der Datenverarbeitung geführt. Es besteht aus der **Grundstücksdatenbank** (früher Hauptbuch) und aus der **Urkundensammlung**.

Die Grundstücksdatenbank enthält die Einlagen der einzelnen Grundstücke. Eine **Einlage** (EZ = Einlagezahl) fasst jene drei Abschnitte zusammen, unter denen Eintragungen bezüglich einer Liegenschaft gemacht werden.

****************** A-Blatt = Gutsbestandsblatt ****************

(unterteilt in A1- und A2-Blatt)

Grundstücksnummer, Bezeichnung des Grundstückes, Adresse, Flächengröße in m^2; Bestandteile, Kulturart (z. B. Acker, Wiese, Baugrund); mit dem Eigentum an der Liegenschaft verbundene Rechte.

In **A1** sind alle Grundstücke des jeweiligen Grundbuchkörpers mit Grundstücksnummer und Benützungsart (Widmung, z. B. Wiese, Baufläche) verzeichnet.

In **A2** sind die mit dem Eigentum an der Liegenschaft verbundenen Rechte (z. B. Wegerechte) des jeweiligen Eigentümers dieser Liegenschaft verzeichnet.

Grundbuch

******************* B-Blatt = Eigentumsblatt *****************

Name des Eigentümers und eventuelle Beschränkungen seiner Handlungsfähigkeit, z. B. Minderjährigkeit, Konkurs; Höhe der Eigentumsanteile am Grundstück.

********************* C-Blatt = Lastenblatt ******************

alle die Liegenschaft belastenden Rechte wie Pfandrechte (Hypotheken), Dienstbarkeiten, Belastungs- und Veräußerungsverbote.

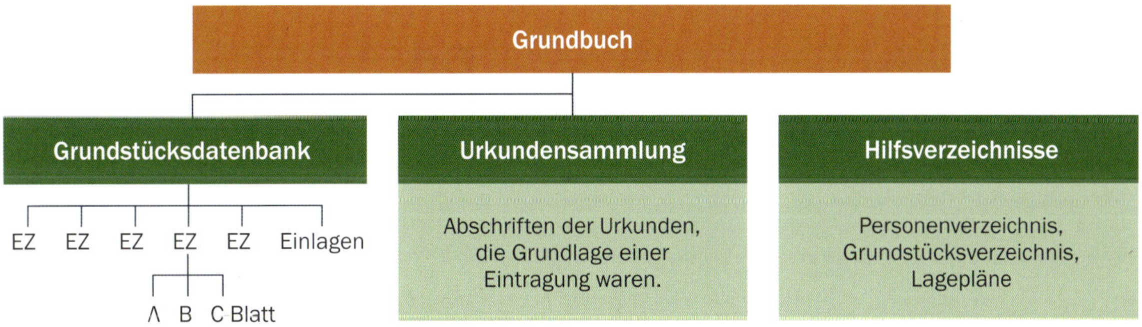

5.4.2 Verfahren in Grundbuchsachen

Wenn Sie eine Eigentumswohnung kaufen möchten, sollten Sie zuvor im Grundbuch nachsehen, ob die Wohnung belastet und ob der als Verkäufer Auftretende tatsächlich auch der Eigentümer ist. Falls alle Angaben zu Ihrer Zufriedenheit ausfallen, sollten Sie dennoch den Kaufpreis erst zahlen, wenn Sie als neue Eigentümerin bzw. neuer Eigentümer im Grundbuch eingetragen sind.

Da dieser Vorgang in der Praxis mehrere Wochen dauern kann, gibt es Hilfskonstruktionen: Dazu gehört die **Anmerkung einer Rangordnung** für die beabsichtigte Veräußerung im Grundbuch. Diese ist auf Betreiben der Verkäuferin oder des Verkäufers zu beantragen und gilt für die Dauer eines Jahres. Wird die Liegenschaft dann auf die Käuferin oder den Käufer übertragen, erfolgt die Eintragung ins Grundbuch (B-Blatt) in jenem Rang, der angemerkt wurde, d. h. es kann ihm **kein anderer Käufer zuvorkommen**. Eine weitere Möglichkeit besteht darin, den Kaufpreis bei einem Treuhänder (z. B. Notar, Rechtsanwalt) zu erlegen. Dieser zahlt ihn an die Verkäuferin bzw. den Verkäufer erst dann aus, wenn die Käuferin oder der Käufer im Grundbuch steht (▶ S. 91).

Das Grundbuch spielt beim Kauf einer Liegenschaft eine wichtige Rolle.

Der Eigentumsübergang sowie Beginn und Ende aller mit einer Liegenschaft verbundenen Rechte erfolgen durch „**Einverleibung**". Darunter versteht man, dass nach Antrag und gerichtlicher Bewilligung (durch Beschluss) die entsprechenden Daten in die Grundstücksdatenbank aufgenommen werden. Gelöschte (nicht mehr gültige) Eintragungen scheinen im Datenausdruck nicht mehr auf.

5.4.3 Prinzipien des Grundbuchrechts

Publizitätsprinzip	Jeder kann einen Datenausdruck anfordern bzw. in alte Grundbücher Einblick nehmen. Aus Gründen des Interesses der Öffentlichkeit ist hier der Datenschutz durchbrochen.
Eintragungsprinzip	Es gilt nur das, was eingetragen (einverleibt) ist. Dieser Grundsatz ist in einigen wenigen Fällen durchbrochen (Ersitzung, Einantwortung im Erbrecht).
Vertrauensprinzip	Wer auf die Richtigkeit des Grundbuchstandes vertraut, wird in seinen Rechten geschützt.
Prioritätsprinzip	Der Rang der Eintragung richtet sich nach dem genauen Zeitpunkt des Einlangens des Gesuches beim Grundbuchsgericht.
Antragsprinzip	Die Bewilligung der Eintragung erfolgt grundsätzlich auf Antrag, in einigen Fällen von Amts wegen. Die Bewilligung oder Abweisung erfolgt durch Beschluss (Rechtsmittel möglich).

5.4.4 Grunderwerbsteuer und Nebenkosten

Der Erwerb des Eigentums an einer Liegenschaft unterliegt der Grunderwerbsteuer (derzeit 3,5%). Seit der Steuerreform 2016 fällt auch bei Erbschaften, Schenkungen und Verkäufen eine – nach dem Wert gestaffelte – Grunderwerbsteuer zwischen 0,5 und 3,5% an. Zusätzlich entstehen häufig noch andere Kosten, z. B. Maklerprovision, Notargebühren, Eintragungsgebühren. Oft werden diese Kosten (zusammen etwa 10 bis 12% des Kaufpreises) vom Erwerber einer Liegenschaft nicht einkalkuliert!

JUSTIZ REPUBLIK ÖSTERREICH GRUNDBUCH **GB**

```
                          Auszug aus dem Hauptbuch

KATASTRALGEMEINDE 01302 Fünfhaus                          EINLAGEZAHL    56
BEZIRKSGERICHT Fünfhaus

*****************************************************************************
Letzte TZ 6473/2015
Einlage umgeschrieben gemäß Verordnung BGBl. II, 143/2012 am 07.05.2012
************************************ A1 *************************************
   GST-NR  G BA (NUTZUNG)          FLÄCHE  GST-ADRESSE
   .79       GST-Fläche               868
             Bauf.(10)                724
             Bauf.(20)                144  Clementinengasse 24
                                           Clementinengasse 22
Legende:
Bauf.(10): Bauflächen (Gebäude)
Bauf.(20): Bauflächen (Gebäudenebenflächen)
************************************ A2 *************************************
************************************ B **************************************
   7 ANTEIL: 1/1
     Michael Gulnerits
     GEB: 1966-03-29 ADR: Clementingengasse 24/Stiege 1/Tür 1a+1b, Wien   1150
      a 5318/2005 Schenkungsvertrag 2005-10-28 Eigentumsrecht
      b 6473/2015 Übergabsvertrag 2015-11-17 Eigentumsrecht
      c 6473/2015 Zusammenziehung der Anteile
      d 6473/2015 Belastungs- und Veräußerungsverbot
************************************ C **************************************
   1  a 374/1898
          REALLAST zur Ausführung von Adaptierungen und
          Trottoirpflasterungen für Gemeinde Wien
   5  a 5989/2010 Pfandurkunde 2010-11-24
          PFANDRECHT                            Höchstbetrag EUR 130.000,--
          für BAWAG P.S.K. Bank für Arbeit und Wirtschaft und
          Österreichische Postsparkasse Aktiengesellschaft
          (FN 205340x)
      b 5989/2010 VORRANG von LNR 5 vor 4
      c 3094/2011 Kautionsband
   6  a 6473/2015
          FRUCHTGENUSSRECHT
          gem Drittens Übergabsvertrag 2015-11-17
          für Ernst Gulnerits geb 1939-10-13
   7  a 6473/2015
          BELASTUNGS- UND VERÄUSSERUNGSVERBOT
          gem Viertens Übergabsvertrag 2015-11-17
          für Ernst Gulnerits geb 1939-10-13

********************************* HINWEIS ***********************************
          Eintragungen ohne Währungsbezeichnung sind Beträge in ATS.

*****************************************************************************
```

Seite 1 von 2

Beispiel für einen Grundbuchauszug vom 1.4.2016

5.5 Sonstige Begriffe des Sachenrechts

5.5.1 Dienstbarkeiten (Servituten)

Definition

Die Eigentümerin bzw. der Eigentümer einer („dienenden“) Sache ist verpflichtet, zum Nutzen eines anderen hinsichtlich seiner Sache etwas zu dulden oder zu unterlassen.

Dienstbarkeiten

- **Grunddienstbarkeiten**: Die jeweilige Eigentümerin bzw. der jeweilige Eigentümer des herrschenden Grundstücks ist berechtigt.
  - **Felddienstbarkeit**: Wegerechte, Weiderechte, Leitungsrechte ...
  - **Gebäudedienstbarkeit**: Bauvorteile, Ableitung des Regenwassers zum Nachbarn ...
- **Persönliche Dienstbarkeiten**: Eine bestimmte Person ist berechtigt.
  - **Gebrauchsrecht**: einer Sache
  - **Fruchtgenuss**: Gebrauch und Nutzung einer Sache
  - **Wohnrecht**: Gebrauch einer Wohnung

Beispiele für Grunddienstbarkeiten

Felddienstbarkeit

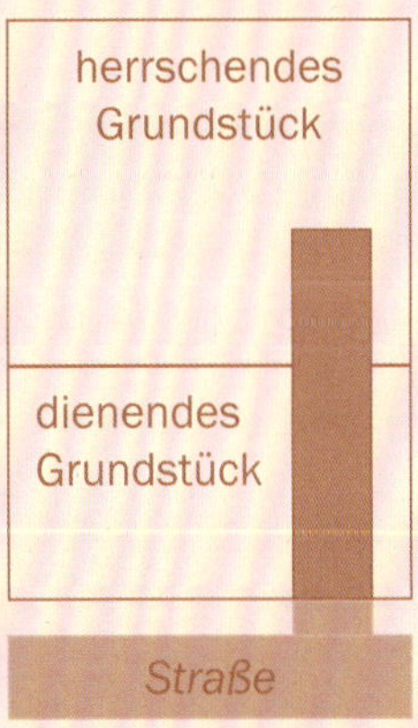

B verpflichtet sich, dem A ein Wegerecht einzuräumen.

Gebäudedienstbarkeit

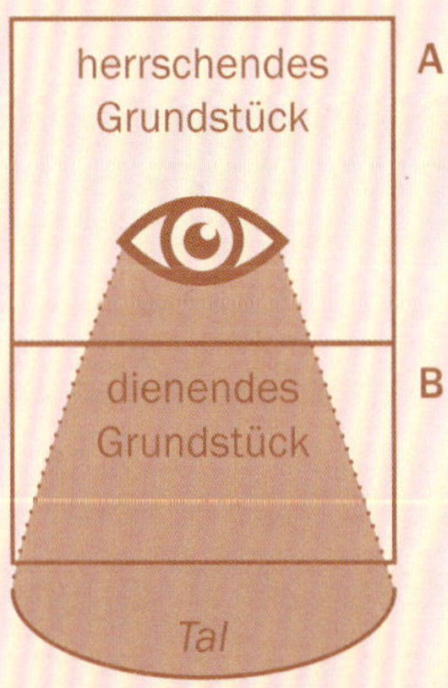

B verpflichtet sich, eine gewisse Bauhöhe nicht zu überschreiten, um A die Aussicht in das Tal nicht zu nehmen.

Beispiele für persönliche Dienstbarkeiten

Gebrauchsrecht – Wohnrecht
Jemand kann, wann immer es seine persönlichen Bedürfnisse verlangen, ein bestimmtes Kraftfahrzeug oder eine bestimmte Wohnung gebrauchen.

Fruchtgenuss
Jemand darf einen Wald nutzen (z. B. Holz sammeln und einzelne Bäume – jedoch nicht den ganzen Wald – schlägern) oder von einer Kuh Milch beziehen.

Wegerecht: Die Zufahrt zum Eigentum führt über das Grundstück eines anderen.

Fruchtgenuss: Jemand darf die Apfelbäume eines anderen ernten.

Wie werden Dienstbarkeiten begründet?

Dienstbarkeiten können durch einen Vertrag (**Dienstbarkeitsbestellungsvertrag**) oder letztwillige Verfügung (z. B. Testament) begründet werden.

Grunddienstbarkeiten werden im Grundbuch einverleibt. Dadurch ist nicht nur der Vertragspartner des Servitutsberechtigten, sondern der **jeweilige** Grundstückseigentümer gebunden. Dienstbarkeiten enden z. B. durch Untergang der dienenden Sache, Enteignung, Vereinigung der beiden Grundstücke, Tod eines persönlich Berechtigten.

5.5.2 Das Pfandrecht

Definition

Rechtsquelle: § 447ff ABGB sowie §§ 466a und 466b ABGB

Das **Pfandrecht** ist das Recht eines Gläubigers, aus einer Sache Befriedigung zu erlangen, wenn seine Forderung zur vereinbarten Zeit vom Schuldner nicht erfüllt wird.

Eine wertvolle Uhr kann als Faustpfand dienen.

Die Sache, an der dem Gläubiger dieses Recht zusteht, wird Pfand genannt. Welche Sachen kommen als Pfand in Frage?

Pfand		
bewegliche Sachen	**unbewegliche Sachen**	**unkörperliche Sachen**
Sie werden **Faust- oder Handpfand** genannt. Vom Gläubiger werden sie in Verwahrung genommen, er darf sie ohne Zustimmung des Schuldners nicht benutzen und haftet für Beschädigung und Verlust.	Sie werden **Hypothek** genannt und müssen im **Grundbuch (C-Blatt)** einverleibt werden. Zur besonderen Sicherheit können mehrere Liegenschaften für eine Forderung haften (**Simultanhypothek**).	Sämtliche **vermögenswerte Rechte** kommen hier in Betracht (z. B. hat A gegenüber dem B eine Geldforderung und verpfändet sie seinerseits dem C als Sicherheit für den Betrag, den er ihm schuldet).

Rechtstitel für das Pfandrecht: Wie kann ein Pfandrecht begründet werden?

- **Gesetz:** Das Pfandrecht braucht nicht gesondert vereinbart zu werden, sondern steht dem Gläubiger kraft Gesetzes zu. Beispiele dafür sind das gesetzliche Pfandrecht des Vermieters an den eingebrachten Sachen des Mieters zur Hereinbringung der Mietzinsforderung oder das Pfandrecht des Rechtsanwalts an den Beträgen, die der Klient bei Gericht erlegt hat.
- **Rechtsgeschäft:** Aufgrund eines Vertrages oder einer letztwilligen Verfügung steht dem Gläubiger das Pfandrecht zu (z. B., wenn der Schuldner dem Gläubiger sein Kraftfahrzeug verpfändet).
- **Behördliche Verfügung:** Aufgrund einer (gerichtlichen) Entscheidung kommt es zur Pfändung von Sachen, wenn der Schuldner nicht freiwillig leistet (**Exekutionsverfahren**). Der Vollstreckungsbeamte (**Exekutor**) kennzeichnet das Pfandobjekt und beschreibt es in einem **Pfändungsprotokoll** (bei unbeweglichen Sachen: Einverleibung ins Grundbuch). Dann werden die Gegenstände gerichtlich versteigert und der Gläubiger erhält sein Geld. Wird bei der Versteigerung ein höherer Erlös erzielt, kommt dieser dem Schuldner zu.

Folgen bei der Pfandrechtsbegründung durch ein Rechtsgeschäft (vertragliche Pfandrechtsbegründung)

Hypotheken müssen im Grundbuch einverleibt werden.

- **Erfüllt der Schuldner seine Verbindlichkeit,** erlischt das Pfandrecht und der Pfandgläubiger ist verpflichtet, die Pfandsache **zurückzugeben**. Bei einer **Hypothek** kann der Schuldner beantragen, dass sie nach Bezahlung der Schuld im Grundbuch **gelöscht** wird.
- **Erfüllt der Schuldner seine Verbindlichkeit nicht,** kann der Gläubiger eine ihm verpfändete Sache auch **außergerichtlich verwerten.** Er muss dabei ab Fälligkeit der Forderung dem Schuldner den **Verkauf der Sache androhen** und darf sie erst **einen Monat danach** verkaufen. Ein Verkauf hat durch eine **gerichtliche Versteigerung** zu erfolgen. Sachen mit einem **Börsenpreis** (Wertpapiere) oder **Marktpreis** können auch **freihändig** (ohne Versteigerung) verkauft werden. Eine verpfändete Forderung kann der Gläubiger nach Fälligkeit einziehen. In allen Fällen verbleibt ein allfälliger Überschuss dem Schuldner.

Check 5.2

1. Ihr Onkel möchte für sich und seine Familie ein Grundstück kaufen, hat aber keine Ahnung, was er dazu alles klären muss und wozu das Grundbuch überhaupt dient. Er möchte auch wissen, welche Informationen er aus dem Grundbuch erhalten kann. Daher wendet er sich hilfesuchend an Sie. Wie würden Sie ihm helfen? **Erörtern** Sie bei Ihrer Hilfe auch die Einteilung des Grundbuchs und die Prinzipien des Grundbuchrechts. Halten Sie Ihr Beratungsergebnis schriftlich fest.
2. Sie erwerben ein Baugrundstück in Hanglage. Bevor Sie mit dem Bau Ihres Einfamilienhauses beginnen, kommt der hinter Ihnen befindliche Nachbar, dessen Haus höher liegt, mit der Bitte zu Ihnen, auf keinen Fall höher als vier Meter zu bauen, weil Sie ihm sonst den Blick ins Tal verstellen. Er wäre auch bereit, als Gegenleistung dafür eine höhere Geldsumme an Sie zu bezahlen. Falls Sie damit einverstanden wären: Wie könnten Sie die gegenseitigen Ansprüche rechtlich absichern?
3. Sie haben demnächst Ihren Schulball und wollen auf diesem ein wertvolles Schmuckstück tragen, das Ihnen als Pfand gegeben wurde. **Diskutieren** Sie, ob dies erlaubt ist.

Wissens- und Verständnischeck 5

Schätzen Sie Ihr Wissen bzw. Verständnis ein: +2 = ganz gut, –2 = nicht gut	+2	+1	–1	–2
Ich kann Besitz und Eigentum an Sachen unterscheiden und erklären.				
Ich kann erläutern, was man unter einer Besitzstörung versteht.				
Ich kann erklären, wie sich ein Nachbar gegen schädliche Einflüsse vom Nachbargrundstück wehren kann.				
Ich kann schlichtes Miteigentum vom Wohnungseigentum unterscheiden.				
Ich kann den Aufbau des Grundbuchs erläutern.				
Ich kann einem einfachen Grundbuchauszug wesentliche Informationen entnehmen.				
Ich kann erklären, was man unter einer Dienstbarkeit versteht.				
Ich kann aufzählen, auf welche Arten ein Pfandrecht entstehen kann.				

Sind Sie mit Ihrem Lernfortschritt zufrieden?

Wenn Sie noch weitere Anleitungen und Übungen benötigen, hilft Ihnen Ihre Lehrerin/Ihr Lehrer weiter!

6 Grund- und Menschenrechte

Die Grundidee der Menschenrechte besteht darin, dass **jeder Mensch von Natur aus angeborene Rechte** und eine **Menschenwürde** aufgrund seines Menschseins besitzt. Durch die Menschenrechte wurde ein **gemeinsames System von Werten**, das **für alle Völker** gilt, entwickelt und **international anerkannte Normen** geschaffen, um diese Rechte zu schützen.

Aufgabe der Staaten und deren Regierungen ist es, durch gesetzliche Regelungen und sonstige Maßnahmen die **Rechte und Freiheiten der Menschen** zu ermöglichen, indem beispielsweise Grundrechte wie die Meinungsfreiheit, das Recht auf Datenschutz oder das Recht auf Privatsphäre des Einzelnen respektiert werden. Die **Gleichheit aller Menschen** und das **Verbot der Diskriminierung** aufgrund von Herkunft, Hautfarbe, Religion, Geschlecht, Alter und Sprache soll für alle Staaten ein besonders schützenswerter Grundsatz sein.

In **Demokratien** – im Gegensatz zu Diktaturen – werden die **Grund- und Menschenrechte** der Menschen **respektiert** und in der Lebensrealität meist eingehalten. Außerdem müssen Staaten jeder Person **rechtliche Möglichkeiten** zur Verfügung stellen, um sich bei Verletzungen von Grund- und Menschenrechten **zur Wehr zu setzen.** Zudem ist es Aufgabe des Staates, zur **Gewährleistung von sozialen Menschenrechten,** darunter etwa das Recht auf Arbeit oder auf Bildung, die nötige Infrastruktur bereitzustellen.

Im sechsten Bereich dieses Buches erwerben Sie die folgenden Kompetenzen:

Kompetenzen 6

- die **Grundidee**, die **Arten der Menschenrechte und die Rechtsquellen** für Menschenrechte beschreiben
- die Fähigkeit, die **Unterschiede** zwischen **Menschenrechten, Staatsbürgerrechten (Grundrechten) und Unionsbürgerrechten** herauszuarbeiten
- die Bedeutung von **Grundrechten** und des **Schutzes dieser Rechte** beurteilen und Handlungsmöglichkeiten bei **Verletzungen von Grundrechten** entwickeln
- die wichtigsten **Prinzipien, Gruppen von Kinderrechten und einzelne Kinderrechte** beschreiben und die **Bedeutung der Kinderrechtskonvention** verstehen
- die **Grundsätze und Inhalte** von **Frauenrechten** nach der UN-Frauenrechtskonvention (CEDAW) nennen und die **Bedeutung der CEDAW** beurteilen
- die wesentlichen **Inhalte des Asylrechts** und das **Asylverfahren** erklären sowie einen **typischen Verfahrensablauf** skizzieren

6.1 Allgemeines

Definition

Unter **Menschenrechten** versteht man Rechte, die allen Menschen von Geburt an zustehen und deren Inhalt die Achtung der Menschenwürde ist.

Der wichtigste Grundsatz ist im Artikel 1 der Allgemeinen Erklärung der Menschenrechte formuliert: „Alle Menschen sind frei und gleich an Würde und Rechten geboren. Sie (...) sollen einander im Geiste der Brüderlichkeit begegnen.“ (Art. 1, Allgemeine Erklärung der Menschenrechte)

Medientipp

www.bmeia.gv.at

Menschenrechte sichern allen Menschen aufgrund ihres Menschseins **essentielle, subjektive Rechte.** Sie gelten nicht nur für die österreichischen Staatsbürgerinnen und Staatsbürger, sondern für **jeden Menschen** – unabhängig von dessen Nationalität. Sie bieten die Möglichkeit eines Schutzes vor staatlichen Übergriffen.

Demokratische Staaten schützen Grund- und Menschenrechte und sorgen für Chancengleichheit für alle. Die gänzliche Umsetzung dieser Ideale ist in der Realität jedoch fast nicht möglich.

Es gelten folgende **Grundsätze:**

- **Achtung der Menschenwürde:** Diese ist eine grundlegende Aufgabe der Menschenrechte und äußert sich beispielsweise im Recht auf Freiheit oder im Schutz des Lebens.
- **Egalität:** Da alle Menschen **gleich** sind, haben sie daher auch gleiche Rechte. Das Prinzip der Gleichberechtigung ist zum Beispiel im Gleichheitsgrundsatz verwirklicht.
- **Universalität:** Aufgrund der Gleichheit aller Menschen sind diese Rechte **allgemein gültig.**
- **Unteilbarkeit:** Es dürfen nicht nur einzelne Menschenrechte verwirklicht werden, sondern die Menschenrechte sind **in ihrer Gesamtheit umzusetzen.**
- **Unveräußerlichkeit:** Das Recht auf Leben, das Folterverbot, das Verbot der Sklaverei sowie das Recht auf Gedanken-, Gewissens- und Religionsfreiheit dürfen beispielsweise nie eingeschränkt werden.

6.2 Arten von Menschenrechten

Rechte	Erklärung	Beispiele
Persönlichkeitsrechte	Den Menschen werden subjektive Rechte gewährt, um die staatliche Macht zu begrenzen.	◻ Achtung der Menschenwürde ◻ Recht auf Leben und körperliche Unversehrtheit ◻ Schutz vor Folter ◻ Schutz vor Sklaverei
Freiheitsrechte	Diese dienen dem Schutz der Person vor Eingriffen in deren Leben und Freiheit.	◻ Recht auf persönliche Freiheit und Sicherheit der Person ◻ Schutz des Hausrechts ◻ Schutz des Eigentums ◻ Briefgeheimnis ◻ Meinungsfreiheit ◻ Gedanken-, Gewissens- und Religionsfreiheit ◻ Freiheit der Wissenschaft ◻ Reisefreiheit ◻ Freie Berufswahl ◻ Versammlungsfreiheit
Justizielle Menschenrechte	Diese Rechte sichern Gerechtigkeit im Rahmen eines Rechtsstaates.	◻ Recht auf Verfahren vor dem gesetzlichen Richter ◻ Recht auf ein faires gerichtliches Verfahren ◻ Verbot der Rückwirkung von Strafgesetzen
Soziale Menschenrechte	Diese sind Ansprüche von einzelnen Personen gegenüber einem Sozialstaat. Sie sind jedoch nicht verfassungsmäßig verankert.	◻ Recht auf Selbstbestimmung ◻ Recht auf Arbeit und angemessene Entlohnung ◻ Recht auf soziale Sicherheit ◻ Gleichberechtigung von Mann und Frau ◻ Recht auf Gründung von Gewerkschaften ◻ Recht auf Bildung

6.3 Menschenrechte, Unionsbürgerrechte und Grundrechte

6.3.1 Geltungsbereich

Mit der österreichischen Staatsbürgerschaft sind nicht nur Rechte, sondern auch Pflichten verbunden: Beispielsweise die Wehrpflicht oder die Pflicht zur Ausübung des Schöffen- oder Geschworenenamtes als Laienrichterin bzw. Laienrichter bei Gericht.

Menschenrechte stehen **allen Menschen** (Staatsbürgerinnen und Staatsbürgern, Fremden und Staatenlosen) zu. **Unionsbürgerrechte** gelten für alle **EU-Bürgerinnen und EU-Bürger. Staatsbürgerrechte** sind verfassungsgesetzlich gewährleistete Rechte für **Staatsbürgerinnen und Staatsbürger** des jeweiligen Landes.

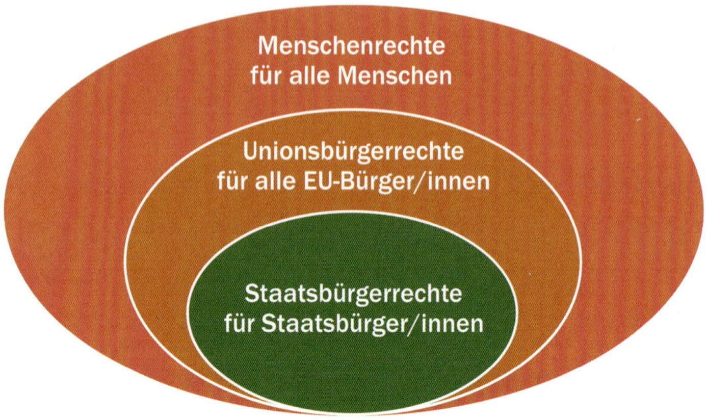

6.3.2 Inhalte

Das EU-Parlament ist das einzige von den EU-Bürgerinnen und EU-Bürgern im Rahmen ihrer Unionsbürgerrechte direkt gewählte Organ der EU.

- **Menschenrechte** haben **universelle Gültigkeit,** sind vorstaatlich und den Gesetzen vorgelagert.
- **Unionsbürgerrechte:** Österreichische Staatsbürgerinnen und Staatsbürger sowie Staatsangehörige jedes anderen EU-Landes sind **automatisch EU-Bürgerinnen** bzw. **EU-Bürger.** Sie haben das Recht, sich **frei** in Europa zu **bewegen,** sich in einem anderen EU-Land **niederzulassen,** um dort zu arbeiten, zu studieren etc. Wenn sie sich in einem Land außerhalb der EU befinden und ihr Heimatland dort über keine diplomatische Vertretung verfügt, können sie sich an die Botschaft oder das Konsulat eines beliebigen anderen EU-Landes wenden, falls sie Hilfe benötigen.
- **Grundrechte:** verfassungsmäßig garantierte Rechte für alle
- **Staatsbürgerrechte:** Diese sind je nach Verfassung des jeweiligen Staates unterschiedlich. Sie sind Rechte der Staatsbürgerinnen und Staatsbürger (z. B. politische Rechte) und haben die Funktion des Schutzes der Staatsbürger vor staatlicher Willkür.

Arten	Menschenrechte	Unionsbürgerrechte	Staatsbürgerrechte
Beschreibung	gelten für alle Menschen, auch für Fremde und Staatenlose	gelten für österreichische EU-Bürgerinnen und EU-Bürger	gelten nur für österreichische Staatsbürgerinnen und Staatsbürger
Beispiele	◻ Recht auf Leben ◻ Recht auf persönliche Freiheit ◻ Recht auf Glaubens- und Gewissensfreiheit ◻ Eigentumsrecht ◻ Recht auf Briefgeheimnis ◻ Recht auf Datenschutz	◻ aktives und passives Wahlrecht bei Kommunalwahlen und Wahlen zum Europäischen Parlament ◻ Reisefreiheit ◻ Niederlassungsfreiheit ◻ Schutz durch diplomatische EU-Vertretung in einem Drittland (Nicht-EU-Land)	◻ aktives und passives Wahlrecht ◻ Schutz vor Auslieferung ◻ Niederlassungsfreiheit ◻ Erwerbsfreiheit ◻ Gleichheit vor dem Gesetz ◻ Recht auf Übernahme öffentlicher Ämter ◻ Diplomatischer Schutz im Ausland

6.4 Rechtsquellen

In Österreich sind die Grund- und Menschenrechte auf zahlreiche Gesetze verteilt. In der Folge werden einige wichtige Regelungen genannt.

Österreich	Europa	International
▫ Staatsgrundgesetz über die allgemeinen Rechte der Staatsbürger ▫ Gesetz zum Schutz des Hausrechts ▫ Gesetz zum Schutz der persönlichen Freiheit ▫ Bundesverfassungsgesetz von 1920 ▫ Staatsvertrag von Saint-Germain ▫ Staatsvertrag von Wien ▫ Datenschutzgesetz	▫ Europäische Menschenrechtskonvention (EMRK) ▫ EU-Grundrechtecharta	**Allgemeine Erklärung der Menschenrechte (AEMR)** der UNO ▫ erstes umfassendes, weltweites Menschenrechtsdokument ▫ Richtlinie: für alle Staaten rechtlich nicht verbindlich

6.5 Durchsetzung von Menschenrechten

Bei Grund- und Menschenrechtsverletzungen sind neben den Möglichkeiten im ordentlichen Gerichts- und Verwaltungsverfahren die folgenden Höchstgerichte zuständig.

- **Verfassungsgerichtshof:** Der Verfassungsgerichtshof ist für den Schutz von Grundrechten von großer Bedeutung. Er entscheidet nämlich nicht nur über grundrechts- und menschenrechtswidrige **Bescheide** von Verwaltungsbehörden, sondern überprüft auch **Bundesgesetze und Landesgesetze** auf ihre Übereinstimmung mit den Grund- und Menschenrechten. Wird ein Grund- oder Menschenrecht durch ein Gesetz verletzt, so wird dieses aufgehoben.
- **Verwaltungsgerichtshof**
- **Oberster Gerichtshof**
- **Europäischer Gerichtshof für Menschenrechte:** Der Europäische Gerichtshof für Menschenrechte in Straßburg kann bei Menschenrechtsverletzungen angerufen werden.

Organisationen im Einsatz für Menschenrechte

Die **UNO** (United Nations Organisation) engagiert sich als internationale Organisation für den Weltfrieden, die friedliche Zusammenarbeit zwischen den Mitgliedsländern und die Einhaltung der Menschenrechte.

Amnesty International prangert beispielsweise weltweite Menschenrechtsverletzungen an und macht Druck auf die Verantwortlichen, die Menschenrechte zu verwirklichen. Weitere Informationen finden Sie im ▸ Bereich 7.

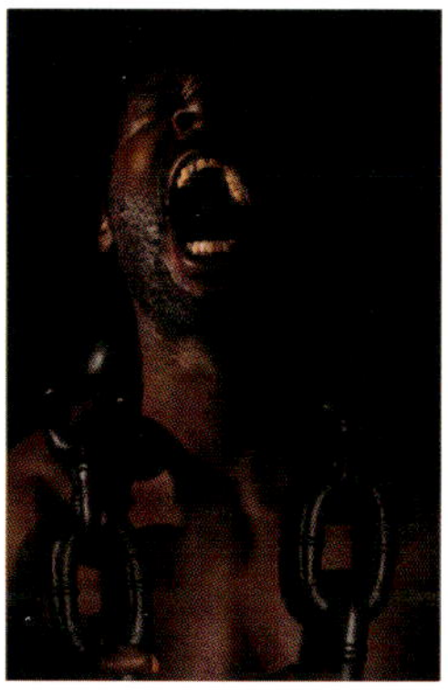

Weltweit gibt es heutzutage zahlreiche Menschenrechtsverletzungen. Die Mehrzahl findet in Schwellen- und in Entwicklungsländern statt.

6.6 Kinderrechte

6.6.1 Allgemeines

Die **Kinderrechtskonvention** wurde **1989 von der UNO** beschlossen und ist 1992 in Österreich in Kraft getreten. **Fast alle Staaten** der Welt (Ausnahme: USA und Süd-Sudan) haben die Konvention **ratifiziert.**

In der Kinderrechtskonvention sind **wesentliche Standards und Grundwerte zum Schutz von Kindern weltweit** enthalten.

Definition

Als **„Kinder"** gelten nach der Kinderrechtskonvention Menschen bis zum vollendeten 18. Lebensjahr. Falls die Volljährigkeit nach dem Recht, welches auf das Kind anzuwenden ist (beispielsweise in manchen islamischen Ländern) früher eintritt, so sind diese Bestimmungen ebenfalls anzuwenden.

unicef

Medientipp

www.unicef.at
www.kinderrechte.gv.at

6.6.2 Inhalte

Die Staaten verpflichten sich, möglichst allen Kindern menschenwürdige Lebensbedingungen zu ermöglichen.

Die Kinderrechtskonvention basiert auf vier wesentlichen Prinzipien.

Vorrang des Kindeswohls	Leben, Überleben, Entwicklung	Teilnahme	Gleichbehandlung
Das **Wohl des Kindes** und dessen Interessen haben Vorrang (in Familie und Staat).	Staaten sollen **ausreichende Ernährung, medizinische Versorgung, Zugang zu Bildung** und **Schutz vor Ausbeutung und Missbrauch** sichern.	**Freie Meinungsäußerung:** Kinder sollen ernst genommen, respektiert werden und sich ihrem Entwicklungsstand entsprechend beteiligen können.	**Keine Diskriminierung** aufgrund von **Geschlecht, Herkunft, Staatsangehörigkeit, Religion, Rasse, Behinderung usw.**

Internationaler Tag der Kinderrechte oder Weltkindertag ist der 20. November.

Gruppen von Rechten („3 Ps")

Die auf diesen Prinzipien aufbauenden Rechte können in **drei Bereiche** gegliedert werden.

- ***Provision* (Versorgung):** Recht auf **Ernährung**, angemessenen Lebensstandard, Gesundheitsdienste, **Bildung**.
- ***Protection* (Schutz):** Recht auf **Schutz vor Ausbeutung, Gewalt, Kinderarbeit**
- ***Participation* (Beteiligung):** Recht auf freie Meinungsäußerung und Beteiligung am politischen Geschehen, beispielsweise durch das Wahlrecht.

Durch den Kauf von Fair-Trade-Produkten unterstützt man den Kampf gegen Kinderarbeit und Ausbeutung.

10 Rechte

Die UNICEF (Kinderhilfsorganisation der UNO) hat die Bestimmungen der Kinderrechtskonvention, die 54 Artikel beinhaltet, in **10 Rechte** zusammengefasst.

Das allgemeine Wahlrecht ab 16 Jahren in Österreich ist ein Beispiel für eine aktive Beteiligung am politischen Geschehen.

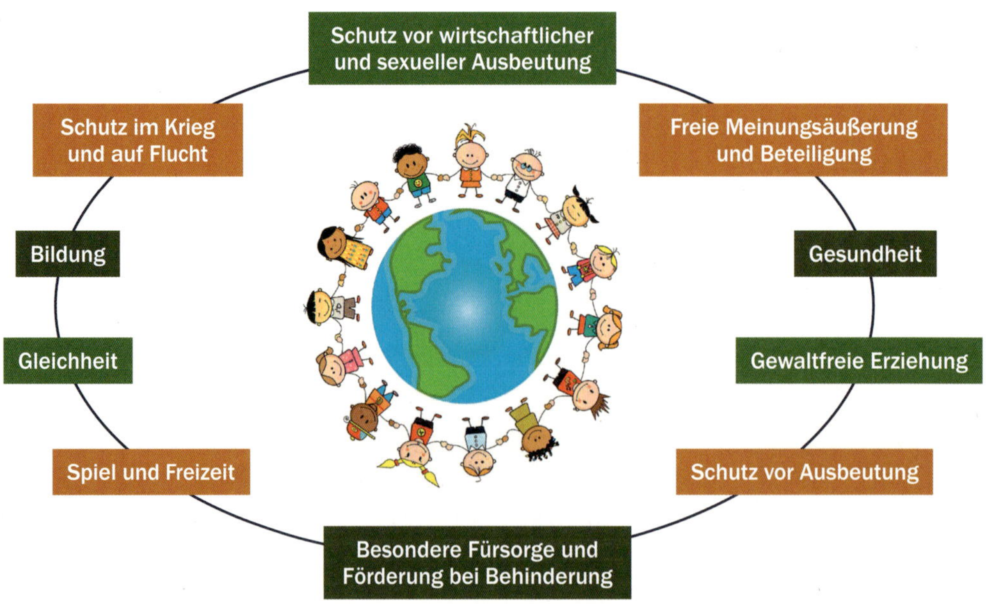

Zusatzprotokolle

Zwei Zusatzprotokolle richten sich gegen die Beteiligung Minderjähriger an bewaffneten Konflikten als **Kindersoldaten** sowie **gegen Kinderhandel, Kinderprostitution** und **Kinderpornografie.**

6.6.3 Einhaltung der Kinderrechte

Die Vertragsstaaten sind verpflichtet, die **Bestimmungen der Kinderrechtskonvention** innerstaatlich durch Gesetze und behördliche Maßnahmen **umzusetzen** und dem **UNO-Kinderrechtsausschuss alle fünf Jahre** über die Umsetzung der Konvention zu **berichten.** Dieser bewertet sie in einem eigenen Verfahren (**Staatenberichtsprüfungsverfahren**).

6.6.4 Verletzungen von Kinderrechten

Trotz aller Bemühungen sind in der Realität laut UNICEF weltweit **Millionen von Kindern Opfer von Gewalt, Ausbeutung** und **Menschenhandel.** Eine Million ist in **Gefängnissen** eingesperrt, mehr als die Hälfte von ihnen ohne ein gerichtliches Verfahren.

Laut der Internationalen Arbeitsorganisation (IAO) arbeiten weltweit ungefähr **168 Millionen Kinder** zwischen fünf und 17 Jahren, davon 85 Millionen unter extremsten Bedingungen, beispielsweise in Minen und Steinbrüchen, in der Textilindustrie, auf Kaffee- oder Kakaoplantagen oder als Leibeigene. Viele Kinder werden **Opfer von Sklaverei, Kinderhandel** oder **Prostitution.** Schätzungen zufolge gibt es weltweit **250.000 Kindersoldaten.**

Kinderarbeit hängt mit der schlechten ökonomischen Situation in Entwicklungsländern zusammen. Kinder müssen oft arbeiten, um ihr Überleben und das ihrer Familie zu sichern.

6.7 Frauenrechte

6.7.1 Allgemeines

Die **UN-Frauenrechtskonvention (CEDAW-Konvention)** ist ein **Übereinkommen (1979)** der UNO zu Frauenrechten **von 186 Vertragsstaaten.**

Sie stellt ein **wichtiges internationales Menschenrechtsdokument** dar und wird auch als „Magna Charta der Frauenrechte" bezeichnet. Sie ist die wichtigste Rechtsgrundlage für die internationale **Durchsetzung von Frauenrechten.** Sie beinhaltet die **Bekämpfung von traditionellen Rollenbildern.**

CEDAW ist die Abkürzung für *Convention on the Elimination of all Forms of Discrimination Against Women.*

6.7.2 Grundsätze

Diskriminierungsverbot	Gleichbehandlungsgebot
Keine Benachteiligungen aufgrund des Geschlechts	Verantwortung der Vertragsstaaten für Rechtsverletzungen ☐ im öffentlichen Bereich ☐ in der Privatsphäre **Aktionsprogramm** zur praktischen Umsetzung der Gleichberechtigung

6.7.3 Inhalte

Inhalte	Erklärung
Prinzip der Gleichheit zwischen Mann und Frau	Verwirklichung in den Rechtsordnungen der Vertragsstaaten
Antidiskriminierung	Abschaffen von benachteiligenden Gesetzen
Spezielle Gerichte und Institutionen	Garantie des Schutzes vor Benachteiligungen
Vermehrte Einbindung	Frauen sollen vermehrt in Friedensprozesse eingebunden werden.
Schutz von Zivilisten	Schutz in bewaffneten Konflikten

Das Gleichbehandlungsgebot beinhaltet beispielsweise das Verbot von **Frauenhandel** und die Einführung des **Frauenwahlrechts.**

6.7.4 Einhaltung der Frauenrechte

Die Vertragsstaaten verpflichten sich, die Inhalte der Konvention in der Realität umzusetzen.

Die Überwachung der Einhaltung der Konventionsbestimmungen erfolgt durch den **Ausschuss der UNO für die Beseitigung der Diskriminierung der Frau**. Der Ausschuss prüft die **Berichte** der Unterzeichnerstaaten, die **alle vier Jahre** abzugeben sind.

6.8 Asylrecht

Wegen der Kriege im Nahen Osten flüchten unzählige Menschen aus ihrer Heimat und suchen Zuflucht an einem sicheren Ort.

Das **Asylrecht** entwickelt sich im aktuellen Zeitgeschehen immer mehr zu einem brisanten und mit zahlreichen **politischen Herausforderungen und Kontroversen** besetzten Thema – und das sowohl in Österreich als auch in der EU und weltweit. Im Jahr 2015 betraf eine **schwer zu kontrollierende Flüchtlingsbewegung** vor allem Österreich und Deutschland.

Der erfolgreichen Bewältigung der Flüchtlingskrise steht oft die **mangelnde Solidarität der EU-Staaten untereinander** im Wege.

6.8.1 Rechtliche Grundlagen

Das **Recht auf Asyl** stellt ein **Menschenrecht** nach der UN-Menschenrechtskonvention dar.

Definition

„Jeder hat das Recht, in anderen Ländern vor Verfolgung Asyl zu suchen." (Art. 14 Allgemeine Erklärung der Menschenrechte)

Als **Asyl** bezeichnet man einen Zufluchtsort für verfolgte Menschen oder einen Ort, an dem man Schutz vor Gefahren und Verfolgung findet.

Genfer Flüchtlingskonvention (GFK)

Definition

Flüchtling ist eine Person, die sich aus der begründeten Furcht vor Verfolgung wegen ihrer Rasse, Religion, Nationalität, Zugehörigkeit zu einer sozialen Gruppe oder wegen ihrer politischen Gesinnung außerhalb ihres Heimatlandes befindet und nicht dorthin zurückkehren kann oder wegen der erwähnten Befürchtungen nicht dorthin zurückkehren will.

Merkmale des Flüchtlingsbegriffes:

- wohlbegründete **Furcht**
- **Verfolgung** wegen Rasse, Religion, Nationalität, Zugehörigkeit zu einer bestimmten sozialen Gruppe oder wegen der politischen Gesinnung
- Aufenthalt **außerhalb des Heimatstaates**
- **kein Schutz** im Herkunftsstaat möglich

6.8.2 Unterschiede zwischen Asyl und Migration

Definition

- **Asylwerberinnen und Asylwerber** sind Menschen, die in ihrem Heimatland **verfolgt oder bedroht** werden.
- **Migrantinnen und Migranten** sind Menschen, die **freiwillig** in eine andere Gesellschaft, eine andere Region oder ein **anderes Land** wandern, und das meist mit dem Ziel der Verbesserung ihrer **Lebensverhältnisse.**

Asylwerberinnen und Asylwerber

- Flucht
- Verlassen der Heimat aufgrund einer Gefahr für Leib und Leben
- Verfolgung
- Zwang aufgrund der Situation

Migrantinnen und Migranten

- Wanderung
- freiwilliger Wechsel des Wohnortes
- vornehmlich wirtschaftliche Gründe
- freie Entscheidung

Des Weiteren muss genau zwischen den Rechten von Asylwerberinnen und Asylwerbern, Asylberechtigten und subsidiär Schutzberechtigten unterscheiden.

Asylwerberinnen und Asylwerber	Asylberechtigte	Subsidiär Schutzberechtigte
Asylverfahren ist **nicht abgeschlossen.**	**Asylverfahren** ist **abgeschlossen.** Asylberechtigte sind anerkannte Flüchtlinge nach der Genfer Flüchtlingskonvention.	Sie sind **nicht als Flüchtlinge** im Sinne der Genfer Konvention **anerkannt,** haben jedoch eine **befristete Aufenthaltsberechtigung.**
Grundversorgung: Sie erhalten Essen, Unterkunft und Taschengeld und sind **krankenversichert. Kinder** unterliegen der Schulpflicht.	Sie haben dauerndes **Einreise- und Aufenthaltsrecht** in Österreich. Sie können **Mindestsicherung** beantragen oder arbeiten.	Anspruch auf **volle Mindestsicherung** (Ausnahmen in manchen Bundesländern)

6.8.3 Asylverfahren in Österreich

Das **Recht auf Asyl** stellt ein **Menschenrecht** nach der UN-Menschenrechtskonvention dar.

Antragstellung → Erstbefragung (Organe des öffentlichen Sicherheitsdienstes) → Überprüfung der Zuständigkeit → Erstaufnahmestelle oder Betreuungseinrichtung des Bundes → inhaltliche Prüfung (Bundesamt für Fremdenwesen und Asyl) → Entscheidung

Ablauf des Asylverfahrens

- **Antragstellung auf internationalen Schutz** bei einer Polizeibehörde oder einer/einem Polizeibediensteten. Mit der Antragstellung geht im Normalfall faktischer Abschiebeschutz einher.
- **Eine erkennungsdienstliche Behandlung** (z. B. Abnahme der Fingerabdrücke) wird durch die Organe des öffentlichen Sicherheitsdienstes durchgeführt.
- **Erstbefragung im Bundesamt für Fremdenwesen und Asyl**

Für den Fall, dass Österreich für die inhaltliche Prüfung des Asylantrages zuständig ist, erfolgt die Zuteilung der Asylwerberin/des Asylwerbers an eine **bestimmte Betreuungseinrichtung des Bundes.** Danach beginnt das inhaltliche Asylverfahren:

- **Zulassungsverfahren** vor dem **Bundesamt für Fremdenwesen und Asyl,** Einvernahmen über die Fluchtgründe stehen im Mittelpunkt
- **Ergebnisse: Zuerkennung** des Status der/des **Asylberechtigten,** der/des **subsidiär Schutzberechtigten** oder **Zurückweisung bzw. Abweisung** des Asylantrages

Bereich 6

Check 6

1. **Beurteilen** Sie, ob es sich um Menschen-, Unionsbürgerrechte oder Grundrechte (Staatsbürgerrechte) handelt, indem Sie die richtige(n) Lösung(en) ankreuzen.

Recht	Menschenrechte	Unionsbürgerrechte	Grundrechte (Staatsbürgerrechte)
Glaubens- und Gewissensfreiheit			
Aktives Wahlrecht zum Nationalrat			
Recht auf Datenschutz			
Reisefreiheit			
Passives Wahlrecht bei EU-Parlamentswahlen			
Recht auf Leben			
Niederlassungsfreiheit			
Verbot der Sklaverei			

2. **Recherchieren** Sie im Internet und anhand von Medienberichten Menschenrechtsverletzungen, die derzeit stattfinden oder in jüngster Vergangenheit stattgefunden haben. **Diskutieren** Sie in der Kleingruppe darüber, präsentieren Sie anschließend die Ergebnisse Ihrer Recherchen in der Klasse und bewerten Sie das Ergebnis.

3. **Erklären** Sie die vier Grundprinzipien der Kinderrechtskonvention und geben Sie für jeden Bereich jeweils zwei Beispiele für Kinderrechte an.

	Grundprinzipien	Beispiel 1	Beispiel 2
1.			
2.			
3.			
4.			

4. **Lesen** Sie den Artikel auf Seite 71 und finden Sie anhand von Internetrecherchen und Medienberichten konkrete Beispiele von weltweiten Kinderrechtsverletzungen. **Nehmen** Sie anschließend in der Klasse zur Situation von Kinderrechtsverletzungen **Stellung** und **überlegen** Sie Handlungsmöglichkeiten, um die Umsetzung von Kinderrechten zu verbessern.

Ein schlimmer Befund

Millionen Kinder sind laut einer Erhebung des UNO-Kinderhilfswerks UNICEF weltweit Opfer von Gewalt, Ausbeutung und Menschenhandel. Mindestens eine Million Kinder sitzen weltweit in Gefängnissen – mehr als die Hälfte von ihnen ohne Gerichtsverfahren(...). 150 Millionen Kinder unter 15 Jahren müssen hart arbeiten und können deshalb nicht zur Schule gehen.

Arbeiten, um zu überleben

Besonders betroffen sind Jugendliche in den Gebieten Afrikas südlich der Sahara. Hier muss den UNICEF-Angaben zufolge mehr als ein Drittel der Kinder zwischen fünf und 14 Jahre arbeiten, um überleben zu können. In Lateinamerika arbeiten nach Angaben des Kinderhilfswerks rund 5,7 Millionen Kinder unter Zwang oder schlechten Bedingungen (...).

Für Behörden nicht existent

Vor allem ohne Geburtsurkunde haben junge Menschen laut UNICEF kaum Aussichten auf einen Platz in der Schule und sind krimineller Ausbeutung schutzlos ausgeliefert. Mehr als 18 Millionen Kinder wachsen laut UNICEF in Familien auf, die aufgrund von Kriegen oder Naturkatastrophen aus ihrer Heimat vertrieben wurden.

Kinderheirat weit verbreitet

Jedes dritte Mädchen in Entwicklungsländern wird als Kind verheiratet. In den Ländern Niger, Tschad und Mali liege der Anteil sogar bei über 70 Prozent.

Auch kleine Fortschritte

Kleine Fortschritte zeigt der UNICEF-Bericht beim Thema Genitalverstümmelung auf: Demnach sinkt in vielen afrikanischen Ländern der Anteil der Mädchen, die an ihren Genitalien verstümmelt werden. Dennoch seien noch immer in mindestens 29 Ländern der Erde Mädchen durch die Tradition der Genitalverstümmelung bedroht (...). Um die Kinderrechte zu stärken, müssten nach Einschätzung von UNICEF vor allem die Schutzsysteme und Schutzmaßnahmen, auch bei Katastrophen, verbessert werden. Nötig seien dafür auch breite Bündnisse zwischen Regierungen, Zivilgesellschaft und Unternehmen sowie bessere Datenerhebungen über den Zustand des Kinderschutzes in der Welt.

(Quelle: www.orf.at, 02.03.2017)

5. **Nennen** Sie die zwei Grundsätze der UN-Frauenrechtskonvention (CEDAW), **erklären** Sie die wichtigsten Inhalte dieser Konvention und nehmen Sie anschließend zu deren Bedeutung Stellung.
6. **Nehmen** Sie nach vorangegangenen Internetrecherchen **Stellung** zu weltweiten Frauenrechtsverletzungen.
7. **Beschreiben** Sie die Unterschiede zwischen Flüchtlingen und Migrantinnen bzw. Migranten.
8. **Arbeiten** Sie die Unterschiede zwischen Asylwerberinnen und Asylwerbern, Asylberechtigten und subsidiär Schutzberechtigten heraus.
9. **Erörtern** Sie den Artikel über die Situation von Asylanträgen in Österreich im Jahr 2016, **recherchieren** Sie im Internet eventuelle aktuelle Änderungen und **diskutieren** Sie dieses Thema in der Klasse.

42.073 Asylanträge 2016 in Österreich: Obergrenze zu 96 Prozent erfüllt

Rückgang um 52,4 Prozent gegenüber 2015

Die Zahl der Asylanträge in Österreich lag 2016 bei 42.073 Ansuchen und ging damit gegenüber dem Rekordjahr 2015 mit 90.000 Anträgen um 52,4 Prozent zurück. Die von der Regierung verordnete Kapazitätsobergrenze von 37.500 Asylverfahren wurde zu 96 Prozent erfüllt. (...)

Die Asylantragszahlen bewegten sich demnach „weiterhin auf hohem Niveau“, wie Innenminister Wolfgang Sobotka darin festhält. Zwar gebe es gegenüber 2015 einen deutlichen Rückgang, gegenüber 2014 sei jedoch eine Steigerung von 49,9 Prozent und zu 2013 (17.503 Asylanträge) sogar ein Plus von 140,4 Prozent zu verzeichnen. Die wichtigsten Herkunftsstaaten waren im Vorjahr Afghanistan, Syrien, Irak, Pakistan und Iran. (...)

Für 2017 wurde die Kapazitätsgrenze mit 35.000 Verfahren festgelegt (...). 10.677 Personen haben Österreich 2016 wieder verlassen. 5.797 reisten freiwillig aus, 4.880 Personen wurden zwangsweise außer Landes gebracht. 2.582 davon landeten in Dublin-Mitgliedsstaaten, 2.298 in sonstigen Ländern.

(Quelle: www.kurier.at, 15.1.2017)

Wissens- und Verständnischeck 6

Schätzen Sie Ihr Wissen bzw. Verständnis ein: +2 = ganz gut, –2 = nicht gut	+2	+1	–1	–2
Ich kann die Grundidee und die Arten der Menschenrechte beschreiben.				
Ich kann die Rechtsquellen für Menschenrechte nennen.				
Ich kann die Unterschiede zwischen Menschenrechten, Staatsbürgerrechten und Unionsbürgerrechten darstellen.				
Ich kann die Bedeutung von Grund- und Menschenrechten und die Bedeutung des Schutzes dieser Rechte beurteilen.				
Ich kann Institutionen nennen, die bei Verletzungen von Menschenrechten zuständig sind.				
Ich kann die Idee und die Grundprinzipien von Kinderrechten nach der Kinderrechtskonvention beschreiben.				
Ich kann erklären, wie die Einhaltung von Kinderrechten durch den UN-Kinderrechtsausschuss überprüft wird.				
Ich kann zu weltweiten Verletzungen von Kinderrechten Stellung nehmen.				
Ich kann die Grundsätze und wesentlichen Inhalte der UN-Frauenrechtskonvention zusammenfassen und beurteilen.				
Ich kann zur Bedeutung des Schutzes von Frauenrechten weltweit Stellung nehmen.				
Ich kann die Unterschiede zwischen Asylwerberinnen und Asylwerbern, Asylberechtigten, subsidiär Schutzberechtigten und Migrantinnen und Migranten darstellen.				
Ich kann einen typischen Verfahrensablauf im Asylverfahren skizzieren.				

Sind Sie mit Ihrem Lernfortschritt zufrieden?

Wenn Sie noch weitere Anleitungen und Übungen benötigen, hilft Ihnen Ihre Lehrerin/Ihr Lehrer weiter!

7 Non-Governmental Organizations

Non-Governmental Organizations (NGOs, auf Deutsch: Nichtregierungsorganisationen) agieren in den verschiedensten Lebensbereichen in Ausrichtung auf **höhere Ziele** und **globale Themen** wie **Umweltschutz, Menschenrechte, soziale Anliegen** etc.

NGOs sind nicht gewinnorientiert (Non-Profit-Organisationen, NPOs). Wesentliche, gesellschaftlich notwendige Leistungen werden von den **ehren- und hauptamtlichen Mitarbeiterinnen und Mitarbeitern** der Organisationen erbracht. NGOs als Ausdruck einer nicht durch den Staat gesteuerten **Zivilgesellschaft** sind ein wesentlicher Bestandteil des kulturellen und sozialen Lebens – sowohl in Österreich als auch weltweit. NGOs zeigen in der **Öffentlichkeit Missstände auf** und ermöglichen so **gesellschaftliche Veränderungen** und **neue Entwicklungen.**

Zahlreiche **Freiwillige,** oft auch junge Menschen, engagieren sich täglich auf nationaler und internationaler Ebene, um ihren Wertvorstellungen Gehör zu verschaffen und sich für Ziele, mit denen sie sich identifizieren, einzusetzen

Im siebenten Bereich dieses Buches erwerben Sie folgende Kompetenzen:

Kompetenzen 7

- die **Ziele, Aufgaben** und **charakteristischen Merkmale von NGOs** beschreiben
- die **Unterschiede** zu internationalen Organisationen (Regierungsorganisationen), supranationalen Organisationen und Vereinen verstehen
- die **unterschiedlichen Tätigkeitsbereiche** von NGOs beurteilen
- die **gesellschaftliche Bedeutung von Nichtregierungsorganisationen** diskutieren

7.1 Wesen einer NGO

Definition

Unter einer **Non-Governmental Organization (NGO)** versteht man eine

- **private,**
- **unabhängige,**
- **nicht gewinnorientierte Organisation (NPO = Non-Profit Organization),**
- die **gesellschaftspolitische** oder **soziale Zielsetzungen**
- mit **globaler Ausrichtung** verfolgt und
- durch **Öffentlichkeitsarbeit Einfluss** auf den **politischen Willensbildungsprozess** nimmt.

Eine **NGO** ist eine von natürlichen oder juristischen Personen gegründete, **vom Staat unabhängige Organisation** mit **internationaler Dimension.** Durch ihr Auftreten in der **Öffentlichkeit** und das Hinweisen auf Missstände kann sie **Veränderungen in der Gesellschaft** bewirken.

Nichtregierungsorganisationen kämpften zum Beispiel im 18. Jahrhundert gegen die Sklaverei und im 19. Jahrhundert für das Wahlrecht der Frauen.

Medientipp

www.politik-lexikon.at
www.ngo.at

7.1.1 Abgrenzung der NGO von anderen Organisationsformen

Die **UNO** setzt sich für den **Weltfrieden** und **Menschenrechte** ein. Ihre Mitgliedstaaten bleiben souverän.

Die **EU** verfolgt vornehmlich **wirtschaftliche Ziele.** Die Mitgliedstaaten verzichten teilweise auf ihre Souveränität.

Private Organisationen: NGOs können zum Beispiel die Rechtsform eines **privaten Vereins** haben. Sie finanzieren sich über Mitgliedsbeiträge, Spenden (z. B. über *Fundraising*), Projektförderungen usw.

Internationale und supranationale Organisationen finanzieren sich durch Beiträge ihrer Mitgliedstaaten.

Definition

- Eine **internationale Organisation (Regierungsorganisation)** ist ein **Zusammenschluss** von **souveränen Staaten** mit dem Ziel der **gemeinsamen Regelung** von politischen, wirtschaftlichen, militärischen sowie kulturellen Angelegenheiten.
- Eine **supranationale Organisation** ist eine Vereinigung von Staaten mit **höherem Organisationsgrad.** Die Mitgliedstaaten **verlieren Teile ihrer Autonomie,** indem zum Beispiel einheitliche rechtliche Regelungen für alle Mitgliedstaaten erlassen werden können

Gemeinschaftliches Handeln und gemeinsam gefasste Beschlüsse, die für alle dieser Organisation angehörenden Staaten verbindlich sind, gibt es in der Europäischen Union zum Beispiel im Binnenmarkt und in der Agrarpolitik.

Definition

Merkmale eines **privaten Vereins** sind, dass sich mindestens zwei Personen zu einer **nicht gewinnorientierten Organisation** zusammenschließen, die einen **ideellen Zweck** verfolgt.

Bei einem privaten Verein liegt – meist im Gegensatz zu einer NGO, welche die Rechtsform eines Vereins haben kann – keine internationale Ausrichtung vor.

Gegenüberstellung der Organisationsformen

Internationale Organisation	Supranationale Organisation	Verein	NGO
Zusammenschluss von Staaten	Zusammenschluss von Staaten	private Organisation, Zusammenschluss von natürlichen oder juristischen Personen laut Vereinsgesetz	private Organisation, Zusammenschluss von natürlichen oder juristischen Personen
abhängig vom Staat und dessen Regierung	abhängig vom Staat und dessen Regierung	unabhängig vom Staat und dessen Regierung	unabhängig vom Staat und dessen Regierung
Mitglieder behalten ihre Souveränität (Recht auf Selbstbestimmung).	Mitglieder geben ihre Souveränität teilweise an die Organisation ab.	Mitglieder bleiben unabhängig.	Mitglieder bleiben unabhängig.
Ziele: ◻ politisch ◻ militärisch ◻ wirtschaftlich ◻ kulturell	**Ziele:** ◻ politisch ◻ militärisch ◻ wirtschaftlich ◻ kulturell	**Ziele:** ◻ ideell ◻ nicht gewinnorientiert	**Ziele:** ◻ ideell ◻ nicht gewinnorientiert ◻ internationale Ausrichtung
Beispiele: UNO, NATO, WTO	**Beispiel:** Europäische Union	**Beispiel:** Tennisverein	**Beispiel:** Greenpeace

7.1.2 Charakteristische Merkmale von NGOs

Die **internationale Ausrichtung** ist ein typisches Wesensmerkmal von NGOs.

In Österreich gibt es keine gesetzliche Verankerung für NGOs. Bei Vorliegen **folgender Merkmale** spricht man jedoch von einer NGO.

- **Unabhängigkeit:** NGOs verwalten sich selbst und sind weder vom Staat und dessen Regierung noch von öffentlichen Einrichtungen und Unternehmen abhängig. Sie agieren unabhängig von parteipolitischen Interessen und sind allein ihren Zielen, Werten und Idealen verpflichtet.

- **Nicht gewinnorientiert:** NGOs erhalten finanzielle Mittel in Form von Mitgliedsbeiträgen, Spenden und Förderungen. Gewinne und Überschüsse dürfen beispielsweise nicht den Mitgliedern zufließen.
- **Gemeinwohl:** NGOs sind in Bereichen wie der humanitären Hilfe, dem Umweltschutz, dem Schutz der Menschenrechte und in der Entwicklungshilfe etc. tätig. Die Mitglieder verfolgen Ziele, die über rein egoistische Interessen hinausgehen.
- **Globale Ausrichtung:** Erst die globale Ausrichtung macht einen Verein zu einer NGO: Eine NGO kann etwa ein österreichischer Verein sein, der auf internationaler Ebene agiert.
- **Öffentlichkeitsarbeit:** NGOs artikulieren ihre Interessen in der Öffentlichkeit und betreiben Lobbying, um ihre Anliegen durchzusetzen. Sie zeigen Fehlentwicklungen auf und beeinflussen durch ihr Engagement den politischen Meinungsbildungsprozess in der Gesellschaft. Sie können so nachhaltige Veränderungen erzielen.
- **Freiwilligenarbeit:** In NGOs sind sowohl bezahlte als auch zahlreiche freiwillige, ehrenamtliche Mitarbeiterinnen und Mitarbeiter tätig. Das Engagement von vielen Freiwilligen, die sich mit hoher Motivation und fundierter Sachkompetenz für ihre höheren Ziele einsetzen, sichert die Existenz vieler NGOs.

7.1.3 Zielgruppen und Tätigkeitsfelder

NGOs setzen sich oft für folgende Gruppen ein:

- **Randgruppen der Bevölkerung,** z. B. Menschen mit Behinderung, Migrantinnen und Migranten, Obdachlose ...
- **Bestimmte Altersgruppen,** z. B. Jugendliche, alte Menschen
- **Mitglieder der betreffenden Organisation,** z. B. Gewerkschaften, Autofahrerclubs

Ausgewählte Tätigkeitsbereiche von NGOs (sowie je ein Beispiel)

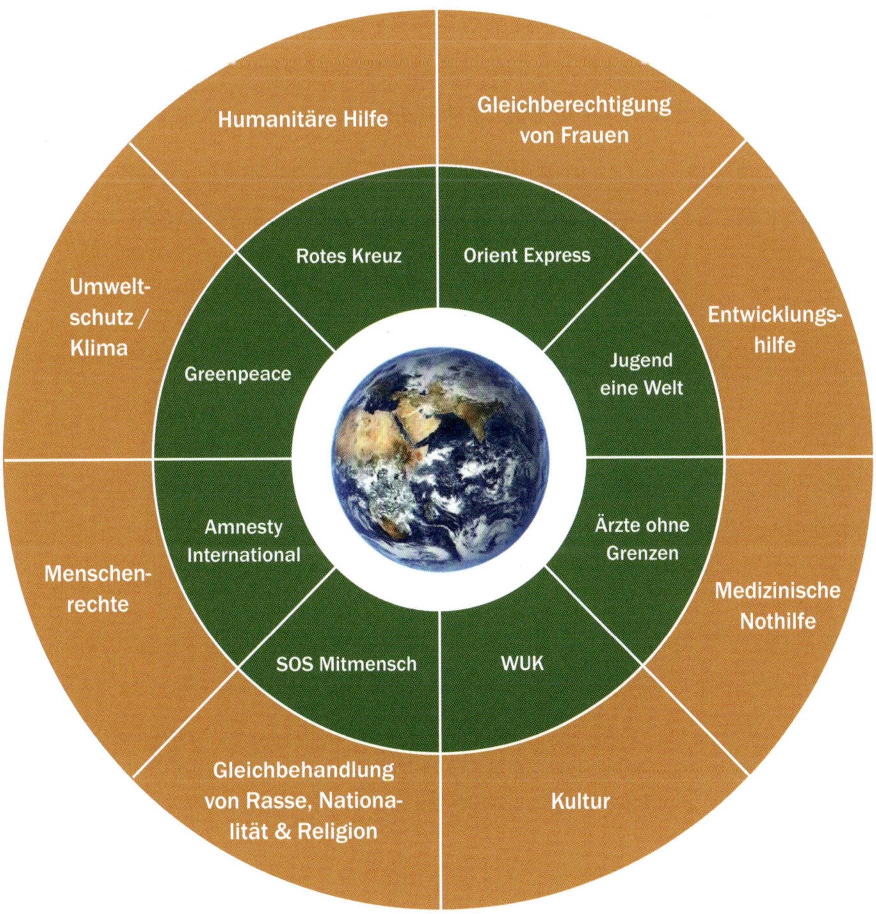

Die Tätigkeitsbereiche von NGOs sind äußerst **vielfältig** und spiegeln die Situation und Bedürfnisse der **Zivilgesellschaft** wider. Sie haben in Demokratien eine große sozialpolitische Bedeutung.

Sektor	Wirkungsbereich	Beispiele
Humanitäre Hilfe	Hilfe in humanitären Notsituationen wie Kriegen und bewaffneten Konflikten, Unterstützung bei Naturkatastrophen wie Erdbeben, Überschwemmungen etc.	Rotes Kreuz, Caritas
Gleichberechtigung von Frauen	Einsatz für die Gleichstellung der Geschlechter (Gender), gegen Diskriminierungen, gegen Zwangsverheiratung	Alpha – Frauen für die Zukunft, Aktion Leben, Tamar, Orient Express
Entwicklungshilfe	Verbesserung der Lebenssituation in Entwicklungsländern	Jugend eine Welt, Care, AIESEC, SOS Kinderdorf, Arge Weltläden
Medizinische Nothilfe	Medizinische Versorgung für Menschen in Krisenregionen	Ärzte ohne Grenzen
Kultur	Förderung der Kultur, Denkmalschutz	WUK: Werkstätten- und Kulturhaus
Gleichbehandlung aufgrund von Rasse, Nationalität und Religion	Einsatz gegen Diskriminierung (Benachteiligung) ohne sachliche Rechtfertigung aufgrund von Rasse, Hautfarbe, Sprache, Religion, politischer Anschauung, Nationalität, Zugehörigkeit zu einer Volksgruppe	ZARA (Zivilcourage und Anti-Rassismus-Arbeit), SOS Mitmensch
Menschenrechte	Einhaltung der Grundrechte, Kampf gegen Menschenrechtsverletzungen	Amnesty International, Human Rights Watch, Ludwig Boltzmann Institut für Menschenrechte
Umweltschutz, Klima	Einsatz für Natur- und Umweltschutz, Tierschutz	Greenpeace, Global 2000, WWF
Soziale Arbeit	Unterstützung für Randgruppen der Gesellschaft wie Obdachlose, Menschen mit Behinderung etc.	ISI – Initiative Soziale Integration, Blinden- und Sehbehindertenverband, Licht für die Welt
Politik	Einsatz gegen Globalisierung, Welthandel	Attac
Weitere Bereiche, z. B. Bildung, Gesundheit	Engagement für Bildung und Gesundheitsförderung in den Entwicklungsländern, interkulturelle Begegnungen	Baobab – Globales Lernen, Concordia Sozialprojekte, Afroasiatisches Institut
Flüchtlingshilfe	Engagement von verschiedensten Einrichtungen zur Unterstützung von Flüchtlingen und Schaffung von Möglichkeiten der Integration	Diakonie-Flüchtlingsdienst, Asylkoordination Wien, Integrationshaus Wien, SOS-Kinderdorf, Caritas
Armut	Bekämpfung von Armut und sozialer Ausgrenzung; Einsatz für einen fairen Welthandel und bessere Entwicklungszusammenarbeit	Menschen für Menschen, Caritas

7.2 Beispiele für einige bedeutende NGOs

7.2.1 Rotes Kreuz

ÖSTERREICHISCHES ROTES KREUZ

Aus Liebe zum Menschen.

Für das österreichische Rote Kreuz arbeiten ca. 8.300 hauptberufliche und 73.000 ehrenamtliche Mitarbeiterinnen und Mitarbeiter.

Medientipp

www.roteskreuz.at

Das Rote Kreuz ist in folgenden **Bereichen** tätig:

- Blutspende-Aktion
- Rettungsdienste
- Pflege und Betreuung
- Gesundheit
- Jugend
- Katastrophenhilfe
- Migration
- Entwicklungszusammenarbeit

- Des Weiteren ist das Rote Kreuz der größte Zivildienstträger Österreichs. Viele Zivildiener sind dort zum Beispiel im Rahmen des Rettungsdienstes tätig.
- Im Rahmen des Arbeitsmarktintegrationsgesetzes und des darin vorgesehenen Integrationsjahres vor allem für Asylwerberinnen und Asylwerber mit guten Chancen auf Integration stellt das **Rote Kreuz** Plätze für einjährige „Arbeitstrainings" bereit, um die Chancen am Arbeitsmarkt zu erhöhen.

Das **Rote Kreuz** besteht **weltweit** aus 190 Gesellschaften und ist die größte **humanitäre Non-Profit-Organisation.** Die Grundidee des internationalen Roten Kreuzes basiert auf dem Grundsatz der Mitmenschlichkeit: „Das Leben von Menschen in Not und sozial Schwachen durch die Kraft der Menschlichkeit verbessern“ (Mission Statement der Internationalen Föderation und aller ihrer Gesellschaften).

7.2.2 Caritas

Die **Caritas International** ist in 200 Ländern der Welt tätig. Die **Caritas Österreich** ist eine im humanitären Sektor tätige Organisation, die in 60 Ländern vertreten ist und über 66.000 (Stand 2020) berufliche und ehrenamtliche Mitarbeiterinnen und Mitarbeiter beschäftigt. 125.664 junge Menschen erreich die Young Caritas (Stand 2020).

In **Österreich** kümmert sich die Caritas um folgende Bevölkerungsgruppen:

- **alte Menschen** (Pflege und Betreuung, mobil oder stationär – z. B. in Seniorenhäusern)
- **Menschen mit Behinderung** (Schaffen von Möglichkeiten für Wohnen, Arbeitsprojekte, Ausbildungsmaßnahmen usw.)
- **schwer kranke und sterbende Menschen** (*Palliative Care*-Hospiz)
- **Menschen in Not** (Beratung und sonstige Hilfsmaßnahmen für Obdachlose, arme und armutsgefährdete Menschen, Frauen in Krisensituationen, Flüchtlinge etc.)
- **Menschen weltweit** (Auslandshilfe für Menschen in Not, Randgruppen der Bevölkerung etc.)

Die Caritas ist eine bedeutende internationale **humanitäre Organisation.**

Medientipp

www.caritas.at
www.caritas-wien.at

7.2.3 Amnesty International

Amnesty International setzt sich weltweit für die **Einhaltung der Menschenrechte** ein. Diese NGO tritt für den **Kampf gegen Diskriminierung** aufgrund von Rasse, Geschlecht und sexueller Orientierung ein, kämpft **gegen Folter und Todesstrafe** und plädiert für die **Freilassung von politischen Häftlingen.** Sieben Millionen Menschen setzen sich als Mitglieder, Unterstützerinnen und Unterstützer sowie als Aktivistinnen und Aktivisten für diese Ziele ein. Amnesty International verfasst **jährlich** einen **Bericht** (*The State of the World's Human Rights*), in dem Menschenrechtsverletzungen, die bekannt sind, aufgezeigt werden, um das Augenmerk der Öffentlichkeit darauf zu richten.

Durch **Urgent Actions** („Eilaktionen“; zahlreiche Appelle an die zuständigen Stellen) wird gegen Menschenrechtsverletzungen vorgegangen. Diese Eilaktionen sind oft erfolgreich: Menschen werden aus der Haft entlassen oder Haftbedingungen erleichtert, Todesurteile aufgehoben oder Klagen wegen Menschenrechtsverletzungen eingebracht.

Medientipp

www.amnesty.at

7.2.4 Ärzte ohne Grenzen

Durch diese international tätige Organisation werden **Menschen in Krisenherden** auf der ganzen Welt **medizinisch versorgt.** Medizinische Hilfe durch Ärzte ohne Grenzen gibt es vor allem in folgenden Bereichen:

- nach Naturkatastrophen,
- im Zuge bewaffneter Konflikte,
- bei Epidemien und
- bei fehlender medizinischer Versorgung.

Medientipp

www.aerzte-ohne-grenzen.at

7.2.5 Greenpeace

Greenpeace ist in über 40 Ländern vertreten und führt **weltweit Kampagnen** mit Unterstützung der nationalen Büros zum Thema **Umweltschutz** durch.

Medientipp

www.greenpeace.org

Folgende **Anliegen** werden vornehmlich vertreten:

- Klimaschutz
- kritische Haltung zur Gentechnik
- nachhaltige Landwirtschaft
- Meeresschutz
- Schutz der Urwälder
- Kampf gegen Umweltgifte
- nachhaltiger Konsum

7.3 Vorgangsweise der NGOs

NGOs üben Druck auf verantwortliche Personen (z. B. Regierungschefs, die zuständigen Ministerinnen und Minister, Präsidentinnen und Präsidenten usw.) aus, um ihre Ziele zu erreichen und das Augenmerk der Öffentlichkeit auf ein Problem zu richten (*Pressure Groups*). Oft werden jahrelange Kampagnen geführt.

Mögliche Aktionen

- Petitionen und Online-Petitionen (Bittschriften): Eine Petition (Appellbrief, Beschwerde) ist ein Schreiben an einen zuständigen politischen Verantwortlichen, beispielsweise einen Vertreter einer staatlichen Behörde.
- Appellbriefe an die staatlichen Verantwortungsträger, die von zahlreichen Personen unterzeichnet werden
- E-Mail-Kampagnen
- Wissenschaftliche Studien
- Aktionismus usw.

Recherchen und **Medienberichte** sind eine wirkungsvolle Möglichkeit für NGOs, auf Missstände hinzuweisen.

NGOs leisten infolge der **Fachkompetenz** ihrer Expertinnen und Experten oft einen wesentlichen Beitrag zur Lösung eines Problems.

Beispiel: Aktion von Amnesty International

Bericht: Amnesty International dokumentiert unfassbares Grauen in einem Gefängnis

Der Bericht umfasst die Jahre 2011 – 2015, bezieht sich auf das Militärgefängnis Saydnaya bei Damaskus und zeichnet das Bild eines Höllenlochs, in dem härteste Folter noch das Beste ist, was einem widerfahren kann. Zwischen 2011 und 2015 sollen im Keller der Anstalt laut ai bis zu 13 000 Menschen in Gruppen von rund 50 Personen gehängt worden sein. (…)

Für den Bericht hat ai mit 84 Zeugen (großteils außerhalb Syriens) gesprochen – Insassen, die die Haft überlebt haben, Wachpersonal, Ärzte, Richter. (…)

(Quelle: Kurier vom 8.2.2017/VON)

Durch Schreiben an die politisch Verantwortlichen wird **politischer Druck** erzeugt. NGOs wirken als **Mittel gegen gesellschaftliche Fehlentwicklungen**.

Beispiele: Kampagnen von Greenpeace

- **Thema: Bienensterben**
  Greenpeace veröffentlicht eine wissenschaftliche Studie von renommierten Expertinnen und Experten zum Thema „Bienensterben“. Nähere Informationen über die Greenpeace-Studie zu Pestiziden („Risiko für Wildbienen und andere Tiere größer als angenommen“) finden Sie in diesem Kapitel im Check 7, Aufgabe 8.
- **Thema: Schutz der Antarktis**
  Greenpeace leitet zu diesem Thema eine Online-Petition. Eine Petition (Bittschrift) ist ein Schreiben (Appellbrief, Beschwerde) an einen zuständigen politischen Verantwortungsträger, beispielsweise eine staatliche Behörde.
- **Thema: Vom Aussterben bedrohte Thunfische**
  Durch jahrelange Kampagnen (z. B. E-Mail-Kampagnen) konnte erreicht werden, dass die britische Supermarktkette Tesco Thunfische aus ihren Regalen entfernt.

7.4 Freiwilligenarbeit

Medientipp

Freiwilligenbericht des Sozialministeriums:
www.sozialministerium.at
www.freiwilligenweb.at

Definition

Unter **Freiwilligenarbeit** versteht man eine Arbeit, die

- **unentgeltlich,**
- im Rahmen einer **Organisation,**
- meist als **ausführende** Tätigkeit
- mit **genau bezeichneten Aufgaben** erfolgt.

7.4.1 Abgrenzung Freiwilligenarbeit – ehrenamtliche Tätigkeit

Definition

Unter **ehrenamtlicher Tätigkeit** ist eine **Aufgabe bzw. Position mit Entscheidungsmöglichkeiten** und **Verantwortung** zu verstehen, die

- **ohne finanzielle Gegenleistung** (ausgenommen Aufwendungen),
- für Personen, die nicht im gemeinsamen Haushalt leben bzw. für die **Gesellschaft** und
- im Rahmen einer **Institution** (also nicht im Bereich der Nachbarschaftshilfe) ausgeübt wird.

Bei der **ehrenamtlichen Tätigkeit** handelt es sich also um eine **verantwortungsvolle Position,** die eine Person bekleidet und über die diese Rechenschaft ablegen muss, währenddessen die **Freiwilligenarbeit** mit **geringerer Verantwortung** verbunden ist.

7.4.2 Bedeutung der Freiwilligenarbeit in Österreich

In Österreich engagieren sich viele junge Menschen freiwillig in sozialen Organisationen, bei Katastrophen- und Rettungsdiensten, im Bereich Kunst, Kultur und Unterhaltung, für den Umweltschutz etc.

Im Jahr 2019 betrug in Österreich laut Freiwilligenbericht des Bundesministeriums für Soziales, Gesundheit, Pflege und Konsumentenschutz der Anteil der Freiwilligen 46 % der Bevölkerung ab 15 Jahren – das waren 3,3 Millionen Menschen. Die Freiwilligenarbeit erfolgt sowohl für NGOs als auch für Vereine und Organisationen wie die Freiwillige Feuerwehr und den Österreichischen Kameradschaftsbund.

In Bundesländen mit höherer Bevölkerungsdichte gibt es ein geringeres Engagement von Freiwilligen (z. B. in Wien), in anderen Bundesländern, etwa Oberösterreich, Tirol und Niederösterreich, ist der Anteil wesentlich höher. Österreich liegt bei der Freiwilligenarbeit im europäischen Spitzenfeld. Das Engagement zahlreicher Freiwilliger in Österreich kann als wesentlicher Aspekt des Zusammenhalts im sozialen Leben und in der österreichischen Gesellschaft angesehen werden.

Check 7

1. **Überlegen** Sie in der Kleingruppe, bei welchen Organisationen Sie oder Personen aus Ihrem Freundes- und Bekanntenkreis ehrenamtlich bzw. freiwillig tätig sind. **Recherchieren** Sie anschließend im Internet die Aufgaben und Zielsetzungen dieser Organisationen und **beurteilen** Sie, ob es sich bei diesen um eine NGO handelt. **Bewerten** Sie diese Aufgaben und **diskutieren** Sie darüber.
2. **Erklären** Sie den Begriff der NGO und **nennen** Sie charakteristische Merkmale.
3. Sammeln Sie in Ihrer Klasse Informationen aus aktuellen Medienberichten bzw. aus dem Internet zu den Aktivitäten einiger bedeutender NGOs und **bewerten** Sie anschließend konkrete Aktionen dieser Organisationen, die positive Veränderungen bewirkt haben. **Beurteilen** Sie die konkreten Auswirkungen und **diskutieren** Sie diese in der Klasse.

4. **Bewerten** Sie den gesellschaftspolitischen Einfluss, den einige in diesem Bereich angeführte Vertreter von NGOs haben.
5. **Entwickeln** Sie in Gruppenarbeit ein Konzept (z. B. Name, Zielsetzung, Tätigkeitsfelder, Logo etc.) einer von Ihnen gegründeten fiktiven NGO und **überlegen** Sie, mit welchen Aktionen Sie Ihre Ziele umsetzen würden.
6. **Beurteilen** Sie, um welche Art von Organisation es sich in der Tabelle handelt. Markieren Sie die zutreffende Einordnung mit einem Kreuz und **begründen** Sie Ihre Entscheidung.

	Privater Verein	Internationale Organisation	Supranationale Organisation	NGO	Begründung
Handballverein					
UNO					
CliniClowns					
Diakonie Flüchtlingsdienst					
EU					
Caritas					
Vier Pfoten					
NATO					

7. **Finden** Sie für jedes typische Tätigkeitsfeld von NGOs jeweils **ein Beispiel** für eine Organisation, die in diesem Bereich noch nicht besprochen wurde. Vervollständigen Sie die Grafik mit den von Ihnen ermittelten NGOs. **Recherchieren** Sie anschließend die Tätigkeitsbereiche dieser NGO im **Internet.**

8. **Lesen** die den Artikel auf Seite 81 aufmerksam. Überlegen Sie in Gruppenarbeit, an welche **zuständigen Verantwortungsträger** Sie im Rahmen einer Kampagne gegen das Bienensterben die Ergebnisse der Greenpeace-Studie senden könnten und **entwickeln** Sie **Ideen** über mögliche zusätzliche Initiativen, um dem Kampagnenziel näher zu kommen.

Greenpeace-Studie zu Pestiziden: Risiko für Wildbienen und andere Tiere größer als angenommen

Umweltschutzorganisation fordert vollständiges Verbot von gefährlichen Neonicotinoiden

Pestizide aus der Gruppe der Neonicotinoide bedrohen nicht nur Bienen, sondern auch andere Lebewesen ernsthaft. Das geht aus einer heute von Greenpeace veröffentlichten Studie hervor. Unabhängige Wissenschaftler der University of Sussex haben dafür die Ergebnisse von hunderten wissenschaftlichen Untersuchungen der letzten Jahre überprüft. Ihr Fazit: Neonicotinoide sind in der Umwelt allgegenwärtig und kontaminieren Gewässer, Böden und Vegetation. Sogar Vögel können unter den Auswirkungen leiden. Die drei untersuchten Stoffe unterliegen seit 2013 zwar einem EU-weiten Teilverbot, die negativen Auswirkungen sind aber nach wie vor erheblich. Greenpeace fordert daher ein Totalverbot der gefährlichen Pestizide. Umwelt- und Landwirtschaftsminister Andrä Rupprechter soll sich auf europäischer Ebene für ein solches vollständiges Verbot einsetzen.

„Die umfangreiche Studie des renommierten Experten Dave Goulson und seines Teams zeigt klar, dass Neonicotinoide zum Sterben von Bienen, Hummeln und Wildbienen beitragen", sagt Sebastian Theissing-Matei, Landwirtschaftsexperte bei Greenpeace in Österreich. (...)

Neonicotinoide sind eine Gruppe hochwirksamer Pestizide, die schädliche Insekten töten sollen, aber auch schon länger in Verdacht stehen, Bienen, Hummeln und andere bestäubende Insekten zu schädigen. Diese spielen für die Landwirtschaft und die Nahrungsmittelproduktion eine entscheidende Rolle. In Europa sind alleine über 4.000 Gemüsesorten von diesen Bestäubungsleistungen abhängig. Doch die wichtigen Blütenbesucher sind in Gefahr. So verzeichnen einige Wildhummelarten dramatische Rückgänge und sind gebietsweise oder weltweit bereits ausgestorben. Die für andere Insekten verfügbaren Daten bieten ebenfalls ein besorgniserregendes Bild. (...)

„Diese Pestizide werden regelmäßig in Gewässern, Böden oder Wildblumen nachgewiesen. Wir dürfen das Risiko für Bienen, Hummeln, Schmetterlinge und Co. nicht weiter akzeptieren", betont Theissing-Matei und stellt fest: „Nur ein europäisches Totalverbot kann Sicherheit in Agrarlandschaften und der weiteren Umwelt bringen. Bundesminister Rupprechter muss sich auf EU-Ebene für ein vollständiges Verbot dieser Pestizide einsetzen."

(Quelle: Presseaussendung – 12. Jänner 2017)

Wissens- und Verständnischeck 7

Schätzen Sie Ihr Wissen bzw. Verständnis ein: +2 = ganz gut, –2 = nicht gut	+2	+1	–1	–2
Ich kann die Ziele und charakteristischen Merkmale von NGOs beschreiben und erklären.				
Ich kenne die Unterschiede zwischen NGOs, internationalen Organisationen, supranationalen Staatenverbindungen und privaten Vereinen.				
Ich kann zu den unterschiedlichen Tätigkeitsbereichen von NGOs Stellung nehmen.				
Ich kenne mindestens vier Beispiele für NGOs und kann deren Aufgabenbereiche erklären.				
Ich weiß über die verschiedenen Handlungsoptionen und Einflussmöglichkeiten von NGOs Bescheid.				
Ich bin in der Lage, mindestens ein konkretes Beispiel für eine erfolgreiche Aktion einer NGO zu nennen.				

Sind Sie mit Ihrem Lernfortschritt zufrieden?

Wenn Sie noch weitere Anleitungen und Übungen benötigen, hilft Ihnen Ihre Lehrerin/Ihr Lehrer weiter!

8 Vertragsrecht (Schuldrecht)

In diesem Bereich werden Sie für das Geschäftsleben fit gemacht: Er ist die ideale Ergänzung zu jenem Vorwissen, das Sie bereits im Gegenstand Betriebswirtschaft erworben haben. Hier lernen Sie die rechtlichen Voraussetzungen und Folgen von Verträgen kennen. Es geht zum Beispiel um folgende Fragen: Wie kann ein Schuldverhältnis entstehen? Was ist ein Rechtsgeschäft und was sind die Voraussetzungen für dessen Abschluss? Welche zusätzlichen Sicherungsmöglichkeiten gibt es, damit meine Vertragspartnerin oder mein Vertragspartner den Vertrag sicher einhält? Kann ich nur bestimmte Verträge abschließen oder bin ich in meiner Gestaltung frei? Gilt Schweigen als Zustimmung? Kann ich einen Vertrag wegen Irrtums anfechten? Wie kann ich Mängel geltend machen? Welche einzelnen Verträge gibt es?

Im achten Bereich dieses Buches erwerben Sie folgende Kompetenzen:

Kompetenzen 8

- die **Entstehung** und die **Arten** von **Schuldverhältnissen** angeben
- die wichtigsten **Voraussetzungen** des **Vertragsabschlusses** erklären
- die Bedeutung der **Vertragsfreiheit** und deren **Ausnahmen** begründen
- Möglichkeiten und Bedeutung der **Erfüllungssicherung von Verträgen** argumentieren und bewerten
- **Vertragsstörungen** analysieren und rechtliche **Reaktionsmöglichkeiten** ableiten
- **Gewährleistung** von **Garantie** unterscheiden und Gewährleistungsmöglichkeiten angeben
- einige wichtige **Vertragstypen** miteinander vergleichen

8.1 Einleitung und Grundbegriffe

Rechtsquellen:
Das Vertragsrecht ist in den §§ 859 bis 1341 des ABGB und in Nebengesetzen geregelt. Das Schadenersatzrecht findet man ebenfalls im erwähnten Teil des ABGB.

Die Beteiligten an einem Schuldverhältnis heißen **Schuldner** (die Person, die zu einer Leistung **verpflichtet** ist) und **Gläubiger** (die Person, die das **Recht** auf die Leistung hat). Sowohl auf Schuldner- als auch auf Gläubigerseite kann dabei eine Mehrheit von Personen auftreten.

Ob Ausbildung, Geschäftsleben, Beruf oder Ruhestand – der Mensch wird im ganzen Leben vom Bereich des Vertragsrechts (**Schuldrecht**) umgeben. In vielen Fällen wird man Schuldnerin oder Schuldner einer Leistung, ebenso häufig wird man Gläubiger. Die jeweiligen Schuldverhältnisse entstehen entweder aufgrund des eigenen **Willens** (Rechtsgeschäfte) oder aufgrund eines vom **Gesetz** festgelegten Tatbestandes (z. B. durch eine Schadenszufügung, bei der der Schädiger zum Schuldner der Schadenersatzleistung wird, der Geschädigte zum Gläubiger).

8.1.1 Entstehung von Schuldverhältnissen

Schuldverhältnis

Rechtsfolge durch Parteienwille	Rechtsfolgen durch Gesetz festgelegt
Rechtsgeschäfte	Schadenersatzansprüche Unterhaltsansprüche Ansprüche des Finders einer Sache usw.

Für bestimmte Rechtsgeschäfte ist eine bestimmte Form notwendig.

Jene Schuldverhältnisse, bei denen die Rechtsfolgen durch den Willen der Partei bzw. der Parteien eintreten, bezeichnet man als **Rechtsgeschäfte** oder **Verträge**.

8.1.2 Arten von Schuldverhältnissen

Schuldverhältnis

Zielschuldverhältnis	Dauerschuldverhältnis
gerichtet auf ein bestimmtes Ziel (endet mit Erreichung des Ziels)	gerichtet auf ein Verhalten, das länger dauert
Beispiele Kauf, Schenkung, Herstellung eines Werkstückes	**Beispiele** Arbeitsvertrag, Mietvertrag, Pacht

Mit dem Unterzeichnen eines Arbeitsvertrages geht man ein Dauerschuldverhältnis ein.

8.2 Rechtsgeschäfte

Definition

Durch **Rechtsgeschäfte** kann der Mensch unter Beachtung der Rechtsordnung **nach eigenem Willen** seine Lebensverhältnisse gestalten. Man verpflichtet sich z. B. einem anderen gegenüber zu einer Leistung, kündigt einen bestehenden Mietvertrag, kauft Wertpapiere oder errichtet ein Testament. Die Rechtsgeschäfte werden oft auch als **Verträge** bezeichnet, wenn zwei oder mehrere Vertragspartner vorliegen.

Rechtsgeschäfte sind somit **Willenserklärungen** von Personen.

Sie sind gerichtet auf **rechtliche Folgen.**

Diese sind von der **Rechtsordnung** anerkannt.

Mit einem Kaufvertrag einigt man sich auf Ware und Preis.

Eine Unterscheidungsmöglichkeit von Rechtsgeschäften besteht darin, ob nur eine Partei etwas erklärt und sich dadurch bereits verpflichtet, oder ob zwei oder mehr Parteien eine Willenserklärung abgeben.

Wer Geld für ein entlaufenes Haustier anbietet, tätigt ein einseitiges Rechtsgeschäft.

Definition

- **Einseitige Rechtsgeschäfte** kommen durch die Willenserklärung **einer Partei** zustande, d. h., diese eine Partei ist durch ihre Erklärung allein bereits gebunden (z. B. Auslobung: „Wer mir meinen entlaufenen Hund wiederbringt, erhält eine Belohnung von 200 €!")
- **Zweiseitige (mehrseitige) Rechtsgeschäfte:** Bei diesen müssen zwei oder mehrere übereinstimmende Willenserklärungen vorliegen. Sie heißen Verträge (z. B. Kaufvertrag, Miete, Leihvertrag).

8.2.1 Voraussetzungen für Rechtsgeschäfte

Folgende Voraussetzungen gelten für **den Abschluss eines Rechtsgeschäftes:**

- **Geschäftsfähigkeit:** Die Person, die ihren Willen erklärt, muss geschäftsfähig sein (▸ Bereich 2.3).
- **Fehlerfreie Willenserklärung:** Es darf kein **wesentlicher Irrtum** vorliegen – darunter versteht man eine falsche oder mangelnde Vorstellung von der Wirklichkeit. Andere Gründe, die die Willenserklärung beeinträchtigen, sind **Furcht** (Drohung) oder **Zwang** sowie **List** (Betrug). In solchen Fällen wäre das Geschäft **nichtig** (ungültig) oder zumindest **anfechtbar**. Bei zwei oder mehrseitigen Geschäften müssen die Willenserklärungen übereinstimmen.
- **Möglichkeit und Erlaubtheit des Inhalts:** Es ist z. B. unmöglich, dass jemand einer anderen Person den Planeten Mars verkauft. Ein Beispiel für die Unerlaubtheit des Inhalts ist etwa der Fall eines Auftragsmords (jemand verspricht für den Mord an einer anderen Person Geld).
- **Wahl der Form:** Allgemein herrscht der Grundsatz der **Formfreiheit**. In gewissen Fällen bestimmt jedoch das Gesetz **Formvorschriften** (aus Gründen der Beweissicherung oder des Schutzes vor Übereilung).

Vertragspartner müssen zur fehlerfreien Willenserklärung imstande sein.

8.2.2 Fehlerhafte Willenserklärungen (Irrtum, Furcht oder Zwang, List)

Diese Fehler liegen beim Vertragsabschluss vor.

Irrtum

Wenn die Rechtsordnung jeden Irrtum für beachtlich ansähe, würde dies zu großen Unsicherheiten führen. Daher wird folgendermaßen unterschieden:

- Ein **wesentlicher Irrtum** liegt vor, wenn die oder der Erklärende ohne den Irrtum das Geschäft nicht geschlossen hätte. Der Irrtum bezieht sich auf einen Hauptpunkt des Geschäftes: Der Vertrag kann angefochten werden. Ist die Anfechtung erfolgreich, ist der Vertrag ungültig. Verjährungsfrist: 3 Jahre, d. h. binnen 3 Jahren muss der Vertrag angefochten werden.
- Ein **unwesentlicher Irrtum** liegt vor, wenn das Geschäft ohne diesen Irrtum trotzdem, jedoch anders, geschlossen worden wäre. Der Irrtum bezieht sich auf einen Nebenpunkt: Der Vertrag kann korrigiert, d. h. den wahren Umständen angepasst werden.

Nur bei wesentlichem Irrtum kann ein Vertrag angefochten werden.

Anfechtung wegen Irrtums (§ 871 ABGB)

Die oder der Irrende kann ein abgeschlossenes Geschäft anfechten, wenn der Irrtum wesentlich war:

Definition

- **Wesentlicher Irrtum, der vom anderen veranlasst wurde**
  Beispiel: A verkauft dem B eine Madonnenstatue samt Echtheitszertifikat eines Sachverständigen. Etwas später stellt sich heraus, dass die Statue unecht und das Gutachten gefälscht ist. B kann das Geschäft anfechten, selbst wenn A die Unechtheit nicht kannte.
- **Wesentlicher Irrtum, der aus den Umständen offenbar auffallen musste**
  Beispiel: B verspricht sich und bietet für die Statue 3.000 € statt der 300 €, die die Statue tatsächlich wert ist.
- **Wesentlicher Irrtum, der rechtzeitig aufgeklärt wurde**
  Beispiel: B entdeckt, dass die Madonnenstatue mangelhaft ist, noch bevor er die Wohnung oder das Geschäftslokal von A verlassen hat.

In allen Fällen ist jedoch nur ein **Geschäftsirrtum** (Irrtum über Natur des Geschäftes, über Inhalt bzw. Gegenstand des Geschäftes oder über die Person des Geschäftspartners) beachtlich und nicht ein **Motivirrtum** (Irrtum im persönlichen Beweggrund für das Geschäft). Ein besonderes Problem stellt jener Irrtumsfall dar, bei dem sich die **Geschäftsgrundlage** des Vertrages, auf der er geschlossen wurde, ohne Verschulden der Vertragsparteien **ändert**. Hier kommt es in erster Linie darauf an, ob die Änderung der Sachlage vorhersehbar war oder nicht.

Beispiel: Irrtum bei Änderung der Sachlage

Für die Besichtigung eines Festumzuges wurde ein Fensterplatz in einer Straße gemietet, durch die der Zug führen sollte. Der Festumzug nimmt aber doch eine andere Straße.

Furcht (Drohung) oder Zwang

Drohung liegt dann vor, wenn sie eine Erpressung darstellt. Gedroht wird mit einem zukünftigen Übel. Zwang ist die Drohung durch unmittelbare Gewaltanwendung. Sogar die Drohung mit einer an und für sich rechtmäßigen Handlung kann rechtswidrig sein, wenn durch sie der andere zu einem Geschäftsabschluss bewegt wird, auf den die drohende Person keinen Anspruch hat (z. B. sagt A dem B, er werde ihn wegen Diebstahls anzeigen, falls er ihm keine Wohnung vermiete). Die Furcht muss begründet sein, und zwar sowohl nach der Art der Gefahr als auch nach der Gemütsbeschaffenheit der bedrohten Person. Verjährungsfrist bei Drohung: 3 Jahre.

Willenserklärungen unter Gewaltandrohung sind fehlerhaft.

List (Betrug)

Hier wird der Irrtum bewusst herbeigeführt. Durch Vorspiegelung falscher Tatsachen soll der Vertragspartner zum Abschluss bewogen werden. Auch absichtliches Verschweigen eines erheblichen Umstandes ist List, wenn nach den im Geschäftsverkehr geltenden Gewohnheiten der Irrende aufzuklären wäre. Verjährungsfrist bei List: 30 Jahre.

8.2.3 Vertragsfreiheit

Dieser Grundsatz sichert Freiheit beim Abschluss von Verträgen hinsichtlich Form und Inhalt (welters auch hinsichtlich der Vertragspartnerin bzw. des Vertragspartners und des Zeitpunktes und Ortes des Abschlusses).

Form

Grundsätzlich kann jedes Rechtsgeschäft in jeder beliebigen Form abgeschlossen und aufgelöst werden. Aus verschiedenen Gründen gibt es jedoch für eine Reihe von Rechtsgeschäften Ausnahmen von diesem Grundsatz. Die Schriftform ist zum Beispiel beim Abzahlungsgeschäft vorgeschrieben. Mündlichkeit gilt beim Ehevertrag vor dem zuständigen Standesbeamten. Eine Mitwirkung einer Notarin oder eines Notars ist bei Erbverträgen unter Ehepartnern vorgesehen.

Für manche Rechtsgeschäfte ist die Mitwirkung einer Notarin (bzw. eines Notars) vorgesehen.

Inhalt

Grundsätzlich kann auch der Inhalt eines Rechtsgeschäftes von den Vertragspartnerinnen und den Vertragspartnern frei und beliebig festgelegt werden. Die Grenzen dieser Freiheit finden sich allerdings dort, wo der betreffende Vertragsinhalt gegen das **Gesetz** oder **gegen die guten Sitten** verstoßen würde.

Vorliegen kann z. B. ein solcher Verstoß wegen **Wuchers** (§ 879 Abs. 2 Zif. 4): Wucher liegt vor, wenn jemand beim Vertragspartner **Leichtsinn, Unerfahrenheit, Gemütsaufregung, Verstandesschwäche oder eine Zwangslage** ausnützt, um einen – im Verhältnis zur eigenen Leistung – unverhältnismäßig großen Vorteil zu erlangen.

Ausnützen von Leichtsinnigkeit kann in den Bereich des Wuchers fallen.

Definition

Die **Sittenwidrigkeit** ist in § 879 Abs. 1 ABGB definiert: „Ein Vertrag, der gegen ein gesetzliches Verbot oder gegen die guten Sitten verstößt, ist nichtig."

Sittenwidrigkeit ist kein direkter Verstoß gegen ein Gesetz, sondern ein Verstoß gegen oberste Rechtsgrundsätze. Somit verstößt gegen die guten Sitten, was dem Rechtsgefühl der Rechtsgemeinschaft, also aller billig und gerecht Denkenden, widerspricht (z. B. verkauft ein Vater seiner Tochter sein Haus zum halben Preis unter der Bedingung, dass sie ihr ganzes Leben nicht heiratet).

Check 8.1

Lösen Sie – eventuell gemeinsam mit einer Lernpartnerin oder einem Lernpartner – auf der Basis des bisher Gelernten folgende einfache Rechtsfälle und halten Sie Ihr Arbeitsergebnis mit Stichworten schriftlich fest:

1. Sie schließen einen Kaufvertrag über „Haahjöringsköd". Der Verkäufer und Sie glauben, dass es sich dabei um Hering handelt, während es in Wirklichkeit „Haifischfleisch" ist. Es stellt sich nun die Frage, was geliefert werden soll.
2. Jemand begibt sich zum Schneider Rolf K. in dessen „Maßatelier", um sich für die Präsentationen, mit denen er als höherer Angestellter für seine Firma herumreist, zwei graue Anzüge anfertigen zu lassen. Kurze Zeit später, nachdem er die beiden Anzüge bezahlt und übernommen hat, teilt ihm das Maßatelier mit, es warte ein weiterer Anzug auf ihn, da er es verabsäumt hat, das Vertragsverhältnis zu kündigen.
3. Laura H., Eigentümerin einer Musikanlage und einer TV-Sat-Antenne, erklärt Jürgen B., dass sie ihre „Anlage" verkaufen möchte. Sie meint jedoch lediglich die TV-Sat-Antenne. Jürgen B. möchte jedoch die gesamte Anlage, also inklusive der Musikanlage, kaufen.
4. Der Fahrraderzeuger K. bietet ein Fahrrad an, mit welchem man – ohne jede Hilfseinrichtung wie Stützräder oder Ähnliches – jederzeit stehen bleiben könne, ohne die Füße von den Pedalen nehmen zu müssen. Sabine F. schließt einen Kaufvertrag über ein solches „Wunderrad" ab. Einen Tag später erklärt ihr eine befreundete Physiklehrerin, dass es ein solches Rad überhaupt nicht geben kann, denn es gehört zur Eigenschaft eines Fahrrades, dass man beim Stehenbleiben auf die eine oder andere Seite umfällt, wenn man nicht zumindest einen Fuß auf den Boden stellt. Sabine weiß nun nicht, ob sie den Kaufvertrag anfechten kann.
5. Heinrich K. weiß schon seit Langem, dass sich Harald M. für sein gebrauchtes Motorrad interessiert. Das Motorrad bietet er jedoch zu einem Preis an, der die finanziellen Möglichkeiten von Harald M. übersteigt. Als Harald M., der dem Glücksspiel nicht abgeneigt ist, in seiner Wohnung ein Lotterielos liegen lässt, fälscht Heinrich K. zwei Ziffern, worauf die Losnummer als Treffer erscheint. Nun glaubt sich Harald M. im Besitz der erforderlichen Kaufsumme und schließt den Kaufvertrag ab.
6. Ein schwächlicher Mann droht einem Boxchampion für den Fall, dass er ihm nicht sein Motorrad verkauft, eine Ohrfeige an. Der Boxer überlegt nun, den so zustande gekommenen Vertrag anzufechten.
7. Sie kaufen ein Grundstück um 150.000 €, dessen Verkehrswert 52.000 € beträgt. Als Sie Ihren Irrtum bemerken, möchten Sie vom Vertrag loskommen und wissen nicht, ob sie dafür eine Chance haben.
8. Der Millionär Xaver F. verkauft seiner Ex-Frau eine seiner Villen zum halben Preis, weil er möchte, dass sie in seiner Nähe wohnt. Im Kaufvertrag scheint allerdings dann eine Bestimmung auf, wonach sie die Villa nur dann zum halben Preis erhält, wenn sie nie mehr heiratet.

Bei Grundnahrungsmitteln und der Bahn gilt der Kontrahierungszwang.

Sind Geschäftsleute verpflichtet, jeder Kundin und jedem Kunden etwas zu verkaufen?

Grundsätzlich besteht diese Verpflichtung nicht, aber gewisse Branchen unterliegen dem so genannten „**Kontrahierungszwang**", der eine Ausnahme vom Grundsatz der Vertragsfreiheit darstellt. Diesem Zwang zum **Vertragsabschluss** unterliegen folgende Unternehmen:

- Der Allgemeinheit dienende **Verkehrs- oder Versorgungsunternehmen** (Bahn, Gas-, Wasserversorgung) müssen mit **jeder** und **jedem** Verträge abschließen, außer, die betroffene Person ist nicht bereit, sich den allgemeinen Bedingungen zu unterwerfen.
- Eine ähnliche Einschränkung gibt es nach dem **Bundesgesetz zur Verbesserung der Nahversorgung und der Wettbewerbsbedingungen**. Strafbar ist dabei die Verweigerung des Verkaufs von **Waren, „die den notwendigen Bedürfnissen des täglichen Lebens dienen"** (Grundnahrungsmittel, Kohle, Heizöl, Treibstoff für Kraftfahrzeuge).

Check 8.2

Lösen Sie – eventuell gemeinsam mit einer Lernpartnerin oder einem Lernpartner – auf der Basis des bisher Gelernten folgende einfache Rechtsfälle und halten Sie Ihr Arbeitsergebnis mit Stichworten schriftlich fest:

1. Eine beleibte Dame möchte in einem Pelzgeschäft, das für seine modischen Pelzmäntel bekannt ist, einen Kunstpelzmantel kaufen. Nachdem sie einige Mäntel anprobiert hat, meint der Pelzhändler, er würde ihr keinen Mantel verkaufen. Da sie in allen seinen Mänteln derart unvorteilhaft aussehe, würde dies für ihn eine Art „Negativwerbung" darstellen. Die Dame möchte jedoch den Pelzmantel unbedingt erwerben.
2. Eine Schülerin möchte mit den ÖBB nach Kärnten reisen. Als sie zum Fahrkartenschalter kommt, teilt ihr der Schalterbeamte mit, sie sei ihm unsympathisch und er verkaufe ihr deshalb keine Fahrkarte.

8.3 Vertragsabschluss

Ein Vertrag kommt dadurch zustande, dass zwei oder mehr Personen ihren Willen erklären und diese Willenserklärungen übereinstimmen. Erklären die Parteien Verschiedenes, dann ist ein Vertrag nicht entstanden.

Kommunikationsformen bei Angebot und Annahme

Angebot (Antrag) und Annahme

In der Regel kommt ein Vertrag dadurch zustande, dass eine Person die Initiative ergreift, indem sie ein **Angebot macht** und eine andere Person dieses **Angebot annimmt**. Durch die Annahme des Angebotes sind beide Personen an den Vertrag gebunden. Das Angebot muss innerhalb der vom Angebotsteller bestimmten **Frist** angenommen werden.

Ist **keine Frist** gesetzt worden, so kann ein unter **Anwesenden** oder telefonisch gemachtes Vertragsanbot nur **sofort**, das einer oder einem **Abwesenden** gemachte Anbot nur bis zu dem Zeitpunkt angenommen werden, zu dem der Angebotsteller den Eingang der Antwort unter regelmäßigen Umständen erwarten darf. Dies gilt insbesondere bei Anboten, die auf dem Postweg versendet werden. Eine Antwortpflicht besteht nicht. Verspätete Annahme gilt als neues Anbot (Gegenanbot).

Schweigen als Zustimmung?

Schweigen gilt nicht als Zustimmung. Das gleiche gilt auch für Unternehmer nach dem UGB (Unternehmensgesetzbuch). Die Rechtsordnung schafft hier also einen Schutz vor unzumutbaren **Belästigungen**.

Beispiel: Unerwünschte Zusendungen

Jemand bekommt ohne seinen ausdrücklichen Wunsch für fünf Tage ein Buch zur Ansicht zugesendet. Ein Erlagschein für die Bezahlung liegt bei, ebenso ein Hinweis, dass bei Versäumung der Antwort bzw. Rücksendefrist das Buch als gekauft gilt.

Der Empfänger von unbestellten Zusendungen ist aber nicht verpflichtet, diese zurückzusenden. Er kann sie sogar einfach wegwerfen. Erfolgt die unbestellte Zusendung der Ware aber offenbar aufgrund eines Irrtums (z. B. falsche Anschrift), so trifft den Empfänger die Verpflichtung, die Ware unbenutzt aufzubewahren und den Absender auf den Irrtum hinzuweisen.

Abgabe der Willenserklärung

Die Willenserklärung, die für den Vertragsabschluss wichtig ist, kann auf zweierlei Arten abgegeben werden.

Willenserklärung	
ausdrücklich	**schlüssig (konkludent)**
direkte Erklärung durch Worte, Schrift, Zeichen oder Gebärden (z. B. Handschlag oder Handheben bei einer Versteigerung)	Es werden Handlungen gesetzt, aus denen jedermann klar und deutlich den Willen zum Vertragsabschluss erkennen kann (daraus „schließen" kann).

Schweigen gilt nicht als Zustimmung.

Einkäufe im Internet regelt das FAGG.

Regelungen im Fernabsatz

Diese gelten für Verträge, die ausschließlich unter Verwendung von Fernkommunikationsmitteln – also ohne körperliche Anwesenheit der Vertragsparteien – zustande kommen. Dazu gehören etwa Internet, Telefon, Fax usw. Zumeist handelt es sich um Bestellungen aus einem Katalog oder aus dem Internet (diese stellen das Angebot dar). Die näheren Vorschriften dazu enthält das Fern- und Auswärtsgeschäftegesetz (FAGG), das im Bereich Konsumentenschutzrecht (▶ Bereich 11) behandelt wird.

Auslegung von Verträgen

Vertragsauslegung ist die Erforschung des Willens der Vertragsparteien.

„**Auslegung**" (Interpretation) bedeutet in der Rechtssprache die Erforschung des Sinnes von mündlichen oder schriftlichen Willenserklärungen. Bei der Auslegung von Verträgen bedeutet dies nicht, „an den Buchstaben zu haften", sondern die **Absicht der Parteien** zu erforschen und den Vertrag so zu verstehen, wie es der **Übung des redlichen Geschäftsverkehrs** entspricht.

So entspricht es z. B. dieser Übung, dass ein Händler verpflichtet ist, der Käuferin bzw. dem Käufer die entsprechende Anleitung zu geben, wenn er Waren verkauft, die zu ihrer Verwendung bestimmte Kenntnisse voraussetzen, die man nicht von jedermann erwarten kann. Handelt es sich um eine schwieriger zu bedienende Maschine, so ist den Kundinnen und Kunden eine schriftliche Bedienungsanweisung (in deutscher Sprache) auszufolgen. Unter Umständen kann es auch notwendig sein, Käufer bzw. deren „Mitarbeiter" an der Maschine einzuschulen. Bei unentgeltlichen Verträgen gilt, dass jener Vertragspartner, der die Leistung erbringt, sich im Zweifel die geringere Last aufbürden wollte.

Bei einem Vertragsentwurf ist es von Vorteil, den Text zwecks Übersichtlichkeit nach logischen Gesichtspunkten in Paragrafen zu ordnen und verwandte Bestimmungen zu Abschnitten – die mit Überschriften versehen sind – zusammenzufassen.

Verkürzung über die Hälfte des wahren Wertes („laesio enormis")

Hat bei zweiseitigen Verträgen ein Vertragspartner **nicht einmal die Hälfte** dessen erhalten, was er dem anderen geleistet hat, kann er die Aufhebung des Vertrages und die Wiederherstellung des vorigen Zustands verlangen. Der andere Vertragspartner kann jedoch den Vertrag „retten", indem er auf 100 % der Gegenleistung aufzahlt (§ 934 ABGB). Verjährungsfrist: drei Jahre ab Vertragsabschluss.

Diese Bestimmung kann gegenüber Verbrauchern nicht ausgeschlossen werden. Finden sich in Verbraucherverträgen derartige Klauseln, so sind sie unwirksam.

8.4 Vertragserfüllung und Erfüllungssicherung: Wie können Verträge erfüllt werden?

Aufgrund eines Vertrages entstehen für die Vertragspartner Rechte und Pflichten. In vielen Fällen entspricht dem Recht des einen Partners – **Anspruch** auf Leistung – **die Pflicht** des anderen zur Leistung.

Beispiele: Anspruch auf Zahlung

- Eine Käuferin hat anlässlich eines Kaufvertrages den Anspruch auf Übereignung der gekauften Sache, den Verkäufer trifft die Pflicht, der Kaufenden das Eigentum an der Sache zu verschaffen. Der Verkäufer hat einen Anspruch auf Zahlung des Kaufpreises, die Käuferin die Pflicht zur Zahlung.
- Die Vermieterin hat einen Anspruch auf Zahlung des Mietzinses, der Mieter auf Benützung des Mietobjektes. Jeder Anspruch besteht so lange, bis er **erfüllt** worden ist.

Erfüllung ist die **Leistung des Geschuldeten**. Wenn nichts anderes vereinbart wurde, dann sind Verträge grundsätzlich „**Zug um Zug**“ zu erfüllen, d. h. ein Vertragspartner muss seine Leistung nur so weit erbringen, als auch der andere seine Leistung erbringt. Bis zum Bewirken der Gegenleistung kann man die eigene Leistung zurückbehalten. Wird eine Leistung bezahlt, kann jedenfalls eine **Quittung** (Zahlungsbestätigung) verlangt werden.

Quittungen können nach der Erfüllung verlangt werden.

Erfüllung

Erfüllungsort Wo muss erfüllt werden?	Erfüllungszeit Wann muss erfüllt werden?	Erfüllungsart Wie muss erfüllt werden?
Wenn darüber nichts im Vertrag festgelegt ist, ist dort zu leisten, wo der **Schuldner** zur Zeit des Vertragsabschlusses seinen Wohnsitz hat.	Wenn keine Zeit vereinbart wurde und auch die Gebräuche im Geschäftsverkehr keinen Hinweis geben, kann **jederzeit** Erfüllung verlangt bzw. geleistet werden (z. B. nach Mahnung).	Wie im Vertrag bestimmt oder Leistung an Erfüllung statt: Gläubiger nimmt eine andere Leistung an. **Hinterlegung:** Wenn der Gläubiger die Leistung nicht ordnungsgemäß annehmen kann oder will.
Im Zweifel sind Warenschulden **Holschulden** und Geldschulden **Bringschulden** (das Gegenteil kann aber vereinbart werden). Ausnahmen: **Schickschulden** beim Versendungskauf	Zahlreiche Gebräuche im Geschäftsverkehr gibt es im Unternehmensrecht. **Beispiel:** Die Leistung kann nur während der gewöhnlichen Geschäftszeit gefordert werden.	**Aufrechnung** (Kompensation): Bei gleichartigen und fälligen Forderungen des Schuldners. Diese erlöschen nur, soweit sich die Forderungen decken.

Wie kann man die Einhaltung der Verträge besser absichern?

Es gehört zum Wesen von Verträgen, dass sie auch eingehalten werden (und zwar von allen Beteiligten). Die Möglichkeiten, die die Erfüllung von Verträgen oder von einzelnen Vertragsbestimmungen zusätzlich sichern sollen, nennt man daher Mittel der **Erfüllungssicherung** bzw. **Vertragsabsicherung**.

Folgende Mittel sind dabei denkbar: Wird die Erfüllung eines Vertrages nicht **Zug um Zug** abgewickelt, geht derjenige, der eine Vorausleistung erbringt, das Risiko ein, dass der andere seinen Vertragsverpflichtungen nicht nachkommen kann oder will. Zur Absicherung dieses Risikos können gewisse Vereinbarungen zur Sicherheit der Erfüllung des Vertrages getroffen werden.

- **Angeld:** Es wird bei Abschluss eines Vertrages von einer Partei gegeben und hat die Wirkung, dass die an der Nichterfüllung des Vertrages schuldlose Partei das ihr gegebene Angeld behalten bzw. den doppelten Betrag des dem Vertragspartner übergebenen Angeldes zurückfordern kann. Davon zu unterscheiden ist die **Anzahlung**. Diese ist immer ein **Teil der Leistung**.
- **Reugeld (Storno):** Es wird vereinbart, dass der vom Vertrag zurücktretende Partner einen bestimmten Betrag zu zahlen hat. Dieser kann – wenn er übermäßig hoch ist – nachträglich von einer Richterin oder einem Richter herabgesetzt werden (**richterliches Mäßigungsrecht**). Unterschied: Das Angeld wird **gegeben**, das Reugeld **vereinbart**.

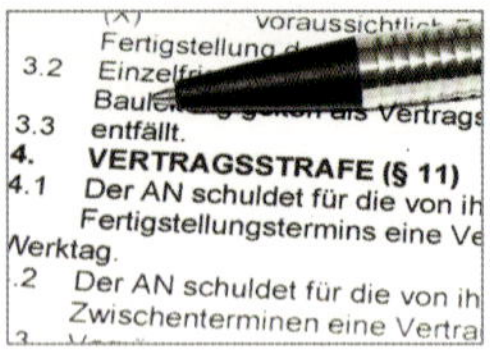

- **Vertragsstrafe** (**Konventionalstrafe**, **Pönale** § 1336 ABGB): Die Vertragspartner vereinbaren Folgendes: Wenn der Vertrag nicht oder nicht ordnungsgemäß erfüllt wird, muss der schuldige Partner einen bestimmten Betrag zahlen. Die Vertragsstrafe ist also ein **pauschalierter Schadenersatz** und häufig bei Verträgen mit Berufsgruppen zu finden, bei denen die Ermittlung eines Schadenersatzbetrages **schwierig** wäre (z. B. bei Schauspielern, die eine Aufführung versäumen oder Baufirmen, die einen Fertigstellungstermin überschreiten). Die Vertragsstrafe ist auch dann fällig, wenn kein Schaden entstanden ist. Andererseits kann auch ein höherer Schaden geltend gemacht werden (gegenüber Konsumenten jedoch nur, wenn dies eigens vereinbart wurde). Auch die Konventionalstrafe unterliegt dem richterlichen Mäßigungsrecht. Dies gilt auch für Unternehmer nach dem UGB.
- **Bürgschaft** (§ 1346 ABGB): Der Bürgschaftsvertrag bedarf der **Schriftform** (gilt auch für Unternehmer nach dem UGB). Eine Bürgin bzw. ein Bürge steht für die Schuld des Schuldners ein und haftet gegenüber dem Gläubiger. Je nach dem Zeitpunkt, zu dem der Gläubiger einen Bürgen in Anspruch nehmen kann, unterscheidet man drei Arten von Bürgschaften.

Bürgschaft		
Normalfall	„Bürge und Zahler" (nach Vereinbarung)	Ausfallsbürgschaft („Schadlosbürgschaft", nach Vereinbarung)
Ein Gläubiger kann den Bürgen erst dann in Anspruch nehmen, wenn er den Hauptschuldner **vergeblich gemahnt** hat. Diese Form gilt im Zweifel – d. h., wenn es nicht ausdrücklich anders vereinbart ist (immer, auch für Unternehmer nach dem UGB).	Ein Gläubiger kann den Bürgen ebenso wie den Schuldner sofort in Anspruch nehmen. Es haften ihm zwei Personen gleichwertig. Diese Bürgschaft wird auch als „Solidarbürgschaft" bezeichnet.	Ein Gläubiger kann den Bürgen erst in Anspruch nehmen, wenn er die ergebnislose Zwangsvollstreckung (nach Klage und Urteil) gegen den Hauptschuldner nachweisen kann.
Bei der so genannten **Ehegattenhaftung** als Bürgschaft gibt es ein richterliches Mäßigungsrecht nach dem Konsumentenschutzgesetz, wenn die Bank bei Abschluss des Kreditvertrages über die mangelnde Leistungsfähigkeit des Partners Bescheid wusste.		

Nach Bezahlung der Schuld durch den Bürgen hat dieser einen klagbaren **Rückgriffsanspruch** gegen den Hauptschuldner in Höhe der beglichenen Forderung.

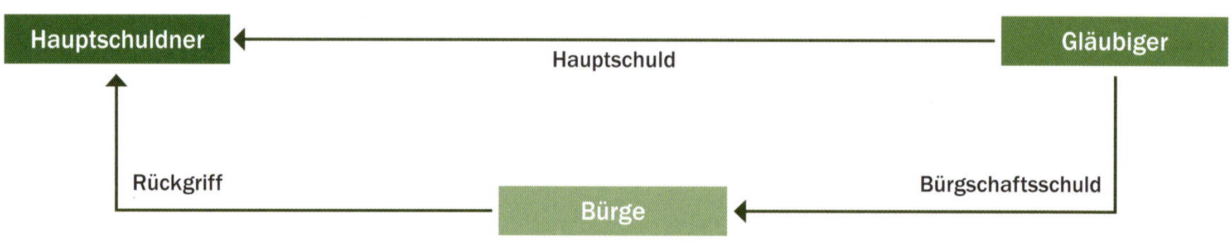

Bankgarantien können nicht widerrufen werden.

- **Bankgarantie:** Bei einer Bankgarantie wird von einer Bank die Gewähr dafür übernommen, dass die bzw. der Begünstigte von einem Dritten eine vertraglich vereinbarte Leistung erhält (z. B. Dienstleistung, Garantie). Bei Nichterbringung der Leistung kann die Bank auf Zahlung eines in der Garantie festgelegten Höchstbetrages in Anspruch genommen werden. Die Bankgarantie ist unwiderruflich und **abstrakt** (d. h. losgelöst vom zugrunde liegenden Geschäft – aus diesem kann es keine Einwendungen geben).
- **Wechsel:** Der Wechsel erleichtert die Kreditaufnahme im Wirtschaftsleben. Hat der Schuldner einen Wechsel akzeptiert (also angenommen), so sind Einwendungen gegen das Bestehen seiner Schuld weitgehend unmöglich. Der Gläubiger kann den Anspruch im Wechselprozess rasch durchsetzen, wenn der Verpflichtete bei Verfall des Wechsels nicht leistet. Der Wechsel bedeutet daher eine erhöhte Sicherheit für den Berechtigten, dass der Verpflichtete seine Leistung erbringt. Häufig wird von jemandem, der einen Kredit bei seiner Bank nimmt, die Unterzeichnung eines Blankowechsels verlangt.

- **Pfandrecht:** Dem Gläubiger wird eine bewegliche oder unbewegliche Sache verpfändet (▸ Bereich 5.5.2). Oft sind auch Gehaltsverpfändungen zur Besicherung von Bankkrediten üblich. Wird eine Liegenschaft verpfändet, muss die **Hypothek** im Lastenblatt (C-Blatt) der jeweiligen Grundbucheinlage einverleibt werden.

Gehaltsverpfändung – ein Mittel zur Besicherung eines Kredits.

- **Eigentumsvorbehalt:** Bei Kreditkäufen kann vereinbart werden, dass das Eigentum erst nach vollständiger Bezahlung des Preises auf den Käufer übertragen wird. Der Verkäufer behält sich also das **Eigentum bis zur Zahlung des letzten Teilbetrages** vor. Zahlt der Käufer nicht oder teilweise nicht, kann der Verkäufer die Sache unter Berufung auf sein Eigentum zurückverlangen.
- **Treuhandschaft:** Bei der Übereignung von größeren Geldbeträgen – häufig beim Liegenschaftskauf – wird zur Vertragsabwicklung von den Vertragsparteien ein **unabhängiger Dritter** (z.B. Rechtsanwalt, Notar) beauftragt, den Kaufpreis vom Käufer entgegenzunehmen. Der **Treuhänder** erhält den unwiderruflichen Auftrag, die Geldsumme erst dann an den Verkäufer auszuzahlen, wenn z.B. das Eigentumsrecht des Käufers im Grundbuch einverleibt ist. Der Treuhänder unterliegt besonderen Sorgfaltspflichten!

Treuhänder agieren als unabhängige Dritte.

Check 8.3

Lösen Sie – eventuell gemeinsam mit einer Lernpartnerin oder einem Lernpartner – auf der Basis des bisher Gelernten folgende einfache Rechtsfälle und halten Sie Ihr Arbeitsergebnis mit Stichworten schriftlich fest:

1. Frau Sabine P. sieht im Schaufenster einer Boutique genau die Handtasche, die sie schon so lange für sich sucht. Sie hat im Recht-Unterricht gelernt, was ein Angebot ist. Da das Geschäft jedoch schon geschlossen hat, schreibt Sie dem Chef der Firma in einer E-Mail, dass sie sein Angebot zu dem dargebotenen Preis annimmt und sich freut, bald mit der Tasche spazieren gehen zu können. Einen Tag später erhält sie die Antwort, dass die Tasche nur ein Ausstellungsstück und nicht mehr lieferbar sei.
2. Jemand steigt mit einer Gruppe von Fremden in die Straßenbahn ein. Als er bei einer Kontrolle keine Fahrkarte vorweisen kann, benützt er die Ausrede, er sei irrtümlich eingestiegen und werde bei der nächsten Station wieder aussteigen.
3. Die Pensionistin Regina H. findet in ihrem Briefkasten ein Schreiben eines Besteck-Versandhändlers mit einem scharfen Messer als Beilage. Im Schreiben heißt es, dass sie, wenn sie sich nicht binnen 14 Tagen gegenteilig äußert, einen Vertrag in der Form abgeschlossen hat, dass sie für zwei Jahre lang jeden Monat ein Messer, eine Gabel oder einen Löffel erhält, bis das 24-teilige Besteck komplett sei. Die Zusendungen muss sie mit dem jeweils beiliegenden Zahlschein bezahlen. Wenn sie das nicht wolle, müsse sie das erhaltene Messer binnen einer Woche in der Originalverpackung zurücksenden.
4. Sie haben ein elektronisches Gerät gekauft. Die Gebrauchsanweisung ist auf Chinesisch. Eine deutschsprachige Bedienungsanleitung ist nicht beigefügt. Sie sind nun ratlos.
5. Tischlermeister M. soll eine Küche, die bereits zur Hälfte fertig gestellt und montiert ist, bei Lorenz K. fertig stellen. Zum vereinbarten Termin erscheint er aber nicht, übermittelt jedoch eine Rechnung über die gesamte Küche. Lorenz weiß nun nicht, ob er alles zahlen muss.
6. Eine Schauspielerin erscheint schuldhaft zu einer Aufführung nicht. Sie wird zur Zahlung der vereinbarten Konventionalstrafe aufgefordert. Am Aufführungstag musste jedoch das Theater ohnehin wegen eines Bauschadens geschlossen bleiben. Sie zweifelt nun, ob sie zur Zahlung verpflichtet ist.

8.5 Vertragsstörungen

Darunter versteht man Störungen **nach Abschluss eines Vertrages** und noch vor dem Zeitpunkt, zu dem der Vertragspartner bzw. die Vertragspartnerin die Ware oder Leistung angenommen hat. Wurde die Ware oder Leistung jedoch bereits angenommen, weist aber Mängel auf, gelten die Gewährleistungsbestimmungen (Näheres ▸ 8.5.3).

8.5.1 Unmöglichkeit der Leistung

Zahlungsunfähigkeit

Unmöglichkeit der Leistung bedeutet, dass der Schuldner die Leistung nicht erbringen kann. Wäre die Leistung schon bei Vertragsabschluss für jedermann unmöglich, entstünde überhaupt kein Schuldverhältnis. Wird die Leistung **nach Entstehen der Verpflichtung** durch **Zufall** unmöglich, so erlischt die Verpflichtung, wenn es sich um eine **Stückschuld** handelt und der Schuldner nicht die Haftung für zufällige Unmöglichkeit übernommen hat. **Gattungsschulden** können jedoch nicht unmöglich werden (**Stückschuld**: z. B. das Pferd „Max", **Gattungsschuld**: ein Pferd). Finanzielle Unmöglichkeit – also Zahlungsunfähigkeit – lässt einen Anspruch in keinem Fall untergehen.

8.5.2 Verzug

Verzug verursacht jener Vertragspartner, der durch sein **Verhalten** (Zeit, Ort oder Art der Erfüllung wird nicht eingehalten) die **Leistung verzögert**. Folgende Arten des Verzuges sind denkbar:

Verzug	
Schuldner (Leistungsverzug)	Gläubiger (Annahmeverzug)
◘ **Lieferant**: Lieferverzug ◘ **Kunde**: Zahlungsverzug	◘ **Lieferant**: Zahlung nicht angenommen ◘ **Kunde**: Ware nicht angenommen

Lieferverzug

Wegen der verschiedenen Rechtsfolgen muss man zwischen zwei Arten von Geschäften unterscheiden: Zu den **„einfachen" Zeitgeschäften (Nichtfixgeschäfte)** gehört die überwiegende Mehrzahl der Verträge. Wenn der Vertrag von einem Teil nicht zur gehörigen Zeit, am gehörigen Ort oder auf die bedungene Weise erfüllt wird (wenn also Lieferverzug vorliegt), hat der Kunde zwei Möglichkeiten:

1. Er kann **Erfüllung verlangen** und bei Verschulden auch **Schadenersatz** wegen Verspätung verlangen.
2. Er kann eine **angemessene Nachfrist** zur Erfüllung setzen und für den Fall des fruchtlosen Verstreichens dieser Frist seinen Rücktritt erklären. Bei Verschulden kann er überdies Schadenersatz wegen Nichterfüllung begehren.

Die Lieferung eines Christbaumes kann man als Fixgeschäft ansehen.

Bei **Fixgeschäften** muss die Leistung eines Vertragspartners genau zu einer **bestimmten Zeit** oder innerhalb einer **bestimmten Frist** erbracht werden. Als vereinbart gilt, dass eine verspätete Erfüllung nicht mehr angenommen wird und der Kunde schon bei Vertragsabschluss für den Fall der Verspätung den Rücktritt erklärt. Das Vorliegen eines Fixgeschäftes ergibt sich häufig schon aus der Natur des Geschäftes (z. B. die Bestellung eines Christbaumes für den Abend des 24. Dezembers; die Würstellieferung für einen Ball).

Beim Fixgeschäft **braucht daher der Rücktritt nicht mehr erklärt werden**, falls der bedungene Zeitpunkt der Lieferung nicht eingehalten wurde. Bei Verschulden kann der Kunde Schadenersatz wegen Nichterfüllung verlangen. Der Schaden ergibt sich aus den Mehrkosten, die dem Kunden durch ein **Deckungsgeschäft** erwachsen, das er wegen des Verzuges vornehmen muss. Will hingegen der Kunde trotz Nichteinhaltung der fixen Zeit die **Erfüllung** des Vertrages durch den Lieferanten beanspruchen, muss er ihm **sofort** nach Eintreten des Termins bzw. bei Fristablauf **anzeigen**, dass er auf **Erfüllung besteht**.

Aufgrund der Ausführungen über den Lieferverzug lässt sich Folgendes erkennen: Ein **Zeitgeschäft** wird durch die Setzung einer angemessenen **Nachfrist** und bei gleichzeitiger **Androhung** des **Rücktritts** vom Vertrag in ein **Fixgeschäft** umgewandelt!

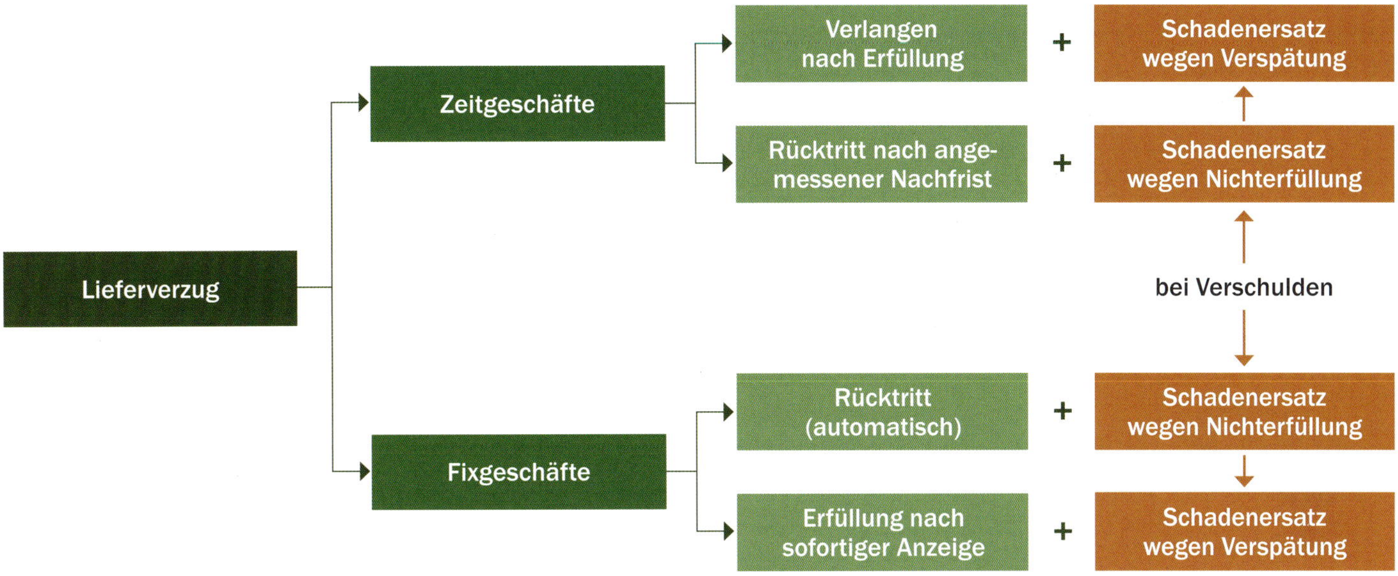

Zahlungsverzug

Es gilt mit umgekehrtem Vorzeichen dasselbe wie beim Lieferverzug. Ist ein bestimmter Zahltag nicht festgesetzt worden, muss der Lieferant den säumigen Kunden erst durch ein **Mahnschreiben** in Zahlungsverzug setzen (Gewährung einer angemessenen Nachfrist zur Zahlung). In der Praxis ergehen zumeist mehrere Mahnschreiben an die Schuldnerin bzw. den Schuldner. Dann kann der Lieferant unter allen Umständen vom Vertrag zurücktreten.

Mahnschreiben werden bei Zahlungsverzug eingesetzt.

Annahmeverzug des Lieferanten

Die Kundin bzw. der Kunde kann die **Summe** beim Bezirksgericht des Erfüllungsortes **hinterlegen** und wird auf diese Weise von der Verbindlichkeit befreit. Eine Verzinsung entfällt.

Annahmeverzug der Kundin oder des Kunden

Bei Verzug geht die Gefahr des zufälligen Verlustes oder der Beschädigung der Ware auf die Kundin bzw. den Kunden über, d. h. **der Lieferant haftet nur mehr für Vorsatz und grobe Fahrlässigkeit.** Außerdem kann er für Rückfracht, Lagerkosten etc. Ersatz verlangen. Er kann die Ware beim Bezirksgericht des Erfüllungsortes mit befreiender Wirkung hinterlegen. Ist die Ware für die Hinterlegung ungeeignet, kann sie bei einem Verwahrer hinterlegt werden.

8.5.3 Gewährleistung

Unter der Gewährleistung versteht man, dass der Verkäufer für mangelhafte Produkte oder Leistungen einstehen muss. Die Gewährleistungsbestimmungen sind nur dann **zwingend**, wenn es sich um ein Rechtsgeschäft zwischen **Unternehmern** und **Verbrauchern** handelt. Sie gelten für alle Verträge, und zwar sowohl für Verträge über Waren (z. B. Kaufvertrag) als auch für die Herstellung von Werkstücken sowie für Miet-, Pacht- und Leasingverträge sowie für Dienstleistungsverträge (z. B. Buchung einer Reise). **Keinen Anspruch** auf Gewährleistung gibt es bei unentgeltlichen Rechtsgeschäften, z. B. einer **Schenkung**.

Waschmaschinen unterliegen meist einer Garantie.

Unterschied Gewährleistung – Garantie

Unter einer Garantie verstehen wir eine freiwillig gegebene Zusage, dass während der Garantiefrist kein Mangel entsteht. Während die Gewährleistung nur Mängel erfasst, die der Sache im Zeitpunkt der Übergabe anhaften, greift die Garantie in der Regel auch dann, wenn die Ware später, also während der **Garantiefrist**, kaputt wird. Das muss jedoch nicht bedeuten, dass alle Leistungen aus der Garantie kostenlos sind, vielmehr muss man die Verpflichtungen (meistens des Herstellers) genau in den Garantiebedingungen nachlesen!

Gewährleistungsbestimmungen

Rechtsquelle:
§§ 922 – 933b ABGB

Entspricht eine **Sache** oder **Leistung** – die bereits angenommen wurde – nicht dem Vertrag, so ist sie mangelhaft. Dabei kann der Mangel entweder ein Sachmangel (Sache ist mangelhaft) oder ein Rechtsmangel sein (Beispiel: Der Verkäufer kann die verkaufte Eigentumswohnung nicht übergeben, weil sie vermietet ist). In beiden Fällen muss der Schuldner als Teil der Vertragserfüllung „Gewähr" dafür leisten, dass die von ihm erbrachte Leistung der Vertragsvereinbarung entspricht.

Ein bereits defektes Gerät wurde geliefert – hier besteht Anspruch auf Gewährleitung.

Definition

Der Übergeber einer Ware oder Erbringer einer Leistung haftet daher

- für die **ausdrücklich vereinbarten** Eigenschaften (z. B. soll ein Auto eine bestimmte Höchstgeschwindigkeit erreichen) und
- für die **gewöhnlich vorausgesetzten** Eigenschaften (z. B. muss der Motor funktionieren).

Weiters hat der Übergeber dafür zu sorgen, dass die Sache (oder Leistung) gemäß

- seiner Beschreibung,
- einer Probe oder einem Muster,
- der Natur des Geschäftes oder
- der getroffenen Vereinbarung entsprechend verwendet werden kann.

Die vertragsmäßige Leistung ist weiters auch danach zu beurteilen, was die Übernehmerin bzw. der Übernehmer aufgrund der **öffentlichen Äußerungen** des Übergebers oder Herstellers erwarten kann (z. B. Gebrauchsanleitung, Werbung – ausgenommen offenbar nicht ernst gemeinte Werbeaussagen). Der **Gewährleistungsanspruch** (sowohl für Sach- als auch für Rechtsmängel) gilt unabhängig von der Art und der Schwere des Mangels und beinhaltet Folgendes:

Verbesserung der Sache – ein vorrangiger Anspruch.

Vorrangige Ansprüche

Für den Übernehmer:
- in angemessener Frist
- mit möglichst wenig Unannehmlichkeiten

Bei Verschulden des Übergebers: Schadenersatz

- **Verbesserung** (Nachbesserung oder Nachtrag des Fehlenden)
- **Austausch der Sache** (kostenlos!)

Der Übernehmer kann zunächst zwischen beiden Alternativen wählen.
Ist die gewählte Alternative **nicht** oder nur mit unverhältnismäßig hohem Aufwand möglich, hat er einen Anspruch auf die andere.

↓

- Wenn Verbesserung oder Austausch unmöglich ist oder
- dies nur mit unverhältnismäßig hohem Aufwand für den Übergeber durchzuführen wäre oder
- wenn der Übergeber Verbesserung oder Austausch verweigert oder verzögert oder diese
- dem Übernehmer erhebliche Unannehmlichkeiten (z. B. Stemmarbeiten) bereiten würden oder
- ihm aus triftigen Gründen, die in der Person des Übergebers liegen (z. B. Nachlässigkeit), die Verbesserung oder der Austausch unzumutbar wäre, gibt es

↓

Preisminderung – ein nachrangiger Anspruch.

Nachrangige Ansprüche

Bei Verschulden des Übergebers: Schadenersatz

- **Preisminderung**
- **Wandlung** (Rückgängigmachung des Vertrages), sofern der Mangel nicht geringfügig ist.

Der Übernehmer kann – außer bei geringfügigen Mängeln – wählen. Für geringfügige Mängel ist nur die Preisminderung vorgesehen.

Für spezifische Sachen gelten unterschiedliche Fristen.

Definition

Zeitpunkt des Bekanntwerdens des Mangels: Der Gewährleistungsanspruch des Übernehmers erstreckt sich dabei auf Mängel,

- die bei der Übergabe der Sache vorhanden sind oder
- die innerhalb von sechs Monaten nach der Übergabe hervorkommen.

Hier gilt also die Vermutung, dass der Mangel schon bei der Übergabe vorhanden war. Beweisen muss die Übernehmerin bzw. der Übernehmer nur, dass der Mangel innerhalb von sechs Monaten aufgetreten ist. Ausnahmen sind Gebrauchs- bzw. Abnützungserscheinungen, unsachgemäße Verwendung usw. Ist indessen der Übergeber der Meinung, dass die Sache bei der Übergabe in Ordnung war, muss er dies beweisen (Beweislastumkehr!). Die **Gewährleistungsfrist** beginnt bei Sachmängeln mit der vollständigen Ablieferung der Sache beim Erwerber; bei Rechtsmängeln mit dem Tag, an dem der Mangel dem Übernehmer bekannt wird.

Bewegliche Sachen
2 Jahre
Unbewegliche Sachen
3 Jahre
Viehmängel
6 Wochen

Gebrauchtwaren
Bei **Gebrauchtwaren** (Waren, die tatsächlich „gebraucht“ wurden) kann eine Verkürzung der Frist bis zu einem Jahr ausgehandelt werden.
Sonderregelungen für Gebrauchtwagen: Verkürzung auf ein Jahr ist nur zulässig, wenn seit dem Tag der Erstzulassung bereits ein Jahr verstrichen ist. Wenn nicht: Zweijahresfrist!

Zehn Jahre Garantie?

Keine Gewährleistung gibt es bei **offenen Mängeln**, d.h. Mängeln, die für jedermann bei Vertragsabschluss erkennbar waren; bei Mängeln, die dem Erwerber schon bei Vertragsabschluss **bekannt waren** und bei **Lasten**, die „aus den öffentlichen Büchern zu ersehen“ sind, z.B. die Belastung einer Liegenschaft im Grundbuch.

Definition

Rückgriffsrechte und Schadenersatz: Hat ein Unternehmer einem Verbraucher Gewähr geleistet, kann er die geleistete Gewähr von seinem Vormann (wenn auch dieser Unternehmer ist) auch nach Ablauf der Gewährleistungsfrist fordern. Derartige Ansprüche sind jedoch innerhalb von **zwei Monaten** ab Erfüllung der eigenen Verpflichtung geltend zu machen.

Dieselben Rückgriffsrechte gelten auch für die weiteren Vormänner des Übergebers. Die Haftung eines Rückgriffspflichtigen ist jedoch mit **fünf Jahren** ab Erbringung der eigenen Leistung zeitlich begrenzt.

Bei Verschulden des Übergebers bzw. eines seiner Vormänner kann statt Gewährleistung auch **Schadenersatz** begehrt werden. Auch im Falle des Schadenersatzes kann die Übernehmerin bzw. der Übernehmer zunächst nur die **Verbesserung** oder den **Austausch** verlangen. Wenn das nicht oder nur mit unverhältnismäßig großem Aufwand zu bewerkstelligen wäre, gibt es **Geldersatz**. Nach Ablauf von **zehn Jahren ab Übergabe** der Sache obliegt jedenfalls der Übernehmerin bzw. dem Übernehmer der Beweis des Verschuldens des Übergebers (**Beweislastumkehr**).

Gewährleistung für bewegliche Sachen

→ **Übergabe der gekauften Sache**

6 Monate: Der Verkäufer muss beweisen, dass die Sache bei Übergabe ohne Mängel war.

→ **Ende der sechsmonatigen Frist**

18 Monate: Der Käufer muss beweisen, dass der Mangel bereits zum Übergabezeitpunkt vorhanden war bzw. innerhalb der ersten sechs Monate aufgetreten ist (**Beweislastumkehr**).

→ **Ende der Gewährleistungsfrist**

24 Monate (= 2 Jahre): Ende der Frist für bewegliche Sachen. Achtung: Schadenersatzansprüche verjähren in der Regel nach 3 Jahren, d. h. unter Umständen ist es günstiger, Schadenersatz zu verlangen.

8.5.4 Reisemängel

Pauschalreisen

Für eine Verbraucherin bzw. einen Verbraucher bestehen im Fall von **Mängeln im Rahmen einer Pauschalurlaubsreise** Möglichkeiten zur Geltendmachung von Gewährleistungs- und Schadenersatzansprüchen.

Medientipp
www.verbraucherrecht.at
www.arbeiterkammer.at

Für Prospekte gelten folgende Grundsätze:

- **Prospektwahrheit:** Alle Beschreibungen, Fotos und behaupteten Angebote eines Hotels in Reisekatalogen gelten als zugesagte Eigenschaften einer Reise und müssen richtig sein.

Die Informationen im Prospekt müssen der realen Situation entsprechen.

- **Prospektvollständigkeit:** Positive und negative Aspekte müssen angeführt werden.
- **Prospektklarheit:** Informationen müssen an der Stelle stehen, wo sie zu erwarten sind.

Falls die Informationen im Prospekt nicht der Realität am Urlaubsort entsprechen, liegen Mängel vor, für die der Reiseveranstalter im Rahmen der Gewährleistung oder des Schadenersatzes einstehen muss.

Vorgangsweise bei Reisemängeln	
am Urlaubsort	**am Heimatort**
Anspruch auf **Verbesserung,** z. B. Zimmer- oder Hotelwechsel	▫ Anspruch auf **Preisminderung** (verschuldensunabhängig) gegenüber dem **Reiseveranstalter,** z. B. bei Lärmbelästigung durch Bauarbeiten ▫ **Form:** sinnvollerweise schriftlich, mittels eingeschriebenem Brief (Darstellung der Mängel und Nennung des verlangten Betrages)
Ist **keine Verbesserung** möglich (nicht behebbarer Mangel), sollten **Beweise** gesichert werden: ▫ Fotos ▫ Videos ▫ Kontaktdaten von anderen Reiseteilnehmern ▫ schriftliche Bestätigung über Mängelrüge durch die Reiseleitung	▫ **Anspruch** auf **Schadenersatz** besteht bei Verschulden des Reiseveranstalters oder seiner Erfüllungsgehilfen. Schmerzengeld kann wegen entgangener Urlaubsfreude (immaterieller Schaden, Anspruch auf Ersatz in Geld) gefordert werden. ▫ **Beispiel:** Bei einer Darminfektion, die durch verdorbenes Essen entstanden ist, bestehen Ansprüche auf Heilungskosten, Schmerzengeld.

Reisemängelpositionen findet man in der Frankfurter Liste: www.wko.at

- **Frankfurter Liste:** Als Basis für die Berechnung des Betrages im Rahmen der Preisminderung kann die Frankfurter Liste (Tabelle) dienen. Diese enthält bestimmte **Prozentsätze für Preisminderungen** bei einzelnen **Mängeln.** Sie stellt eine nicht verbindliche Orientierungshilfe dar. Für die Bewertung der tatsächlichen Höhe des Betrages ist auf den jeweiligen Einzelfall Rücksicht zu nehmen.

  Die Frankfurter Liste enthält **Mängelpositionen** wie die Belästigung durch Flug- oder Baulärm, abweichende Zimmerart oder Strandnähe, das Fehlen einer Klimaanlage, Probleme bei der Kinderbetreuung, den Zustand des Hallenbads, die Verpflegung mit verdorbenen Speisen, verschmutzter Strand, Lärm bei Tag oder bei Nacht. Sie ist in die Bereiche Unterkunft, Verpflegung, Sonstiges und Transport unterteilt.
- **Fristen: Gewährleistungsansprüche** können innerhalb von 2 Jahren ab Rückkehr vom Urlaub, **Schadenersatzansprüche** innerhalb von 3 Jahren ab Schadenseintritt geltend gemacht werden. Es ist jedoch sinnvoll, diese Ansprüche möglichst rasch zu erheben.
- **Rechtsgrundlage:** Zu diesem Thema befinden sich einige wichtige Bestimmungen im ABGB, im Konsumentenschutzgesetz, in der Pauschalreiserechtrichtlinie der EU und in den Allgemeinen Reisebedingungen der Reisebürobranche in Österreich.

Infos zu richtigem Verhalten bei Reiseproblemen findet man unter: www.wien.arbeiterkammer.at

Probleme bei Reisen generell

Bei **Verspätungen, Überbuchungen, Absagen** von Flügen und **Problemen** mit dem **Gepäck** bestehen nach der Fluggastrechte-Verordnung Ansprüche gegenüber der jeweiligen Fluglinie. Die Leistungen der Fluglinien bestehen je nach der Problematik in Verköstigungen, Entschädigungen, Übernachtungen etc.

Bei **Onlinebuchungen von Flügen und Flugreisen** sind eventuelle Kostenfallen zu beachten. Probleme bei **Online-Reisebuchungen** gibt es vor allem durch falsche Buchungen infolge von Tippfehlern seitens der Konsumentinnen und Konsumenten. Zusätzliche Probleme können beispielsweise durch fehlende Buchungsbestätigungen, schlechte Erreichbarkeit der Unternehmen sowie Leistungsänderungen vor der Abreise entstehen. Generell kann es bei Auslandsreisen Probleme bei der Durchsetzung von Rechtsansprüchen, beispielsweise gegenüber einem Hotel oder dem Reiseveranstalter im Ausland, geben.

Bei **Terroranschlägen, politischen Unruhen und Naturkatastrophen am Urlaubsort** besteht ein **kostenloses Rücktrittsrecht**, falls eine offizielle Reisewarnung des Außenministeriums vorliegt.

Gelungene Maturareise

Personen **über 18 Jahre** sind **voll geschäftsfähig**, Unter-18-Jährige benötigen die Zustimmung eines Erziehungsberechtigten zur Reise. Die **Anzahlung** bei Pauschalreisen darf maximal 20 % des Reisepreises betragen. Die Allgemeinen Geschäftsbedingungen des Reiseveranstalters sind vor allem im Bereich **Stornobedingungen** genau zu lesen. Sinnvoll ist der Abschluss einer Stornoversicherung.

Check 8.4

Lösen Sie – eventuell gemeinsam mit einer Lernpartnerin oder einem Lernpartner – auf der Basis des bisher Gelernten folgende einfache Rechtsfälle und halten Sie Ihr Arbeitsergebnis mit Stichworten schriftlich fest:

1. Adolfo K., Direktor des Zirkus „Pigalle", bestellt bei der befreundeten Zirkusfamilie Katalania einen Araberhengst mit dem Namen „Jimmy, das Gummipferd", der im ganzen Land für seine gelenkigen Kunststücke bekannt ist. Angeblich kann der Hengst sogar Purzelbäume schlagen. Als der Hengst während eines Gewitters geliefert werden soll, wird er vom Blitz getroffen und verendet. Die Familie Katalania bietet Adolfo K. daraufhin an, einen jungen Araberhengst zu liefern, der ebenfalls recht lernfähig sei.
2. Der Reitstall „Equestrius" bestellt beim Pferdehändler ein Pferd der Rasse „Hannoveraner". Als der Hannoveraner geliefert werden soll, gerät der Pferdehändler mit seinem Anhänger in eine Massenkarambolage auf der Autobahn. Das Tier wird dabei so schwer verletzt, dass es getötet werden muss. Der Reitstall wartet nun so dringend auf das Reitpferd, dass bereits Reitstunden für Kundinnen und Kunden abgesagt werden müssen.
3. Für Ihre Maturafeier bestellen Sie 200 Brötchen à 1 € bei der Firma Duria. Als Lieferzeitpunkt wird der 8. Juni, 14 Uhr, vereinbart. Als die Brötchen nicht zeitgerecht eintreffen, teilt man Ihnen auf Anfrage mit, man hätte vergessen und könne erst morgen liefern. Sie kaufen nun bei der Konkurrenz, allerdings für 1,50 € pro Brötchen.
4. Johannes F., Hotelbesitzer in Wien, bestellt für die Weihnachtsfeier in seinem Hotel einen Christbaum, der am 24. Dezember morgens geliefert werden soll. Als der Christbaum bis zum Nachmittag nicht geliefert wird, ruft er bei der Gärtnerei an, doch diese ist ab 16.00 Uhr geschlossen und er erreicht niemanden mehr. Am nächsten Morgen wird der Christbaum mit dem Hinweis geliefert, er sei ja ohnehin nur für die Touristen da, die erfahrungsgemäß erst am 25. oder 26. Dezember anreisen, um Sylvester in Wien zu verbringen.
5. Tischlermeisterin Marlene N. liefert vereinbarungsgemäß an Meinhard R. ein Küchenmöbel und legt dem Lieferschein gleich die Rechnung mit einem Zahlschein bei. Da auf der Rechnung keine Zahlungsfrist vermerkt ist, glaubt Meinhard R., dass er für die Zahlung einen Monat Zeit habe und fährt in der Zwischenzeit auf Urlaub. Als er zurückkommt, ist er überrascht, dass er im Postkasten eine Mahnung vorfindet. Am selben Tag fährt er jedoch wieder für zwei Wochen auf Urlaub.
6. Michael L. erhält am 10. März seine Handyrechnung über einen Betrag von 48 € mit dem Zahlungsziel 20. März. Er verlegt jedoch die Rechnung und vergisst, den Betrag zu überweisen. Am 1. April erhält er eine Mahnung und soll zur offenen Rechnung noch zusätzlich 4,80 € an Mahngebühr zahlen. Er überweist Anfang April die noch offene Summe, jedoch ohne Mahngebühr. Trotzdem fordert das Unternehmen diese noch nachträglich.
7. Ihr neuer Wohnzimmerschrank weist einen sichtbaren Kratzer auf. Da Sie der Kratzer nicht sehr stört, streben Sie für den Schrank eine Preisminderung an. Ihr Händler bietet Ihnen jedoch die fachgerechte Beseitigung des Kratzers an.
8. Isolde K. kauft sich in einem Modegeschäft einen teuren Pullover. Als sie diesen nach drei Wochen zum ersten Mal anzieht, bemerkt sie, dass das Muster einen Fehler aufweist. Sofort fährt sie in das Modegeschäft und verlangt den Umtausch des Pullovers. Die Geschäftsinhaberin meint jedoch, sie könne den Webfehler im Pullover innerhalb von einer Woche beheben lassen.

9. Viktor M. betreibt einen Pferdestall und schenkt seiner Nichte Sylvia R. ein Reitpferd. Dieses hat jedoch verschiedene Mängel, wie Sylvia feststellt. Unter anderem sind beim Pferd verschiedene Zähne zu ziehen, sodass mit einer Tierarztrechnung von über 400 € zu rechnen ist. Als Sylvia ihren Onkel darauf anspricht, meint er nur: „Einem geschenkten Gaul schaut man nicht ins Maul."

10. Marcel B. buchte in einem Reisebüro eine 14-tägige Pauschalreise mit seiner Familie in einem 4-Sterne-Hotel in Hammamet (Tunesien). Am Urlaubsort gab es zahlreiche, im Prospekt nicht erwähnte Probleme. Täglich – auch nachts – verursachten Flugzeuge eine starke Lärmbelästigung. Unter der Matratze seines Bettes entdeckte er Kakerlaken. Aufgrund seiner Beschwerde wurde er in der zweiten Woche in ein anderes Zimmer verlegt. Dort fielen ihm aber Schimmel in der Dusche und Ungeziefer im Badezimmer auf. Die Klimaanlage funktionierte im zweiten Zimmer nicht. Der Strand und das Meer waren infolge von Algen und Seetang nicht zu nutzen. Gleichzeitig war das Hallenbad wegen Renovierungsarbeiten gesperrt. Das Reisebüro wusste von der Renovierung des Hallenbads, verschwieg diese Tatsache aber bewusst im Prospekt.

11. Hannah F. bestellt in einem Restaurant ein Wiener Schnitzel. Sie wartet 45 Minuten auf ihr Essen. Verärgert teilt sie dem Kellner mit, dass sie gehen werde, wenn sie das Schnitzel nicht binnen 5 Minuten erhalten sollte. Sie erhält das Essen auch nach 5 Minuten nicht.

12. Petra B. isst in einem Restaurant ein Naturschnitzel mit Erdäpfeln und trinkt ein Glas Wasser. Die Erdäpfel sind komplett versalzen, das Naturschnitzel ist nicht zu essen, da es zäh ist. Das Glas Wasser kostet 2 €. Sie kostet das Essen und reklamiert sofort.

13. Franz S. möchte nach der Konsumation in einem gut besuchten Lokal zahlen und verlangt bei der Kellnerin die Rechnung. Nachdem er dieser dreimal mitgeteilt hat, zahlen zu wollen, verlässt er das Lokal, ohne die Rechnung zu begleichen.

8.6 Wichtige Vertragstypen (Beispiele)

8.6.1 Kaufvertrag

Rechtsquelle:
Es gelten die §§ 1053–1089 ABGB.

Kaufvertrag

Tauschgeschäft

Definition

Der Kauf dient der Übertragung des Eigentumsrechts an einer Sache gegen Geld. Mit **Einigung (Konsens) über Sache und Preis** ist der Kaufvertrag geschlossen oder, wie man auch sagt, perfekt, d. h. entstanden, **nicht aber erfüllt**. Eine bestimmte Form ist nicht vorgeschrieben (Ausnahme ist der Kaufvertrag zwischen Ehegatten: Notariatsakt). Der geschlossene, noch nicht erfüllte Kaufvertrag überträgt kein Eigentum. Ob und wann dies erfolgt, ist im Sachenrecht geregelt (bewegliche Sachen: Einigung und Besitzübertragung; unbewegliche Sachen: Einigung, Übergabe und Eintragung im Grundbuch) und daher nicht an die Bezahlung des Kaufpreises gebunden (▸ Bereich 5.3.3).

Das **Eigentumsrecht** wird durch die Käuferin bzw. den Käufer also erst mit der Übergabe des Kaufgegenstandes erworben. Wird eine Sache gegen eine andere gegeben, liegt ein Tauschvertrag vor.

Pflichten

Verkäuferin, Verkäufer	Käuferin, Käufer
Der Verkäufer ist verpflichtet, das Kaufgut bis zum Zeitpunkt der Übergabe sorgfältig zu verwahren und dem Käufer das **Eigentumsrecht** an der Sache zu verschaffen. Die Pflicht zur **Gewährleistung** gilt ab Übergabe.	Der Käufer ist verpflichtet, den **Preis** zu **bezahlen,** und zwar im Zweifel Zug um Zug. Wenn er die Sache nicht rechtzeitig übernimmt, gerät der Käufer in **Annahmeverzug.**

Risikoübergang

- Die Gefahr des zufälligen Untergangs oder einer zufälligen Verschlechterung der Ware geht normalerweise mit der **Übergabe** auf den Käufer über. **Bis zur Übergabe** trägt der **Verkäufer** das Risiko.
- **Versendet** der Verkäufer auf Verlangen des Käufers die verkaufte Sache an einen anderen Ort als den Erfüllungsort, **geht die Gefahr** auf den **Käufer über**, sobald der Verkäufer die Sache dem Spediteur, dem Frachtführer oder der sonst zur Ausführung der Versendung bestimmten Person oder Anstalt **übergeben hat**. Andere Regelungen gibt es im Konsumentenschutzgesetz

Bei Versand über einen Spediteur geht die Gefahr nach Übergabe an die Spedition auf den Käufer über.

Hat aber der Käufer eine **besondere Anweisung** über die Art der Versendung erteilt, und der Verkäufer weicht ohne zwingenden Grund davon ab, so haftet er dem Käufer für den daraus entstehenden Schaden. Auf jeden Fall trägt beim Versendungskauf die Käuferin bzw. der Käufer im Zweifel (d. h. mangels anderer Vereinbarung) die Transportkosten.

8.6.2 Bestandvertrag

Unter einem Bestandvertrag ist entweder ein **Mietvertrag** oder ein **Pachtvertrag** zu verstehen. Beiden gemeinsam ist die **entgeltliche Gebrauchsüberlassung** einer unverbrauchbaren Sache auf ungewisse Zeit. Der **Bestandgeber** heißt entweder **Vermieter** oder **Verpächter**, der **Bestandnehmer** entweder **Mieter** oder **Pächter**. Da Miete und Pacht in mancher Hinsicht rechtlich unterschiedlich behandelt werden, ist die Unterscheidung für die Praxis außerordentlich wichtig.

Pachtverträge kommen in der Gastronomie und in der Landwirtschaft häufig vor.

Miete	Pacht
Die Sache lässt sich **ohne weitere Bearbeitung** gebrauchen. **Zweck:** Konsumption, es besteht keine Betriebspflicht.	Die Sache kann nur durch **aktives Handeln** benützt werden. **Zweck:** Produktion, es besteht zumeist Betriebspflicht.

Der Mietvertrag gehört zu den häufigsten Verträgen des Schuldrechts. Auf die Miete vieler Wohnungen, Wohnräume oder Geschäftsräume findet das **Mietrechtsgesetz** Anwendung (▸ Bereich 10.2).

Der Pachtvertrag setzt eine „**Betriebspflicht**" durch den Pächter voraus. Grundlage ist hier also, dass ein „lebendes Unternehmen" vom bisherigen Betreiber auf den nunmehrigen Pächter übergehen muss. Bei der Pacht eines Unternehmens sind daher nicht die Räumlichkeiten Vertragsgegenstand, sondern das darin betriebene **Unternehmen**. Die Frage, ob eine Miete oder Pacht vorliegt, ist daher nach der Vereinbarung zu beurteilen und nicht nur nach der Bezeichnung. Für eine Pacht spricht z. B. die Benützung eines **Goodwill** (Kundenstock, guter Ruf im Geschäftsverkehr), die Verwendung eines Warenlagers, die Betriebspflicht usw.

Rechte und Pflichten aus dem Bestandvertrag

Rechte des Mieters, des Pächters = Pflichten des Vermieters, Verpächters	Pflichten des Mieters, des Pächters = Rechte des Vermieters, des Verpächters
▫ **Unterbestandsrecht** Wenn es vertragsrechtlich gestattet ist, kann der Mieter oder Pächter die Sache weitervermieten (Untervermietung) oder weiterverpachten. ▫ Überlassung des **Gebrauchs** ▫ **Instandhaltung** Der Mieter bzw. Pächter muss jedoch die gewöhnlichen Ausbesserungen selbst tragen. Nach dem Mietrechtsgesetz hat für die Erhaltungsarbeiten in der Wohnung größtenteils der Mieter aufzukommen, sofern es sich nicht um ernste Schäden des Hauses handelt.	▫ **Schonung** der Sache Bei erheblich nachteiligem Gebrauch kann der Bestandgeber kündigen. ▫ Zahlung des **Zinses** ▫ **Rückstellung** der Sache nach Beendigung des Vertrages in jenem Zustand, in dem sie übernommen worden war (ausgenommen normale Abnützung bei sorgfältigem Gebrauch) ▫ Gesetzliches **Pfandrecht** des Bestandgebers an den eingebrachten Sachen des Bestandnehmers

8.6.3 Arbeitsvertrag

Berufliche Tätigkeit wird durch einen Arbeitsvertrag geregelt.

Ein Arbeitsvertrag kann ein **Dienstvertrag** (Arbeitsvertrag im engeren Sinn) oder ein **Werkvertrag** sein. Die Unterscheidungsmerkmale finden Sie hier aufgelistet:

Dienstvertrag (im Arbeitsrecht Arbeitsvertrag genannt)	Werkvertrag
Der Dienstnehmer ist **weisungsgebunden** (persönliche Unterordnung).	Beide Vertragspartner bleiben **selbstständig**.
Der Dienstnehmer ist zur Sorgfalt verpflichtet, **Risiko** und Verantwortung für den Erfolg der Tätigkeit trägt der **Dienstgeber**.	Der **Hersteller** eines Werkes (Unternehmer) haftet für den **Erfolg**, d. h. er unterliegt Gewährleistungs- und/oder Schadenersatzpflichten.
Der Dienstnehmer ist **persönlich** zur Arbeitsleistung verpflichtet.	Der Unternehmer unterliegt **keiner persönlichen Arbeitspflicht**.
Der Dienstnehmer verwendet die **Arbeitsmittel des Dienstgebers**.	Der Unternehmer verwendet **eigene Arbeitsmittel**.

Ein EDV-Experte verpflichtet sich, bis zu einem gewissen Zeitpunkt eine Website zu erstellen und schließt einen Werkvertrag ab.

Zum Schutz des wirtschaftlich schwächeren Dienstnehmers (Arbeitnehmers) gibt es eine Reihe von Gesetzen, die in ihrer Summe das **Arbeitsrecht** bilden. Im Bereich Arbeitsrecht wird der Dienstvertrag näher behandelt (▶ Bereich 15.2.1).

Beim **Werkvertrag** haben die Vertragspartner gegenseitige Rechte und Pflichten.

Rechte des Bestellers = Pflichten des Unternehmers

Der Unternehmer hat das Werk unter seiner persönlichen Verantwortung auszuführen. Liegen Mängel vor, gelten die Gewährleistungsbestimmungen, d. h., der Besteller hat

- vorrangige Ansprüche und
- nachrangige Ansprüche (▶ Bereich 8.5.3).

Darüber hinaus gibt es für Unternehmer die so genannte **Unternehmerwarnpflicht** (§ 1168a ABGB): Da der Unternehmer Fachmann ist, hat er die Kundin/den Kunden darauf aufmerksam zu machen, wenn sich z. B. ein Material für einen Auftrag bzw. Werkvertrag nicht eignet. Besteht der Kunde (nachweislich) auf diesem Material, verliert er dadurch sämtliche Gewährleistungs- und/oder Schadenersatzansprüche.

Pflichten des Bestellers = Rechte des Unternehmers

Nach Vollendung des Werkes ist das vereinbarte **Entgelt** zu leisten. Wurde der Preis vereinbart und unvorhergesehene Mehrkosten sind notwendig, gilt Folgendes: Bei Verträgen, bei denen ein **Pauschalentgelt** vereinbart wurde, trägt die Unternehmerin bzw. der Unternehmer die Mehrkosten. Wenn dem Preis ein detaillierter **Kostenvoranschlag** zugrunde gelegt wurde, gilt bei Geschäften zwischen Unternehmen und Verbrauchern Folgendes:

- Hat der Unternehmer seinen Kostenvoranschlag **verbindlich** gestellt (im Zweifel **immer**), kann er die unvorhergesehenen Kosten dem Besteller nur verrechnen, wenn sie von diesem verschuldet wurden.
- Hat der Unternehmer seinen Kostenvoranschlag **ausdrücklich ohne Gewähr** erstellt und eine beträchtliche Überschreitung wird unvermeidlich (Toleranzgrenze nach der Rechtsprechung ca. 15 %), so muss er dies dem Besteller – bei sonstigem Verlust jedes Ersatzanspruches auf Mehrkosten – vorher anzeigen. Der Besteller hat nun die Wahl, die Mehrkosten zu bezahlen oder unter Vergütung des bisher Geleisteten vom Vertrag zurückzutreten.
- Im Zweifel ist die Erstellung von Kostenvoranschlägen **unentgeltlich**.

8.6.4 Sonstige Verträge

Verwahrungsvertrag

Ein Verwahrungsvertrag entsteht, wenn jemand eine **fremde Sache** in seine **Obsorge** übernimmt. Die Verwahrerin bzw. der Verwahrer erwirbt weder Eigentum an der Sache noch ein Gebrauchsrecht.

Als Verwahrer ist man verpflichtet, die anvertraute Sache vor Schaden zu bewahren und sie nach Ablauf der bestimmten Zeit im selben Zustand, in dem man sie übernommen hat, dem Hinterleger **zurückzustellen**. Der Vertrag kann **entgeltlich** oder **unentgeltlich** sein.

Gastwirte, die Fremde beherbergen (also nicht Cafetiers, Schankwirte, Unternehmer von Theatern usw.) sowie Besitzer von **Badeanstalten** haften – meistens betragsbeschränkt – im Fall der Beschädigung oder des Verlustes von eingebrachten Sachen. Die Haftung ist strenger als die des gewöhnlichen Verwahrens, denn es wird auch für Zufall gehaftet (zur Gastwirtehaftung ▸ Bereich 9.5).

Spinde in einem Freibad, Garderoben in einem Theater – hier werden Sachen verwahrt.

Darlehensvertrag

Der Darlehensgeber vereinbart mit dem Darlehensnehmer, diesem zum Zweck der Kreditgewährung bestimmte vertretbare Sachen (z. B. Geld) zu übergeben. Der Darlehensnehmer wird Eigentümer der Sachen und muss die **gleiche Menge** gleichartiger Sachen nach gewisser Zeit **zurückgeben**. Die häufigste Form ist das **Gelddarlehen**. Meistens ist der Vertrag entgeltlich (Zinsen!). Ein Schuldschein, der die wesentlichen Punkte des Vertrages enthält, muss nicht ausgestellt werden.

Schenkung

Der Schenker überlässt dem Beschenkten unentgeltlich eine Sache, wobei die/der Beschenkte zustimmen muss. Erfolgt die Schenkung durch wirkliche Übergabe (**Handschenkung**), ist sie formfrei, in allen anderen Fällen (so genannte Schenkungsversprechen) muss ein **Notariatsakt** errichtet werden. Gläubiger des Schenkers können wegen Verkürzung ihrer Forderung die Schenkung nach den Bestimmungen der Anfechtungsordnung oder Konkursordnung anfechten.

Nur die Handschenkung ist formfrei.

Leihvertrag

Der Leihvertrag unterscheidet sich vom Mietvertrag nur dadurch, dass die **Benützung der Sache unentgeltlich** ist. Die Entlehnerin bzw. der Entlehner muss an die Verleiherin oder den Verleiher keine Gegenleistung erbringen, nach Ablauf der Zeit muss nur die Sache **zurückgegeben** werden („Bringschuld").

Leasing

Das ist ein Vertrag, bei dem ein Leasinggeber dem Leasingnehmer eine **Sache gegen Entgelt** zum **Gebrauch** überlässt. Der Vertrag dient insbesondere der Finanzierung von Investitionsgütern (Autos, Maschinen usw.). Bei vielen Leasingverträgen über technische Gegenstände besteht die Möglichkeit, während der Leasing-Periode nach Wunsch auf neue, modernere Gegenstände hochzurüsten („Leasingoption").

Auftragsvertrag (Geschäftsbesorgungsvertrag)

Die oder der Beauftragte verpflichtet sich, für Rechnung des Auftraggebers Rechtshandlungen vorzunehmen. Beispiel: Handelsvertreter, Rechtsanwältin.

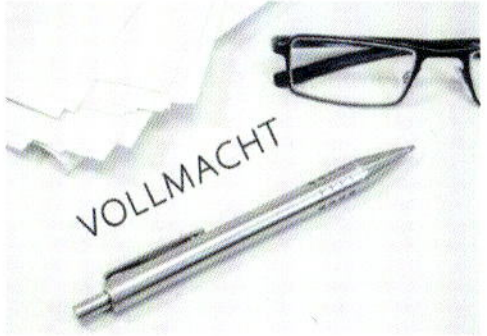

Bevollmächtigung (Vollmacht)

Die oder der Bevollmächtigte kann für den Vollmachtgeber nach außen hin tätig werden, fungiert als direkter Stellvertreter und handelt im fremden Namen und auf fremde Rechnung. Je nach dem Inhalt unterscheidet man drei verschiedene Arten.

Es gibt verschiedene Arten der Vollmacht.

Artvollmacht	Generalvollmacht	Spezialvollmacht
für eine bestimmte Art von Geschäften	zur Besorgung aller Geschäfte	für ein bestimmtes Geschäft

Der Unterschied zwischen **Auftragsvertrag** und **Bevollmächtigung** liegt darin, dass ersterer die **Verpflichtung** (handeln müssen) zum Handeln beinhaltet, letzterer die **Erlaubnis** (handeln dürfen). Im Unternehmensrecht gibt es besondere Arten der Vollmacht mit gesetzlich bestimmtem Inhalt (z. B. Prokura).

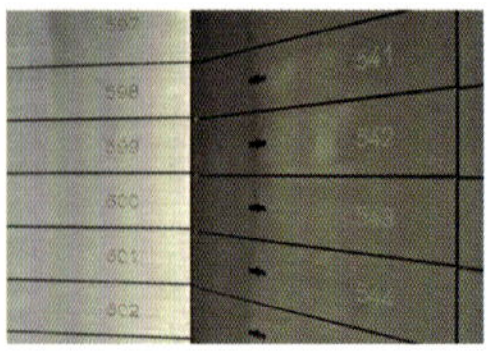

Bankschließfächer

Die **Praxis** bedient sich nicht immer reiner Vertragstypen. Die vertragschließenden Parteien haben ja, soweit nicht gesetzliche Bestimmungen entgegenstehen, das Recht, ihre Beziehungen nach Gutdünken zu regeln (**Vertragsfreiheit**). Die rechtliche Bedeutung kann daher immer nur aus dem **Inhalt der Vereinbarung** beurteilt werden. In den Verträgen der Praxis findet man oft **Elemente verschiedener Vertragstypen**.

Beispiele: Schrankfachvertrag („Safemiete") mit Kreditinstituten (Miet- und Verwahrungsvertrag), Pensionsvertrag mit einem Hotelier (Miet- plus Werkvertrag) usw.

Check 8.5

Lösen Sie – eventuell gemeinsam mit einer Lernpartnerin oder einem Lernpartner – auf der Basis des bisher Gelernten folgende einfache Rechtsfälle und halten Sie Ihr Arbeitsergebnis mit Stichworten schriftlich fest:

1. Katharina R. nimmt in einem Selbstbedienungsladen für Lederwaren eine echte Lederhandtasche an sich, an der sich ein Preisschild mit dem Betrag von 350 € befindet. Auf dem Weg zur Kassa überdenkt sie jedoch ihren Kauf und möchte die Tasche ins Regal zurückstellen. Zufällig steht dort der Leiter des Ladens und macht sie darauf aufmerksam, dass sie bereits einen Kaufvertrag geschlossen hat und eine Rückgabe der Ware nicht mehr möglich ist.

2. Friedrich V., 80 Jahre alt, zieht in ein Seniorenheim und vermietet sein Einfamilienhaus mit Garten, damit er sich durch die Mieteinkünfte seine Pension aufbessern kann. Als er zwei Jahre später anlässlich einer Kontrollbegehung wieder zu seinem Haus kommt und in den Garten geht, stellt er fest, dass dieser total verwahrlost ist, dass die Rosenbeete gedüngt gehören und das Obst von den Bäumen abgenommen werden muss. Der Mieter entgegnet, dass ihn weder die Rosen etwas angehen noch das Obst auf den Bäumen, das ohnehin die Vögel nach und nach verzehren. Friedrich V. jedoch behauptet, dass er das Haus zwar vermietet, den Garten in Wirklichkeit aber verpachtet habe. Daher hätte der Mieter die Früchte zu ziehen und eine gewisse „Betriebspflicht" für den Garten.

3. Sabine K. liegen für die Installierung eines neuen Badezimmers zwei Kostenvoranschläge vor:

A: 4.400 € mit dem Zusatz „Ohne Gewähr"
B: 5.000 € ohne jeden Zusatz.

Sie entscheidet sich für B. Nach Durchführung der Arbeiten erhält sie eine Rechnung über den Betrag von 5.400 €. Welche Möglichkeiten hat sie?

Variante 1: Sabine K. entscheidet sich für A. Welche Möglichkeit hat sie?
Variante 2: Sabine K. entscheidet sich für B, ändert aber während der Arbeiten die Auswahl der Fliesen, die nun um 250 € mehr kosten und schwieriger zu verlegen sind. Welche Möglichkeit hat sie?

4. Siegbert M. bucht eine Flugreise und nimmt das Angebot seines Freundes Hanno F. an, während seiner Abwesenheit seinen Sportwagen im Garten des Hanno einzustellen. Während Siegbert M. auf Urlaub ist, muss Hanno seinen eigenen Wagen zur Reparatur geben. Da er jedoch Siegbert telefonisch nicht erreichen kann, benützt er während der drei Tage dauernden Reparatur Siegberts Wagen, mit dem er jedoch am letzten Tag einen Unfall mit Blechschaden hat.

5. Die 88-jährige Eusebia F. hat nur einen befristeten Führerschein, da sie an grauem Star leidet und bald nicht mehr Autofahren können wird. Sie verspricht ihrem Neffen Arnold F., dass sie ihm anlässlich seines 20. Geburtstages, den er in einem halben Jahr begehen wird, ihr Auto – einen schönen Mittelklassewagen – schenken werde. Er müsse sich in dieser Zeit lediglich ihr gegenüber wohl verhalten, sie bei ihren Einkäufen unterstützen und in ihrem Garten einmal wöchentlich den Rasen mähen und die Hecken schneiden. Handelt es sich um einen gültigen Schenkungsvertrag?

6. Udo S. vereinbart mit seiner Freundin Hanna M. einen Darlehensvertrag über 3.000 €. Kurz darauf trennen sie sich und in Udos Wohnung stiehlt ein Einbrecher das Geld. Udo weigert sich nun, seiner Ex-Freundin das Geld zurückzugeben, mit dem Hinweis, es sei ja nicht sein Eigentum, das gestohlen wurde, sondern ihres.

7. Ein Mitarbeiter eines Wachdienstes hat eines Tages einen furchtbaren „Kater" aufgrund einer durchzechten Nacht. Da sein Chef ohnehin auf Urlaub ist und die Uniform auch der Frau des Mitarbeiters passt, vertritt sie ihn an diesem Tag. Durch einen erfolgten Einbruchsversuch erfährt jedoch sein Chef von dieser Vertretung. War sie zulässig? Welche Folgen kann dies haben?

8. Gundula R. hat mit ihrem Campingbus einen Urlaub in Griechenland verbracht. Dabei hat sie einige Quadratmeter besonders schöner Bodenfliesen in ihrem Campingbus mitgenommen, um ihre Terrasse daheim im „griechischen Stil" verfliesen zu lassen.
Wieder zuhause macht sie jedoch ihr Fliesenleger darauf aufmerksam, dass die Fliesen nicht frostsicher sind. Trotzdem besteht sie auf die Arbeiten und bestätigt dies dem Unternehmer wunschgemäß auch schriftlich. Im darauf folgenden – besonders kalten Winter – springt etwa ein Drittel der Fliesen. Welche Möglichkeit hat Gundula, sich zu wehren?

Wissens- und Verständnischeck 8

Schätzen Sie Ihr Wissen bzw. Verständnis ein: +2 = ganz gut, –2 = nicht gut	+2	+1	–1	–2
Ich kann angeben, wie Schuldverhältnisse entstehen.				
Ich kann die wichtigsten Voraussetzungen für einen Vertragsabschluss aufzählen.				
Ich kann erklären, was man unter Vertragsfreiheit versteht.				
Ich kann einige Möglichkeiten angeben, mit denen man die Erfüllung eines Vertrages sichern kann, und ich kann die Vorteile der jeweiligen Möglichkeit argumentieren.				
Ich kann Vertragsstörungen analysieren und erläutern, wie man rechtlich reagieren kann.				
Ich kann eine Gewährleistung von einer Garantie unterscheiden.				
Ich kann die Behelfe nennen, die mir in einem Gewährleistungsfall zur Verfügung stehen.				
Ich kann drei wichtige Vertragstypen angeben und miteinander vergleichen.				
Ich kann erläutern, was man unter der Warnpflicht eines Unternehmers versteht.				

Sind Sie mit Ihrem Lernfortschritt zufrieden?

Wenn Sie noch weitere Anleitungen und Übungen benötigen, hilft Ihnen Ihre Lehrerin/Ihr Lehrer weiter!

9 Schadenersatzrecht

Der Grundsatz, dass jemand, der anderen einen Schaden zufügt, für seine **Wiedergutmachung** einstehen muss, ist ein so elementarer Rechtssatz, dass er keiner weiteren Begründung bedarf. Dieser einfache Satz entfaltet sich jedoch zu einer umfangreichen und keineswegs problemlosen Angelegenheit. Schadenersatzfragen können zu den langwierigsten Prozessen führen. Einerseits erfüllt das Schadenersatzrecht eine Ausgleichsfunktion – es soll dem Geschädigten einen Ausgleich für die erlittene Einbuße verschaffen. Andererseits ist es vom Gedanken der **Prävention** (**Vorbeugung**) beherrscht. Denn was würde passieren, wenn ein Schädiger **nicht** verpflichtet werden könnte, den von ihm zugefügten Schaden zu ersetzen?

Durch die Androhung einer Ersatzpflicht soll ein Anreiz ausgeübt werden, durch **sorgfältiges Verhalten** Schädigungen möglichst zu vermeiden (denken wir z. B. an das Problem der Umweltverschmutzung oder an das Verhalten im Straßenverkehr).

Im neunten Bereich dieses Buches erwerben Sie folgende Kompetenzen:

Kompetenzen 9

- die **Voraussetzungen** nennen, unter denen es überhaupt zu einem **Schadenersatzanspruch** kommen kann
- die Haftungsformen und Risiken für eigenes und fremdes Verhalten erläutern
- erklären, bei welchen **Möglichkeiten** es zu einer **Haftung** kommen kann, **ohne dass ein Verschulden** vorliegt
- ein Verständnis für die Begriffe **Produkthaftung** und **Produktsicherheit** entwickeln
- **Ansprüche** der Verletzten beurteilen

9.1 Grundbegriffe und Voraussetzungen

Definition

„Schaden heißt jeder Nachteil, welcher jemandem an Vermögen, Rechten oder seiner Person zugefügt worden ist …“ (§ 1293 ABGB).

Die oder der Geschädigte hat gegen den Schädiger einen **Schadenersatzanspruch**, wenn folgende Voraussetzungen vorliegen:

Voraussetzungen

d. h. von der Geschädigten/vom Geschädigten bzw. vom Gericht muss Folgendes festgestellt werden:

- Eintritt des Schadens
- Kausalität
- Rechtswidrigkeit
- Verschulden

Eintritt des Schadens

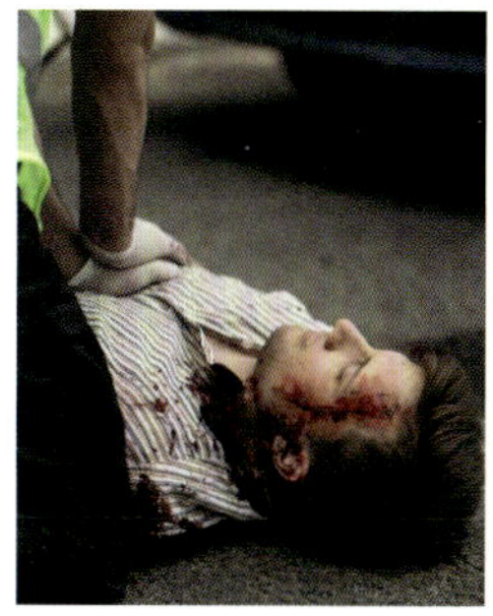

Erste Hilfe – unerlässlich!

Wenn ich nicht einmal beweisen kann, dass ein Schaden eingetreten ist, dann kann ich auf keinen Fall mit einem Ersatz rechnen und brauche mir über die anderen Voraussetzungen keine Gedanken machen. Der Schadenseintritt kann herbeigeführt werden durch:

- eine Handlung oder
- eine Unterlassung eines anderen (z. B. wenn es jemand unterlässt, einem Unfallopfer Erste Hilfe zu leisten oder die Rettung zu verständigen).

Kausalität

Prinzip der Kausalität

Darunter versteht man den Zusammenhang zwischen dem rechtswidrigen Verhalten des Schädigers (kann sowohl durch Handlungen als auch durch Unterlassungen bewirkt werden) und dem Eintritt des Schadens. Bei der Beurteilung der Frage, ob Kausalität vorliegt, ist zu prüfen, inwieweit die Handlung bzw. Unterlassung des Schädigers **ursächlich** für den Eintritt des Schadens war.

Beispiel: Kausalität

Ein Autofahrer steigt in sein Auto und weiß, dass die Bremsen nicht funktionieren. Er möchte aber nur einige hundert Meter fahren, um sich aus der Trafik Zigaretten zu holen. In Folge einer Umleitung geht es jedoch ein Stück bergab, er kann nicht bremsen und stößt eine Passantin nieder: Das Wissen um die nicht funktionierenden Bremsen und die Inbetriebnahme des Autos, also das Verhaltens des Autofahrers, waren kausal für den Unfall.

Beim Problem der Kausalität braucht man sich also nur zu fragen, ob der Schaden entfallen würde, wenn die Handlung nicht gesetzt worden wäre. Oder – im Falle der Unterlassung – ob bei pflichtgemäßem Verhalten der Schaden nicht eingetreten wäre.

Rechtswidrigkeit

Bei Rechtswidrigkeit des schädigenden Verhaltens liegt ein Verstoß gegen **Vertragsverpflichtungen** oder unmittelbar gegen ein **Gesetz** vor.

Beispiel: Verstöße gegen Vertragsverpflichtung und Gesetz

- Ein Taxifahrer bestellt aufgrund eines Totalschadens mit seinem Fahrzeug ein neues Auto, das (vertragswidrig) einen Monat zu spät geliefert wird. Er hat für einen Monat keine Kunden und damit einen Schaden.
- Jemand fährt auf der linken Straßenseite, weil er im Auto telefoniert und stößt frontal gegen ein anderes Auto.

Verschulden des Schädigers

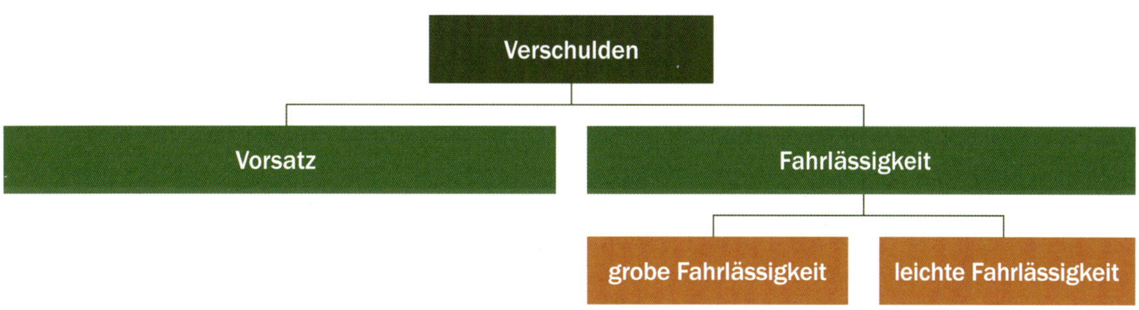

Definition

Grundsätzlich gibt es das Verschulden in folgenden Formen:

- **Böser Vorsatz:** Bei bösem Vorsatz wird der Schaden mit Wissen und Willen zugefügt.
- **Fahrlässigkeit:** Unter Fahrlässigkeit versteht man schuldhafte Unwissenheit bzw. Mangel der gehörigen Aufmerksamkeit oder des gehörigen Fleißes.

Im Bezug auf die Fahrlässigkeit nimmt man weitere Unterscheidungen vor.

- **Grobe Fahrlässigkeit:** Sie ist bei **auffallender Sorglosigkeit** gegeben. Es handelt sich um Fehler, die einem sorgfältigen Durchschnittsmenschen nicht passieren dürfen.
  Beispiel: Jemand fährt mit einem Fahrzeug und weiß, dass die Bremsen defekt sind.
- **Leichte Fahrlässigkeit:** Ist ein Verschulden zu bejahen, aber weder Vorsatz noch grobe Fahrlässigkeit gegeben, liegt leichte Fahrlässigkeit vor. Es handelt sich um Fehler, die auch einem sorgfältigen Durchschnittsmenschen **passieren können**.
  Beispiel: Ein Autofahrer vergisst, beim Spurwechsel zu blinken.

Blinker setzen beim Autofahren

In bestimmten Fällen ist ein Geschädigter jedoch vom Gesetz befugt, von jemand anderem als dem Verursacher des Schadens Schadenersatz zu begehren. Das wird später im Abschnitt zur Haftung für fremdes Verschulden bzw. Haftung ohne Verschulden behandelt.

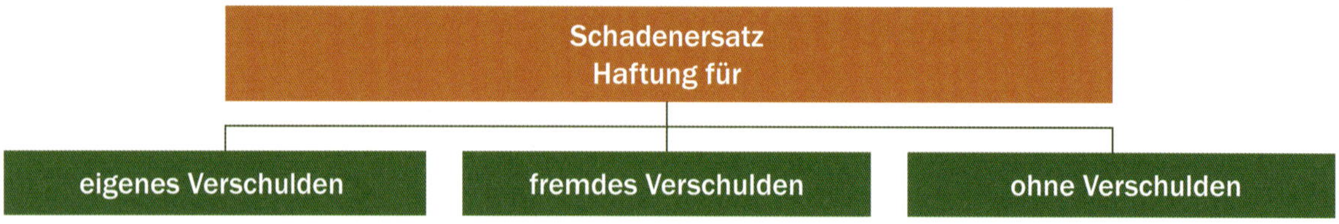

9.2 Umfang der Ersatzpflicht

Der Grad des Verschuldens ist für den Umfang der Schadenersatzpflicht maßgebend (andere Regeln bestehen im Arbeitsrecht!):

Verschuldensgrad?

Verschuldensart	Umfang der Schadenersatzpflicht
leichte Fahrlässigkeit	wirklich entstandener **Vermögensschaden**
grobe Fahrlässigkeit	wirklich entstandener **Vermögensschaden, entgangener Gewinn**
Vorsatz	wirklich entstandener **Vermögensschaden, entgangener Gewinn, Wert der besonderen Vorliebe** (Liebhaberwert – nur **bei vorsätzlich strafbaren** Handlungen oder besonderer Bosheit)

Nach dem Unternehmensgesetzbuch umfasst **zwischen Unternehmern** der zu ersetzende Schaden immer (d. h. bei allen Verschuldensarten) auch den **entgangenen Gewinn**!

Bemessung des Schadenersatzes

Der Schadenersatz soll grundsätzlich die Wiederherstellung des vorigen Zustandes bewirken. Wenn dies nicht möglich ist, muss Schadenersatz in Geld erfolgen.

Umfang der Schadenersatzpflicht bei Mitverschulden der oder des Geschädigten

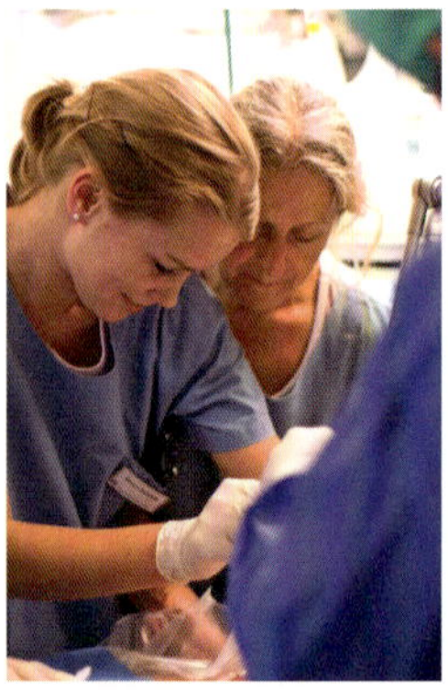
Schadenersatz kann auch Heilungskosten umfassen.

Grundsätzlich kann das Gericht immer ein Mitverschulden der geschädigten Personen feststellen. Missachtet z. B. ein Autofahrer eine Stopptafel, sein Unfallgegner überschreitet die Geschwindigkeitsbegrenzung und kann dadurch nicht mehr rechtzeitig bremsen, kann ein Mitverschulden auch prozentuell festgestellt werden: Autofahrer A ist zu 60 % schuld, Autofahrer B zu 40 %. Zusätzlich unterliegt ein Geschädigter auch der so genannten **Schadensminderungspflicht**, d. h. er muss alles tun, um den Schaden möglichst gering zu halten. Andernfalls trifft ihn ein Mitverschulden (z. B. jemand sieht, dass seine Schrebergartenhütte brennt, unternimmt jedoch nichts, weil er der Meinung ist, er sei ohnehin feuerversichert.)

Umfang der Schadenersatzpflicht bei Körperverletzung

Die Schadenersatzpflicht inkludiert Heilungskosten, Schmerzengeld und Verdienstentgang, bei bleibenden Schäden auch eine Rente. Der finanzielle Umfang dieser Ersatzpflicht würde für den Schädiger häufig zu Härten führen, die er mangels ausreichenden Vermögens überhaupt nicht bewältigen könnte. Daher erfolgt in vielen Bereichen aufgrund zwingenden Versicherungsrechts eine Verlagerung der wichtigsten Risiken auf die Gesamtheit der möglichen Betroffenen (Haftpflichtversicherung, Unfallversicherung usw.).

Umfang der Schadenersatzpflicht bei Verletzung eines Tieres

Definition

Wird ein Tier verletzt, so gebühren die (versuchten) Heilungskosten auch dann, wenn sie den **Wert des Tieres** übersteigen. Dies ist jedoch nur dann der Fall, wenn auch eine verständige Tierhalterin bzw. ein verständiger Tierhalter – hätte sie/er sich in der Lage des Geschädigten befunden – diese Kosten aufgewendet hätte (§ 1332a ABGB).

Beispiel: Schadenersatz bei Verletzung eines Tieres

Ein Autofahrer befand sich spätabends auf einer einsamen Straße in ländlicher Gegend, als ihm ein Hund vor den Wagen lief, den er anfuhr. Das Tier blieb verletzt am Straßenrand liegen, und während er ausstieg, kam eine ältere Dame herbeigelaufen, die sich als Hundebesitzerin ausgab. Da das Tier schwer verletzt zu sein schien, brachte er es mit seinem Wagen gemeinsam mit seiner Besitzerin in eine nahe gelegene Tierklinik, in der das Tier – mit Aussicht auf Erfolg – operiert wurde, wobei die Tierbesitzerin dem Tier, weil es sich ohnehin bereits in Narkose befand, zusätzlich noch zwei kaputte Zähne ziehen ließ. Das Tier verendete kurz nach der Operation.

Einige Zeit später stellte die Eigentümerin des Hundes dem Autofahrer die Kosten für die Operation von 2.500 € als Schadenersatzanspruch in Rechnung, wobei die Hauptoperation wegen der Verletzungen lediglich 2.000 € ausmachte. Bei dem Tier handelte es sich jedoch um eine so genannte „Promenadenmischung". Derartige Hunde haben einen Marktpreis von ca. 80 €.

Was hätte ein **„verständiger"** – so wird dies im ABGB bezeichnet – Tierhalter getan? Er hätte seinen schwerverletzten Hund sicher auch operieren lassen und die Operationskosten von 2.000 € bezahlen müssen. Der Schadenersatzanspruch würde daher 2.080 € betragen.

Haftung mehrerer Schädiger

Mehrere Schädiger haften je nach Verschuldensgrad **solidarisch** (d.h. einer für alle) bzw. **anteilsmäßig**. Häufig können jedoch die Anteile am Schaden nachträglich gar nicht mehr festgestellt werden. Dies ist etwa der Fall, wenn nach einer Wirtshausschlägerei niemand mehr weiß, wer angefangen hat. Hier käme es zu einer **Solidarhaftung**.

Schädigung durch mehrere Personen	Anteile am Schaden bestimmbar	Anteile am Schaden nicht bestimmbar
vorsätzlich	Solidarhaftung Rückgriff anteilig	Solidarhaftung Rückgriff zu gleichen Teilen
fahrlässig	anteilige Haftung, daher kein Rückgriff	Solidarhaftung Rückgriff zu gleichen Teilen

Zerstörtes Wohnungsinventar nach einer Party – wer haftet?

Verjährung von Schadenersatzansprüchen

Schadenersatzansprüche verjähren gemäß § 1489 ABGB **binnen 3 Jahren** ab Kenntnis des Geschädigten von **Schaden und Schädiger**, andernfalls nach 30 Jahren. Die Frist von **30 Jahren** gilt auch, wenn der Schaden durch eine vorsätzlich begangene, mit mehr als einjähriger Freiheitsstrafe bedrohte gerichtlich strafbare Handlung herbeigeführt wurde.

9.3 Schadensarten

Schaden

materiell (Vermögen)	immateriell (Nichtvermögen)	unmittelbar (direkt)	mittelbar (indirekt)
immer ersetzt	nur in Ausnahmefällen	immer ersetzt	nur in Ausnahmefällen

Materieller Schaden

Immaterieller Schaden

- **Materielle Schäden** (Vermögensschäden): Es handelt sich dabei um alle Schäden am Vermögen.
- **Immaterielle Schäden** (Nichtvermögensschäden – „Gefühlsschäden"): Dies sind Schäden, die nicht das Vermögen einer Person betreffen, sondern Schäden in seiner Gefühlswelt, d.h. in seinem seelischen Bereich (z.B. Schäden an der körperlichen Unversehrtheit, Kränkungen oder Verletzungen der Ehre).

  Grundsätzlich werden nur **materielle Schäden ersetzt.** Der einzige **immaterielle Schaden,** der zu ersetzen ist, ist das **Schmerzengeld.**

  Es handelt sich dabei um einen je nach Verletzungsgrad vom Gericht festzusetzenden **Pauschalbetrag,** der vom Schädiger **zusätzlich** zum Vermögensschaden geleistet werden muss. Sinn des Schmerzengeldes ist es, die mit einer Körperverletzung verbundenen zusätzlichen immateriellen Folgen und Schäden (in erster Linie Schmerzen, aber auch Krankenhausaufenthalte, psychisches Leid, Trennung von der Familie) pauschal abzugelten.

  Die Höhe des Schmerzengeldes ist **individuell nicht abgestuft:** Es ist zum Beispiel nicht möglich, dass jemand, der behauptet, besonders wehleidig zu sein, ein höheres Schmerzengeld bezieht. Wohl ist das Schmerzengeld aber von der Art und vom **Grad der Verletzung** abhängig. Auch dritten Personen kann in Ausnahmefällen Schmerzengeld zuerkannt werden (z.B. den Eltern eines getöteten Kindes für die seelischen Qualen).

Beispiel: Unterschied zwischen immateriellem und materiellem Schaden

Die Behauptung, ein Arzt könne überhaupt nichts und habe bereits viele Patienten vor der Zeit ins Grab gebracht, ist üble Nachrede bzw. Ehrenbeleidigung, verbunden mit einer Kränkung, also eventuell einem immateriellen Schaden.
Der Schaden, der dem Arzt aus so einer Behauptung entsteht, ist aber ein materieller, nämlich ein ganz massiver Vermögensschaden: Patienten werden diesen Arzt meiden, wodurch dem Arzt in Zukunft massive Einkommenseinbußen entstehen, die auch messbar sind.

- **Unmittelbare Schäden** (direkte Schäden) sind alle Schäden, die durch das erste schädigende Ereignis entstanden sind.
- **Mittelbare Schäden** (indirekte Schäden oder „Folgeschäden") sind alle Schäden, die durch den ersten Schaden entstanden sind. Es handelt sich hierbei also um dessen Folgewirkungen („Folgeschaden").

Beispiel: Mittelbarer Schaden

Ein Auto fährt gegen einen Lichtmast und beschädigt diesen vollständig. Aufgrund des dadurch ausgelösten Stromausfalles verdirbt das Kühlgut in den Kühlschränken und Tiefkühltruhen. Die Gastronomie des Ortes hat daraufhin Verdienstentgang usw. Ersetzt wird nur der Schaden des E-Werkes, alle weiteren Schäden werden vom schuldigen Autolenker nicht ersetzt.

Schmerzengeld für Traumatisierung?

Nur in Ausnahmefällen ist der mittelbare Schaden **zu ersetzen**, so etwa der Schaden, den die Angehörigen bei Tötung eines Menschen erleiden (entgangener Unterhalt, Rentenansprüche, entgangene Haushaltsführung etc.). Außerdem kann den Angehörigen, die durch Miterleben eines schweren Unfalls oder die Nachricht davon behandlungsbedürftig traumatisiert werden, der Ersatz von Behandlungskosten und Schmerzengeld zugesprochen werden (siehe oben).

Grundsätzlich werden also nur **materielle unmittelbare** Schäden ersetzt!

9.4 Haftung für fremdes Verschulden

Unter der Haftung für fremdes Verschulden versteht man jene Haftungsarten, bei denen die Schadenersatzpflichtige oder den Schadenersatzpflichtigen selbst gar kein Verschulden trifft. In den meisten Fällen war diese Person bei der Schadenszufügung gar nicht anwesend.

Beispiel: Fremdes Verschulden

Sie beauftragen für die Reparatur Ihres WCs einen Installateur (Werkvertrag). Dieser schickt Ihnen einen Angestellten, der eine Zange fallen lässt, wodurch die WC-Schale zertrümmert wird.

Haftung für den Erfüllungsgehilfen

Definition

Erfüllungsgehilfe ist eine Person, der sich eine Geschäftsinhaberin oder ein Geschäftsinhaber (oder eine Privatperson) zur **Erfüllung** einer **vertraglichen Verpflichtung** bedient. Wer einem anderen zu einer Leistung verpflichtet ist, **haftet** ihm für das Verschulden seines gesetzlichen Vertreters sowie der Personen, deren er sich zur Erfüllung bedient, **wie für sein eigenes** (d. h. also so, als hätte die Person den Schaden selbst zugefügt).

Für den Erfüllungsgehilfen haftet der Unternehmer, der seinem Auftraggeber (Kunden) gegenüber verpflichtet ist.

Der Erfüllungsgehilfe und die Haftung für den Erfüllungsgehilfen sind aus der arbeitsteiligen Wirtschaft nicht wegzudenken. Nur in den seltensten Fällen ist der Vertragspartner zur höchstpersönlichen Erbringung einer Leistung verpflichtet. Die meisten Betriebe beschäftigen **Arbeitnehmerinnen** und **Arbeitnehmer**. Der **Vertragsabschluss** erfolgt mit der **Eigentümerin** oder dem **Eigentümer des Betriebes**. Eigentümer treffen auch die wirtschaftlichen Folgen eines Vertrages. Oft bekommt der Vertragspartner den Eigentümer des Betriebes überhaupt nicht zu Gesicht, sondern ein Angestellter schließt den Vertrag im Namen des Eigentümers ab, ein anderer erbringt die vereinbarte Leistung und ein weiterer Angestellter nimmt die Zahlung entgegen.

Definition

All dieser Beschäftigten hat sich die Unternehmerin bzw. der Unternehmer zur **Erfüllung eines Vertrages** bedient.

Wird dem Geschäftspartner im Zuge der Geschäftsabwicklung von der oder dem Beschäftigten des Unternehmers ein Schaden zugefügt, so haftet der Unternehmer. Die Begründung dafür liegt darin, dass Unternehmer üblicherweise wirtschaftlich stärker sind als Beschäftigte (oder entsprechend versichert sind) und damit der geschädigten Person größere Sicherheiten für die Befriedigung der Schadenersatzansprüche gegeben werden. Außerdem sollen die wirtschaftlichen Folgen des Vertrages nicht den Angestellten, sondern die Unternehmerin oder den Unternehmer treffen.

Unternehmerinnen und Unternehmer haften für ihre Angestellten.

Der schadenersatzpflichtige Unternehmer hat gegen den Schädiger (den eigenen Angestellten) einen **Rückgriffsanspruch**, wobei sich dessen Ausmaß im **Rahmen von Dienstverträgen** nach dem **Dienstnehmerhaftpflichtgesetz** richtet und vom Verschulden der Arbeitnehmerin bzw. des Arbeitnehmers abhängt (▸ Bereich 15.3.2).

Haftung für den Besorgungsgehilfen

Definition

Besorgungsgehilfe ist eine Person, der sich eine Unternehmerin bzw. ein Unternehmer (oder eine Privatperson) zur **Besorgung** von **Tätigkeiten** bedient. Wer sich einer **untüchtigen** oder **wissentlich einer gefährlichen Person** zur **Besorgung** seiner Angelegenheiten bedient, haftet für den Schaden, den der Gehilfe **in dieser Eigenschaft** einem Dritten zufügt.

Der Besorgungsgehilfe fügt ebenso wie der Erfüllungsgehilfe einem Dritten einen Schaden zu. Während der Erfüllungsgehilfe dies im Zusammenhang mit der Erfüllung eines Vertrages seines Chefs tut, fügt der Besorgungsgehilfe jemandem einen Schaden zu, der nicht Vertragspartner des Unternehmers ist.

Gehilfe	
Erfüllungsgehilfe	**Besorgungsgehilfe**
zur Erfüllung einer vertraglichen Verpflichtung der Unternehmerin bzw. des Unternehmers oder einer Privatperson	zur Besorgung von Tätigkeiten der Unternehmerin bzw. des Unternehmers oder einer Privatperson
Haftung der Unternehmerin bzw. des Unternehmers oder der Privatperson für das Verschulden des Erfüllungsgehilfen wie für sein eigenes.	Haftung der Unternehmerin bzw. des Unternehmers oder der Privatperson, der sich einer **untüchtigen** oder **wissentlich** einer gefährlichen Person bedient.
Rückgriff (Regress) gegen den Schädiger möglich	

Dabei haftet der Auftraggeber nur dann, wenn der Gehilfe **untüchtig**, d. h. für die Tätigkeit überhaupt nicht geeignet ist (z. B. keine Ausbildung hat), oder wenn er nach seinen menschlichen Eigenschaften als **gefährlich** anzusehen ist (z. B. ein Dieb, eine Betrügerin oder ein Brandstifter). Ein Gehilfe ist nicht schon dann untüchtig, wenn er irgendeinen Fehler macht. Liegen jedoch ständige Fehler oder eine entsprechende Veranlagung vor, muss der Auftraggeber daraus auf die Untüchtigkeit schließen. Für die Gefährlichkeit haftet der Auftraggeber nur, wenn sie ihm bekannt war (**wissentlich**). Beispiel: Es ist bereits zu Diebstählen durch den Gehilfen gekommen – und er stiehlt wieder.

Die Haftung für den Besorgungsgehilfen ist daher nur eine ausnahmsweise und kommt relativ selten zum Tragen. Die Rückgriffsrechte sind dieselben wie beim Erfüllungsgehilfen.

Beispiel: Erfüllungsgehilfe und Besorgungsgehilfe

- Ein Installateur wird beauftragt, bei einer Kundin eine Wasserleitung zu reparieren. Der Installateur schickt seinen Gesellen und einen Lehrling zu dem Kunden. Aus Ungeschicklichkeit fällt dem Lehrling im Zuge der Arbeit das Werkzeug aus der Hand und beschädigt den Fliesenboden. Die **Schadenszufügung** durch den **Lehrling** erfolgte im **Zusammenhang** mit der **Erfüllung eines Vertrages**. Der Lehrling ist **Erfüllungsgehilfe** des Installateurs, dieser haftet daher der Kundin als Vertragspartner für das Verschulden des Lehrlings **wie für sein eigenes Verschulden**.
- Auf dem Heimweg von der Kundin ist der Lehrling ob seines Missgeschicks derart unkonzentriert, dass er mit seiner Werkzeugtasche an der Auslagenscheibe eines Spielzeuggeschäftes ankommt und diese zerbricht. Der Installateur steht mit dem Spielzeughändler in keinerlei vertraglicher Beziehung, die **Schadenszufügung** durch den Lehrling erfolgte **ohne Beziehung auf einen Vertrag**.
  Der Lehrling ist hier nur jemand, dessen sich der Installateur zur Besorgung seiner Geschäfte bediente, also **Besorgungsgehilfe**. Der Installateur haftet nur, wenn er sich beim Lehrling einer **untüchtigen** oder **wissentlich einer gefährlichen Person** zur **Besorgung** seiner Angelegenheiten bediente, was in der Regel nicht der Fall sein wird.

Haftung für Personen, die der Aufsicht unterliegen

Lehrerinnen und Lehrer unterliegen der Aufsichtspflicht.

Eltern sowie Lehrerinnen und Lehrer haben die Aufsichtspflicht über die ihnen anvertrauten Kinder bzw. Unmündigen (strafrechtliche Deliktsfähigkeit ab 14. Lebensjahr!), Pflegerinnen und Pfleger die Aufsichtspflicht über Geisteskranke und Geistesschwache in ihren Anstalten. Mit der **Aufsichtspflicht** ist die Haftung für Schäden verbunden, die von den der Aufsicht unterstellten Personen anderen widerrechtlich zugefügt werden. Diese Bestimmung wäre sehr hart und würde die betroffenen Personengruppen erheblich belasten, wenn sie in **jedem** Fall einträte. Daher entfällt die Schadenersatzpflicht, wenn die entsprechenden Personen beweisen können, dass sie ihre Aufsichtspflicht **ordentlich** wahrgenommen haben. Hierbei ist Folgendes zu berücksichtigen:

- die **Gefährlichkeit** der Situation oder Tätigkeit (z. B. Radfahren auf dem Gehsteig),
- die **Natur des Kindes** (z. B. lebhaft, verhaltensauffällig) und
- die **Situation** des Aufsichtspflichtigen (z. B. eine Mutter, die mehrere Kinder zu beaufsichtigen hat).

9.5 Haftung ohne Verschulden

Grundsätzlich wird nur für schuldhaft zugefügte Schäden gehaftet. Es gibt aber auch Fälle, in denen die Haftung nicht durch ein Verschulden begründet sein muss. Wir sprechen dann von **Haftpflicht, Erfolgs- oder Gefährdungshaftung**. Haftpflichtvorschriften bezwecken in erster Linie den Schutz der Allgemeinheit.

Haftung der Wohnungsinhaber, der Inhaber von Gebäuden sowie der Erhalter von Wegen und Straßen

Rechtsquelle:
§§ 1318 – 1319a ABGB

Die **Wohnungsinhaberin** bzw. der **Wohnungsinhaber** haftet für den Schaden, der dadurch entsteht, dass etwas infolge seiner gefährlichen Lage aus der Wohnung fällt oder aus dieser hinausgegossen oder hinausgeworfen wird. Ein Wohnungsinhaber **haftet auch dann, wenn er gar nicht daheim war** und z. B. seine Wohnung jemandem überlassen hat. Der Grund für diese strenge Haftung besteht darin, dass sich z. B. ein verletzter Passant nicht damit auseinandersetzen kann, was sich innerhalb der Wohnung ereignet hat.

Ähnlich haften **Gebäudeinhaber**, sofern sie nicht beweisen können, dass sie „alle zur Abwendung der Gefahr erforderliche Sorgfalt angewendet haben" (z. B. Aufstellung von Stangen auf dem Gehsteig zwecks Warnung vor Dachlawinen bei Schnee).

Die Schneeräumung ist für Wege- und Straßenerhalter verpflichtend.

Die **Wege- und Straßenerhalter** haften für den mangelhaften Zustand des Weges bzw. der Straße, sofern sie oder ihre Angestellten den Mangel vorsätzlich oder grob fahrlässig verschuldet haben. Keine Haftung besteht, wenn der Schaden bei unerlaubter Benützung eingetreten ist (z. B. Mountainbiken auf Forststraßen, die mit Fahrverbotsschildern gekennzeichnet sind).

Haftung des Tierhalters

Die Halterin bzw. der Halter eines Tieres haftet für jeden durch das Tier angerichteten Schaden, sofern nicht bewiesen werden kann, dass der Halter für die **erforderliche Verwahrung und Beaufsichtigung** gesorgt hat. Aus dem Wort „erforderlich" ergibt sich, dass das Maß der Beaufsichtigung nicht immer gleich sein muss. Es ist von der Tiergattung, von den Ortsverhältnissen und vom Charakter des einzelnen Tieres abhängig. Wer jedoch ein Tier „antreibt oder reizt", haftet selbst für den Schaden, der ihm dadurch zugefügt wird.

Rechtsquelle für die Haftung des Tierhalters: **§ 1320 ABGB**

Haftung der Gastwirte und Badeanstaltenbetreiber

Gastwirte, die Fremde **beherbergen**, und Besitzer von Badeanstalten haften für den Schaden, den sie selbst, ihre Angestellten oder **ein- und ausgehende Fremde** an den eingebrachten oder übernommenen Sachen eines Gastes oder Badenden in ihrem Haus oder in ihrer Anstalt **verursachen** (ein Verschulden ist demnach nicht erforderlich). Haftungsbegrenzung: 1.100 €, für Kostbarkeiten 550 €.

- **Gastwirte** haben also die Haftung nur für jene Gäste zu übernehmen, die in dem Hotel, der Pension oder dem Gasthof Quartier bezogen haben. Für diese Gäste ist das fast überall angebrachte Schild „Für die Garderobe wird nicht gehaftet" bedeutungslos.
- Die **Badeanstaltenbesitzer** haften nur für die **üblicherweise** zu einem Badbesuch mitgebrachten Sachen (z. B. Kleidung, Badetuch, Schuhe).

Rechtsquelle der Gastwirtehaftung: § 1316 sowie §§ 970ff. ABGB

Haftung für Schäden aus den Gefahren der Technik

Da es bei den vorliegenden Fällen zu sehr hohen Schadensbeträgen kommen kann, hat hier wegen der besonderen Gefahren (**Gefährdungshaftung**) der Schutz der geschädigten Person eine besondere Bedeutung:

- Das **Eisenbahn- und Kraftfahrzeughaftpflichtgesetz** gibt der oder dem Geschädigten einen Anspruch gegen den **Halter** bzw. **Betriebsunternehmer**. Halter ist derjenige, der ein Kraftfahrzeug auf eigene Rechnung betreibt und die Verfügungsgewalt darüber hat. Die Tatsache des eingetretenen Schadens und die Haltereigenschaft begründen bereits die Pflicht zum Schadenersatz. Der Umfang der Schäden, für die der Halter dem Geschädigten haftet, übersteigt oft seine finanzielle Leistungsfähigkeit. Das Gesetz macht es dem Halter daher zur Pflicht, zur Deckung eine Kraftfahrzeug-**Haftpflichtversicherung** abzuschließen.
- **Luftfahrzeughalter** müssen jeden durch Betriebsunfall entstandenen Schaden ersetzen.
- **Atomkraftwerkbetreiber**: Haftpflicht des Betreibers einer Reaktoranlage.
- **Produkthersteller** haften nach dem Produkthaftungsgesetz für fehlerhafte und gefährliche Produkte (▶ Bereich 9.6 Produkthaftungsgesetz).

9.6 Produkthaftungsgesetz (PHG)

Unternehmerinnen und Unternehmer haben für Mängel ihrer Produkte im Rahmen der Gewährleistung – gegebenenfalls auch aufgrund einer Garantie – einzustehen. Durch **fehlerhafte Produkte** können aber auch **Schäden an anderen Personen oder Sachen** entstehen. Für Käuferinnen und Käufer ist es dann oft schwierig (insbesondere bei ausländischen Produkten), einen **Verantwortlichen** zu finden, um den Schaden ersetzt zu bekommen.

Verursacht ein fehlerhafter Kochtopf aufgrund des Überdrucks einen Schaden an der Küche (oder gar an Personen), so haftet der Hersteller für die Schäden nach dem PHG.

Definition

Das **Produkthaftungsgesetz** legt eine **verschuldensunabhängige Haftung** des Herstellers für Personen- und Sachschäden durch fehlerhafte Produkte fest. Ein Produkt ist fehlerhaft, wenn es **nicht die Sicherheit** bietet, die man unter Berücksichtigung aller Umstände **erwarten** kann (insbesondere aufgrund der Darbietung/Werbung).

Als **Hersteller** gilt, wer

- das Endprodukt, einen Grundstoff oder ein Teilprodukt **erzeugt** hat,
- das **Kennzeichen** (Name, Marke oder anderes Erkennungszeichen) auf dem Produkt angebracht hat,
- das Produkt in den Europäischen Wirtschaftsraum **eingeführt** hat (Import) oder
- **jede Händlerin** bzw. **jeder Händler (Lieferant/in)**, wenn Hersteller bzw. Importeur nicht feststellbar sind.

Medientipp
www.wko.at
www.help.gv.at
www.verbraucherrecht.at

Mehrere Schädiger haften **solidarisch**, haben jedoch wechselseitige **Regressansprüche**. Personenschäden sind im vollen Umfang zu ersetzen, Sachschäden nur gegenüber **Konsumentinnen** und **Konsumenten**, wenn sie einen Betrag von **500 €** übersteigen **(Selbstbehalt)**.

Behauptet ein Hersteller bzw. Importeur, das Produkt nicht auf den Markt gebracht zu haben oder nicht als Unternehmer gehandelt zu haben, so hat er das zu beweisen. Gleiches gilt für die Behauptung, das Produkt sei zum Zeitpunkt des Inverkehrbringens fehlerfrei gewesen **(Beweislastumkehr!)**.

Hersteller und Importeur sind verpflichtet, in geeigneter Weise (Art und Ausmaß) **Vorsorge** zu treffen, sodass etwaige Schadenersatzforderungen befriedigt werden können. Dies kann z. B. durch die Bildung von Rücklagen oder den Abschluss einer **Versicherung** erfolgen.

Die Ansprüche verjähren nach **drei Jahren** ab Schadenseintritt oder ab Kenntnis von Schaden und Schädigerin bzw. Schädiger. Hat die geschädigte Person den Anspruch noch nicht gerichtlich geltend gemacht, **erlöschen** die Ersatzansprüche nach **zehn Jahren** ab dem Zeitpunkt des Inverkehrbringens des Produkts (absolut).

9.7 Produktsicherheitsgesetz (PSG)

Viele Produktgruppen sind hinsichtlich ihrer Sicherheitsanforderungen gesetzlich nicht speziell geregelt.

Ziel des PSG ist der Schutz des Lebens und der Gesundheit von Menschen vor Gefährdung durch gefährliche Produkte. Es gilt subsidiär für alle Verbraucherprodukte. Das bedeutet, dass es immer dann ergänzend zur Anwendung kommt, wenn die in anderen bundesgesetzlichen Regelungen (z. B. Gewerbeordnung) getroffenen Sicherheitsanforderungen nicht entsprechend dem Ziel des PSG geregelt sind.

Definition

Das **Produktsicherheitsgesetz** legt bestimmte **Sicherheitsanforderungen für gefährliche Produkte** fest, um Konsumentinnen und Konsumenten vor Personenschäden zu bewahren. Der Produktbegriff umfasst auch jene Produkte, die im Rahmen von **Dienstleistungen** zur Verfügung gestellt werden.

Die Produktsicherheit ist gegeben, wenn ein Produkt **bei normaler** bzw. **vernünftiger Verwendung** (einschließlich Gebrauchsdauer, Inbetriebnahme, Installation und Wartungsanforderungen) **keine oder nur geringe Gefahren** birgt; das bedeutet, dass keine Gesundheitsgefährdung von ihm ausgeht.

Für Unternehmen (Hersteller bzw. Importeur) kann dies einerseits einen höheren wirtschaftlichen Aufwand bedeuten, um allen vorgegebenen Anforderungen zu entsprechen. Andererseits fördert es das Vertrauen der Konsumentinnen und Konsumenten in die Produkte und trägt damit zur Absatzförderung bei.

Das zuständige Bundesministerium (Bundesminister für Arbeit, Soziales, Gesundheit und Konsumentenschutz) hat eine so genannte **Normenliste** kundzumachen, in der alle geltenden Normen aufgezählt sind. Dabei sind insbesondere im Rahmen der EU-Produktsicherheitsrichtlinie verlautbarte Normen zu berücksichtigen (**Konformitätsvermutung**). Dennoch wurde aufgrund des PSG eine Reihe von Verordnungen erlassen, die Sicherheitsanforderungen an spezielle Produktgruppen festlegen (z. B. Freisprecheinrichtungs-VO).

CE

Die CE-Kennzeichnung wird häufig als „Reisepass“ für den europäischen Binnenmarkt bezeichnet.

Die im europäischen Binnenmarkt geltenden CE-Richtlinien legen für zahlreiche Produkte Sicherheits- und Gesundheitsanforderungen als Mindestanforderungen fest, die nicht unterschritten werden dürfen.

Das PSG sieht außerdem die **gegenseitige Anerkennung ausländischer Prüfungszeugnisse** (Zertifikate, Gütesiegel) innerhalb der EU vor. Für die **Marktüberwachung** ist der jeweilige **Landeshauptmann** zuständig; dieser kann auch Maßnahmenbescheide (vorläufige Maßnahmen zur Gefahrenabwehr, z. B. Rücknahme des Produktes vom Markt) erlassen. Abgesehen von erhöhten **Informationspflichten**, sowohl zwischen den Behörden als auch gegenüber Konsumentinnen und Konsumenten (z. B. Warnhinweise, Gebrauchsanweisungen), können Konsumenten **Produktsicherheitsbeschwerden** bei verschiedenen Anlaufstellen erheben. Die Meldung kann über ein Online-Formular des Sozialministeriums (abrufbar über help.gv.at) oder formlos per E-Mail (produktsicherheit@bmask.gv.at) erfolgen.

Medientipp
ww.sozialministerium.at
www.tuev.at

9.8 Schadenersatzpflicht am Arbeitsplatz

Schäden am Arbeitsplatz

Für am Arbeitsplatz entstandene Schäden gibt es aus zwei Gründen Sonderregelungen.

- Eine **Schadenersatzverpflichtung** nach ABGB würde einen vollen Ersatz auch bei leichter Fahrlässigkeit erfordern. Dies könnte die Existenz des Dienstnehmers vernichten.
- Das **Unternehmerrisiko** soll nicht auf die Dienstnehmer überwälzt werden.

Nähere Regelungen zur Haftpflicht von Dienstnehmern finden Sie im ▶ Bereich 15.3.2.

Check 9

Lösen Sie – eventuell gemeinsam mit einer Lernpartnerin oder einem Lernpartner – auf der Basis des bisher Gelernten folgende einfache Rechtsfälle und halten Sie Ihr Arbeitsergebnis mit Stichworten schriftlich fest:

1. Heinrich K. und Susanne F. befinden sich mit ihrem Auto auf einer längeren Urlaubsreise. Da sie die ganze Nacht durchfahren wollen, legen sie einen Zwischenstopp in einem Landhotel ein, in welchem sie ausgiebig zu Abend essen. Als sie das Lokal verlassen, um weiterzufahren, stellt Susanne F. fest, dass ihr teurer Designermantel, den sie an einem Haken im Gastraum aufgehängt hatte, gestohlen wurde. Der Hotelbesitzer lehnt jedoch mit Hinweis auf das dort befindliche Schild „Für Garderobe keine Haftung“ einen Schadenersatz ab.

   Variante 1: Heinrich und Susanne übernachten im Landhotel und wollen erst am nächsten Morgen weiterfahren. Nachdem sie ihr Zimmer bezogen haben, gehen sie unten essen.

   Variante 2: Es gibt bei beiden vorherigen Varianten kein Schild „Für Garderobe keine Haftung“.

   Variante 3: Im feinen Restaurant im Landhotel, in dem sich auch eine Volksbühne befindet, geben sie an der Garderobe ihre Mäntel ab und erhalten einen Zettel mit einer Nummer darauf. Als sie das Lokal verlassen wollen, findet sich Susannes Mantel nicht mehr.

2. Herbert R. unternimmt mit acht Freundinnen und Freunden eine Radtour auf dem Donauradweg. Sie übernachten in einem Landhotel. Der Wirt weist ihnen für die Fahrräder einen Abstellplatz im Hofe des Hauses zu, sie beziehen die Zimmer und essen im angeschlossenen Restaurant. Am nächsten Morgen stellt Herbert fest, dass sein Fahrrad – ein teures Tourenrad – nicht mehr da ist und offenbar gestohlen wurde.

3. Susanne M. ist Schülerin einer HLW. Sie macht ihr Pflichtpraktikum in einem Restaurant. Ein Gast bestellt ein Glas Rotwein. Beim Servieren des Rotweins schüttet sie aus Ungeschicklichkeit einen Teil des Rotweins auf die weiße Bluse des Gastes Hannah H.

4. René K. reserviert einen Tisch für vier Personen in einem Restaurant. Er nimmt ein Taxi, das ihn zu diesem Lokal bringen soll. Im Restaurant angekommen wird ihm mit Bedauern mitgeteilt, dass alle Tische bereits vergeben sind.
5. **Recherchieren** Sie im Internet nach Verordnungen, die aufgrund des Produkthaftungsgesetzes erlassen wurden. Nennen Sie mindestens drei solcher Verordnungen.
6. Das Unternehmen „Gärtner" möchte Kinderwägen aus der Türkei importieren und in Österreich vertreiben. **Beraten** Sie das Unternehmen hinsichtlich der zu beachtenden Vorgaben des Produkthaftungsgesetzes.
7. **Erläutern** Sie die Schutzzwecke des Produkthaftungs- und des Produktsicherheitsgesetzes. **Vergleichen** Sie die einzelnen Merkmale.
8. **Diskutieren** Sie in der Kleingruppe (vier bis fünf Personen) und dann im Plenum über mögliche Hintergründe der Verjährungsfristen im PHG.

Wissens- und Verständnischeck 9

Schätzen Sie Ihr Wissen bzw. Verständnis ein: +2 = ganz gut, –2 = nicht gut	+2	+1	–1	–2
Ich kann die vier Voraussetzungen angeben, bei denen es zu einem Schadenersatz kommt.				
Ich kann Beispiele für die Verschuldensgrade anführen.				
Ich kann erklären, was beim jeweiligen Verschuldensgrad zu ersetzen ist.				
Ich kann die Schadenersatzpflicht bei Verletzung eines Tieres erläutern.				
Ich kann erklären, nach welchem Umfang gehaftet wird, wenn mehrere Schädiger einen Schaden verschulden.				
Ich kann erläutern, was man unter materiellen und immateriellen Schäden versteht, und kann Beispiele dafür angeben, wann ein immaterieller Schaden zu ersetzen ist.				
Ich kann die Haftung für den Erfüllungsgehilfen von jener für den Besorgungsgehilfen unterscheiden und für jede Gehilfenart ein Beispiel anführen.				
Ich kann die Haftung des Wohnungsinhabers, des Tierhalters sowie jene der Gastwirte und Badeanstalten erläutern.				
Ich kann die Regelungszwecke des PHG und des PSG erläutern und deren Schutzzwecke unterscheiden.				

Sind Sie mit Ihrem Lernfortschritt zufrieden?

Wenn Sie noch weitere Anleitungen und Übungen benötigen, hilft Ihnen Ihre Lehrerin/Ihr Lehrer weiter!

10 Mietrecht

In diesem Bereich lernen Sie die Bestimmungen des Mietrechts kennen. Diese sind dort, wo das Mietrecht gilt, sowohl für Wohnungen als auch für Geschäftsräume anwendbar. Das bedeutet, dass Sie diese Kenntnisse sowohl für Ihren privaten als auch für Ihren geschäftlichen Bereich (etwa, wenn Sie einmal als Unternehmerin oder Unternehmer tätig sind) anwenden können. Dabei müssen wir natürlich auch unterscheiden, ob jemand als Mieter oder als Vermieter auftritt.

Das Wohnungseigentum, also den Erwerb einer Eigentumswohnung oder eines Reihenhauses, haben wir hingegen bereits im Abschnitt zum Sachenrecht (▶ Bereich 5.3.4) dargestellt.

Im zehnten Bereich dieses Buches erwerben Sie folgende Kompetenzen:

Kompetenzen 10

- herausfinden, wann das **Mietrechtsgesetz** gilt und wann nicht
- die einzelnen **Ausstattungskategorien** (A bis D) von Wohnungen unterscheiden können
- herausfinden, welche **Mietzinsobergrenze** für eine einzelne Wohnung gelten kann
- die **Bestandteile** erklären, aus denen sich ein **Mietzins** zusammensetzen kann
- **befristete Mietverträge** von **unbefristeten Mietverträgen** unterscheiden
- erklären, unter welchen Voraussetzungen **Investitionen** in eine Wohnung abgelöst werden können

10.1 Begriff und Anwendungsbereich

Definition

Ein Mietvertrag ist ein **Vertrag**, in dem sich die Vermieterin bzw. der Vermieter verpflichtet, einer Mieterin oder einem Mieter gegen **Entgelt** auf **gewisse Dauer** eine **Wohnung** oder **Geschäftsräumlichkeit** zur Verfügung zu stellen.

Den rechtlichen Rahmen für solche Mietverträge bilden grundsätzlich die Bestimmungen des **ABGB über Bestandverträge.** Diese Bestimmungen dürfen – mit wenigen Ausnahmen – durch vertragliche Vereinbarung außer Kraft gesetzt werden. Da jedoch einerseits Wohnen zu den Grundbedürfnissen des Menschen zählt, andererseits der Wohnungsmieter gegenüber dem Vermieter meist der wirtschaftlich schwächere Vertragspartner ist, fallen die meisten Mietverträge über Wohnungen und Geschäftsräumlichkeiten zusätzlich unter das **Mietrechtsgesetz.**

Rechtsquelle:
BGBl. Nr. 520/81
i. d. g. F.

Das Gesetz regelt insbesondere den **Kündigungsschutz** und die **Mietzinsobergrenzen** und enthält größtenteils einseitig zwingendes Recht, d. h. Vereinbarungen zum Nachteil des Mieters – gegen die gesetzlichen Bestimmungen – sind unwirksam.

Für das Wohnen selbst gibt es (abgesehen vom Wohnungseigentum, das bereits im Bereich 5 erörtert wurde) noch andere Wohnformen:

- **Untermietwohnung oder Untermietzimmer:** Jemand mietet innerhalb einer Mietwohnung vom Hauptmieter einen Teil der Wohnung oder ein einzelnes Zimmer. Dabei ist die Untermieterin bzw. der Untermieter vollständig von der Hauptmieterin oder vom Hauptmieter abhängig. Das bedeutet: Wenn der Hauptmieter gekündigt wird oder seine Wohnung aufgibt, endet auch das Untermietverhältnis.
- **Gemeindewohnung:** Häufig stellen Gemeinden ihren Bürgerinnen und Bürgern Mietwohnungen zu den Bedingungen des Mietrechtsgesetzes zur Verfügung. Der Mietzins ist dabei meistens wesentlich niedriger, allerdings müssen die Mieterinnen und Mieter gewisse Bedingungen erfüllen (z.B. darf ein gewisses Familieneinkommen nicht überschritten werden).
- **Wohngemeinschaft:** Dabei wohnen mehrere Menschen (z.B. Studenten) gemeinsam in einer Mietwohnung. Einer von diesen ist Hauptmieter und vermietet weiter in Untermiete oder alle sind gemeinsam Hauptmieter.
- **Genossenschaftswohnung:** Eine Genossenschaft schließt mit dem Nutzer einen Mietvertrag, wobei bei Vertragsbeginn ein größerer Kapitalbetrag erlegt wird. Dieser wird bei Beendigung des Mietverhältnisses entweder zurückbezahlt oder es besteht für den Mieter nach längerer Mietdauer die Möglichkeit, die Wohnung zu kaufen, wobei der erlegte Kapitalbetrag bereits ein Teil des Kaufpreises ist.
- **Ferienappartement:** Diese Wohnung wird meistens von einem Hotelier oder einer Pension vermietet, dient nicht ständigen Wohnzwecken und fällt daher von vornherein nicht unter das Mietrechtsgesetz.

10.2 Das Mietrechtsgesetz

Geltungsbereich

Definition

Das Gesetz gilt für **Wohnungen**, **einzelne Wohnungsteile**, **Geschäftsräumlichkeiten aller Art** (also auch Magazine, Werkstätten, Kanzlei- und Büroräume) sowie **mitgemietete Haus- und Grundflächen** (also auch Hausgärten, Abstell-, Lade- und Parkflächen).

Welche Mietgegenstände sind vom Geltungsbereich des Gesetzes **ausgenommen**?

Dies sind Mietgegenstände,

- für die das **Mietrechtsgesetz überhaupt nicht gilt,** z.B. Mietgegenstände im Rahmen eines Hotels oder einer Pension, in Gebäuden mit nicht mehr als zwei selbstständigen Mieteinheiten, in Heimen (z.B. Studentenheim), Ferien-, Zweit- und Dienstwohnungen;
- für die das **Mietrechtsgesetz nur in Teilen gilt** (nur der Kündigungsschutz), z.B. wenn eine **Eigentumswohnung** vermietet wird, die in einem Gebäude mit Baubewilligung nach dem 8.5.1945 liegt und wenn es sich um Mietgegenstände in nicht geförderten **Neubauten** (Baubewilligung nach dem 30.6.1953), um **Dachbodenausbauten** (Baubewilligung nach dem 31.12.2001) und um **Zubauten** (Baubewilligung nach dem 30.9.2006) handelt.

Abschluss des Mietvertrages

Für einen Mietvertrag gelten keine gesetzlichen Formvorschriften. Zu empfehlen ist aber wegen der Beweisbarkeit ein **schriftlicher Vertrag**. Da meistens Einrichtungsgegenstände und Geräte (z.B. eine Küche) mitvermietet werden, verlangen Vermieter von den Mietern häufig eine **Kaution**. Diese darf eine gewisse Höhe (sechs Monatsmieten) nicht überschreiten und dient zur **Sicherstellung aller mit dem Mietgegenstand verbundenen Kosten**, also z.B. Beschädigungen in der Wohnung oder der Möbeln, Mietzinsrückstände usw. Die Kaution ist nach Beendigung des Mietverhältnisses mit der Mieterin bzw. dem Mieter abzurechnen und ganz oder teilweise zurückzugeben.

Hauptmiete oder Untermiete?

Bei der Beurteilung der Frage, ob eine Hauptmiete oder Untermiete vorliegt, ist die Rechtsstellung des Vermieters von entscheidender Bedeutung: Ist der Vermieter Eigentümer des Hauses oder der Eigentumswohnung, liegt ein **Hauptmietvertrag** vor. Ist er selbst Hauptmieter der Wohnung und vermietet diese weiter, liegt ein **Untermietvertrag** vor. Dabei **hängen die Rechte des Untermieters von denen des Hauptmieters ab.**

Für eine Küche wird oft Kaution verlangt.

Erhaltung des Hauses und der Mietgegenstände

Es ist Pflicht des Vermieters, Haus- und Mietgegenstände im **ortsüblichen Standard** zu erhalten und **Gefahren für die Gesundheit** der Bewohner im Haus und in den Mietgegenständen zu beseitigen. Sämtliche mitvermieteten Heizungs- und Warmwasseranlagen in den Mietgegenständen sind vom Vermieter zu erhalten (allerdings muss man als Mieter das jährliche Service des Gerätes bezahlen). Soweit es möglich ist, sind vom Vermieter auch nützliche Verbesserungen durchzuführen.

Ausstattung der Wohnung

Das Mietrechtsgesetz unterscheidet die Wohnungen nach vier Ausstattungskategorien. Die jeweilige Ausstattungskategorie richtet sich nach dem Zustand der Wohnung zum Zeitpunkt des Abschlusses des Mietvertrages. Die Wohnungen der Kategorien A bis C müssen in **brauchbarem Zustand** sein. Ist dies nicht der Fall, gilt die Wohnung als eine der Kategorie D.

Kategorie	Mindestausstattung
A	Mindestgröße 30 m², Zimmer, Küche oder Kochnische, Vorraum, WC und zeitgemäße Badegelegenheit, Warmwasser, automatische Heizung
B	keine Mindestgröße, sonst wie A, jedoch ohne automatische Heizung
C	mindestens eine Wasserentnahmestelle und ein WC in der Wohnung
D	Wasserentnahmestelle und/oder WC nicht in der Wohnung, sondern am Gang (so genannte „Bassena- oder Substandardwohnung")
D brauchbar	wie D, die Wohnung muss sich aber in einem brauchbaren Zustand befinden; so ist z. B. eine Wohnung mit einer veralteten Elektroanlage ohne Erdung für Benutzer gefährlich und daher unbrauchbar

Mietzinsobergrenzen

Welcher Mietzins darf vereinbart werden?

- Ein **freier Mietzins,** z. B. für Eigentumswohnungen, die nach dem Zweiten Weltkrieg errichtet wurden, sowie für Wohnungen in Ein- und Zweifamilienhäusern.
- Ein **angemessener Mietzins,** z. B. für Geschäftsräume und für nach dem Zweiten Weltkrieg errichtete Wohnungen; für Wohnungen der Kategorien A und B, die größer als 130 m² sind. Der **angemessene Mietzins** unterscheidet sich vom **freien** dadurch, dass er der richterlichen Überprüfungsmöglichkeit unterliegt.
- Ein **Richtwertmietzins:** Dieser gilt für alle anderen Wohnungen, mit Ausnahme jener der Kategorie D. Es handelt sich hier um einen Mietzins, der auf dem so genannten **Richtwert** beruht. Dieser Richtwert gilt für eine brauchbare Wohnung der Kategorie A mit einer Nutzfläche zwischen 30 m² und 130 m² in einem gut erhaltenen Haus in durchschnittlicher Wohnumgebung. Eine solche wird auch als **Normwohnung** bezeichnet.
  Der Richtwert wird jährlich vom Bundesministerium für Justiz für jedes Bundesland festgesetzt und vom Grundkostenanteil sowie den Baukosten für geförderte Wohnungen errechnet. Für werterhöhende oder wertvermindernde Abweichungen vom Standard einer Normwohnung sind – ausgehend vom Richtwert – **Zuschläge** oder **Abschläge** vorzunehmen.

Beispiel: Richtwerte in Wien

Der Richtwert für Wien beträgt seit 1. 4. 2019: 5,81 € pro m² und Monat (BGBl. II Nr. 70/2019). Als Abschlag für eine Wohnung der Ausstattungskategorie B werden 25 % empfohlen, für eine Wohnung der Kategorie C 50 %.

- Der **Kategoriezins** für die Ausstattungskategorie D für eine nicht brauchbare Wohnung bzw. das Doppelte, wenn die D-Wohnung (Substandardwohnung) in brauchbarem Zustand ist.

Wird ein Mietzins vereinbart, der über dem zulässigen liegt, kann der Mieter innerhalb von drei Jahren ab Mietbeginn den Mietzins vom **Gericht herabsetzen** lassen und das zu viel Bezahlte zurückfordern.

Die Bestandteile des Mietzinses

Hauptmietzins	Für diesen gelten – von wenigen Ausnahmen abgesehen – die **Obergrenzen** der „Angemessenheit“ oder des Richtwertzinses oder des Zinses für eine Wohnung der Ausstattungskategorie D bzw. D-brauchbar.
Anteil an den Betriebskosten und öffentlichen Abgaben des Hauses	Dazu gehören Anteile an **Kosten** für Wasser, Kaminkehrung, Kanalräumung, Müllabfuhr, Schädlingsbekämpfung, Beleuchtung von allgemein zugänglichen Räumen, gesetzlich vorgeschriebene Versicherungen, Grundsteuer sowie Auslagen für die Hausbetreuung und die Hausverwaltung. Die **Höhe** des Kostenanteils richtet sich dabei nach der Größe der Wohnung im Verhältnis zur **Gesamtnutzfläche** des Hauses.
Anteil an besonderen Aufwendungen	beispielsweise Lift und Heizung
Umsatzsteuer	Der Steuersatz bei Wohnungen beträgt für den Hauptmietzins und die Betriebskosten 10 %, für Heizung, Möbel und Autoabstellplatz 20 %, bei Geschäftslokalen 0 % oder 20 % (Wahlrecht des Mieters).

Dauer und Beendigung des Mietvertrages

Ein Mietvertrag kann aus verschiedenen Gründen gekündigt werden.

- **Befristete Mietverträge („Zeitmietverträge“)** müssen schriftlich vereinbart werden und enden (ohne Kündigung!) mit dem Ablauf der vertraglich vereinbarten Zeit. Bei Wohnungen muss die ursprünglich vereinbarte Vertragsdauer und im Falle einer Verlängerung auch die Zeitdauer, um die verlängert wird, jeweils mindestens drei Jahre betragen. Der höchstzulässige Hauptmietzins vermindert sich bei befristeten Hauptmietverträgen um 25 %. Werden die Vorschriften über die Befristung nicht eingehalten, ist das Mietverhältnis unbefristet.
- **Unbefristete Mietverträge** können unter Einhaltung bestimmter Fristen zu bestimmten Terminen von beiden Seiten gekündigt werden. Der Mieter genießt jedoch – falls der Mietgegenstand den Bestimmungen des Mietrechtsgesetzes unterliegt – Kündigungsschutz, d. h. der Mietvertrag kann **vom Vermieter** nur aus den im Gesetz aufgezählten **Gründen** und nur **gerichtlich** gekündigt werden.

Die häufigsten **Kündigungsgründe für den Vermieter** sind:

- Nichtbezahlung des Mietzinses
- nachteiliger Gebrauch der Wohnung (z. B. Verwüstung)
- rücksichtsloses und ungehöriges Verhalten gegenüber Mitbewohnern
- gänzliche Untervermietung der Wohnung ohne Zustimmung des Eigentümers
- Nichtbenützung der Wohnung (ausgenommen Abwesenheit aus Gesundheits- oder Berufsgründen)
- Tod des Mieters, **ohne eintrittsberechtigte Personen** zu hinterlassen

Solche **eintrittsberechtigte** Personen, die nach dem **Tod** des Mieters in dessen Mietverhältnis eintreten, ohne der Zustimmung des Vermieters zu bedürfen (eine Mitteilung ist jedoch erforderlich!), sind: Ehegatte, eingetragener Partner, eingetragene Partnerin, Lebensgefährte, Lebensgefährtin, Verwandte in gerader Linie, Adoptivkinder oder Geschwister. Sie alle müssen mit dem verstorbenen Mieter bis zu dessen Tod in der Wohnung im **gemeinsamen Haushalt gelebt** und ein **dringendes Wohnbedürfnis** haben.

In gewissen Fällen gibt es auch einen **Eintritt unter Lebenden**, d. h. der Mieter, der die Wohnung verlässt, darf dem oben erwähnten Personenkreis (ausgenommen: Lebensgefährte) die Wohnung ohne Zustimmung des Vermieters auch zu Lebzeiten überlassen. Allerdings müssen die Personen eine bestimmte Dauer (genauere Fristen enthält das Gesetz) nachweislich mit ihm im gemeinsamen Haushalt gelebt haben.

Kündigung durch den Mieter:

Die Mieterin bzw. der Mieter selbst kann formlos (z. B. durch eingeschriebenen Brief) kündigen. Es kann jeweils zum Monatsende unter Einhaltung einer einmonatigen Kündigungsfrist gekündigt werden, ausgenommen, es wurden im Mietvertrag andere Fristen vereinbart.

Verbesserung der Wohnung durch die Mieterin oder den Mieter

Grundsätzlich bedürfen Veränderungen oder Verbesserungen an der Wohnung der Zustimmung durch den Vermieter. Geplante Verbesserungen sind daher zu melden, Schweigen des Vermieters durch mehr als zwei Monate gilt allerdings als Zustimmung. Erfolgt **keine Zustimmung**, dürfen nur bestimmte Verbesserungen vorgenommen werden (z. B Etagenheizung, Telefon, Fernsehantenne, energiesparende Maßnahmen). Voraussetzung ist dabei jedoch, dass der Mieter die **Kosten selbst trägt**, die Arbeiten von **befugten Gewerbetreibenden** vornehmen lässt und das **äußere Erscheinungsbild** des Hauses **nicht beeinträchtigt** wird.

Finanzielle Ablöse der Verbesserung (Investitionsablöse)

Bei Beendigung des Mietverhältnisses hat der Hauptmieter Anspruch auf Ersatz von Aufwendungen, die er selbst in den **letzten 20 Jahren** getätigt oder seinem Vormieter abgelöst hat. Der Anspruch besteht aber nur für **wesentliche Verbesserungen**, die **über sein Mietverhältnis hinaus von Nutzen sind**. Vergütet werden die Verbesserungen, vermindert um eine **jährliche Abschreibung**, und zwar um 1/10 jährlich für Erneuerung von Strom-, Wasser- und Gasleitungen, von Heiz- und Sanitäranlagen (inklusive einer Heiztherme oder eines Boilers) sowie des Fußbodens; um 1/20 jährlich für Kosten einer Wohnungszusammenlegung und anderer wesentlicher Verbesserungen. Dabei handelt es sich im Falle einer zulässigen Weitergabe um eine erlaubte Ablöse im Sinne des Mietrechtsgesetzes. Ablösen ohne Gegenleistung sind jedoch verboten und können im Falle ihrer Bezahlung zurückgefordert werden.

Check 10

1. **Gehen** Sie gemeinsam mit einer Lernpartnerin oder einem Lernpartner die Bestimmungen des Mietrechtsgesetzes **durch** und **ordnen** Sie diese schriftlich. Teilen Sie die Bestimmungen, die aus Vermietersicht bedeutsam sind, und jene, die aus Mietersicht wichtig sind, untereinander auf.
2. Nehmen Sie an, Sie würden für sich und Ihre Partnerin bzw. Ihren Partner eine geeignete Wohnmöglichkeit suchen. **Erstellen** Sie schriftlich eine Übersicht, welche Wohnformen in Österreich möglich wären.
3. **Erstellen** Sie eine Liste, für welche Wohnungen das Mietrechtsgesetz zur Gänze gültig ist und für welche es überhaupt nicht gilt.
4. **Geben** Sie an, welche Wohnungskategorien es gibt und nach welchen Kriterien der Richtwertmietzins ermittelt wird.
5. **Erklären** Sie den Unterschied zwischen Haupt- und Untermiete.
6. **Entwickeln** Sie eine Übersicht, aus welchen Bestandteilen sich die Miete zusammensetzt.
7. **Erörtern** Sie folgende Fragestellungen:
   a. Unter welchen Voraussetzungen können zeitlich befristete Mietverträge geschlossen werden?
   b. Wie können unbefristete Mietverträge vonseiten der Vermieterin oder des Vermieters aufgelöst werden?
   c. Unter welchen Voraussetzungen sind welche Personen eintrittsberechtigt?
   d. Für welche Investitionen können Mieterinnen und Mieter bei Beendigung des Mietverhältnisses eine Ablöse verlangen?
8. **Recherchieren** Sie im Internet, welche Organisationen in Österreich Mieter und Vermieter bei Fragen in Zusammenhang mit einem Mietvertrag unterstützen und erstellen Sie eine Liste dieser Organisationen, getrennt nach Vermietern und Mietern.

Lösen Sie – vor dem Hintergrund des bisher Gelernten – folgende Rechtsfälle:

9. Eine ältere Dame möchte ihren Lebensabend im Altersheim verbringen. Zwei Wochen vor ihrer Übersiedlung zieht ihr 20-jähriger Enkel, der einen eigenen Hausstand gründen möchte, in die Wohnung ein und meldet sich auch polizeilich an. Klären Sie, ob er einen Anspruch auf die Wohnung geltend machen kann.

10. Ein Mieter hat – aus persönlicher Vorliebe – in seiner Wohnung die Türstöcke auswechseln und Rundbögen einbauen lassen, ohne die Vermieterin zu benachrichtigen. Bei Aufgabe der Wohnung verlangt er von der Vermieterin, dass seine Investition zum Zeitwert abgelöst wird. Die Vermieterin verweigert dies und verlangt darüber hinaus die Wiederherstellung des vorigen Zustandes. **Diskutieren** Sie, wer im Recht ist.

Wissens- und Verständnischeck 10

Schätzen Sie Ihr Wissen bzw. Verständnis ein: +2 = ganz gut, –2 = nicht gut	+2	+1	–1	–2
Ich kann angeben, was man unter einem Mietvertrag versteht.				
Ich kann unterscheiden, für welche Mietobjekte das Mietrechtsgesetz gilt und für welche nicht.				
Ich kann Hauptmiete von Untermiete unterscheiden.				
Ich kann erklären, was eine Wohnungskategorie ist und was man unter einem Richtwertmietzins versteht.				
Ich kann die Bestandteile des Mietzinses aufzählen.				
Ich kann befristete von unbefristeten Mietverträgen unterscheiden.				
Ich kann mindestens drei Kündigungsgründe aufzählen.				
Ich kann erklären, unter welchen Voraussetzungen Investitionen in einen Mietgegenstand abgelöst werden können.				

Sind Sie mit Ihrem Lernfortschritt zufrieden?

Wenn Sie noch weitere Anleitungen und Übungen benötigen, hilft Ihnen Ihre Lehrerin/Ihr Lehrer weiter!

11 Konsumentenschutzrecht

In den letzten Jahrzehnten hat sich durch den technischen und wirtschaftlichen Fortschritt auch das Verhalten der Vertragspartnerinnen und Vertragspartner im Rechts- und Geschäftsverkehr geändert. Diese Veränderungen führten dazu, dass die Vertragsfreiheit oft zum Nachteil Schwächerer missbraucht wurde. Es entstand der Bedarf an Regelungen, um wirtschaftlich schwächere oder unerfahrene Verbraucherinnen und Verbraucher vor Übervorteilung zu schützen.

Im elften Bereich dieses Buches erwerben Sie daher folgende Kompetenzen:

Kompetenzen 11

- die **Anwendungsvoraussetzungen** des Konsumentenschutzgesetzes und weiterer wichtiger Konsumentenschutzbestimmungen kennen
- die verschiedenen **Regelungs**- bzw. **Schutzzwecke** unterscheiden
- potentielle **Gefahren** erkennen
- die rechtlichen Bestimmungen des Konsumentenschutzes anhand von **Beispielen** aus **unterschiedlichen Perspektiven** (Unternehmerin und Unternehmer, Konsumentin und Konsument) analysieren

11.1 Allgemeines und Rechtsgrundlagen

Die Regelungen des Konsumentenschutzes gelten **nur** für Geschäfte **zwischen Unternehmerinnen bzw. Unternehmern** und **Verbraucherinnen und Verbrauchern** (B2C oder Business-to-Consumer; so genannte **Verbrauchergeschäfte**). Es handelt sich um **zwingende Bestimmungen**, die für Verbraucherinnen und Verbraucher nicht nachteilig abgeändert werden dürfen. Andernfalls sind diese **unwirksam**.

Für Fernabsatz- und Auswärtsgeschäfte (▸ Bereich 12) sowie **Finanzdienstleistungen** bestehen besondere Informationspflichten nach den einzelnen Gesetzen.

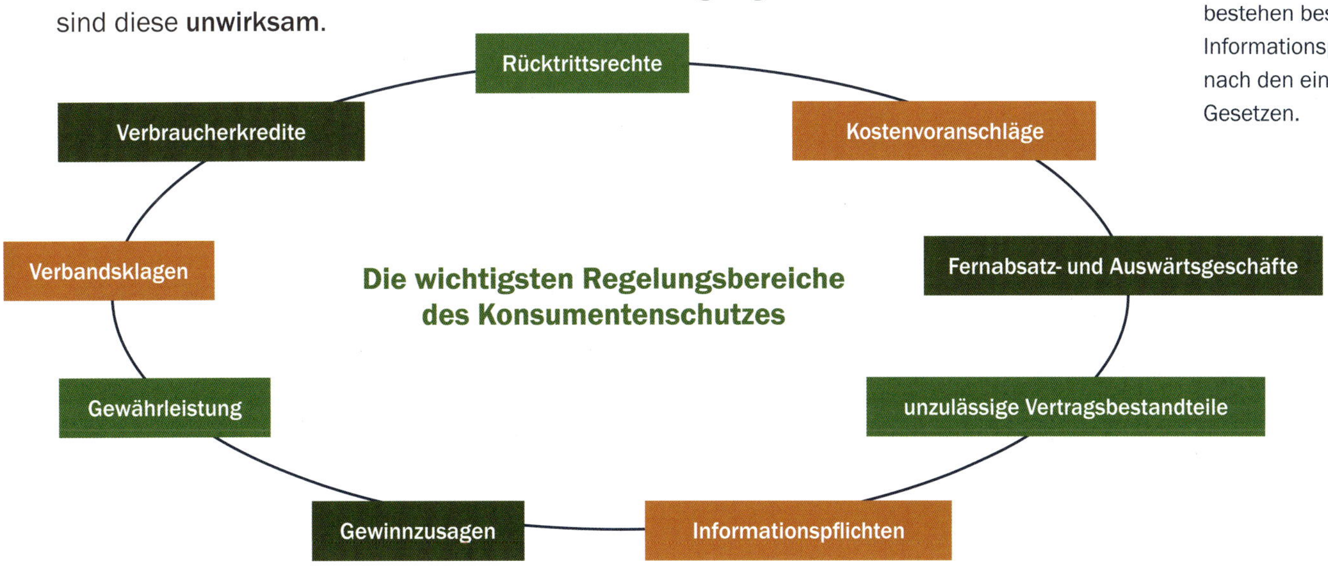

Aufgrund ihrer zunehmenden Bedeutung und der Nähe zum Kernbereich des Konsumentenschutzes können auch Reiserecht, Passagier- und Fluggastrechte sowie Patientenrechte miteinbezogen werden.

2014 brachte die **EU-Verbraucherrechte-RL** zur Angleichung (Harmonisierung) der konsumentenschutzrechtlichen Regelungen im Binnenmarkt umfassende Veränderungen. Zur Vornahme der entsprechenden Anpassungen erließ Österreich das **Verbraucherrechte-Richtlinie-Umsetzungsgesetz (VRUG)**. Mit diesem wurden unter anderem das ABGB und das **Konsumentenschutzgesetz (KSchG)** geändert sowie das Fernabsatzgesetz durch das neu geschaffene **Fern- und Auswärtsgeschäfte-Gesetz (FAGG)** ersetzt. Dem Verbraucherschutz dienen weiters das **Verbraucherkreditgesetz (VKrG)** und das **Fern-Finanzdienstleistungs-Gesetz (FernFinG)**.

11.2 Allgemeine Informationspflichten gemäß KSchG

Der Verein für Konsumenteninformation (VKI) unterstützt Verbraucher durch umfassendes Informationsmaterial, Beratung und gegebenenfalls Vertretung.

Bevor man sich durch einen Vertragsabschluss (eine Vertragserklärung) bindet, sollte man **vollständig informiert** sein. Nur so kann man eine richtige Entscheidung treffen. Unternehmen sind daher gegenüber Verbraucherinnen und Verbrauchern gesetzlich verpflichtet, **vor Vertragsabschluss** verschiedene Informationen **klar und verständlich** zur Verfügung zu stellen. Dazu gehören:

- **wesentliche Eigenschaften** der Ware oder Dienstleistung,
- Name (Firma), Telefonnummer und Anschrift der Niederlassung,
- **Gesamtpreis** der Ware oder Dienstleistung (einschließlich Steuern, Abgaben und Liefer- bzw. Versandkosten),
- Zahlungs-, Liefer- und Leistungsbedingungen sowie Liefer- bzw. Leistungszeitraum,
- Hinweise auf Gewährleistung, Kundendienstleistungen und Garantien,
- Vertragslaufzeit und Kündigungsbedingungen oder automatische Verlängerung.

Das KSchG sieht allerdings auch einige **Ausnahmen** vor, z. B. für Geschäfte des täglichen Lebens, die sofort erfüllt werden oder über soziale und Gesundheitsdienstleistungen.

11.3 Wichtige Rücktrittsrechte

Medientipp
www.verbraucherrecht.at
www.konsument.at

Grundsätzlich gilt, dass einmal **abgeschlossene Verträge einzuhalten** sind („pacta sunt servanda“). Das bedeutet, dass ein Vertrag nicht wieder einseitig aufgelöst werden kann, weil man es sich anders überlegt hat. In bestimmten Fällen gibt es allerdings **Ausnahmen**. Ein **Rücktritt** ist in folgenden Fällen möglich:

gesetzliche Regelungen (im ABGB)	Zustimmung des Vertragspartners		besondere Rücktrittsrechte für Konsumenten
bei:	nach Vertragsabschluss:	vor Vertragsabschluss:	bei:
• Irrtum • arglistiger Täuschung	• Umtausch (Kulanz) • einvernehmliche Auflösung	• einvernehmliche Auflösung • Storno (Bezahlung einer Gebühr)	• Haustürgeschäften • Nichteintritt einer wesentlichen Bedingung • Fernabsatz- und Auswärtsgeschäften • Immobiliengeschäften

Bei unaufgeforderten Besuchen von Vertretern fehlt oft die benötigte Bedenkzeit.

11.3.1 Rücktrittsrecht bei Haustürgeschäften gemäß KSchG

Im Normalfall haben Verbraucherinnen und Verbraucher genügend Zeit, um ihre Kaufentscheidungen zu treffen. Sie können Informationen einholen, sich beraten lassen und Angebote verschiedener Anbieter prüfen. Werden Verbraucher allerdings von (Vertretern von) Unternehmen **unaufgefordert** in ihren **Wohnungen** aufgesucht, wird ihnen diese Möglichkeit genommen. Bei diesen und ähnlichen Situationen, bei denen man durch **Überrumpelung oder Druck** zu **unüberlegten Entscheidungen verleitet** wird, spricht man daher von Haustürgeschäften.

Definition

Ein **Haustürgeschäft** liegt vor, wenn Verbraucherinnen und Verbraucher ihre Vertragserklärungen **außerhalb der Geschäftsräume** in Anwesenheit von (Vertretern von) Unternehmen abgeben oder **in die Geschäftsräume** von Unternehmen **gebracht** werden und nach einer **Werbefahrt** (Ausflugsfahrt oder einer ähnlichen Veranstaltung) oder nach persönlichem **Ansprechen auf der Straße** Vertragserklärungen abgeben.

Das **Rücktrittsrecht** steht **nicht** zu, wenn

- Verbraucherinnen und Verbraucher das Geschäft **selbst angebahnt** haben (z. B. auf Messen, Marktständen oder wenn sie selbst Vertreter zu sich eingeladen haben);
- es sich um Geschäfte **geringen Wertes** handelt, die **üblicherweise** auf der Straße (außerhalb von Geschäftsräumen) getätigt werden;
- die **Spezialregelungen des FAGG** zur Anwendung kommen (KSchG nur subsidiär).

Kein Rücktrittsrecht bei Zug-um-Zug-Geschäften bis 25 € oder Geschäften, die ihrer Natur nach nicht in ständigen Geschäftsräumen erfolgen (bis 50 €), wie beim Kauf einer Zeitung oder einer Taxifahrt.

Der Rücktritt kann **formlos** und **ohne Angabe von Gründen** innerhalb von **14 Tagen** erklärt werden, wobei die Absendung der Erklärung am letzten Tag der Frist ausreichend ist. Die Frist beginnt frühestens mit dem Zustandekommen des Vertrages bzw. dem Erhalt der Ware, jedenfalls aber mit Ausfolgung der **Rücktrittsurkunde** zu laufen. Wird diese nicht ausgehändigt, verlängert sich die Rücktrittsfrist **um zwölf Monate**. Wird sie innerhalb dieser Zeitspanne (verspätet) ausgefolgt, endet die Frist nach **14 Tagen**. Bei **Versicherungsverträgen** endet die Rücktrittsfrist spätestens **einen Monat nach Zustandekommen** des Vertrages.

Definition

Unter **Rücktrittsurkunde** versteht man ein **Rücktrittsformular**, das folgende **Mindestinformationen** enthalten muss: **Name und Anschrift** der Unternehmerin bzw. des Unternehmers, notwendige Angaben zum **Vertrag** sowie eine **Belehrung** über das Rücktrittsrecht, die Rücktrittsfrist und die Vorgangsweise für die Ausübung des Rücktrittsrechts.

11.3.2 Rücktrittsrecht wegen Nichteintritts wesentlicher Umstände

Die Rücktrittserklärung muss nicht schriftlich sein. Da die **Beweislast** für die **Rechtzeitigkeit** beim Verbraucher liegt, ist ein Rücktritt mittels **eingeschriebenen Briefes** empfehlenswert.

Oft geben Verbraucherinnen und Verbraucher Vertragserklärungen ab, weil ihnen Unternehmen im Zuge der Vertragsverhandlungen **besondere Vorteile** (z. B. einen Kredit, eine öffentliche Förderung, steuerliche Vorteile) in Aussicht stellen. Ohne diese **Verlockung** hätten sie den Vertrag aber nicht abgeschlossen. Der Vertragsabschluss erfolgte nur, weil dieser **Umstand maßgeblich** war. Tritt dieser Umstand **nicht** (oder nur **in erheblich geringerem Ausmaß**) ein, kann man vom Vertrag zurücktreten.

Das Rücktrittsrecht ist jedoch ausgeschlossen, wenn

- die Verbraucherin bzw. der Verbraucher bereits bei den Verhandlungen vom **Nichteintritt** der Umstände **wusste** oder **wissen musste**,
- dies **vereinbart** wurde oder
- sich das Unternehmen zu einer **Vertragsanpassung** bereit erklärt.

Verspricht eine Autohändlerin die Gewährung eines Kredites für den Ankauf eines Autos in Höhe von 40.000 € und die Bank gewährt bloß 2.000 €, kann man unter Umständen vom Vertrag zurücktreten.

Der Rücktritt kann innerhalb **einer Woche** erklärt werden. Die Frist beginnt zu dem Zeitpunkt, an dem für einen Verbraucher **erkennbar** ist, dass die Umstände nicht oder nur in erheblich geringerem Ausmaß eintreten werden oder eine **schriftliche Belehrung** über das Rücktrittsrecht erfolgt. Das Rücktrittsrecht **erlischt** spätestens **einen Monat** nach vollständiger **Erfüllung** des Vertrages durch beide Vertragspartner; bei Bank- und Versicherungsverträgen (mit einer Vertragsdauer von über einem Jahr) einen Monat nach **Zustandekommen** des Vertrages.

11.3.3 Rücktrittsrecht bei Immobiliengeschäften

Immobilienmakler haben besondere Informationspflichten zu erfüllen.

Häufig kommt es vor, dass Verbraucherinnen und Verbraucher eine Immobilie (Haus, Wohnung, Grundstück) **zum ersten Mal besichtigen** und sofort (**am selben Tag**) eine Vertragserklärung abgeben. Es kann sich dabei um einen Kauf, aber auch den Abschluss eines Miet- oder Pachtvertrages handeln. Weil hier keine ausreichende Bedenkzeit bleibt, besteht Schutz durch ein besonderes Rücktrittsrecht.

Der Rücktritt kann innerhalb **einer Woche** nach Abgabe der **Vertragserklärung** erfolgen. Wurde das Geschäft über eine Immobilienmaklerin oder einen Immobilienmakler abgewickelt, so gilt der **Rücktritt auch** für den (meist gleichzeitig abgeschlossenen) **Maklervertrag.** Wurden der Verbraucherin bzw. dem Verbraucher der Vertrag und eine **schriftliche Rücktrittsbelehrung** nicht sofort bei Abgabe der Vertragserklärung ausgehändigt, so beginnt die Frist erst mit diesem Tag zu laufen. Das Rücktrittsrecht **erlischt** jedenfalls **einen Monat** nach dem Tag der **erstmaligen Besichtigung.**

Diese Regelung ist nur anzuwenden, wenn die Immobilie für den **Verbraucher selbst** oder **nahe Angehörige** zu **Wohnzwecken** gedacht ist; nicht bei Käufen zur Wertanlage oder zu Spekulationszwecken.

11.3.4 Folgen des Rücktritts

Hat ein Verbraucher die Ware **nur aufbewahrt**, stellt dies **keine Wertminderung** dar – es ist also auch **nichts** zu **bezahlen**.

Im Falle des Rücktritts (bei Haustürgeschäften oder bei Nichteintritt wesentlicher Umstände) ist der Vertrag **Zug um Zug** rückabzuwickeln. Wurde die **Ware** bereits übergeben, muss sie vom Verbraucher **zurückgesandt** werden. Wurde die Ware benützt oder teilweise verbraucht, steht dem Unternehmen ein **angemessenes Benützungsentgelt** bzw. eine **Entschädigung** (gegebenenfalls auch Schadenersatz) zu. Kann die **Ware nicht** mehr **zurückgegeben** werden, muss man den **Wert bezahlen**, aber nur **soweit** man daraus einen **Vorteil** hatte. Wurde die **Ware** bereits **bezahlt**, hat das Unternehmen im Gegenzug das **Geld (samt Zinsen) zurückzubezahlen.** Wenn etwas in die Ware investiert wurde (**notwendiger und nützlicher Aufwand**), so hat das Unternehmen auch dies zu ersetzen.

Check 11.1

1. **Fertigen** Sie innerhalb von zehn Minuten eine ABC-Liste mit Schutzbereichen und/oder mit Regelungen des Konsumentenschutzrechts an.
2. **Nennen** Sie die Rechtsgrundlagen für das Konsumentenschutzrecht.
3. **Erstellen** Sie eine Liste der besonderen Rücktrittsrechte von Verbraucherinnen und Verbrauchern. Vervollständigen Sie diese zu einer Tabelle unter Beifügung der jeweiligen Rücktrittsfrist sowie der verlängerten Rücktrittsfristen bei fehlender Belehrung.

Rechtsgrundlagen:
§ 1170a ABGB
§ 5 KSchG

11.4 Kostenvoranschläge

Hinweise auf die **Unverbindlichkeit** eines Kostenvoranschlages sind Anmerkungen wie **„unverbindlicher Preis"**, **„Circa-Preis"** oder **„Abrechnung nach tatsächlichem Aufwand"**.

Es kommt vor, dass man rasch eine Reparatur in Auftrag gibt, ohne genau nach den Kosten zu fragen, wenn eine kaputte Sache (z. B. der Laptop) bald wieder oder oft gebraucht wird. Die Unannehmlichkeiten kommen gewöhnlich mit der Rechnung. Um unliebsame Überraschungen zu **vermeiden**, sollte man **vor Auftragserteilung** am besten mehrere Kostenvoranschläge einholen, um eine bessere **Entscheidungsgrundlage** zu haben.

Kostenvoranschläge gegenüber Verbraucherinnen und Verbrauchern sind grundsätzlich **verbindlich** und **kostenlos.** Das bedeutet, dass das Unternehmen bei der Erstellung der (endgültigen) Rechnung keinen höheren als den bekanntgegebenen Preis verlangen darf.

Dies gilt aber nur dann, wenn die Verbraucher nicht **ausdrücklich** darauf **hingewiesen** wurden, dass der Kostenvoranschlag nur unverbindlich ist oder für dessen Erstellung ein Honorar anfällt.

Wurde auf die **Unverbindlichkeit** hingewiesen, muss die Überschreitung des Preises trotzdem **unvermeidlich** und **gerechtfertigt** gewesen sein. Auch dann darf sie aber nicht mehr als **10 bis 15%** des veranschlagten Betrages ausmachen. Ist dem Unternehmen **erkennbar**, dass der bekanntgegebene Preis erheblich (über 15%) überschritten werden wird, so hat es den Verbraucher sofort zu informieren (**Warnpflicht**). Verbraucherinnen und Verbraucher können dann entscheiden, ob sie die Mehrkosten tragen möchten.

Kostenvoranschläge

- immer verbindlich und kostenlos
- Ausnahmen: Vereinbarung vor Vertragsabschluss

unverbindlicher Kostenvoranschlag | **entgeltlicher Kostenvoranschlag**

unverbindlicher Kostenvoranschlag:

- **Erhebliche Überschreitungen (über 15%)**: müssen angezeigt, aber nicht akzeptiert werden.
- **Geringfügige Überschreitungen (10 – 15%)**: müssen nicht angezeigt, aber akzeptiert werden.

11.5 Unzulässige Vertragsbestandteile

Um Zeit und Kosten zu sparen, verwenden die meisten Unternehmen **vorformulierte (standardisierte) Verträge**. Dies ist verständlich, da die Vertragsinhalte oft tatsächlich bis auf wenige Ausnahmen (persönliche Daten, Menge der Ware oder Art der Leistung, Preis) mit vielen ähnlichen Verträgen übereinstimmen. Weitere Verhandlungen sind nicht erforderlich, dennoch muss man nicht auf gesetzliche Regelungen zurückgreifen (die sonst subsidiär zur Anwendung kämen).

Wie oft lesen Sie AGB, bevor Sie Verträge (z. B. Handy, Fitnessstudio) eingehen?

Da aber Verhandlungen über – **oft dennoch wesentliche** – **Vertragsinhalte** (z. B. Liefer- und Zahlungsbedingungen, Preisänderungen, Kündigungsmöglichkeiten, Haftung usw.) unterbleiben, führt dies häufig zu einer Übervorteilung der Vertragspartner. Aufgrund der Fülle dieser Nebenbestimmungen sind solche **Allgemeinen Geschäftsbedingungen (AGB)** so gut wie immer in kleiner Schriftgröße gedruckt, was noch stärker dazu verleitet, diese nicht so genau zu lesen.

Allgemeine Geschäftsbedingungen sollten **klar und verständlich** formuliert sein. Dies ist aber nicht immer der Fall. Um Verbraucherinnen und Verbraucher vor unverständlichen, klein gedruckten und meist nur zum Vorteil der Unternehmen ausgerichteten Vertragsbestandteilen zu schützen, zählt das KSchG eine Reihe von Bestimmungen auf, die **unwirksam** (absolut ungültig) sind. Dabei handelt es sich um Regelungen, die für Verbraucher entweder **grob benachteiligend**, **ungewöhnlich oder überraschend** sind (vgl. § 879 ABGB). Manche Vorschriften sind hingegen gültig, wenn sie **ausdrücklich ausgehandelt** wurden.

Nur unzulässige Vertragsklauseln sind ungültig, der übrige Vertrag bleibt voll wirksam!

in jedem Fall unwirksam

- Das Unternehmen hat lange oder unbestimmte Bedenkzeit; der Verbraucher hat nur kurze Bedenkzeit oder ist sofort gebunden.
- Bestimmtes Verhalten gilt als Abgabe oder Nichtabgabe einer Erklärung.
- Eine (rechtlich) bedeutsame Erklärung gilt als zugegangen, obwohl die Verbraucherin bzw. der Verbraucher sie nie erhalten hat (Ausnahme: falsche Anschrift).
- Eine Erklärung der Verbraucherin bzw. des Verbrauchers muss eine besonders strenge Form haben, um gültig zu sein (Einschreibbrief).
- nachträgliche Preiserhöhungen (ohne sachliche Begründung), wenn es keine Preissenkungen gibt
- Einschränkung oder Ausschluss von Zurückbehaltungsrechten oder Schadenersatzrechten
- Überwälzung der Beweislast auf die Verbraucherin bzw. den Verbraucher

wirksam, wenn ausdrücklich vereinbart

- Einschränkung oder Ausschluss von Schadenersatzansprüchen an Sachen, die zur Bearbeitung übernommen wurden
- Rücktrittsrecht des Unternehmens ohne sachliche Begründung
- Unternehmen kann einseitig von der Leistungspflicht abweichen (außer geringfügig, sachlich gerechtfertigt oder zumutbar)
- Preiserhöhung einer innerhalb von zwei Monaten ab Vertragsabschluss zu erbringenden Leistung
- Recht des Unternehmens, den Vertrag an einen unbekannten Dritten zu übertragen
- Einschränkung oder Ausschluss der Rückzahlung von Vorauszahlungen
- Entscheidung von Rechtsstreitigkeiten durch ein Schiedsgericht

Check 11.2

Bilden Sie Kleingruppen von vier bis fünf Personen. Jede Gruppe beschäftigt sich mit Allgemeinen Geschäftsbedingungen, jeweils von anderen Unternehmen. Bringen Sie diese von zuhause mit, suchen Sie nach Vertragstexten im Internet oder fragen Sie gegebenenfalls Ihre Lehrerin oder Ihren Lehrer danach. **Überprüfen** Sie die Texte nach möglichen unzulässigen Vertragsbestimmungen. **Diskutieren** Sie diese anschließend in der Klasse.

11.6 Weitere ausgewählte Bestimmungen des KSchG

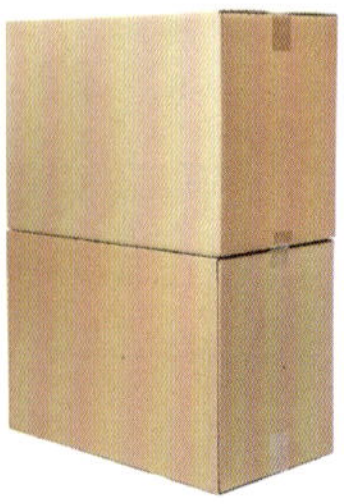

Bei sperrigen Sachen muss die Mängelbehebung nicht am Übergabeort erfolgen.

- **Gewährleistung:** Das Gewährleistungsrecht ist grundsätzlich im ABGB geregelt. Das KSchG regelt ergänzend, dass Gewährleistungsansprüche gegenüber Verbraucherinnen und Verbrauchern **nicht ausgeschlossen oder eingeschränkt** (verkürzt) werden können. Die Mängelbehebung muss am **Übergabeort** erfolgen, bei sperrigen oder eingebauten Sachen an dem Ort, an dem sich die Sache **üblicherweise** befindet. Das Unternehmen kann in bestimmten Fällen die Übersendung der Sache auf seine Gefahr verlangen. Sämtliche Kosten sind vom Unternehmen zu tragen. Bei gebrauchten Sachen kann die Gewährleistungsfrist allerdings auch gegenüber Verbrauchern auf **ein Jahr** verkürzt werden. Bei Kraftfahrzeugen ist dies nur möglich, wenn sie mindestens ein Jahr alt sind (ab Erstzulassung).
- **Verträge über Warenlieferungen:** Unternehmen haben Waren **unverzüglich**, längstens aber innerhalb von **30 Tagen** zu liefern.
- **Gewinnzusagen:** Unternehmen, die Gewinnzusagen oder ähnliche Mitteilungen senden, die den **Eindruck erwecken**, eine Person hätte tatsächlich einen bestimmten **Preis gewonnen**, haben diesen Preis auch zu leisten. Verbraucherinnen und Verbraucher können dies gerichtlich einfordern.

Unerwünschte (unaufgeforderte) Anrufe sind verboten.

- **Verbot des „Cold Calling“:** Anrufe von Unternehmen bei einer Verbraucherin oder einem Verbraucher ohne vorherige Zustimmung sind unzulässig. Verträge über **Gewinnzusagen oder Wett- und Lotteriedienstleistungen**, die während dieses Gesprächs abgeschlossen werden, sind **ungültig**.
- **Kreditgeschäfte und Bürgschaften:** Insbesondere bei Kreditgeschäften zwischen Ehegatten und Bürgschaften bestehen besondere (strenge) **Aufklärungspflichten** (▸ Bereich 3.2.5). Unter bestimmten Umständen kann das Gericht die Zahlungsverpflichtung einschränken (**richterliches Mäßigungsrecht**) oder ganz erlassen.
- **Gerichtsstand:** Verbraucherinnen und Verbraucher können nur an ihrem Wohnsitz (oder Arbeitsort) geklagt werden.

11.7 Verbandsklagen

Klageberechtigte Verbände sind z. B. die Wirtschaftskammer Österreich, die Landwirtschaftskammer Österreich, die Arbeiterkammer und der ÖGB (= Sozialpartner).

Hatten Verbraucherinnen und Verbraucher früher Probleme mit einem Unternehmen, so konnten nur sie gegen das Unternehmen vorgehen. Meist standen den Betroffenen aber nicht die nötigen Mittel zur Verfügung, denn **Prozesse** gegen (oft übermächtige) Unternehmen sind i. d. R. **langwierig**, **riskant** und **teuer**. Viele Konsumentinnen und Konsumenten haben auf ihre Ansprüche verzichtet. Inzwischen erlaubt das KSchG den wirtschaftlich stärkeren **Verbänden** einzuschreiten, wenn Unternehmen Gesetzesbestimmungen verletzen oder gegen die guten Sitten verstoßen.

Üblicherweise wird das Unternehmen zunächst aufgefordert, das unerwünschte Verhalten zu **unterlassen** (z. B. eine bestimmte Vertragsklausel aus den AGB zu entfernen). Reagiert das Unternehmen auf eine **Abmahnung** (unter Androhung einer Konventionalstrafe, also einer Vertragsstrafe) des Verbandes nicht, so kann dieser auch **klagen**. Ein klageberechtigter Verband ist neben den Sozialpartnern (▸ Bereich 15) u. a. der Verein für Konsumenteninformation.

Check 11.3

Beurteilen Sie gemeinsam mit einer Lernpartnerin oder einem Lernpartner die folgenden Sachverhalte. Schreiben Sie Ihre Meinung in jeweils zwei bis drei Sätzen nieder:

1. Peter ist Elektroinstallateur und hat ein eigenes Unternehmen. Auf dem Weg zur Arbeit wird er auf der Straße angesprochen und in ein Geschäftslokal gebracht, in dem er drei Zeitschriftenabonnements unterschreibt. Die Bestellung enthält den Zusatz „unwiderruflich". Er bezahlt den ersten Monat sofort und nimmt das jeweils erste Heft der Abos mit.
2. Christa bestellt auf der Wiener Messe einen Rasenmäher und erhält sofort einen schriftlichen Kaufvertrag. Zu Hause bemerkt sie, dass ihr alter Rasenmäher noch funktioniert, und will vom Vertrag zurücktreten.
3. Zur Installierung eines Einbauschranks liegen Julia und Emil zwei Kostenvoranschläge vor: Einer über 2.000 € mit dem Zusatz „Ohne Gewähr", der andere über 3.000 € ohne jeden Zusatz. Sie entscheiden sich für den ersten. Nach den durchgeführten Arbeiten erhalten sie eine Rechnung über 2.400 €.
4. Simone und Albrecht bekommen bereits die dritte Mitteilung, dass die Bank die Zinsen ihres Kredites für die Wohnzimmereinrichtung erhöht hat, obwohl das allgemeine Zinsniveau gleich geblieben ist. Sie lesen daraufhin die AGB durch und entdecken eine Bestimmung, die die Bank berechtigt, die Zinsen nach eigenem Ermessen zu erhöhen.

Wählen Sie einen der obigen Fälle aus und **entwerfen** Sie ein entsprechendes Aufforderungs- bzw. Kündigungsschreiben.

5. Ihr Freund hat Probleme mit seinem Fitnessstudio-Vertrag. Er erzählt Ihnen auch, dass es weitere unzufriedene Kundinnen und Kunden gibt, die ähnliche Schwierigkeiten haben. Verweisen Sie ihn an eine entsprechende Beratungsstelle und begründen Sie dies, indem Sie die Vorgangsweise erklären.

Wissens- und Verständnischeck 11

Schätzen Sie Ihr Wissen bzw. Verständnis ein: +2 = ganz gut, −2 = nicht gut	+2	+1	-1	-2
Ich kenne die Anwendungsvoraussetzungen der konsumentenschutzrechtlichen Bestimmungen.				
Ich kann die verschiedenen Regelungs- und Schutzzwecke unterscheiden.				
Ich kann potentielle Gefahren erkennen und Rechtsschutzmöglichkeiten aufzeigen.				
Ich kann Fälle aus unterschiedlichen Perspektiven analysieren.				

Sind Sie mit Ihrem Lernfortschritt zufrieden?

Wenn Sie noch weitere Anleitungen und Übungen benötigen, hilft Ihnen Ihre Lehrerin/Ihr Lehrer weiter!

12 Recht im Internet

Seit Jahrzehnten schreitet die Entwicklung des World Wide Web immer schneller voran. Der Ursprungsgedanke der Bereitstellung von Information ist inzwischen zweitrangig. Neben der Funktion als Unterhaltungsmedium wird das Internet von der Wirtschaft vor allem für Marketing und Vertriebszwecke genützt.

Neben den für Rechtsgeschäfte allgemeingültigen Vorschriften (z. B. ABGB, UGB) sind aufgrund der Besonderheit des Internets (wie das Fehlen der Unterschrift der Vertragspartnerinnen und Vertragspartner, die fehlende Möglichkeit der Warenprüfung vor Vertragsabschluss) und der damit verbundenen Unsicherheiten (die zur Entstehung neuer Kriminalitätsformen führen) weitere Vorschriften zu beachten.

Im zwölften Bereich dieses Buches erwerben Sie daher folgende Kompetenzen:

Kompetenzen 12

- ein Verständnis für den **elektronischen Rechts- und Geschäftsverkehr** entwickeln
- die Besonderheiten des **elektronischen Geschäftsverkehrs** kennen
- die verschiedenen **Regelungs-** bzw. **Schutzzwecke** unterscheiden
- die rechtlichen Bestimmungen für den elektronischen Rechts- und Geschäftsverkehr auf **einfache Fallbeispiele** anwenden

12.1 Allgemeines

Das Recht im Internet ist sehr vielfältig. Ein eigenes **Internetrecht** gibt es nicht, sondern jeweils einzelne Bestimmungen (Gesetze) für die unterschiedlichen Anwendungsbereiche. Dazu zählen das E-Government, das E-Payment, das Domainrecht und viele andere Rechtsgebiete. Nachfolgend werden die wichtigsten Regelungsbereiche beschrieben.

12.2 E-Commerce-Gesetz (ECG)

12.2.1 Begriffe

Im E-Commerce unterscheidet man drei Bereiche:

B2A: Business-to-Administration
B2B: Business-to-Business
B2C: Business-to-Consumer

Der elektronische Geschäftsverkehr umfasst eine Vielzahl unterschiedlicher Geschäftsaktivitäten, die man unter dem Begriff **E-Business** zusammenfasst. Der wesentlichste Teil davon sind elektronische Geschäftsabschlüsse. Zum **Schutz** der Nutzerinnen und Nutzer und vor allem der **Konsumentinnen und Konsumenten** vor den Gefahren solcher Abschlüsse durch unseriöse Anbieter wurde das **E-Commerce-Gesetz** geschaffen. Es basiert auf der **E-Commerce-Richtlinie der EU (EC-RL)** und besteht neben den allgemeinen konsumentenschutzrechtlichen Bestimmungen.

Definition

E-Commerce sind **Geschäfte** über Waren und Dienstleistungen, die über **elektronische Medien** (Internet) abgeschlossen werden (z. B. Teleshopping, Telebanking).

Stellt eine natürliche oder juristische Person (oder sonstige rechtsfähige Einrichtung) Leistungen (Dienste) elektronisch zur Verfügung (z. B. Online-Vertrieb, Online-Werbung, Suchmaschinen), nennt man sie **Diensteanbieter.** Für das Anbieten von E-Commerce-Dienstleistungen ist keine gesonderte Bewilligung erforderlich; es genügt eine Gewerbeberechtigung.

E-Commerce-Gütezeichen (Euro-Label): Diese Zertifizierung zeichnet vertrauenswürdige Online-Shops aus.

Medientipp
www.guetezeichen.at
www.euro-label.com

12.2.2 Allgemeine Informationspflichten

Jede Diensteanbieterin bzw. jeder Diensteanbieter muss folgende Informationen, die meist im **Impressum** einer Website oder der Signatur zu finden sind, **ständig, leicht** und **unmittelbar zugänglich** zur Verfügung stellen:

- **Name** (Firma)
- **Anschrift** (Geschäftsanschrift; eine Internetadresse reicht nicht aus!)
- **Telefon-** oder **Faxnummer** und **E-Mail-Adresse**
- sofern vorhanden: **Firmenbuchnummer und -gericht**
- sofern vorhanden: zuständige **Aufsichtsbehörde** (z. B. Finanzmarktaufsicht)
- sofern gewerbe- oder berufsrechtliche Vorschriften als Grundlage: **Berufsverband** (z. B. Wirtschaftskammer, Ärztekammer, Rechtsanwaltskammer), Berufsbezeichnung, Mitgliedstaat der Verleihung, Hinweis auf Zugang zu anwendbaren Vorschriften
- sofern vorhanden: **Umsatzsteuer-Identifikationsnummer** (UID)

Sind auf der Website Preise angeführt, so müssen sie leicht lesbar und zuordenbar sein. Durchschnittliche Konsumentinnen und Konsumenten müssen **eindeutig** erkennen können, ob es sich um **Netto-** oder **Bruttopreise** handelt und ob **Versandkosten** enthalten sind.

12.2.3 Informationspflichten für Werbung

Enthalten Websites Werbung, so muss **klar und eindeutig erkennbar** sein,

- dass es sich um **Werbung** handelt,
- wer die **Auftraggeberin** bzw. der **Auftraggeber** ist,
- dass es sich um **Zugaben, Geschenke, Preisausschreiben oder Gewinnspiele** handelt, wie die Teilnahmebedingungen sind und wie man die Preise oder Geschenke erhält, was überdies nicht kompliziert sein darf.

Dies gilt insbesondere dann, wenn die Werbung **ohne vorherige Zustimmung** versendet wurde.

Wenn Sie keine unerwünschten Werbe-E-Mails erhalten möchten, können Sie sich in die ECG-Liste („elektronische Robinsonliste") eintragen lassen.

12.2.4 Informationspflichten für Vertragsabschlüsse

Werden über Websites Waren oder Dienstleistungen vertrieben (**Bestellfunktion**), müssen Käuferinnen und Käufer **vor Vertragsabschluss** klar, verständlich und eindeutig darüber informiert werden,

- welche **technischen Schritte** zur Vertragserklärung (**Angebot oder Annahme**) bzw. zum Vertragsabschluss führen (z. B. welche Buttons angeklickt werden müssen);
- ob der **Vertragstext** nach Vertragsabschluss **gespeichert** wird und für die Käuferinnen und Käufer **zugänglich** ist;
- wie Käuferinnen und Käufer **Eingabefehler** vor Vertragsabschluss (erkennen und) **berichtigen** können und
- in welchen **Sprachen** der Vertrag abgeschlossen werden kann.

Haben sich Diensteanbietende einem freiwilligen **Verhaltenskodex** unterworfen, so haben sie dies anzugeben und mittels eines Links den Zugang zu ermöglichen. Außerdem muss der Zugang der Vertragserklärung (z. B. Bestellung) unverzüglich elektronisch (mit einer E-Mail) bestätigt werden.

Im Internet ist ein Vertrag rasch abgeschlossen.

Medientipp
www.rtr.at
www.ombudsstelle.at

Die Ombudsstelle bietet kostenlose Beratung und Streitschlichtung bei Problemen mit Online-Anbietern.

Die genannten Bestimmungen sind gegenüber Konsumentinnen und Konsumenten **zwingend**. Sie gelten jedoch nicht, wenn der Vertragsabschluss durch E-Mail-Kommunikation zustande gekommen ist (gleichgültig, ob der Käufer Unternehmer oder Verbraucher ist).

Auf der Website muss jedenfalls erkennbar sein, dass die AGB Vertragsinhalt werden (z. B. durch ihre Platzierung).

Diensteanbieter müssen Käufern die **Vertragsbestimmungen** und **allgemeinen Geschäftsbedingungen** so zur Verfügung stellen, dass sie **gespeichert** und **wiedergegeben** werden können. Diese Vorschrift kann auch gegenüber Unternehmen nicht abgeändert werden. Für Verstöße gegen die bisher genannten Informations- und sonstigen Pflichten der Diensteanbieter können gemäß ECG **Verwaltungsstrafen bis zu 3.000 €** verhängt werden.

12.2.5 Haftungsregelungen

Das Internet als globales Kommunikationsmedium ermöglicht es Kriminellen, ihre illegalen Tätigkeiten auszuweiten (z. B. Wettbewerbs- und Urheberrechtsverletzungen durch Produktpiraterie oder verbotene Downloads). Handlungen, die derartige Tätigkeiten fördern, sind verboten und führen – neben einer möglichen strafrechtlichen Verfolgung – auch zu **zivilrechtlichen Schadenersatzpflichten**. Das ECG sieht allerdings eine Reihe von **Ausnahmen** vor, die Diensteanbieter von ihrer Haftung befreien (**Haftungsausschlüsse**).

Keine Haftung für ...	wenn ...
Access-Provider (Vermittlung eines Internetzugangs, Datenweiterleitung)	automatische Datenweiterleitung (Durchleitung) vorliegt, d. h. es keinen Einfluss auf den Übermittlungsvorgang, die Informationen und die Empfängerinnen und Empfänger gibt.
Suchmaschinen	kein Einfluss auf den Übermittlungsvorgang, die Informationen und die Empfänger vorliegt.
Zwischenspeicherungen (Caching)	automatische Weiterleitung erfolgt, d. h. es keinen Einfluss auf Informationen gibt und alle Bedingungen bzw. Standards beachtet werden; unverzügliche Sperre bei Kenntnis.
Host-Provider (Speicherung fremder Inhalte durch Bereitstellung von Speicherplatz)	keine Kenntnis von rechtswidrigen Informationen vorliegt bzw. unverzügliche Sperre bei Kenntnis.
Links	keine Kenntnis von rechtswidrigen Informationen vorliegt bzw. unverzügliche Entfernung bei Kenntnis.

Auf grenzüberschreitende Verträge mit Unternehmen außerhalb der EU sind die Regelungen des internationalen Privatrechts anzuwenden. Es gibt besondere Regelungen zum Schutz der Verbraucher.

Bei **Kenntnis** eines rechtswidrigen Inhalts sind jedoch auch Haftungsausschlusserklärungen (**Disclaimer**) **unwirksam**. Die Diensteanbieter sind **nicht verpflichtet**, die Informationen allgemein zu **überwachen** oder nach rechtswidrigen Informationen zu **forschen**. Es treffen sie nur **Auskunfts- und Mitwirkungspflichten** gegenüber Behörden und Gerichten.

12.2.6 Grenzüberschreitende Verträge im EU-Binnenmarkt

Innerhalb des EU-Binnenmarktes ist im E-Commerce grundsätzlich das Recht des Mitgliedstaates anzuwenden, in dem die Diensteanbieterin bzw. der Diensteanbieter **niedergelassen** ist. Darunter versteht man jenen Ort, an dem die geschäftliche Tätigkeit ausgeübt wird (**Unternehmenssitz**). Man spricht vom so genannten **Herkunftslandprinzip**. Von diesem Grundsatz gibt es allerdings zahlreiche **Ausnahmen**, z. B. zum Schutz von Verbraucherinnen und Verbrauchern, bei unaufgeforderter Werbung, bei Belangen des Urheberrechts sowie gewerblicher Schutzrechte.

Check 12.1

1. **Erstellen** Sie eine Mindmap mit möglichst vielen Anwendungsbereichen für Recht im Internet und insbesondere für den E-Commerce.
2. **Diskutieren** Sie mit einer Lernpartnerin oder einem Lernpartner die Vor- und Nachteile des Online-Shoppings und **erstellen** Sie gemeinsam eine Liste.
3. Bilden Sie Kleingruppen zu vier bis fünf Personen. Stellen Sie sich vor, Sie sind in einer Abteilung der Wirtschaftskammer tätig, die für den Bereich E-Commerce zuständig ist. **Gestalten** Sie einen Informationsfolder über die Haftungsregelungen von Diensteanbieterinnen und Diensteanbietern für Ihre Mitglieder.

12.3 Fernabsatzbestimmungen

Das KSchG, das Sie bereits im Bereich 11 kennengelernt haben, schützt Verbraucherinnen und Verbraucher im Wesentlichen bei „traditionellen" Geschäftsabschlüssen. Eines solchen Schutzes bedarf es aber bei außergewöhnlichen Vertragsabschlüssen (z. B. ohne Kenntnis der Verkäuferin bzw. des Verkäufers) noch viel mehr. Das **Fernabsatz- und Auswärtsgeschäfte-Gesetz (FAGG)** ergänzt daher das KSchG mit **erweiterten Informationspflichten** für Unternehmen und einem **Rücktrittsrecht** für Verbraucher.

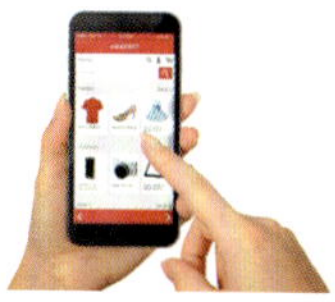

Online-Shopping im Webshop

12.3.1 Anwendungsbereich

Die Definition der **Auswärtsgeschäfte** entspricht im Wesentlichen jener des KSchG die Haustürgeschäfte betreffend. Zusätzlich werden insbesonders jene Geschäfte erfasst, bei denen Verbraucherinnen und Verbraucher nach dem Ansprechen durch Unternehmen außerhalb der Geschäftsräume Verträge **im Fernabsatz** abschließen. Geschäfte, die im Rahmen von **Werbefahrten** (nicht danach!) abgeschlossen werden, gehören ebenfalls dazu.

Definition

Fernabsatzverträge sind Verträge, die **ohne gleichzeitige persönliche Anwesenheit** der Vertragspartnerinnen oder Vertragspartner im Rahmen eines **für den Fernabsatz organisierten Vertriebs- oder Dienstleistungssystems** (z. B. Webshop) ausschließlich unter Verwendung von **Fernkommunikationsmitteln** (z. B. Katalog, Telefon, Teleshopping, Fax, Internet) zustande kommen.

Zusätzlich zur Informationspflicht über das Rücktrittsrecht müssen Unternehmen den Verbraucherinnen und Verbrauchern ein **Muster-Widerrufsformular** zur Verfügung stellen. Es besteht **keine Verpflichtung**, dieses auch zu verwenden.

12.3.2 Informationspflichten

Neben den bereits aus dem KSchG (▶ Bereich 11) bzw. ECG bekannten Informationspflichten haben Unternehmen nach dem FAGG unter anderem über Folgendes zu informieren:

- **bei unbefristeten Verträgen oder Abonnements:** die für jeden Abrechnungszeitraum anfallenden Gesamtkosten und die Art der Preisberechnung;
- die **Kosten** der für den Vertragsabschluss genutzten **Fernkommunikationsmittel**, wenn sie den Grundtarif übersteigen (z. B. „Ihr Anruf kostet Sie 99 Cent pro Minute.");
- die Pflicht zur **Zahlung der Rücksendekosten** durch die Verbraucherinnen und Verbraucher, wenn sie nicht vom Unternehmen übernommen werden (bei Unklarheiten oder Fehlen dieses Hinweises muss das Unternehmen die Kosten tragen);
- die **Höhe** der Rücksendekosten, wenn diese nicht per Post zurückgeschickt werden können;
- die Pflicht zur Zahlung eines (anteiligen) **Entschädigungsbetrages** für erbrachte Leistungen durch Verbraucherinnen und Verbraucher im Falle des Rücktritts;
- die Pflicht zur Leistung einer **Kaution** oder anderer finanzieller Sicherheiten;
- die **Funktionsweise** digitaler Inhalte, technischer Schutzmaßnahmen, Kompatibilität mit Hard- und Software;
- Möglichkeiten des Zugangs zu einem **außergerichtlichen Beschwerde- oder Schiedsgerichtsverfahren**.

Medientipp
www.ombudsstelle.at

Sonderbestimmungen bestehen in folgenden Fällen:

- Bei **elektronisch abgeschlossenen Verträgen** müssen Verbraucherinnen und Verbraucher **unmittelbar vor Abgabe** ihrer Vertragserklärung (z. B. letzter Klick, bevor die Bestellung abgeschlossen ist) **klar** und **in hervorgehobener Weise** darauf hingewiesen werden, dass eine Zahlungspflicht besteht (z. B. Button mit dem Vermerk „zahlungspflichtig bestellen").
- Bei **telefonisch abgeschlossenen Verträgen** müssen bereits zu **Beginn** des Gespräches Name (Firma), Name der Anruferin bzw. des Anrufers und der geschäftliche Zweck genannt werden. Der Vertrag gilt erst dann als abgeschlossen, wenn die Verbraucherin bzw. der Verbraucher eine **Bestätigung** des Angebots auf einem **dauerhaften Datenträger** erhält und daraufhin dem Unternehmen eine **schriftliche Annahmeerklärung** (ebenfalls auf einem dauerhaften Datenträger) übermittelt.

Unter einem **„dauerhaften Datenträger"** versteht man ein Medium, das zur längerfristigen Speicherung und unveränderten Wiedergabe von Informationen geeignet ist (z. B. Papier, E-Mails, CD-ROMs, DVDs, USB-Sticks, Speicherkarten, Festplatten).

12.3.3 Rücktrittsrecht

Keinen Ausschlussgrund für das Rücktrittsrecht stellt jedoch – im Gegensatz zum KSchG – die Selbstanbahnung eines Geschäftes durch den Kunden dar.

Zur Ausübung des Rücktrittsrechts (Form, Verlängerung etc.) gilt, was bereits in Bereich 11.3 zum Rücktrittsrecht erläutert wurde. Die **14-tägige Frist** beginnt mit der (letzten) Warenlieferung oder dem Vertragsabschluss (bei Dienstleistungen). Das FAGG kennt allerdings eine Reihe von **Ausschlussgründen**. Nachfolgend einige Beispiele:

- Eine **Dienstleistung** wurde vor Ablauf der Frist **vollständig erfüllt**.
- Waren und Dienstleistungen haben auf dem Kapitalmarkt **schwankende Preise** ohne Einfluss des Unternehmens.
- Waren wurden ausdrücklich aufgrund von **Kundenangaben** angefertigt.
- Waren sind leicht **verderblich** (oder mit nahem Verfallsdatum).
- Waren sind aus Gesundheits- oder Hygienegründen **versiegelt**, wurden aber ausgepackt.
- Ton- bzw. Videoaufnahmen oder Computersoftware wurden **entsiegelt**.
- **Zeitungen und Zeitschriften** (ausgenommen Abonnements).

12.3.4 Rechtsfolgen des Rücktritts

Verbraucherinnen und Verbraucher müssen die erhaltenen Waren innerhalb von **14 Tagen** nach Abgabe der **Rücktrittserklärung auf eigene Kosten** zurücksenden (außer, das Unternehmen übernimmt die Kosten freiwillig, hat gegen die diesbezügliche Informationspflicht verstoßen oder die Ware kann nicht per Post zurückgeschickt werden). Außerdem ist eine **Wertminderung** der Ware zu bezahlen (außer, die Abnutzung ist nur auf die notwendige Prüfung der Ware zurückzuführen).

Unternehmen müssen alle bezahlten Beträge (ggf. einschließlich Lieferkosten) **unverzüglich**, spätestens innerhalb von **14 Tagen** nach Erhalt der **Rücktrittserklärung**, und auf dieselbe Weise, wie die Ware oder die Leistung bezahlt wurde (z. B. Rückbuchung auf Kreditkarte), zurückzahlen. Wenn man als Verbraucher für die Rücksendung nicht eine Standardlieferung gewählt hat und dadurch **Mehrkosten** entstehen, sind diese **nicht** vom Unternehmen zu tragen.

Check 12.2

1. Sie sind Beraterin bzw. Berater beim VKI (Verein für Konsumenteninformation). Ein Kunde betritt die Beratungsstelle und bittet Sie um Hilfe. Er hat erst seit Kurzem einen Internetanschluss und möchte gerne etwas online bestellen, hat aber große Bedenken aufgrund der Gefahren, von denen Medien immer wieder berichten. **Beraten** Sie den Kunden (dargestellt von Ihrer Lernpartnerin bzw. Ihrem Lernpartner) umfassend über die Pflichten von Diensteanbietern, insbesondere über die Informationspflichten nach ECG und FAGG.
2. Bilden Sie Kleingruppen zu vier bis fünf Personen. Wählen Sie pro Gruppe im Internet drei Webshops aus. **Überprüfen** Sie diese auf ihre Gesetzmäßigkeit. **Präsentieren** Sie sodann Ihre Ergebnisse der Klasse.

12.4 Die elektronische Signatur

Vertrauensdienste sind elektronische Dienste, die i. d. R. gegen Entgelt erbracht werden und insbesondere elektronische Signaturen, elektronische Siegel, elektronische Zeitstempel, die Zustellung elektronischer Einschreiben, die Website-Authentifizierung sowie deren Zertifikate umfassen.

Das Internet birgt – wie bereits erwähnt – viele Unsicherheiten. Im Gegensatz zu einem traditionellen Vertragsabschluss, bei dem sich die Vertragspartner für gewöhnlich kennen, ist dies im World Wide Web nicht (immer) der Fall. Um dem entgegenzuwirken, schuf der Gesetzgeber mit dem **Signatur- und Vertrauensdienstegesetz (SVG)** einen rechtlichen Rahmen für die Erstellung und Verwendung elektronischer Signaturen und die Erbringung von Signatur- und Zertifizierungsdiensten. Die **elektronische Signatur** soll eine (eigenhändige, „echte") Unterschrift ersetzen und damit Sicherheit und Vertrauen schaffen.

Definition

Eine **elektronische Signatur** besteht aus elektronischen Daten, die anderen **elektronischen Daten beigefügt** oder mit diesen **logisch verknüpft** sind und der Authentifizierung (**Bestätigung der Echtheit**) dienen.

Technisch erzeugt ein privater Signaturschlüssel ein Siegel zu elektronischen Daten (**Verschlüsselung**). Mithilfe eines zugehörigen **öffentlichen Schlüssels** (Public Key) kann die Inhaberin bzw. der Inhaber dieses Schlüssels die **Unverfälschtheit** der Daten erkennen. Damit wird sichergestellt, dass die Nachricht von dem konkreten Absender stammt, die Daten nicht verändert wurden und nur von der berechtigten Person gelesen werden können.

<table>
<tr><td>Signaturwert</td><td colspan="2">Dfcj34rtOmcnwerQ+ecfjrufh/dajef93849ndw cj4er8932cwerjk/hwe83DE h892bfj</td></tr>
<tr><td rowspan="6"></td><td>Unterzeichner</td><td>T=Mag., serialNumber1234567891011, givenName=Max, SN=Mustermann, CN=Max Mustermann, C=AT</td></tr>
<tr><td>Datum/Zeit-UTC</td><td>2016-03-07T16:30:00Z</td></tr>
<tr><td>Aussteller-Zertifikat</td><td>CN=a-sign-Premium-Sig-02, OU=a-sign.Premium-Sig-02, o=A-Trust Ges. f. Sicherheitssysteme im elektronischen Datenverkehr Gmb,H C=AT</td></tr>
<tr><td>Serien-Nr.</td><td>123456</td></tr>
<tr><td>Methode</td><td>urn:pdfsigfilter:bka.gv.at:text:vl.2.0</td></tr>
<tr><td>Parameter</td><td>etsi-bka-atrust-1.0:ecdca-ripe,d160:ripemd160:ripend160:chal</td></tr>
<tr><td>Prüfinformation</td><td colspan="2">Informationen zur Prüfung der elektronischen Signatur und des Ausdrucks finden Sie unter http://www.signaturpruefung.gv.at</td></tr>
</table>

Beispiel für den Aufbau einer digitalen Signatur

Definition

Ein **Zertifikat** ist eine **elektronische Bescheinigung**, mit der Signaturprüfdaten (Public Key) einer bestimmten Person zugeordnet werden können und deren **Identität** auf einem gewissen Sicherheitsniveau bestätigt wird.

Man unterscheidet das **einfache** vom **qualifizierten Zertifikat**. Bei Ersterem wird lediglich ein Name oder ein Pseudonym einer natürlichen Person bestätigt. Letzteres muss bestimmte weitere Anforderungen erfüllen. Elektronische Signaturen können daher in ein **abgestuftes System** eingeordnet werden. Abhängig vom Sicherheitsniveau und Zertifikat entfalten die signierten Dokumente unterschiedliche Rechtswirkungen. Nur **qualifizierte elektronische Signaturen** ersetzen eine eigenhändige Unterschrift (im Sinne der Schriftlichkeit des § 886 ABGB), wenn eine solche gesetzlich oder vertraglich vorgeschrieben ist. Das SVG regelt nur qualifizierte Dienste.

Eigenhändige Unterschrift

Check 12.3

1. **Vergleichen** Sie die verschiedenen Arten von elektronischen Signaturen (Zertifikaten) und erläutern Sie deren unterschiedliche Rechtswirkungen. Nennen Sie jeweils fünf Anwendungsbeispiele.
2. **Diskutieren** Sie in der Klasse über Ihre bisherigen Erfahrungen. Bringen Sie gegebenenfalls Beispiele (von zuhause) mit.

12.5 Gefahren im Internet

Wir sind heute von digitalen Medien umgeben, die nicht nur Chancen (z. B. bei der Bewältigung zahlreicher Aufgaben), sondern auch Risiken mit sich bringen. Diesen Risiken sind allerdings nicht nur Erwachsene ausgesetzt, sondern auch Kinder und Jugendliche wie Sie, die sich dieser Gefahren oft nicht bewusst sind oder diese als „nicht so schlimm" abtun. Das Internet kann jedoch süchtig machen, man kann gemobbt werden oder es kann zu sexuellen Übergriffen kommen, sodass einige Handlungen sogar strafrechtliche Konsequenzen nach sich ziehen. Außerdem nützen Kriminelle vermehrt das Internet, um Straftaten zu begehen. Details finden Sie auch im ▶ Bereich 14 Strafrecht.

Die Gefahren des Internets sind vielfältig: Einerseits kann man leicht zum Opfer, andererseits aber auch zur Täterin bzw. zum Täter werden.

Gewalt	Gewaltdarstellungen sind in Filmen, im Internet oder in Computerspielen allgegenwärtig und werden z. B. via Handy vermehrt verbreitet. Gewaltkonsum (also das Ansehen von Gewaltszenen) kann allerdings schädliche Auswirkungen auf das Wohlbefinden und Verhalten von Kindern und Jugendlichen haben, weil dadurch Wut, Verunsicherung oder Verängstigung ausgelöst wird. Häufiger, insbesondere früher Konsum von Mediengewalt kann zu einer Steigerung von Aggressionen führen.

Haben Sie sich schon einmal überlegt, wie viele strafrechtliche Delikte Sie durch *Happy Slapping* oder *Cybermobbing* begehen können (▶ Bereich 14)?

Diffamieren bedeutet, jemanden durch Beschimpfungen oder Unterstellungen gezielt schlecht zu machen (zu verleumden) bzw. Gerüchte zu verbreiten.

Auch durch das Filmen oder Fotografieren eigener sexueller Handlungen und deren Verbreitung kann man sich strafbar machen!

Zu häufiges Spielen am Computer kann zu einer Sucht führen.

Happy Slapping (engl.: „lustiges Draufschlagen")	Damit ist eine Form von Gewaltverhalten gemeint, bei der Szenen, in denen Personen geschlagen oder verletzt werden, gefilmt und danach via Handy oder Internet verbreitet werden. Neben körperlichen Verletzungen kommt für die Betroffenen die Demütigung hinzu, wenn die Gewalttat öffentlich gemacht wird – insbesondere wenn dies im Freundeskreis geschieht (▶ Bereich 14.4.6).
Cybermobbing	Mobbing geschieht längst nicht mehr nur in der realen, sondern immer häufiger auch in der virtuellen Welt. Durch die Verbreitung boshafter und diffamierender Texte, Bilder oder Filme via Handy oder Internet werden Personen schikaniert. Da die Opfer innerhalb kürzester Zeit und vor einer großen Gemeinschaft bloßgestellt werden, hat Cybermobbing so schwere Folgen. Hinzu kommt, dass einmal veröffentlichte Inhalte immer wieder an unterschiedlichen Orten auftauchen können (▶ Bereich 14.4.6).
Pornografie	Mit dem Heranwachsen entwickeln Kinder und Jugendliche eine natürliche Neugier für Sexualität. Auf der Suche nach hilfreichen, aufklärenden Informationen bedienen sie sich des Internets und stoßen dabei – oft ungewollt – auf pornografische Inhalte. Häufiger, regelmäßiger Konsum von (Internet-)Pornografie erzeugt bei Jugendlichen eine falsche Vorstellung der Sexualität im realen Leben. Dies kann zu sexuellem Leistungsdruck sowie dem Druck, den „perfekten Körper" haben oder sexuell stets verfügbar sein zu müssen, führen.
Sexting (engl.: „sex" und „texting")	Hierbei werden erotische Selbstaufnahmen in lasziven Posen sowie (pornografische) Mitteilungen via Handy oder Internet (z. B. über Facebook, WhatsApp und Snapchat) an eine Person oder Gruppe verschickt. Für gewöhnlich geschieht dies im Flirt oder im Rahmen einer intimen Beziehung als Liebesbeweis; manchmal auch „nur zum Spaß". Nach einer Trennung kann dieser Liebesbeweis aber aus Rache an einen unerwünschten Personenkreis weiterverschickt werden. Diese Bilder auf allen Plattformen löschen zu lassen und somit sicherzustellen, dass niemand sie herunterladen kann, ist praktisch unmöglich (▶ Bereich 14.4.6).
Sexuelle Übergriffe im Internet (Cybergrooming)	Sowohl Erwachsene als auch Jugendliche nutzen das Internet, um Freunde oder Liebespartner zu finden. Manche nutzen dies jedoch aus, um gezielt Kontakt aufzunehmen und sodann sexuelle Gewalt auszuüben (▶ Bereiche 14.4.4 und 14.4.6). In Chats, über Foren oder soziale Netzwerke kann der Kontakt leicht und anonym hergestellt werden. Meist gibt sich die Täterin bzw. der Täter als jemand anderer aus; für gewöhnlich wird vorgetäuscht, ebenfalls eine Jugendliche oder ein Jugendlicher zu sein. Über den virtuellen Kontakt wird eine Vertrauensbasis geschaffen, die dann missbraucht wird – etwa durch die Anstiftung zu pornografischen Aufnahmen oder durch das Drängen auf Treffen in der Realität, im Zuge derer es zu sexuellen Übergriffen kommt.
Internet- und Computerspielsucht	Jugendliche verbringen im Durchschnitt täglich ca. zwei Stunden im Internet. Ein übermäßiger Konsum kann allerdings zu einer Sucht führen. Ein hohes Suchtpotential weisen soziale Netzwerke, Chats und Online-Rollenspiele auf. Bedürfnisse wie Abenteuerlust, Anerkennung und Erfolg können in der virtuellen Welt befriedigt werden. Sozial ängstliche, depressive Jugendliche oder solche mit geringem Selbstwertgefühl sind stärker gefährdet, da über Onlinespiele und Internetkontakte das Gefühl entsteht, emotionale Probleme ließen sich leichter überwinden. Soziale Gemeinschaften werden gebildet und Freundschaft und Selbstsicherheit virtuell erlebt – etwas, das im realen Leben nicht immer gelingt.

Extremismus	Die Möglichkeiten, seine Meinung zu äußern, öffentliche Diskussionen zu führen oder Propaganda zu betreiben, sind vielfältig. Immer häufiger werden digitale Medien (aufgrund ihrer offensichtlichen Vorteile) für diskriminierende oder extremistische Äußerungen, Hassreden oder von radikalen Gruppen zur Anwerbung von Mitgliedern genutzt. Kinder und Jugendliche, die leichter beeinflussbar sind, übernehmen oft unreflektiert problematische Inhalte und verbreiten diese weiter. Die Verbreitung von Hassreden oder Aggression kann zu konkreter Gewalt in der realen Welt führen, und damit wiederum zu strafbaren Handlungen (▸ Bereich 14.4.6).
Datenmissbrauch	Viele Menschen geben persönliche Daten und Bilder von sich (und anderen) im Internet, in sozialen Netzwerken und Foren, in E-Mails, beim Chatten, Preisausschreiben oder Umfragen preis. Diese Daten werden – oft, ohne dass die Betroffenen davon wissen – von Suchmaschinen oder Apps gesammelt und gespeichert. Damit werden sie nutzbar und können von Dritten weiterverbreitet und kommerziell bzw. für Werbezwecke genutzt werden. Die Mittel des Datenschutzes sind nur begrenzt wirksam (▸ Bereich 13.2), weshalb Eigenverantwortung gefragt ist.

Medientipp
www.saferinternet.at

Cybercrime

Die Internetkriminalität nimmt viele Gestalten an. Häufigstes Ziel der betrügerischen Aktivitäten im Internet ist die finanzielle Bereicherung auf Kosten der Opfer (▸ Bereich 14.4.2). Insgesamt ist nicht nur ein Ansteigen der Fälle, sondern auch eine zunehmende Professionalisierung der Banden zu verzeichnen.

Die Zahl der gemeldeten Fälle von Computerkriminalität in Österreich steigt seit Jahren an. Lagen diese im Jahr 2004 noch bei ca. 800 und in den Jahren 2012 bis 2015 bei rund 10 000, sind sie im Jahr 2019 bereits auf fast 30 000 angestiegen.

Beliebte Betrugsformen

- **Anrufe von Microsoft:** Ein angeblicher Microsoft-Mitarbeiter kontaktiert die Opfer, um mitzuteilen, dass der Computer „Notsignale" aussendet. Im Zuge dessen wird auf das System zugegriffen, Daten gestohlen und Geld gefordert.
- **Hacking:** Kriminelle verschaffen sich Zugang zu fremden Computersystemen, um diese für kriminelle Zwecke zu nutzen oder – v. a. im öffentlichen Bereich – um Schwachstellen aufzuzeigen.
- **Phishing:** Es werden gefälschte E-Mails versandt, die den Eindruck erwecken, von der eigenen Bank zu stammen. Das Opfer wird dazu gebracht, eine bestimmte Seite aufzurufen, um dort (sensible) Bankdaten einzugeben.
- **Betrügerischer Datenverarbeitungsmissbrauch:** Fremde Computersysteme oder Smartphones werden über Downloads, E-Mails etc. mit Schadsoftware infiziert, um sensible (geheime) Daten auszuspähen.
- **Bestellbetrug:** Waren werden – mit falschem Namen – bestellt, ohne sie zu bezahlen, oder Waren verkauft, die gar nicht existieren; oft über Plattformen wie www.willhaben.at.
- **Missbräuchliche Verwendung von Kreditkartendaten im Internet:** Auf kriminelle Weise erlangte Kreditkartendaten werden zum Einkaufen genutzt.
- **Inkassobetrug:** Gefälschte E-Mails werden verschickt, um angeblich nicht bezahlte Rechnungen einzumahnen. In einem Anhang, der mit Schadsoftware infiziert ist, sollen sich weitere Informationen befinden.
- **Gewinnverständigungen:** E-Mails mit hohen Gewinnversprechen (z. B. „Sie haben im Lotto gewonnen!") werden verschickt. Um den vermeintlichen Gewinn zu erhalten, muss jedoch zuerst Geld überwiesen werden, um angebliche Kosten zu begleichen.

Medientipp
www.bmi.gv.at (Bundeskriminalamt)

Beim Bundeskriminalamt ist eine Meldestelle eingerichtet, bei der Fälle von Computerkriminalität gemeldet werden können (against-cybercrime@bmi.gv.at). Jede Meldung hilft, Internetkriminalität zu bekämpfen.

- **Notfall- oder Bettel-E-Mails:** E-Mails werden an die Kontakte geknackter E-Mail-Konten verschickt und Verwandte oder Freunde wegen eines Notfalls um eine rasche Geldüberweisung gebeten (Beispiel: Ein Neffe befindet sich im Urlaub und Geld und Kreditkarten wurden gestohlen; nun benötigt er angeblich dringend finanzielle Hilfe).
- **Angriffe auf Social-Media-Accounts:** Schlecht gesicherte Profile auf Social-Media-Plattformen werden gehackt. Dann wird eine Notlage vorgetäuscht und Freunde werden aufgefordert, dringend benötigte Gelder zu überweisen (ähnlich den Notfall-E-Mails). Hinzu kommt, dass die gestohlenen Profile oft dazu genutzt werden, den Ruf des Opfers zu schädigen.
- **Finanzagenten:** Stellenanzeigen oder Massen-E-Mails versprechen hohe Verdienstmöglichkeiten (z. B. „Nebenjob" oder „Arbeit für dich"). Um den Posten anzutreten, müssen allerdings die Bankdaten bekannt gegeben werden. Diese werden sodann für Geldwäschetransfers verwendet. Hier macht sich auch das Opfer als Mittäter strafbar!
- **Love Scam (Partnervermittlungsbetrug):** Hier wird das Opfer aktiv ausgesucht, durch das Vortäuschen von Liebe in eine Affäre verwickelt und finanziell ausgebeutet („Heiratsschwindler").
- **„Polizei-Virus", „Polizei-Trojaner":** Durch das Surfen auf manipulierten Seiten wird automatisch eine Schadsoftware auf den Computer heruntergeladen, die sich selbstständig installiert und den Computer unbrauchbar macht. Dem Opfer wird vorgetäuscht, dass diese Sperre durch die Polizei bzw. das Bundeskriminalamt erfolgte. Zur Freischaltung wird Geld verlangt.
- **Cold Calling:** Anrufer setzen das Opfer unter den verschiedensten Vorwänden (z. B. Stornierung eines Gewinnspiel-Abos) unter Druck, Geld zu überweisen.

Check 12.4

Berichten Sie in der Klasse über Ihre persönlichen Erfahrungen mit Datenschutz bzw. sozialen Netzwerken. **Diskutieren** Sie über die Bedeutung des Datenschutzes und die Bereitschaft – vor allem in sozialen Netzwerken – auf diesen zu verzichten.

12.6 Rechtsinformationssystem des Bundes (RIS)

Eine der Aufgaben einer Bundeskanzlerin bzw. eines Bundeskanzlers als Regierungschef ist die Information der Öffentlichkeit über die Regierungstätigkeit (**Transparenz**). Das **Bundeskanzleramt** ist der dem Bundeskanzler untergeordnete **Verwaltungsapparat**.

Das Rechtsinformationssystem des Bundes (RIS) ist eine vom Bundeskanzler unter der Domain **www.ris.bka.gv.at** betriebene **elektronische Datenbank**, die der Information über das Recht der Republik Österreich dient. Sie ist **kostenfrei** zugänglich. Seit 2004 erfolgt über das RIS die **Kundmachung** der im **Bundesgesetzblatt** zu verlautbarenden Rechtsvorschriften. Mittlerweile wird auch die allfällige Kundmachung von in **Landesgesetzblättern** zu verlautbarenden Rechtsvorschriften (alle Länder seit 2015) im RIS vorgenommen.

Weiters erhält man den Zugang zum **EU-Recht**, zur **Rechtsprechung**, zu ausgewählten Rechtsnormen von **Gemeinden** und zu ausgewählten **Erlässen** von Bundesministerien. Noch nicht enthaltene Informationen (z. B. ältere Gerichtsurteile) werden – neben der laufenden Dateneingabe – rückwirkend chronologisch nacherfasst. Die Serviceerweiterungen der letzten **18 Monate** sind auf der Startseite zu finden.

Das RIS funktioniert wie eine **Suchmaschine**, die Abfragemasken sind einfach zu bedienen. Man kann nach **Begriffen**, **Paragrafen** oder **Geschäftszahlen** (Aktenzahlen) suchen. Möchte man sich über bundesgesetzliche Vorschriften informieren, ist eine Suche in „Bundesrecht konsolidiert" zu empfehlen. Das bedeutet, dass bei allen Vorschriften auch sämtliche **später kundgemachten Änderungen** und **Berichtigungen** eingearbeitet wurden. Die abrufbaren Texte sind **in verschiedenen Formaten** zugänglich, können gespeichert, bearbeitet und in eigene Dokumente eingefügt werden.

Check 12.5

Recherchieren Sie im RIS:

1. **Finden** Sie den Auslieferungsvertrag zwischen Österreich und dem Fürstentum Monaco und **nennen** Sie die entsprechende Fundstelle (BGBl).
2. **Nennen** Sie jene Gesetzesstelle in der Straßenverkehrsordnung, die über den Vorrang des Rechtskommenden Auskunft gibt (Rechtsregel).
3. **Stellen** Sie die Strafen bei falscher Zeugenaussage **dar**.
4. Die 15-jährige Martina aus Wien möchte eine Veranstaltung ihrer Lieblingsband besuchen, weiß aber nicht, wie lange sie wegbleiben darf. Der gleichaltrige Thomas aus Innsbruck hat dasselbe Problem. **Helfen** Sie den beiden, indem Sie über die entsprechenden Gesetzesstellen und deren Inhalt Auskunft geben.
5. § 142 StGB (Strafgesetzbuch) setzt die Strafe für Raub fest. Durch § 143 StGB wird eine schwerere Strafe verhängt, wenn der Raub „unter Verwendung einer Waffe“ erfolgt. Recherchieren Sie nach der Antwort, ob auch eine Spielzeugpistole als Waffe gilt und es daher zu einer höheren Strafe kommt. **Nennen** Sie drei Geschäftszahlen zu von Ihnen aufgefundenen Entscheidungen.
6. Sie finden eine Notiz, auf der Sie sich die Entscheidung 8 Ob 155/06m (bzw. 2 Ob 82/08k) als wichtig markiert haben. **Beschreiben** Sie den Inhalt des Rechtssatzes.

Wissens- und Verständnischeck 12

Schätzen Sie Ihr Wissen bzw. Verständnis ein: +2 = ganz gut, –2 = nicht gut	+2	+1	–1	–2
Ich kenne die Besonderheiten des elektronischen Rechts- und Geschäftsverkehrs und einige seiner Anwendungsbereiche.				
Ich kann die verschiedenen Regelungs- und Schutzzwecke unterscheiden.				
Ich kann die rechtlichen Bestimmungen auf einfache Fallstellungen anwenden.				

Sind Sie mit Ihrem Lernfortschritt zufrieden?

Wenn Sie noch weitere Anleitungen und Übungen benötigen, hilft Ihnen Ihre Lehrerin/Ihr Lehrer weiter!

13 Datenschutzrecht

Gerade haben Sie ein Foto mit Ihrer Freundin auf Facebook gepostet. Man sieht Sie beide vor Ihrem Lieblingscafé in der Altstadt. Davor haben Sie wieder einmal einen Kundenkartenantrag beim Shoppen ausgefüllt. War oder ist Ihnen dabei bewusst, wie viel Sie bei solchen Gelegenheiten von sich (oder Ihrer Freundin) verraten haben? Unternehmen sind bereit, viel Geld für diese Daten zu bezahlen, um Kundinnen und Kunden wie Ihnen individualisierte Angebote zu machen. Sie erhoffen sich dadurch eine Absatzförderung. Insbesondere die Geschäftsmodelle von Google und Facebook beruhen auf der Erstellung von Kundenprofilen, um gezielt Werbeeinschaltungen einzublenden. Die Motive können noch verwerflicher sein, wenn die Daten zum Schaden anderer oder zu kriminellen Zwecken benutzt werden sollen.

Im 13. Bereich dieses Buches erwerben Sie folgende Kompetenzen:

Kompetenzen 13

- ein Verständnis für den Begriff **Datenschutz** entwickeln
- die Bedeutung des Datenschutzes als **Grundrecht** erfassen
- den **Schutzzweck** des Datenschutzgesetzes kennen
- die verschiedenen Rechtsbereiche, in denen Datenschutz wichtig ist, mit **sozialen Netzwerken** in Beziehung setzen und **rechtliche Risiken** erkennen
- das **eigene Nutzerverhalten** in sozialen Netzwerken kritisch analysieren

13.1 Datenschutz und Datenschutzgesetz (DSG)

13.1.1 Grundrecht auf Datenschutz

Der „Platz der Grundrechte" in Karlsruhe (Deutschland).

Die **Erfassung, Analyse und Weitergabe** von Daten wird aufgrund des technischen Fortschritts immer einfacher. Daten des Freundeskreises, von Bekannten, Kundinnen und Kunden sowie Mitarbeiterinnen und Mitarbeitern werden häufig und ohne nachzudenken weitergegeben. Dies geschieht oft, ohne die Betroffenen davon zu informieren bzw. ihre Einwilligung einzuholen, wodurch deren **Privatsphäre verletzt** wird.

Das Datenschutzrecht wurde geschaffen, damit Menschen dieser Vorgangsweise – zumindest im geschäftlichen Bereich – nicht hilflos ausgesetzt sind. Dem österreichischen Gesetzgeber ist der Schutz der Betroffenen so wichtig, dass er **Art 1** (**§ 1**) des **Datenschutzgesetzes** in den **Verfassungsrang** erhoben hat. Neben einigen EU-Datenschutzrichtlinien und der Datenschutz-Grundverordnung (DSGVO) garantiert die **EU-Grundrechtecharta (Art 8)** den Schutz personenbezogener Daten. Die **Europäische Menschenrechtskonvention (EMRK)** enthält das **Grundrecht** auf Achtung des Privat- und Familienlebens, das auch datenschutzrechtliche Aspekte berücksichtigt. Eine Einschränkung ist daher nur unter den strengen Bedingungen des Grundrechtsschutzes möglich. Im DSG finden sich dazu strenge Sonderbestimmungen.

Das Grundrecht auf Datenschutz besteht für **alle personenbezogenen Daten.** Betroffene haben das Recht auf:

- **Auskunft** darüber, wer welche Daten über sie verarbeitet, woher diese stammen, wozu sie verwendet und insbesondere an wen sie übermittelt werden;
- die **Richtigstellung** unrichtigter und
- die **Löschung** unzulässigerweise verarbeiteter Daten.

Medientipp
www.oesterreich.gv.at
www.coe.int
(Europarat: Übereinkommen zum Schutz des Menschen bei der automatischen Verarbeitung personenbezogener Daten)
www.data.gv.at

Zur Durchführung der DSGVO hat der österreichische Gesetzgeber das DSG 2000 aufgehoben und neu gestaltet. Das mit 25.5.2018 in Kraft getretene DSG enthält einerseits Durchführungsbestimmungen und ergänzende Regelungen (1. und 2. Hauptstück), andererseits Sonderbestimmungen zur Verarbeitung personenbezogener Daten für Zwecke der Sicherheitspolizei einschließlich des polizeilichen Staatsschutzes, des militärischen Eigenschutzes, der Aufklärung und Verfolgung von Straftaten, der Strafvollstreckung und des Maßnahmenvollzugs (3. Hauptstück). Darüber hinaus finden sich besondere Straf- (4. Hauptstück) und Schlussbestimmungen (5. Hauptstück) im DSG. Im Folgenden finden Sie Informationen zu den Regelungen des 1. und 2. Hauptstücks.

13.1.2 Begriffe und Regelungsbereiche

Wie bereits erwähnt schützt das DSG alle personenbezogenen Daten.

Definition

Personenbezogene Daten sind **alle Informationen,** durch die Betroffene **identifiziert** werden oder **identifizierbar** sind.

Als identifizierbar wird eine natürliche Person angesehen, die **direkt oder indirekt,** insbesondere mittels **Zuordnung zu einer Kennung** wie einem Namen, zu einer Kennnummer, zu Standortdaten, zu einer Online-Kennung oder zu einem oder mehreren **besonderen Merkmalen,** die Ausdruck der physischen, physiologischen, genetischen, psychischen, wirtschaftlichen, kulturellen oder sozialen Identität dieser natürlichen Person sind, identifiziert werden kann.

Personenbezogene Daten: Name, Alter, Geburtsdatum, Anschrift, Telefonnummer, E-Mail-Adresse, Kontonummer, Ausweisnummer, Krankendaten, Familienstand.

Das DSG unterscheidet jedoch nicht mehr zwischen der Erhebung, Verarbeitung und Nutzung von personenbezogenen Daten, sondern fasst sämtliche Arten der Handhabung mit Daten unter dem Begriff **Verarbeitung** zusammen. Es gilt für die **ganz** oder **teilweise automatisierte** Verarbeitung personenbezogener Daten sowie für die **nichtautomatisierte** Verarbeitung personenbezogener Daten, die in einem Dateisystem gespeichert sind oder **gespeichert** werden sollen.

Keine personenbezogenen Daten sind **allgemeine Aussagen** (die keine Rückschlüsse zulassen) oder **statistische Aufzeichnungen** (z. B. „Die Arbeitslosigkeit betrug im Jahr 2016 durchschnittlich 5,7 %.“).

Definition

Unter **Verarbeitung** versteht man jeden **mit oder ohne Hilfe automatisierter Verfahren** ausgeführten **Vorgang** oder jede solche Vorgangsreihe im Zusammenhang mit personenbezogenen Daten.

Handelt es sich um personenbezogene Daten über gerichtlich oder verwaltungsbehördlich strafbare Handlungen oder Unterlassungen, insbesondere auch über den Verdacht der Begehung von Straftaten sowie über strafrechtliche Verurteilungen oder vorbeugende Maßnahmen, ist eine Verarbeitung nur **eingeschränkt** zulässig.

Datenverarbeitungszentrum

Weitere Sonderbestimmungen bestehen u. a. für

- die Datenverarbeitung zu spezifischen Zwecken (im öffentlichen Interesse liegende Archivzwecke, wissenschaftliche oder historische Forschungszwecke oder statistische Zwecke),
- die Zurverfügungstellung von Adressen zur Benachrichtigung und Befragung von Betroffenen und
- die Verarbeitung personenbezogener Daten im Katastrophenfall.

Die **Datenverarbeitung** umfasst u. a. das Erheben, das Erfassen, die Organisation, das Ordnen, die Speicherung, die Anpassung oder Veränderung, das Auslesen, das Abfragen, die Verwendung, die Offenlegung durch Übermittlung, Verbreitung oder eine andere Form der Bereitstellung, den Abgleich oder die Verknüpfung, die Einschränkung, das Löschen oder die Vernichtung.

Beteiligte an der Datenverarbeitung		
Verantwortliche/Verantwortlicher = Person oder Stelle, die allein oder gemeinsam über die Zwecke und Mittel der Datenverarbeitung entscheidet	**Auftragsverarbeiterin/ Auftragsverarbeiter** = Person/Stelle, die im Auftrag des Verantwortlichen personenbezogene Daten verarbeitet	**Betroffene** = Personen, deren Daten verarbeitet werden

Verantwortliche können die Datenverarbeitung selbst vornehmen oder von Auftragsverarbeiterinnen und Auftragsverarbeitern durchführen lassen. Sowohl Verantwortliche, Auftragsverarbeiter als auch deren Mitarbeiterinnen und Mitarbeiter sind gesetzlich zur Geheimhaltung verpflichtet (**Datengeheimnis**). Mitarbeiter sind ggfs. auch vertraglich dazu zu verpflichten. Überdies dürfen sie personenbezogene Daten aufgrund ausdrücklicher Anordnung des Arbeitgebers übermitteln.

13.1.3 Datenschutzbeauftragte

Verantwortliche und Auftragsverarbeiter (Unternehmen und öffentliche Stellen), deren Kerntätigkeit

- in der **Durchführung von Verarbeitungsvorgängen**, die die umfangreiche, regelmäßige und systematische Beobachtung von Betroffenen erforderlich macht, oder
- in der **umfangreichen Verarbeitung über strafrechtliche Verurteilungen** oder **Straftaten**,

besteht, haben überdies eine Datenschutzbeauftragte bzw. einen Datenschutzbeauftragten (im öffentlichen Bereich ggfs. mehrere) zu bestellen.

Datenschutzbeauftragte und für sie tätige Personen sind bei der Erfüllung ihrer Aufgaben – unabhängig von anderen Verschwiegenheitsverpflichtungen – ebenfalls zur **Geheimhaltung** verpflichtet; und das auch nach dem Ende ihrer Tätigkeit. Die Geheimhaltung gilt insbesondere in Bezug auf die Identität Betroffener sowie über Umstände, die Rückschlüsse auf diese Personen zulassen (Ausnahme: Entbindung von der Verschwiegenheit). In bestimmten Fällen steht ihnen auch ein Aussageverweigerungsrecht zu.

13.1.4 Bildverarbeitung

Überwachungskamera: Ein absolutes Überwachungsverbot besteht in höchstpersönlichen Lebensbereichen (z. B. Toilette) oder zur Mitarbeiterkontrolle.

Sofern nicht durch andere Gesetze Besonderes bestimmt ist, regelt das DSG auch die Verarbeitung personenbezogener Daten mittels **Fotos und Videos.** Eine solche ist nur **zulässig**, wenn

- sie **im lebenswichtigen Interesse** einer Person erforderlich ist,
- die betroffene Person **eingewilligt** hat,
- sie durch besondere gesetzliche Bestimmungen **angeordnet oder erlaubt** ist, oder
- im Einzelfall **überwiegende berechtigte Interessen** des Verantwortlichen oder eines Dritten bestehen und die **Verhältnismäßigkeit** gegeben ist.

Letzteres betrifft Fälle des vorbeugenden Schutzes von privaten Liegenschaften (z. B. wenn es bereits mehrere Einbrüche gab) oder von Personen und Sachen an öffentlich zugänglichen Orten oder solchen, die ein besonderes Gefährdungspotenzial aufweisen (z. B. Banken).

13.1.5 Besondere Datensicherheitsmaßnahmen und Kennzeichnung

Aufgrund der besonderen Bedeutung des Datenschutzes sieht das DSG eine Reihe von Pflichten für Verantwortliche und Auftragsverarbeiterinnen und Auftragsverarbeiter (insbesondere im 3. Hauptstück) vor, um diese stärker in die Verantwortung zu nehmen.

Pflichten von Verantwortlichen

- technische und organisatorische Maßnahmen
- Protokoll
- Löschung (72 Stunden)
- Kennzeichnung

Verantwortliche haben **geeignete technische und organisatorische Maßnahmen und Verfahren** (z. B. datenschutzfreundliche Voreinstellungen, Meldung von Verstößen) zu ergreifen und dafür zu sorgen, dass der Zugang zu Bildaufnahmen oder nachträgliche Veränderungen durch **Unbefugte** ausgeschlossen sind. Außer in den Fällen von Echtzeitüberwachung ist **jeder Verarbeitungsvorgang** zu **protokollieren.** Wenn personenbezogene Daten für den Zweck, für den sie ermittelt wurden, nicht mehr benötigt werden und keine andere gesetzlich vorgesehene Aufbewahrungspflicht besteht, sind diese **innerhalb von 72 Stunden** zu **löschen.** Eine längere Aufbewahrung muss **verhältnismäßig** sein und ist gesondert zu protokollieren und zu **begründen.** Bildaufnahmen sind überdies vom Verantwortlichen geeignet zu **kennzeichnen**, sodass dieser eindeutig hervorgeht. Betroffenen steht – bis auf wenige Ausnahmen – ein Auskunftsrecht über die Identität des Verantwortlichen zu.

13.1.6 Datenschutzrat und Datenschutzbehörde

Der **Datenschutzrat** ist – wie der Name schon sagt – ein beratendes Organ, das beim Bundeskanzleramt eingerichtet ist. Er besteht aus 22 Mitgliedern der politischen Parteien und verschiedenster öffentlicher Körperschaften. Seine Aufgaben sind die **Stellungnahme** zu Fragen von grundsätzlicher Bedeutung für den Datenschutz, die **Förderung** der einheitlichen Fortentwicklung des Datenschutzes und die **Beratung** der Bundesregierung in rechtspolitischer Hinsicht bei datenschutzrechtlich relevanten Vorhaben. Hierzu erstellt der Datenschutzrat unter anderem Gutachten und gibt Empfehlungen ab. Er hat das Recht, Gutachten, Auskünfte und Berichte einzuholen.

dsb
Republik Österreich
Datenschutz behörde

Datenschutzbehörde Österreich

Die **Datenschutzbehörde** ist ein **unabhängiges und weisungsfreies Kontrollorgan.** Ihr steht eine Leiterin bzw. ein Leiter vor, die bzw. der auf Vorschlag der Bundesregierung vom Bundespräsidenten für die Dauer von **fünf Jahren bestellt** wird, wobei eine Wiederbestellung zulässig ist. Aufgrund der besonderen Position ist die Ausübung dieses Amtes mit bestimmten anderen Ämtern (z. B. Mitglieder der Regierung, Abgeordnete) nicht vereinbar. Die Datenschutzbehörde **berät** die Ausschüsse des Nationalrates und des Bundesrates, die Bundesregierung und die Landesregierungen auf deren Ersuchen bezüglich legislativer und administrativer Maßnahmen. Sie ist in Fragen des Datenschutzes **vor** der Erlassung von Bundesgesetzen und von Verordnungen im Vollzugsbereich des Bundes **anzuhören.**

Medientipp
www.dsb.gv.at

Die Datenschutzbehörde verfügt über die folgenden Befugnisse:

Befugnisse der Datenschutzbehörde

- Überprüfung von Datenverarbeitungen
- Einschränkung bzw. Untersagung der Weiterführung
- Verhängung von Geldbußen und Verwaltungsstrafen
- Erklärung des Verfalls bestimmter Gegenstände

Die Datenschutzbehörde kann von Verantwortlichen oder Auftragsverarbeitern der überprüften Datenverarbeitung alle notwendigen **Aufklärungen, Einschau** in Datenverarbeitungen und diesbezügliche **Unterlagen** verlangen. Im Rahmen von Prüfungen darf die Datenschutzbehörde (bzw. ihre Vertreterinnen und Vertreter) Räume betreten, Datenverarbeitungsanlagen in Betrieb nehmen, Datenträger kopieren usw. Liegt durch den Betrieb einer Datenverarbeitung eine wesentliche unmittelbare Gefährdung schutzwürdiger Geheimhaltungsinteressen von Betroffenen vor, kann die Datenschutzbehörde die **Weiterführung** der Datenverarbeitung (ggfs. teilweise) mittels Bescheid **untersagen** oder einschränken. In diesem Zusammenhang ist die Datenschutzbehörde auch zur Verhängung von **Geldbußen** (gegen juristische Personen) und Verwaltungsstrafen berechtigt.

Das DSG sieht Verwaltungsstrafen bis 50.000 € vor, sofern die Tat nicht nach anderen Verwaltungsstrafbestimmungen mit strengerer Strafe bedroht ist. Überdies kann die Strafe des Verfalls von Datenträgern und Programmen sowie Bildübertragungs- und Bildaufzeichnungsgeräten ausgesprochen werden, wenn die Gegenstände mit einer Verwaltungsübertretung im Zusammenhang stehen.

Grundsätzlich kann sich jede und jeder Betroffene nach der Verletzung der eigenen Rechte mittels **Beschwerde** an die Datenschutzbehörde wenden. Diese ist innerhalb eines Jahres ab Kenntnis der Rechtsverletzung einzubringen, längstens jedoch binnen drei Jahren ab Verletzung. Die Datenschutzbehörde hat die Betroffenen bei der Durchsetzung ihrer Ansprüche zu **unterstützen** und innerhalb von **drei Monaten** über den Stand des Verfahrens zu **informieren.** Erfolgt die Information nicht fristgerecht oder bleibt die Datenschutzbehörde untätig, können sich Betroffene an das **Bundesverwaltungsgericht** wenden. Zivilrechtliche Schadenersatzansprüche gegen Verantwortliche sowie gegen Auftragsverarbeiterinnen und Auftragsverarbeiter können allerdings nur gerichtlich geltend gemacht werden (Landesgericht). In all diesen Fällen kann sich die bzw. der Betroffene von einem dazu berechtigten **Verband** vertreten lassen.

Check 13.1

1. **Erörtern** Sie – eventuell in der Klasse – das Grundrecht auf Datenschutz. **Erläutern** Sie dabei auch dessen Regelungsbereiche und die Rechte der Betroffenen. Recherchieren Sie dazu gegebenenfalls im Internet.
2. **Recherchieren** Sie im Internet, welche Datensicherheitsmaßnahmen Verantwortliche und Auftragsverarbeiterinnen und Auftragsverarbeiter treffen müssen.
3. **Kennzeichnen** Sie folgende Aussagen mit „R" (für richtig) oder „F" (für falsch) und berichtigen Sie falsche Aussagen:

	R/F	Richtigstellung
Verantwortliche haben keine besonderen Maßnahmen zur Datenverarbeitung zu treffen.		
Datenschutzbeauftragte unterliegen nicht der Geheimhaltungspflicht.		
Betroffene können ihre Zustimmung zur Datenverarbeitung jederzeit widerrufen.		
Personenbezogene Daten können jederzeit veröffentlicht werden.		
Die Datenverarbeitung für private Zwecke unterliegt keinen Beschränkungen.		
Betroffene haben das Recht auf Auskunft, Richtigstellung und Löschung.		
Die Datenschutzbehörde ist beim Bundeskanzleramt eingerichtet.		
Videoüberwachung ist bei besonderer Gefährdung immer zulässig.		
Datensicherheitsmaßnahmen sind nur von Auftragsverarbeiterinnen und Auftragsverarbeitern zu treffen.		

4. **Stellen** Sie die Aufgaben und Befugnisse der Datenschutzbehörde – gegebenenfalls auch grafisch – **dar.**

13.2 Umgang mit Social Media

Soziale Medien werden immer häufiger verwendet. Der ursprüngliche Gedanke des einfachen **Informations- bzw. Kommunikationsaustausches** ist längst überholt. Soziale Medien begleiten uns ständig. Die vielfältigen Anwendungsmöglichkeiten (z. B. Blogs, Foren, Videoportale, soziale Netzwerke, Online-Spiele), die ständig ausgeweitet werden, verleiten zur vermehrten Nutzung, sowohl im beruflichen als auch privaten Bereich. Verlockend sind Eigenschaften wie leichter Zugang, einfache Handhabung, große Reichweite, Aktualität und wenig bis keine Kosten.

Seien Sie ehrlich: Wie viel geben Sie von sich preis? Haben Sie jemals die AGB von Facebook gelesen?

Vielen ist nicht bewusst, dass bzw. wie viele Informationen (Daten) sie über sich oder andere preisgeben. Denn oft werden diese Daten nicht nur von den gewünschten Personen eingesehen. Einmal im Internet gespeicherte Fotos oder Texte bleiben immer verfügbar, auch wenn man das nicht (mehr) möchte. Gleichzeitig wird – oft ebenfalls unbewusst – gegen rechtliche Bestimmungen (**z. B. Urheberrechte, Kennzeichenrechte, Persönlichkeitsrechte**) verstoßen. In schlimmen Fällen werden Plattformen genutzt, um andere öffentlich bloßzustellen oder anderweitig zu belästigen (**Cyber-Mobbing**). Aber auch andere Kriminelle nützen die (unfreiwillig) ins Netz gestellten Daten und Informationen zu ihrem Vorteil und um anderen Schaden zuzufügen (**z. B. Stalking, Internetbetrug**).

Medientipp
www.artworx.at
www.saferinternet.at

Aufgrund der vielen Gefahren haben sich inzwischen einige Initiativen gebildet, um vor allem bei sozialen Netzwerken wie Facebook **Bewusstseinsbildung** zu betreiben. Die europäischen Datenschutzbestimmungen sind wesentlich strenger als jene in den USA, wodurch es häufig zu Verstößen gegenüber europäischen Nutzerinnen und Nutzern kommt. Man möchte erreichen, dass mit diesen Daten transparenter umgegangen wird und Daten nicht unbegrenzt gespeichert werden.

Check 13.2

Bilden Sie Kleingruppen von vier bis fünf Personen. **Gestalten** Sie jeweils ein Plakat über die Vor- und Nachteile (Gefahren) sozialer Netzwerke und Medien und **präsentieren** Sie dieses in der Klasse.

Wissens- und Verständnischeck 13

Schätzen Sie Ihr Wissen bzw. Verständnis ein: +2 = ganz gut, –2 = nicht gut	+2	+1	–1	–2
Ich kenne die Bedeutung des Datenschutzes als Grundrecht.				
Ich kenne den Schutzzweck des DSG.				
Ich kenne die verschiedenen Rechtsbereiche, in denen Datenschutz wichtig ist, und kann diese mit sozialen Netzwerken in Verbindung setzen.				
Ich kann rechtliche Risiken in sozialen Netzwerken erkennen und mein eigenes Verhalten danach richten.				

Sind Sie mit Ihrem Lernfortschritt zufrieden?

Wenn Sie noch weitere Anleitungen und Übungen benötigen, hilft Ihnen Ihre Lehrerin/Ihr Lehrer weiter!

14 Strafrecht

Strafrecht ist jeder und jedem ein Begriff. Wer kennt sie nicht, die verschiedenen Anwaltsserien, Krimiserien und Gerichtsshows, die tagtäglich über unsere Bildschirme flimmern? Diese reichen von *Medical Detectives* über *CSI* und *Tatort* bis hin zu *Richter Alexander Hold* und *Richterin Barbara Salesch*, um nur einige wenige zu nennen. Dass diese Serien sehr wenig mit der Realität zu tun haben, weil sie entweder komplett erfunden (sozusagen rechtsfrei sind) oder einer anderen Rechtsordnung (meist der US-amerikanischen) unterliegen, ist so manchem nicht klar.

Andererseits empfinden jene, die sich mit aktuellen Fällen befassen, von denen man in den Nachrichten hört, das Recht oft als unfair: Wie kann es sein, dass ein Vergewaltiger eine Fußfessel bekommt? Wieso bekommt ein Mörder nur fünf Jahre Haft? Warum bekommt man eine Strafe, wenn man doch nur etwas aus dem Internet heruntergeladen hat?

Im 14. Bereich dieses Buchs erwerben Sie folgende Kompetenzen:

Kompetenzen 14

- den **Zweck** des Strafrechts beschreiben
- das **Verwaltungsstrafrecht** und das **(Kriminal-)Strafrecht** vergleichen
- die **Voraussetzungen** der Strafbarkeit erläutern
- die Strafbarkeit anhand **einfacher Fallbeispiele** beurteilen
- die Deliktsgruppen und ähnliche **Delikte** unterscheiden
- die Kriterien der **Strafzumessung** nennen und deren Vorgangsweise erklären

14.1 Überblick über das Strafrecht

Dieser Teil beschäftigt sich mit den inhaltlichen Regelungen des Strafrechts (materielles Strafrecht); die prozessualen Regelungen (formelles Strafrecht) können Sie im Bereich Rechtsdurchsetzung (▶ Bereich 17) nachlesen.

In ca. einem Drittel der Staaten der Welt wird Homosexualität heute noch bestraft. Die Freiheitsstrafen reichen von zwei bis 25 Jahren; es wird sogar die Todesstrafe verhängt.

14.1.1 Allgemeines

Wie Sie bereits gelernt haben, gehört das Strafrecht zum **öffentlichen Recht**. Nur der Staat hat einen Anspruch darauf, Menschen für ihre Vergehen bzw. Verbrechen zu bestrafen. Dem **Gesetzgeber** obliegt dabei die Entscheidung, ob er eine Tat einerseits als weniger schwer ansieht, sodass er sie als Ordnungswidrigkeit dem **Verwaltungsstrafrecht** (z. B. Verkehrsstrafen, die von der Polizei verhängt werden) zuordnet, oder andererseits als so schwer, dass er sie als kriminelle Handlung nach dem **Kriminalstrafrecht** (kurz: Strafrecht) bestraft. Kriminelle Handlungen unterliegen der Zuständigkeit der Gerichte, die – nach Durchführung eines mündlichen Verfahrens – sowohl **Geld-** als auch **Freiheitsstrafen** verhängen. Nur eine gerichtliche Verurteilung führt als **Vorstrafe** zu einem Eintrag im **Strafregister**.

Freilich spiegelt diese Einordnung des Gesetzgebers auch die **Werte und Haltungen** einer Gesellschaft wider, die dem Wandel der Zeit unterliegen und sich dementsprechend ändern.

So war z. B. Homosexualität noch bis 1971 in Österreich strafbar (seit 1852 als „Verbrechen der Unzucht wider die Natur“ im Strafgesetzbuch); Doping wurde 2010 (als Unterfall des schweren Betrugs) im Strafrecht verankert. Die verschiedenen Gesetzgeber sehen diese Einordnung durchaus **unterschiedlich**: Fahrerflucht (ohne Personenschaden) ist in Österreich ein verwaltungsstrafrechtliches Delikt, in Deutschland hingegen unterliegt die Fahrerflucht in jedem Fall dem Kriminalstrafrecht.

Mit dem Strafrechtsänderungsgesetz 2015 hat der Gesetzgeber wieder einige Änderungen im Strafrecht vorgenommen. Diese dienten nicht nur der Umsetzung von EU-Richtlinien, sondern insbesondere einer Modernisierung des Strafgesetzbuches durch Schaffung zeitgemäßer Regelungen (z. B. **Einfügen neuer Delikte** wie Zwangsheirat oder schwere gemeinschaftliche Gewalt) und einer Effizienzsteigerung des Strafverfahrens (z. B. bei der Bekämpfung von Bilanzdelikten oder im Ermittlungsverfahren der StPO).

Durch das Gewaltschutzgesetz 2019 werden u. a. im StGB die Strafdrohungen für Körperverletzungsdelikte erhöht.

Definition

Ein **Delikt (Straftat)** ist die gesetzliche Beschreibung eines strafrechtlich **verbotenen Verhaltens.** Dies kann sowohl eine **Handlung** als auch eine **Unterlassung** sein.

14.1.2 Rechtsgrundlagen

Die wesentlichsten Bestimmungen des materiellen Strafrechts enthält das Strafgesetzbuch (StGB). Zahlreiche Nebengesetze wie das Suchtmittelgesetz (SMG) oder Verbandsverantwortlichkeitsgesetz (VbVG) ergänzen dieses. Einzelne Strafbestimmungen finden sich in verschiedenen Gesetzen wie dem Aktiengesetz (AktG), Urheberrechtsgesetz (UrhG) oder Datenschutzgesetz (DSG) als Spezialregelungen. Die Grundlage des formellen Strafrechts bildet die Strafprozessordnung (StPO).

Seit 1.1.2006 können auch juristische Personen (und Personengesellschaften) gemäß VbVG strafrechtlich zur Verantwortung gezogen werden.

14.2 Strafbarkeit

Nicht für jede verbotene Handlung oder Unterlassung wird man sofort bestraft. Es müssen verschiedene Voraussetzungen erfüllt werden. Selbst dann können Gründe vorliegen, die eine Bestrafung ausschließen.

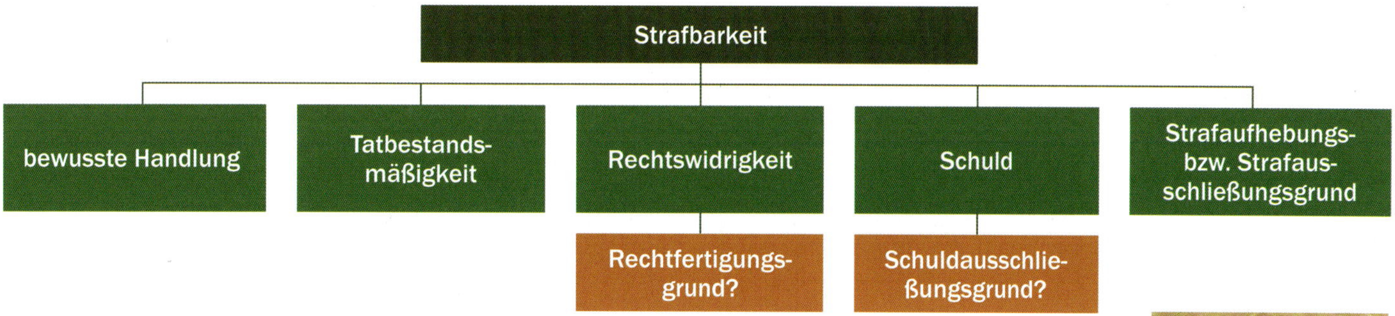

14.2.1 Handlung

Schnell kann etwas passieren, doch nicht immer ist es strafbar.

Eine Handlung muss **bewusst** ausgeführt werden, um strafbar zu sein. Ist das Verhalten nicht **vom Willen** der oder des Ausführenden **beherrschbar**, ist es straflos. Dies ist der Fall, wenn man aufgrund von fremder Gewalteinwirkung keinen Einfluss auf sein Verhalten hat, bei Körperreflexen, im Zustand der Bewusstlosigkeit und im Schlaf.

Beispiele: Unbewusste Handlungen

1. Eine Patientin hat einen Krampfanfall. Während sie ein Krankenpfleger fixieren möchte, wird er von der Patientin im Gesicht getroffen und erleidet einen Nasenbeinbruch.
2. Michael leidet an Morbus Parkinson (Schüttellähmung). Bei einer unkontrollierten Bewegung geht eine Kaffeetasse zu Bruch.

Strafbare Handlungen bestehen in der Regel in einem **Tun**. Vereinzelt kennt das Strafrecht aber auch Delikte, die auf einer **Unterlassung** beruhen (z. B. unterlassene Hilfeleistung). In den meisten Fällen wird aber eine Nahebeziehung zwischen Täterin bzw. Täter und dem Opfer verlangt. Ein Beispiel ist die Aufsichtspflicht: Diese wird etwa von Babysitterinnen und Babysittern vertraglich übernommen, bei Lehrkräften ist sie gesetzlich vorgesehen.

14.2.2 Tatbestandsmäßigkeit

Die tatsächlich geschehene Handlung (der **Sachverhalt**) muss in **allen Merkmalen** mit der gesetzlich beschriebenen verbotenen Handlung (dem **Tatbestand**) übereinstimmen. Nur dann liegt Tatbestandsmäßigkeit vor.

Definition

Der **objektive** Tatbestand beschreibt **äußerlich wahrnehmbare Merkmale** einer Handlung, der **subjektive** Tatbestand bezieht sich auf die Einstellung (die Überlegungen) der Täterin bzw. des Täters bei der Ausführung der Tat (**innere Tatseite**).

Beispiel: Objektiver und subjektiver Tatbestand bei Diebstahl

§ 127. (Diebstahl) *Wer eine fremde bewegliche Sache einem anderen mit dem Vorsatz wegnimmt, sich oder einen Dritten durch deren Zueignung unrechtmäßig zu bereichern, ...*

- **Objektiv:** Wer eine fremde bewegliche Sache einem anderen ... wegnimmt,
- **Subjektiv:** ... mit dem Vorsatz, sich oder einen Dritten durch deren Zueignung unrechtmäßig zu bereichern, ...

Bei der subjektiven Tatbestandsmäßigkeit unterscheidet man wiederum zwischen Vorsatz und Fahrlässigkeit. Für die meisten Delikte ist – z. B., wenn nichts im Tatbestand angegeben ist – **Vorsatz** notwendig. Das bedeutet, dass ein Täter **willentlich** (bewusst) einen **bestimmten Erfolg** (ein bestimmtes Ergebnis) herbeiführen möchte. Die ausgeführte Handlung muss dabei auch kausal (ursächlich) für diesen Erfolg sein: Anita will beispielsweise ihre Konkurrentin mit einem Faustschlag verletzen.

Auch Diebstahl (geistigen Eigentums) ist kein „Kavaliersdelikt"!

In manchen Fällen wird auch **Fahrlässigkeit** bestraft. Diese liegt vor, wenn man die **gebotene Sorgfalt außer Acht** lässt. Geboten bedeutet, dass die Sorgfalt aufgrund von allgemeinen (sittlichen) Verhaltenserwartungen, technischen Vorschriften oder Rechtsnormen (Gesetzen) erfüllt werden soll. Ein Beispiel finden wir im Verkehr: Peter passt nicht genug auf und missachtet ein Stoppschild. Es kommt zu einem Verkehrsunfall, bei dem nicht nur ein Sachschaden entsteht, sondern auch der Beifahrer verletzt wird (fahrlässige Körperverletzung).

Ist die Handlung **ungewöhnlich und auffallend sorgfaltswidrig**, sodass der Tatbestand mit größter Wahrscheinlichkeit erfüllt ist, so spricht man von grober Fahrlässigkeit (schwere Schuld, wie Vorsatz).

Check 14.1

1. **Vergleichen** Sie – eventuell mit einer Lernpartnerin oder einem Lernpartner – das Verwaltungsstrafrecht mit dem Kriminalstrafrecht in Hinblick auf die Einordnung der Taten durch den Gesetzgeber, die Zuständigkeiten, die Art der Strafe, die Form des Verfahrens und die Berücksichtigung im Strafregister.
2. **Entwickeln** Sie in der Klasse fünf Beispiele für Handlungen, die nicht den Handlungsbegriff des StGB erfüllen, also nicht strafbar sind.
3. **Wählen** Sie – eventuell mit einer Lernpartnerin oder einem Lernpartner– fünf Delikte aus dem StGB aus. Markieren Sie jeweils den objektiven und den subjektiven Tatbestand.

14.2.3 Rechtswidrigkeit

Rechtswidrigkeit liegt vor, wenn gegen eine Rechtsnorm (ein Gesetz) verstoßen wird. Die rechtswidrige Handlung oder Unterlassung wird aber trotzdem nicht bestraft, wenn ein **Rechtfertigungsgrund** vorliegt. Einige Beispiele:

- **Notwehr:** Darunter versteht man die **Abwehr** eines **gegenwärtigen oder unmittelbar drohenden** rechtswidrigen **Angriffs** auf ein notwehrfähiges Gut (das sind Leben, Gesundheit, Freiheit oder Vermögen – nicht jedoch die Ehre!). Bei der Abwehr muss man sich allerdings eines geeigneten Mittels bedienen (z. B. Fäuste, Stock), sonst kann es zu einer **Notwehrüberschreitung** kommen, bei der man sich unter Umständen selbst strafbar macht. Läuft beispielsweise jemand unbewaffnet mit den Worten „Ich bring dich um!" auf eine Person zu, darf diese die andere Person nicht erschießen.

Die Abwehr eines Angriffs rechtfertigt die Verteidigung.

- **Nothilfe:** Diese entspricht der Notwehr, dient aber zur Verteidigung (eines notwehrfähigen Gutes) einer **anderen Person**. Beispiel: Man wird Zeuge eines Überfalls und greift helfend ein, indem man den Täter mit einem Schirm vertreibt.
- **Rechtfertigender Notstand:** Zur Rettung eines **höherwertigen Gutes** wird ein geringerwertiges Gut geopfert. Beispiel: Eine Person ist in einem brennenden Haus eingesperrt. Um das Leben dieser Person zu retten, tritt ein Passant die Tür ein. Ohne den Rechtfertigungsgrund würde diese Handlung eine Sachbeschädigung darstellen.

14.2.4 Schuld

Liegen bis zu diesem Punkt alle Merkmale vor, muss als nächstes die Schuld geprüft werden. Damit meint man, dass der Täterin oder dem Täter das Verhalten **(subjektiv) vorwerfbar** ist. Doch auch hier können Gründe vorliegen, die die **Schuld ausschließen**:

- **Unmündigkeit:** Der Gesetzgeber ist der Ansicht, dass man vor dem 14. Lebensjahr nicht die nötige Einsichtsfähigkeit besitzt, um das Ausmaß einer Straftat zu erkennen (▶ Bereich 2.3 Handlungsfähigkeit). Jugendliche mit verzögerter Reife können sogar bis zum 18. Lebensjahr schuldunfähig sein.
- **Zurechnungsunfähigkeit:** Liegt bei (erwachsenen) Täterinnen und Tätern eine **Geisteskrankheit oder Bewusstseinsstörung** vor, so sind diese nicht schuldfähig. Wurde diese Bewusstseinsstörung allerdings bewusst herbeigeführt (z. B. volle Berauschung aufgrund übermäßigen Alkoholgenusses), ist eine Bestrafung möglich (eigenes Delikt).
- **Entschuldigender Notstand:** Ist die Vermeidung der Straftat **nicht zumutbar**, weil die schutzwürdigen Güter gleichwertig sind, bleiben die betroffenen Personen straflos. Beispiel: Bei einem Schiffsunglück können sich zwei Personen an einem Stück Treibgut festhalten. Hält sich eine dritte Person fest, würde dies zum Ertrinken aller führen. Lässt man die dritte Person ertrinken, ist dieses Verhalten unter Umständen „entschuldigt".

Um das eigene Leben zu retten, kann unter Umständen auch das Leben eines anderen geopfert werden.

14.2.5 Strafaufhebung und Strafausschließung

Vereinzelt kann auch eine tatbestandsmäßige, rechtswidrige und schuldhafte Handlung straflos sein:

- **Verjährung:** Eine Tat wurde vor langer Zeit begangen und kann nicht mehr verfolgt werden (gilt nur, wenn nie eine Verfolgung eingeleitet wurde). Die Fristen sind je nach Straftat unterschiedlich.
- **Begnadigung** durch den Bundespräsidenten: Diese wird Straftäterinnen und Straftätern meist im Dezember gewährt (Weihnachtsamnestie).
- **Tätige Reue:** Manche Delikte bleiben straflos, wenn sie – bevor eine Strafverfolgungsbehörde von der Tat Kenntnis erlangt – wieder gut gemacht werden (z. B. durch Rückgabe eines gestohlenen Gegenstandes oder Schadensgutmachung).

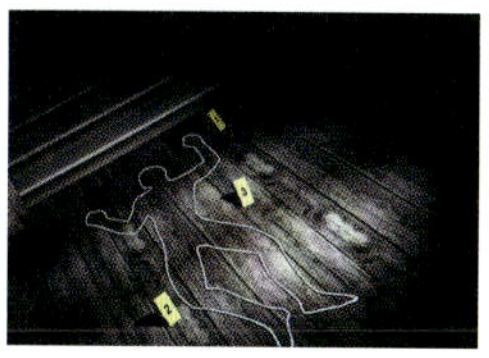

Verbrechen, die mit lebenslanger Haft bedroht sind – etwa Mord – verjähren nie!

Check 14.2

Prüfen Sie – gemeinsam mit einer Lernpartnerin oder einem Lernpartner – die folgenden Sachverhalte auf ihre Strafbarkeit. **Begründen** Sie Ihre Beurteilung:

1. David gibt in seinem Haus eine Party. Er und sein Freund Martin amüsieren sich und balgen herum. Plötzlich wird es lauter: Für die meisten Partygäste sieht es so aus, als wäre aus dem Spaß Ernst geworden und ein Streit zwischen den beiden ausgebrochen. Als David seinem Freund einen Schubs gibt, verliert dieser das Gleichgewicht und stürzt die Treppe hinunter. Martin bricht sich bei dem Sturz den Arm und erleidet Prellungen. David behauptet, es sei ihm nicht bewusst gewesen, dass sie so nahe bei der Treppe gestanden sind.
2. Zwischen Sybille und ihrer Schwester Eleonore kommt es zu einer Auseinandersetzung. Sybille geht auf Eleonore los, gibt ihr eine Ohrfeige und würde ihr am liebsten das Gesicht zerkratzen. Eleonore weiß sich nicht anders zu helfen: Sie schnappt sich eine Vase und schlägt sie ihrer Schwester auf den Kopf. Beide haben Blutergüsse und Kratzer, Sybille außerdem eine Platzwunde.

14.3 Versuch und Beteiligung

Nicht nur die vollendete Tat ist strafbar: Auch der **Versuch** wird ab einem gewissen Zeitpunkt unter dieselbe Strafe gestellt wie die Vollendung. Dies ist der Fall, wenn eine so genannte **ausführungsnahe Vorbereitungshandlung** vorliegt. Das bedeutet, dass seitens der Täterin bzw. des Täters keine weitere Handlung (kein weiterer Schritt) mehr gesetzt werden muss, damit der gewünschte Erfolg eintritt.

Giftige und ungiftige Pilze sehen einander oft ähnlich. Nicht immer ist das eine Verwechslung.

Beispiel: Ausführungsnahe Vorbereitungshandlung

Anita sammelt im Wald Steinpilze. Sie nimmt auch einen giftigen Fliegenpilz mit, weil sie vorhat, ihren Ehemann zu vergiften. Sie kocht das Pilzgericht und setzt es ihm vor (ausführungsnahe Vorbereitungshandlung). Wenn ihr Mann nicht verstirbt, sondern nur Magenkrämpfe hat und sich wieder erholt, handelt es sich um versuchten Mord.

Ebenso werden nicht nur Täterinnen und Täter bestraft, die die Tat unmittelbar ausführen (**unmittelbare Täter**), sondern auch **Anstifterinnen und Anstifter (Bestimmungstäter)** und alle, die diese dabei unterstützen. Da sie einen Beitrag zur Tat leisten, spricht man von **Beitragstätern**.

Nicht nur der unmittelbare Täter macht sich strafbar.

Beispiele: Anstiftung und Beitrag zur Tat

Katharina klagt über Geldnot. Sybille überredet sie, eine Bank zu überfallen (Bestimmungstäterin). Katharina besorgt sich eine Spielzeugpistole und bedroht eine Bankangestellte (unmittelbare Täterin). Ihr Lebensgefährte Peter fährt das Fluchtauto (Beitragstäter). Alle drei werden wegen Raubes angeklagt und allen droht die gleiche Strafe.

14.4 Wichtige Delikte

Medientipp
www.bundeskriminalamt.at

Das StGB besteht aus einem **Allgemeinen Teil**, in dem z.B. die Grundsätze des Strafrechts oder die Voraussetzungen der Strafbarkeit festgelegt sind, und einem **Besonderen Teil**, in dem die einzelnen Delikte aufgezählt sind. Letzterer ist wiederum in **25 Abschnitte** gegliedert, so genannte **Deliktsgruppen** (z.B. Delikte gegen die Freiheit, Delikte gegen die Ehre, gemeingefährliche Delikte wie Brandstiftung, „Sittlichkeitsdelikte"). Nachfolgend sind die wichtigsten Deliktsgruppen bzw. Delikte beschrieben.

14.4.1 Delikte gegen Leib und Leben

Delikt	Beschreibung
Mord	Tötung mit Vorsatz
Totschlag	Tötung in einer allgemein begreiflichen heftigen Gemütsbewegung (im Affekt)
(Grob) Fahrlässige Tötung	(Grob) Fahrlässige Handlungen, die zum Tod führen (z. B. auch, wenn man sich vorher in einen Rauschzustand versetzt hat)
Körperverletzung	Der Vorsatz ist auf eine Verletzung am Körper oder eine Gesundheitsschädigung gerichtet.
Schwere Körperverletzung	Die Verletzung hat eine länger als 24 Tage dauernde Gesundheitsschädigung oder Berufsunfähigkeit zur Folge.
Körperverletzung mit schweren Dauerfolgen	Bestimmte Schädigungen (z. B. Verlust des Hör- oder Sehvermögens) treten für immer oder für lange Zeit ein.
Körperverletzung mit tödlichem Ausgang	Der Vorsatz war auf die Verletzung bzw. Gesundheitsschädigung gerichtet, aber so schwer, dass das Opfer verstirbt.
Fahrlässige Körperverletzung	Fahrlässige Handlungen, die zu einer Verletzung bzw. Gesundheitsschädigung führen
Imstichlassen eines Verletzten	Unterlassung der Hilfeleistung, wenn man (selbst) eine Verletzung herbeigeführt hat
Unterlassene Hilfeleistung	Unterlassung der Hilfeleistung, wenn man zu einem Unglücksfall oder einer Gemeingefahr (z. B. nach Erdbeben) hinzukommt
Fortgesetzte Belästigung im Wege einer Telekommunikation oder eines Computersystems	unzumutbare Beeinträchtigung in der Lebensführung einer Person durch Belästigung über längere Zeit mit E-Mails, Postings etc.

Bei Tötungs- und Verletzungsdelikten ist eine fahrlässige Begehung möglich.

War man unaufmerksam und eine Person wurde dabei verletzt, kann man wegen fahrlässiger Körperverletzung verurteilt werden.

Das unerlaubte Besprayen von Wänden stellt eine (schwere) Sachbeschädigung dar.

14.4.2 Delikte gegen fremdes Vermögen

Delikt	Beschreibung
Sachbeschädigung	Zerstörung, Beschädigung, Verunstaltung oder Unbrauchbarmachung einer fremden Sache (mit Vorsatz)
Computerkriminalität	Dazu gehören u. a. ▫ Datenbeschädigung ▫ Störung der Funktionsfähigkeit eines Computersystems ▫ Missbrauch von Computerprogrammen oder Zugangsdaten ▫ betrügerischer Datenverarbeitungsmissbrauch ▫ Ausspähen von Daten eines unbaren Zahlungsmittels
Diebstahl	Wegnahme einer fremden beweglichen Sache mit Bereicherungsvorsatz (für sich oder einen anderen)
Veruntreuung	Zueignung eines anvertrauten Gutes mit Bereicherungsvorsatz (für sich oder einen anderen)
Unterschlagung	Zueignung eines fremden Gutes, das irrtümlich, durch Fund oder sonst ohne Zutun erlangt wurde, mit Bereicherungsvorsatz (für sich oder einen anderen)
Raub	Wegnahme/Abnötigung einer fremden beweglichen Sache mit Gewalt oder durch Drohung mit Gefahr für Leib und Leben mit Bereicherungsvorsatz (für sich oder einen anderen)
Erpressung	Nötigung einer Person zu einer Handlung, Duldung oder Unterlassung mit Gewalt oder durch gefährliche Drohung mit Schädigungsabsicht und Bereicherungsvorsatz (für sich oder einen anderen)
Betrug	Verleitung einer Person zu einer Handlung, Duldung oder Unterlassung durch Täuschung über Tatsachen mit Bereicherungsvorsatz (für sich oder einen anderen) und Schädigungsabsicht durch das Verhalten des Opfers
Untreue	wissentlicher Missbrauch einer Vollmacht (Befugnis, über fremdes Vermögen zu verfügen oder jemand anderen zu verpflichten) mit Schadenszufügung
Geschenkannahme durch Machthaber	Annahme von nicht geringfügigen Vermögensvorteilen als Inhaber einer Vollmacht
Betrügerische Krida	Verringerung von Teilen des eigenen Vermögens – auf welche Art auch immer – tatsächlich oder zum Schein, um dadurch Gläubiger (oder wenigstens einen von ihnen) zu schädigen
Hehlerei	Unterstützung eines Täters nach der Tat durch Verheimlichen oder Verkaufen der durch die Tat erlangten Sachen

14.4.3 Wirtschaftsdelikte

Wirtschaftskriminalität hat viele Gesichter und kann großen Schaden anrichten.

Geschenkannahme kann bis zu einem Jahr Freiheitsstrafe zur Folge haben.

Die Wirtschaftsdelikte sind in keinem eigenen Abschnitt des StGB normiert, sondern darin (z. B. im Bereich der Vermögensdelikte) und in Nebengesetzen verstreut zu finden. Einige in der Wirtschaft relevante Delikte wurden bereits genannt, hier noch weitere Beispiele:

- widerrechtlicher Zugriff auf ein Computersystem
- Verletzung des Telekommunikationsgeheimnisses
- missbräuchliches Abfangen von Daten
- Verletzung bzw. Auskundschaftung eines Geschäfts- oder Betriebsgeheimnisses (für das Ausland)
- betrügerisches Anmelden zur Sozialversicherung oder der Bauarbeiter-Urlaubs- und Abfertigungskasse (BUAK)
- unvertretbare Darstellung wesentlicher Informationen über bestimmte Verbände (z. B. GmbH, AG, SE, Genossenschaft, große Vereine)

14.4.4 Strafbare Handlungen gegen die sexuelle Integrität und Selbstbestimmung

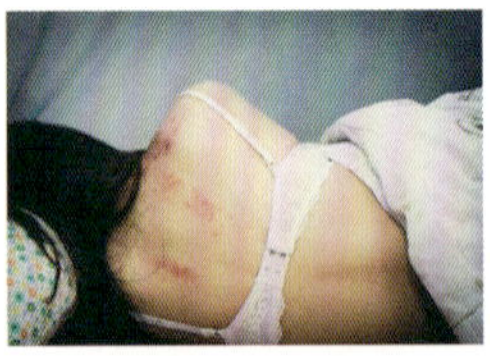

Der Gesetzgeber hat spezielle Regelungen erlassen, wenn es um Gewaltanwendung im Zusammenhang mit Liebe und Sex geht.

„Sex als Geschäft“ ist in Österreich nicht in jedem Fall strafbar: Der Bereich der Prostitution unterliegt landesgesetzlichen Regelungen.

Folgende Tatbestände fallen in Österreich in den Bereich der „Sittlichkeitsdelikte“ (Auswahl):

Vergewaltigung	Nötigung (Zwang) zur Vornahme oder Duldung des Geschlechtsverkehrs (oder einer gleichgesetzten geschlechtlichen Handlung) durch Gewalt, Freiheitsentzug oder Drohung mit Körperverletzung bzw. Tod
Geschlechtliche Nötigung	Nötigung (Zwang) zur Vornahme oder Duldung einer geschlechtlichen Handlung (= sexualbezogene Berührung an Geschlechtsteilen) durch Gewalt oder gefährliche Drohung
Verletzung der sexuellen Selbstbestimmung	Geschlechtsverkehr oder gleichgesetzte geschlechtliche Handlung gegen den Willen des anderen unter Ausnützung einer Zwangslage oder nach einer Einschüchterung
(Schwerer) sexueller Missbrauch von Unmündigen	Geschlechtsverkehr oder gleichgesetzte geschlechtliche Handlung mit bzw. geschlechtliche Handlung an Kindern oder Jugendlichen unter 14 Jahren oder Vornahme durch diese (ebenso ähnliche tatbestandsmäßige Handlungen)
Pornografische Darstellung Minderjähriger	Herstellung, Anbieten, Verschaffung, Überlassung, Vorführung, Zugänglichmachung und Besitz von Bildern einer geschlechtlichen Handlung mit oder durch Unter-18-Jährige, insbesondere Herstellung, Verbreitung, Beförderung und Ausfuhr zur Verbreitung oder gewerblich, sowie wissentlicher Zugriff im Internet auf derartige Darstellungen
Anbahnung von Sexualkontakten zu Unmündigen	Vorschlag an Unter-14-Jährige (per Telefon, Computer/Internet oder auf andere Weise) zu einem persönlichen Treffen mit der Absicht zur Vornahme von Geschlechtsverkehr, einer gleichgesetzten geschlechtlichen Handlung oder sonstigen geschlechtlichen Handlungen, wobei diese Absicht verschwiegen wird (Täuschung)
Missbrauch eines Autoritätsverhältnisses	Geschlechtliche Handlung (u. Ä.) an Unter-18-Jährigen, wenn diese zur Täterin/zum Täter in einem besonderen Verhältnis stehen, z. B. Wahlkinder, Stiefkinder, Lehrerinnen und Lehrer, Erzieherinnen und Erzieher, Ausbildnerinnen und Ausbildner, Babysitterinnen und Babysitter, Ärztinnen und Ärzte, Psychologinnen und Psychologen, Pflegepersonal
Entgeltliche Vermittlung von Sexualkontakten mit Minderjährigen	Herbeiführen einer persönlichen Annäherung zwischen Unter-18-Jährigen und dritten Personen zur Vornahme von geschlechtlichen Handlungen, wobei die Täterin/der Täter dafür bezahlt wird
Zuführen zur Prostitution	Einwirken auf eine Person, ihre Lebensführung zu ändern, um Sexualdienstleistungen anzubieten
Zuhälterei	Verschaffung einer dauerhaften Einnahmequelle durch die Prostitution einer anderen Person

14.4.5 Drogendelikte

Drogendelikte unterliegen Sonderbestimmungen, die in einem Nebengesetz, dem **Suchtmittelgesetz (SMG)**, geregelt sind. Nach diesem sind die **Erzeugung, Verarbeitung, Umwandlung**, der **Erwerb** und der **Besitz** von Suchtmitteln verboten. Ausnahmen bestehen für Gewerbetreibende mit einer Berechtigung zur Herstellung und zum Großhandel mit Arzneimitteln und Giften sowie für wissenschaftliche Institute und öffentliche Lehr-, Versuchs-, Untersuchungs- oder sonstige Fachanstalten. Ebenso verboten ist der unerlaubte Umgang mit Suchtgiften.

Ziel dieses Gesetzes ist aber in erster Linie die Eindämmung von Suchtgiftdelikten, sodass gegen **(Groß-)Dealer**, die selbst meist nicht suchtgiftabhängig sind, mit wesentlich **härteren Strafen** vorgegangen wird. Konsumentinnen und Konsumenten (Süchtige) bleiben straflos oder werden zu geringen Strafen verurteilt. Sie sollen einer **gesundheitsbezogenen Maßnahme** (z. B. ärztliche Überwachung, psychosoziale Beratung und Betreuung) unterzogen werden (Entzug). Nur im Falle, dass Süchtige eine **zumutbare** und **aussichtsreiche Maßnahme verweigern**, haben die zuständigen Gesundheitsbehörden (**Bezirksverwaltungsbehörden**) eine Strafanzeige zu erstatten.

Unter **unerlaubtem Umgang** versteht man den **vorschriftswidrigen Erwerb**, Besitz, die Erzeugung, Beförderung, Ein- und Ausfuhr, das Anbieten, Überlassen oder Verschaffen sowie den Anbau verschiedener Suchtgifte und psychotroper Stoffe.

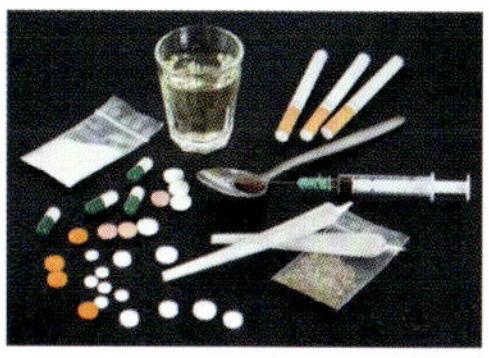

Verbotene Suchtmittel sind u. a. Kokain, Marihuana, Haschisch, LSD, Speed, Ecstasy.

14.4.6 Delikte von Jugendlichen im Internet

Elektronische Medien sind für Jugendliche von großer Bedeutung und Teil ihrer Lebenswelt. Einige strafbare Handlungen im Internet, bei denen Jugendliche häufig in ihrem privaten oder schulischen Umfeld zu Opfern oder Tätern werden können, werden in der Folge näher erläutert. Informationen zu diesem Thema finden Sie auch im ▶ Bereich 12 Recht im Internet.

Cybermobbing

Probleme von Jugendlichen durch Cybermobbing ergeben sich vor allem aus der Tatsache, dass es 24 Stunden und an jedem Ort über digitale Medien stattfinden kann. Es erreicht einen großen Personenkreis, häufig agieren die Täter bzw. Täterinnen anonym. Cybermobbing verursacht oft einen enormen Leidensdruck bei den Opfern (▶ Bereich 12.5). Seit 1. Jänner 2016 ist Cybermobbing ein eigener Straftatbestand im Strafgesetzbuch (StGB).

Durch Cybermobbing können auch andere Delikte wie Stalking, Beleidigung, Üble Nachrede, Kreditschädigung oder Verleumdung, sogar Nötigung und Körperverletzung verwirklicht werden.

Jeder siebente Jugendliche ist oder war in Österreich schon von Cybermobbing betroffen.

Wie bei allen Cybercrimedelikten (Anstieg der Anzeigen auf fast 30 000) ist auch bei Cybermobbing laut Kriminalstatistik 2019 ein starker Anstieg zu verzeichnen.

Delikt	Beschreibung
Cybermobbing (Fortgesetzte Belästigung im Wege einer Telekommunikation oder eines Computersystems)	◻ systematische Ehrverletzungen über elektronische Kommunikationsmittel (Handy, Internet etc.) ◻ von längerer Dauer ◻ vor einem größeren Kreis von Menschen ◻ Ziel: soziale Ausgrenzung des Opfers (▶ Bereich 12.5)
Stalking (Beharrliche Verfolgung)	◻ starke Störung der Lebensführung ◻ ständig wiederkehrende Verfolgung ◻ Verfolgung über einen längeren Zeitraum hinweg ◻ in der realen Welt (z. B. Aufsuchen zu Hause oder am Arbeitsplatz) oder als **Cyber-Stalking:** Nutzung des Internets oder anderer Kommunikationstechnologien für eine Vielzahl an Kontaktversuchen (z. B. Anrufe, SMS, E-Mails)
Beleidigung	Beschimpfung oder Verspottung einer Person vor mindestens zwei anderen
Üble Nachrede	Vorwurf einer verächtlichen Eigenschaft, eines unehrenhaften Verhaltens etc. vor mindestens einer Person
Kreditschädigung	Behauptung falscher Tatsachen, wenn dadurch der Erwerb und das berufliche Fortkommen geschädigt werden
Verleumdung	Fälschliche Verdächtigung der Begehung einer strafbaren Handlung und drohende Verfolgung durch die Polizei

Vorsicht beim Versenden von Nacktfotos und pornografischen Darstellungen, da diese für Cybermobbing missbraucht werden könnten.

Das 2006 in Kraft getretene Anti-Stalking-Gesetz dient dem Schutz von Opfern vor Belästigungen.

Medientipp
www.saferinternet.at
www.ombudsstelle.at
Tel. 147 „Rat auf Draht"

Für Cybermobbing können zum Beispiel Sexting-Nachrichten verwendet werden.

Definition

Unter **Sexting** versteht man den Versand intimer Fotos, bei denen es sich um Nacktfotos oder pornografische Darstellungen handelt.

Zusätzliche Informationen zu diesem Thema finden Sie im ▶ Bereich 12.5. Die **rechtlichen Möglichkeiten** umfassen eine **Anzeige** (nach Sicherung der nötigen Beweise!) bei der Polizei – darauf folgt entweder die Einstellung des Verfahrens oder ein **Strafverfahren** gegen die Täterin oder den Täter.

Hasspostings in sozialen Netzwerken oder Foren

Definition

Hasspostings sind aggressive, meist der Provokation dienende Postings im Internet.

Das Teilen von kritischen Postings, um zu protestieren oder aufzuklären, ist jedoch nicht strafbar.

Durch **Hasspostings** können Tatbestände wie Beleidigung, Üble Nachrede, Verleumdung, Kreditschädigung usw. verwirklicht werden. Besonders gefährlich sind Hasspostings, die den Tatbestand einer **Verhetzung** oder **nationalsozialistischen Wiederbetätigung** darstellen.

Das Delikt kann in einer realen Situation oder in einem Online-Forum begangen werden.

Delikt	Beschreibung
Verhetzung	◻ öffentliche Aufstachelung, Aufruf zur Gewalt ◻ gegen bestimmte Gruppen (wegen Religion, Rasse, geschlechtlicher Orientierung ...) ◻ für viele Menschen zugänglich ◻ Ziel: Diskriminierung

Stellt eine Verhetzung zugleich eine **nationalsozialistische Wiederbetätigung** dar, unterliegt diese strafbare Handlung dem **Verbotsgesetz.** „Hass im Netz" soll zukünftig strenger bestraft werden.

Happy Slapping

Definition

Unter **Happy Slapping** versteht man eine strafbare Handlung, bei der ein Opfer – meistens von mehreren jugendlichen Täterinnen und Tätern – **grundlos attackiert, geschlagen** und **Demütigungen** ausgesetzt und dabei gefilmt wird. Das beim Happy Slapping gefilmte Video wird anschließend per Handy an andere versendet oder ins Internet gestellt (▶ Bereich 12.5).

Happy Slapping: Dieses Phänomen begann bereits 2004 in England. Danach konnte eine weltweite starke Ausbreitung verzeichnet werden.

Für **Happy Slapping** gibt es im Strafgesetzbuch keinen eigenen Tatbestand, es können dadurch jedoch verschiedene Delikte verwirklicht werden.

Delikt	Beschreibung
Körperverletzung	siehe hierzu „Delikte gegen Leib und Leben" (▶ Bereich 14.4.1)
Nötigung	Zwang mit Gewalt oder durch gefährliche Drohung zu einer Handlung, Duldung oder Unterlassung
Gefährliche Drohung	Bedrohung, um eine Person in Furcht und Unruhe zu versetzen
Sittlichkeitsdelikte	Vergewaltigung, geschlechtliche Nötigung, Schändung ...
Beleidigung	siehe hierzu die Auflistung unter „Cybermobbing"

Durch das Veröffentlichen von Gewaltvideos im Internet wollen die Jugendlichen vor allem Beachtung und Anerkennung erzielen.

Check 14.3

1. **Prüfen** Sie – gemeinsam mit einer Lernpartnerin oder einem Lernpartner – die folgenden Sachverhalte auf ihre Strafbarkeit, geben Sie das jeweilige Delikt an und **begründen** Sie Ihre Beurteilung:

	strafbar	nicht strafbar	Delikt/Begründung
Albert borgt sich Geld von einem Kollegen. Er verspricht, es ihm spätestens nach einem Monat zurückzugeben, hat aber schon jetzt vor, dies nicht zu tun.			
Bernhard fährt mit dem Auto. Aus Unachtsamkeit kommt er von der Straße ab und beschädigt dabei den Zaun eines umliegenden Grundstücks.			
Christa ist mit ihrer Freundin auf Shoppingtour. In einer Parfümerie überredet sie diese, ein teures Parfum einzustecken, ohne zu bezahlen.			
Michael wird von seiner Schwiegermutter ständig schikaniert. Als es eines Abends wieder besonders schlimm ist, ersticht er sie in einer allgemein begreiflichen, heftigen Gemütsbewegung.			
Anna ist als Assistentin tätig. Zu ihren Aufgaben gehört auch das Bezahlen von Rechnungen. Da sie knapp bei Kasse ist, überweist sie Geld vom Firmenkonto auf ihr Privatkonto.			
Lukas hat ein bisschen „Gras“ eingesteckt. Er raucht es regelmäßig, gelegentlich dealt er auch damit. Er wird zum ersten Mal von der Polizei erwischt.			

2. **Diskutieren** Sie mit einer Lernpartnerin oder einem Lernpartner nachstehendes Fallbeispiel, **beurteilen** Sie die Rechtslage und stellen Sie fest, welche strafbare Handlung verwirklicht wurde.

Ein 15-jähriges Mädchen wird in Wien von einer Gruppe Gleichaltriger attackiert, brutal geschlagen und getreten – auch dann noch, als sie bereits Blut spuckt. Die Prügelattacke sorgt seit dem Wochenende österreichweit für Entrüstung. Auch, weil das dazugehörige Video auf Facebook über drei Millionen Mal aufgerufen wurde. Polizeilich ist der Fall abgeschlossen. Alle beteiligten Jugendlichen konnten ausgeforscht werden, die Rädelsführerin wurde verhaftet. (…)

(Quelle: www.kurier.at, 15.11.2016)

14.5 Rechtsfolgen

14.5.1 Strafen

Die Verhängung von Strafen hat heute in erster Linie den **Zweck** der **Abschreckung**, um Straftaten zu verhindern (vorbeugend). Einerseits soll die **Allgemeinheit** generell von der Begehung von Straftaten abgehalten werden (**Generalprävention**), andererseits die einzelnen **Täterinnen** und **Täter** an der Begehung weiterer Straftaten (**Spezialprävention**) gehindert werden.

Im Mittelalter wurden Strafen oft zur Vergeltung verhängt.

Das StGB sieht sowohl **Geldstrafen** als auch **Freiheitsstrafen (Haftstrafen)** vor. Letztere können für die Dauer von höchstens 20 Jahren oder lebenslang verhängt werden. Geldstrafen berechnet man nach so genannten **Tagessätzen**. Die Anzahl der Tagessätze (höchstens 720) richtet sich nach der (Schwere der) **Schuld**. Die Höhe eines Tagessatzes (von 4 € bis 5.000 €) hängt vom Einkommen (der **wirtschaftlichen Leistungsfähigkeit**) der Täterin bzw. des Täters ab. Die konkrete Strafe errechnet sich durch die Multiplikation der Anzahl der Tagessätze mit deren Höhe. Die Täterin bzw. der Täter soll durch die Strafhöhe zwar eingeschränkt, der Lebensunterhalt aber nicht bedroht sein. Die Mindeststrafe beträgt zwei Tagessätze. Im Falle der Uneinbringlichkeit ist eine Ersatzfreiheitsstrafe festzusetzen, wobei zwei Tagessätze einem Tag Freiheitsstrafe entsprechen.

Eine Zusammenrechnung von Strafen wie im Verwaltungsstrafrecht oder wie in den USA (z. B. dreimal lebenslang) gibt es im österreichischen Kriminalstrafrecht nicht.

Beispiel: Berechnung des Tagessatzes

Anita und Peter werden wegen Diebstahls zu einer Geldstrafe verurteilt. Die Richterin nimmt eine gleiche, aber keine so schwere Schuld an und verhängt jeweils 70 Tagessätze. Anita ist arbeitslos. Sie bekommt ca. 900 € netto Arbeitslosengeld. Ihr Lebensgefährte Peter hingegen verdient als Abteilungsleiter eines großen Unternehmens 3.000 € netto monatlich. Der Tagessatz wird für Anita mit 4 € festgelegt; sie muss 280 € Strafe bezahlen. Peters Tagessatz hingegen wird mit 20 € festgelegt, sodass seine Strafe 1.400 € beträgt.

Sowohl Strafen als auch vorbeugende Maßnahmen können **bedingt** verhängt werden. Das bedeutet, dass bei geringeren Delikten (Strafdrohung bis höchstens zwei Jahre) eine Geld- oder Freiheitsstrafe nicht **unbedingt** bezahlt bzw. abgesessen werden muss, sondern unter der Bedingung einer Probezeit (von ein bis drei Jahren) erlassen werden kann. Wenn sich die Täterin bzw. der Täter während der **Probezeit** (**auf Bewährung**) nichts zuschulden kommen lässt, wird der Rest der Strafe nachgesehen (**bedingte Strafnachsicht**). Geldstrafen können höchstens bis zur Hälfte nachgesehen werden.

Wird ein Täter während der Probezeit rückfällig, wird die bedingte Strafe widerrufen, der Rest ist zu verbüßen. In geringfügigen Fällen kann die Probezeit verlängert werden.

Beispiel: Probezeit

Peter wird wegen schweren Betruges zu einer Freiheitsstrafe von 24 Monaten, davon 16 Monate unbedingt und acht Monate bedingt bei einer Probezeit von drei Jahren, verurteilt. Peter kommt nach 16 Monaten aus dem Gefängnis. Wenn er sich in den nächsten drei Jahren nichts zuschulden kommen lässt, muss er die restlichen acht Monate nicht mehr absitzen.

Der Gesetzgeber sieht für jedes Delikt einen **Strafrahmen** vor, der von einer Mindeststrafe (kann auch entfallen) bis zu einer Höchststrafe reicht (z. B. bis zu 720 Tagessätze, von sechs Monaten bis fünf Jahren). Innerhalb dieser Bandbreite kann das Gericht die konkrete Strafe festlegen, wobei es so genannte **Milderungs**- und **Erschwerungsgründe** zu berücksichtigen hat, die die Strafe senken bzw. erhöhen.

Wurde eine Freiheitsstrafe bereits zur Hälfte (mindestens drei Monate) verbüßt, so kann der Rest ebenfalls – unter Setzung einer Probezeit – erlassen werden **(bedingte Entlassung)**.

Wenn die Milderungsgründe erheblich überwiegen, kann die Mindeststrafe auch unterschritten werden (**außerordentliche Strafmilderung**) oder bei Bagatelldelikten sogar auf null reduziert werden (**mangelnde Strafwürdigkeit**).

Milderungsgründe	Erschwerungsgründe
◻ Die Täterin bzw. der Täter hat ein reumütiges Geständnis abgelegt oder wesentlich zur Wahrheitsfindung beigetragen. ◻ Die Täterin bzw. der Täter war bei Begehung ein junger Erwachsener (18 bis 21 Jahre). ◻ Es gibt einen bisherigen ordentlichen Lebenswandel (Unbescholtenheit). ◻ Die Tat liegt bereits länger zurück und die Täterin bzw. der Täter hat sich seither „wohlverhalten“ (ordentlicher Lebenswandel). ◻ Die Tat wurde aus achtenswerten Gründen begangen. ◻ Die Tat wurde aufgrund von Anstiftung, aus Furcht oder Gehorsam begangen. ◻ Die Tatbeteiligung besteht nur in untergeordneter Weise (Beitragstäter). ◻ Die Tat wurde aus Unbesonnenheit begangen. ◻ Die Tat hat keinen Schaden verursacht oder es ist beim Versuch geblieben.	◻ Es wurden mehrere Straftaten oder Taten über einen längeren Zeitraum begangen. ◻ Es gibt eine einschlägige Vorstrafe (die neuerliche Tat weist in die gleiche kriminelle Richtung). ◻ Es handelt sich um die Anstiftung zu einer Straftat. ◻ Es bestand führende Tatbeteiligung. ◻ Die Tat wurde aus rassistischen, fremdenfeindlichen oder anderen besonders verwerflichen Gründen begangen. ◻ Die Tat wurde auf heimtückische, grausame oder für das Opfer qualvolle Weise begangen. ◻ Die Tat wurde durch Ausnützung der Wehr- oder Hilflosigkeit des Opfers begangen. ◻ Die Tat wurde unter Anwendung von Gewalt oder gefährlicher Drohung gegen Unmündige begangen. ◻ Die Tat wurde in Zusammenhang mit Tötungs-, Körperverletzungs-, Sexualdelikten und Delikten gegen die Freiheit gegen Angehörige oder Schutzbedürftige sowie unter besonderer Gewaltanwendung oder mit einer Waffe begangen.

Für Jugendliche (14 bis 18 Jahre) und so genannte junge Erwachsene (18 bis 21 Jahre) bestehen Sondervorschriften im **Jugendgerichtsgesetz** (JGG), insbesondere im Hinblick auf die Strafhöhe. In der Tabelle finden Sie einige Beispiele:

Jugendliche bleiben unter Umständen straflos, wenn sie noch nicht reif genug sind, das Unrecht ihrer Tat einzusehen.

Strafdrohung für Erwachsene (StGB)	Strafdrohung für Jugendliche (JGG)
lebenslang und zehn bis zwanzig Jahre oder lebenslang	unter 16 Jahre: ein bis zehn Jahre über 16 Jahre: ein bis 15 Jahre
zehn bis zwanzig Jahre	sechs Monate bis zehn Jahre
Höchstmaße aller sonstigen Freiheitsstrafen	Herabsetzung auf die Hälfte; kein Mindestmaß
Höchstmaße von Geldstrafen (Tagessätze)	Herabsetzung auf die Hälfte

14.5.2 Vorbeugende Maßnahmen

Manchmal können Täterinnen und Täter z. B. wegen mangelnder Schuldfähigkeit nicht verurteilt werden, stellen jedoch eine Bedrohung dar. Um die Bevölkerung vor diesen **gefährlichen Personen** zu schützen, können sie in eigens dafür eingerichtete Anstalten (für geistig abnorme oder für entwöhnungsbedürftige Rechtsbrecher sowie für gefährliche Rückfallstäter) eingewiesen werden.

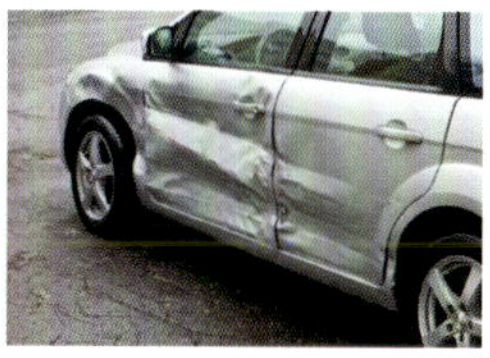

Fahrlässige Körperverletzung, verursacht durch einen Verkehrsunfall, wird oft mit einer Geldbuße erledigt. Beim Besprühen von Wänden mit Graffitis sind gemeinnützige Leistungen üblich.

14.5.3 Diversion

Diversion bedeutet Umleitung: Umgeleitet wird ein Strafverfahren, das zu einer Verurteilung und damit zu einer Vorstrafe führen kann, in ein Diversionsverfahren. Die diversionelle Erledigung kann bei allen Delikten mit **Strafandrohung bis fünf Jahren** und **geringem Verschulden** in jedem Stadium des Verfahrens (auch bereits im Vorverfahren der Staatsanwaltschaft) eingeleitet werden. Über die Täterinnen und Täter wird statt einer Strafe eine Maßnahme verhängt und sie bleiben unbescholten (haben **keine Vorstrafe**). Folgende Maßnahmen kommen in Frage:

- Zahlung einer Geldbuße (keine Geldstrafe!)
- (unentgeltliche) Erbringung von gemeinnützigen Leistungen im Zeitraum von höchstens sechs Monaten (z. B. bei Caritas, Rotes Kreuz etc. ▶ Bereich 7.2.1 und 7.2.2)
- Verhängung einer Probezeit (ggf. Betreuung durch Bewährungshelfer)
- außergerichtlicher Tatausgleich (ATA): Schadensgutmachung und Konfliktbereinigung mithilfe einer Konfliktreglerin oder einem Konfliktregler zwischen Täterin bzw. Täter und Opfer (ähnlich einer Mediation)

Check 14.4

1. **Recherchieren** Sie im Internet die Dauer einer lebenslangen Freiheitsstrafe.
2. **Diskutieren** Sie in der Klasse über die Strafrahmen (ausgewählter Delikte) und den Trend, niedrigere Freiheitsstrafen zu verhängen, um die Resozialisierung von Täterinnen und Tätern zu fördern.
3. **Schätzen** Sie – eventuell mit einer Lernpartnerin oder mit einem Lernpartner – die Strafhöhe der Beteiligten bei dem gegebenen Sachverhalt und **begründen** Sie Ihre Entscheidung. **Recherchieren** Sie dazu im StGB:

   Albert (22) hat ein hitziges Gemüt. Weil er sich nicht beherrschen konnte, wurde er bereits wegen eines Körperverletzungsdeliktes verurteilt. Als er wieder einmal knapp bei Kasse ist, überredet er seinen Freund Bernhard (20), mit ihm gemeinsam bestimmte seltene Münzen aus einem Museum zu stehlen. Albert hat nämlich von einem Bekannten, Christian (30), erfahren, dass dieser einen Käufer an der Hand hätte; jemand müsse nur die Münzen besorgen. Christian betreibt nämlich einen Münzhandel. Er hat schon öfter gestohlene Münzen „vermittelt" und ist mehrfach vorbestraft. Als sich Albert und Bernhard einverstanden erklären, die Sache durchzuziehen, stellt ihnen der Schlosserlehrling Dietmar (16) – gegen eine entsprechende finanzielle Beteiligung – das notwendige Werkzeug zur Verfügung. Im Verfahren sind alle Beteiligten geständig.

Wissens- und Verständnischeck 14

Schätzen Sie Ihr Wissen bzw. Verständnis ein: +2 = ganz gut, –2 = nicht gut	+2	+1	–1	–2
Ich kann den Zweck des Strafrechts beschreiben.				
Ich kann das Kriminalstrafrecht vom Verwaltungsstrafrecht unterscheiden.				
Ich kann die Voraussetzungen der Strafbarkeit erläutern.				
Ich kann die Strafbarkeit anhand einfacher Fallbeispiele beurteilen.				
Ich kenne verschiedene Deliktsgruppen und kann Delikte voneinander unterscheiden.				
Ich kenne die Kriterien der Strafbemessung und kann die Vorgangsweise unterscheiden.				

Sind Sie mit Ihrem Lernfortschritt zufrieden?

Wenn Sie noch weitere Anleitungen und Übungen benötigen, hilft Ihnen Ihre Lehrerin/Ihr Lehrer weiter!

Anna hat heuer erfolgreich die HLW abgeschlossen. Sie gehört zu den Glücklichen, die – nach nur kurzer Suche – einen guten Job bekommen haben. Gleich nach der Zusage gehen ihr viele Fragen durch den Kopf: Wie viel werde ich verdienen? Zu welchen Tätigkeiten kann ich herangezogen werden? Wie viel Urlaub werde ich bekommen? Was kann ich machen, wenn es einmal Probleme mit der Chefin gibt?

Im 15. Bereich dieses Buches erwerben Sie folgende Kompetenzen:

Kompetenzen 15

- die Struktur der **arbeitsrechtlichen Normen** erklären
- die wichtigsten **Rechte** und **Pflichten** als Arbeitnehmerin und Arbeitnehmer beschreiben
- analysieren, ob ein **Normalarbeitsverhältnis** oder ein **atypisches Arbeitsverhältnis** vorliegt sowie die jeweiligen rechtlichen Auswirkungen beurteilen
- die Begriffe **Dienstvertrag, Betriebsvereinbarung** und **Kollektivvertrag** unterscheiden und deren Bedeutung ableiten
- die einzelnen Bereiche des **Arbeitnehmerschutzes** darstellen
- die Bedeutung der wichtigsten **Interessenvertretungen** erläutern
- die Arten der **Beendigung eines Arbeitsverhältnisses** und die damit verbundenen **Rechtsfolgen** erklären
- den **Schutz bestimmter Personengruppen** erklären und dessen Bedeutung verstehen

15.1 Übersicht über das arbeitsrechtliche Normensystem

Definition

Das Arbeitsrecht ist das Recht der **unselbstständig Tätigen** und regelt die Rechtsbeziehungen zwischen **Arbeitnehmerinnen** und **Arbeitnehmern** und deren **Arbeitgeberinnen** und **Arbeitgebern**. Es soll als Sonderschutzrecht der Arbeitnehmer **gerechte Arbeitsbedingungen** sowie einen **Ausgleich der Interessen** zwischen Arbeitgeber und Arbeitnehmer schaffen und so das Entstehen sozialer Konflikte vermeiden.

Die Begriffe **Arbeitnehmer** und **Dienstnehmer** sowie **Arbeitsvertrag** und **Dienstvertrag** haben jeweils die gleiche Bedeutung.

Das Arbeitsrecht wird meist in zwei große **Bereiche** unterteilt: das Individualarbeitsrecht und das kollektive Arbeitsrecht:

Arbeitsrecht

Individualarbeitsrecht

Das Individualarbeitsrecht regelt die Rechtsbeziehungen zwischen Arbeitnehmerin bzw. Arbeitnehmer und Arbeitgeberin bzw. Arbeitgeber:

- Arbeitsvertragsrecht
- Arbeitnehmerschutz

Kollektives Arbeitsrecht

Das kollektive Arbeitsrecht regelt

- die (freiwilligen und gesetzlichen) Interessenvertretungen von Arbeitnehmern und Arbeitgebern,
- die kollektive Rechtsgestaltung (z. B. Kollektivverträge, Betriebsvereinbarungen),
- die Mitbestimmungsrechte in Unternehmen (z. B. Betriebsrat),
- das Arbeitskampfrecht (z. B. Streiks).

Aufgrund eines entwickelten Arbeitsrechts stehen sich Arbeitnehmer und Arbeitgeber zwar **rechtlich** meist gleichwertig gegenüber, **wirtschaftlich** sind erstere aber von den Arbeitgebern **abhängig**, da diese in der Regel ökonomisch stärker sind.

Stufenbau der Rechtsvorschriften im Arbeitsrecht

Die wesentlichen Rechte und Pflichten im Rahmen von Arbeitsverhältnissen werden durch Gesetz, Kollektivvertrag, Betriebsvereinbarung und Arbeitsvertrag bestimmt, die in einer Rangordnung zueinander stehen (Stufenbau der Rechtsordnung ▸ Bereich 1.1.2).

Vereinbarungen auf einer unteren Ebene dürfen nicht gegen übergeordnete Bestimmungen verstoßen. Das bedeutet zum Beispiel, dass ein Arbeitsvertrag keine schlechteren Regelungen für Arbeitnehmerinnen und Arbeitnehmer enthalten darf, als Gesetz, Kollektivvertrag oder Betriebsvereinbarung festlegen.

Gesetz
▼
Kollektivvertrag
▼
Betriebsvereinbarung
▼
Arbeitsvertrag

Stufenbau der arbeitsrechtlichen Normen

Viele Vorschriften des Arbeitsrechts sind jedoch nur **einseitig zwingend.** Das heißt, von ihnen darf **zum Vorteil** der Arbeitnehmerinnen und Arbeitnehmer abgegangen werden, aber nicht zu deren Nachteil (**Günstigkeitsprinzip**).

Beispiele:

- Arbeitsvertragsrecht
- Bestimmungen der Kollektivverträge

Dispositives Recht, das in **jede Richtung abänderbar** ist, kommt im Arbeitsrecht wegen dessen Schutzfunktion **kaum** vor.

Manche Vorschriften des Arbeitsrechts sind aber auch **zweiseitig zwingend**. Von diesen darf auch nicht zu Gunsten der Arbeitnehmer abgegangen werden (**Ordnungsprinzip**).

Beispiele für das Ordnungsprinzip:

- Arbeitnehmerschutz
- sozialversicherungsrechtliche Bestimmungen

Check 15.1

1. **Erläutern** Sie den Stufenbau der arbeitsrechtlichen Normen und vergleichen Sie diesen – zusammen mit einer Lernpartnerin oder einem Lernpartner – in groben Zügen mit dem allgemeinen Stufenbau der Rechtsordnung.
2. **Grenzen** Sie das Individualarbeitsrecht vom kollektiven Arbeitsrecht **ab.**
3. Herr Müller unterzeichnet einen Arbeitsvertrag, in welchem unter anderem geregelt ist, dass er monatlich 1.350 € verdient. Durch Zufall erfährt er wenig später, dass der auf sein Dienstverhältnis anwendbare Kollektivvertrag einen Mindestlohn von 1.500 € vorsieht. **Geben** Sie Herrn Müller fachkundige **Auskunft** über die Rechtslage.

15.2 Typische und atypische Arbeitsverhältnisse

15.2.1 Dienstvertrag, Werkvertrag und freier Dienstvertrag

Benötigt ein Unternehmen Unterstützung in Form von Arbeitskraft, kann es grundsätzlich eigene **Mitarbeiterinnen** und **Mitarbeiter** einstellen oder aber mit **anderen Unternehmen** zusammenarbeiten.

Es gibt **mehrere Gruppen** von Arbeitnehmerinnen und Arbeitnehmern mit jeweils unterschiedlichen Regelungen.

Die Beschäftigung von eigenen Mitarbeitern hat andere arbeits- und sozialrechtliche Konsequenzen als die Zusammenarbeit mit Unternehmen. **Arbeitnehmerinnen und Arbeitnehmer** unterliegen den Regeln des Arbeitsrechts, sind nach einem allenfalls anwendbaren **Kollektivvertrag** zu entlohnen und vom Arbeitgeber beim jeweiligen **Sozialversicherungsträger** anzumelden. Für sie gilt das **Allgemeine Sozialversicherungsgesetz** (ASVG). Im Gegensatz dazu unterliegen **Unternehmerinnen** und **Unternehmer** dem Zivil- und Unternehmensrecht, können **Honorare** frei vereinbaren und sind bei der **Sozialversicherungsanstalt der gewerblichen Wirtschaft** versichert. Für sie gilt das **Gewerbliche Sozialversicherungsgesetz** (GSVG).

Es ist daher zwischen den folgenden grundlegenden vertraglichen Varianten zu unterscheiden:

Abgrenzung Dienstvertrag – freier Dienstvertrag – Werkvertrag

Dienstvertrag	freier Dienstvertrag	Werkvertrag
Erbringung von Arbeitsleistungen; kein Erfolg geschuldet	Selbstständige Erbringung von Leistungen; keine Erfolgsgarantie	Ergebnis bzw. Erfolg wird geschuldet; meist ein konkretes körperliches Werk
persönliche Abhängigkeit: Eingliederung in den Betrieb, keine freie Zeiteinteilung, Weisungsgebundenheit, persönliche Arbeitspflicht, disziplinäre Verantwortung, Kontrolle der Durchführung der Arbeit	**keine persönliche Abhängigkeit:** freie Zeiteinteilung, kann sich beliebig **vertreten lassen** etc.	**keine persönliche Abhängigkeit:** fachliche Weisungen (z. B. Anforderungskatalog) sind aber zulässig
in der Regel **wirtschaftliche Abhängigkeit** (also Abhängigkeit von den Betriebsmitteln der Dienstgeberin bzw. des Dienstgebers)	im Fall von **wirtschaftlicher Abhängigkeit: „dienstnehmerähnlich“** im Sinne des Sozialversicherungsrechts	im Fall von **wirtschaftlicher Abhängigkeit: „dienstnehmerähnlich“** im Sinne des Sozialversicherungsrechts
Dauerschuldverhältnis (Leistungsaustausch auf Dauer angelegt; Ausmaß richtet sich nach der Dauer)	Dauerschuldverhältnis (Leistungsaustausch auf Dauer angelegt; Ausmaß richtet sich nach der Dauer)	Zielschuldverhältnis (einmaliger Leistungsaustausch; Umfang steht bei Vertragsabschluss fest)
Arbeitsmittel der **Dienstgeberin** bzw. des **Dienstgebers**	meist Arbeitsmittel der **Dienstgeberin** bzw. des **Dienstgebers**	**eigene** Arbeitsmittel
volle **arbeitsrechtliche Ansprüche** (z. B. auf Urlaub, Entgeltfortzahlung oder kollektivvertraglichen Lohn)	**keine** Ansprüche aus arbeitsrechtlichen Bestimmungen (z. B. Urlaub, Krankenentgelt)	**keine** Ansprüche aus arbeitsrechtlichen Bestimmungen

Für die Beurteilung der **persönlichen Abhängigkeit** kommt es auf ein **Überwiegen der Merkmale** an. Entscheidend sind die wahren Verhältnisse in der Realität, und nicht die Bezeichnung im Vertrag.

Freie Dienstverträge können meist mit einer Frist von 14 Tagen gekündigt werden. Nur bei Diensten höherer Art, die schon drei Monate gedauert haben, ist die Frist vier Wochen.

Beispiele: Anstellungsverhältnisse

1. Ein **Tischler** ist in einem Möbelhaus angestellt. Er ist voll in die Betriebsorganisation eingebunden, hat feste Arbeitszeiten einzuhalten, ist weisungsgebunden, steht unter der disziplinären Aufsicht der Dienstgeberin und darf sich nicht vertreten lassen.
   Er ist persönlich abhängig und daher **Dienstnehmer.**
2. Eine **Baumeisterin**, die ein eigenes Unternehmen betreibt, verpflichtet sich in einem Werkvertrag, einen Bauplan für ein neues Haus zu erstellen. Sie verwendet eigene Betriebsmittel, unterliegt lediglich Weisungen hinsichtlich der Beschaffenheit des Hauses, kann sich die Arbeitszeit frei einteilen und darf sich vertreten lassen.
   Sie ist persönlich unabhängig und daher **keine Dienstnehmerin.**

Beispiele für freie Dienstverträge: freie journalistische Mitarbeiter, Konsulenten

Freier Dienstvertrag

Der freie Dienstvertrag ist eine **Mischung aus Werkvertrag und Dienstvertrag.** Freie Dienstnehmerinnen und Dienstnehmer sind aber **nicht persönlich abhängig.**

Die wichtigsten arbeitsrechtlichen Bestimmungen (z. B. das Urlaubsgesetz, das Angestelltengesetz, das Entgeltfortzahlungsgesetz oder die Regelungen zu Sonderzahlungen) sind auf freie Dienstverhältnisse **nicht** anwendbar. Freie Dienstnehmer haben also einige Ansprüche nicht, die (echten) Dienstnehmern zustehen. Man spricht hierbei von einem **atypischen Dienstverhältnis** (nähere Informationen zum atypischen Dienstverhältnis ▸ Bereich 15.2.6).

Unter gewissen Voraussetzungen sind freie Dienstnehmerinnen und Dienstnehmer aber wie echte Dienstnehmer in der Pensions-, Kranken-, Unfall- und Arbeitslosenversicherung pflichtversichert.

In der Regel brauchen freie Dienstnehmerinnen und Dienstnehmer eine **Gewerbeberechtigung.** Mit dieser ist eine Sozialversicherungspflicht nach dem Gewerblichen Sozialversicherungsgesetz (GSVG) als Selbstständiger verbunden.

Wird ein Vertragsverhältnis zwar als freier Dienstvertrag bezeichnet, bei näherer Betrachtung der konkreten vertraglichen Vereinbarungen (etwa durch die Abgabenbehörde) stellt sich aber **nachträglich** heraus, dass die Leistungen sehr wohl in persönlicher Abhängigkeit erfolgten, wird der freie Dienstvertrag in einen echten Dienstvertrag **umqualifiziert.** Eine solche Umqualifizierung hat mehrere mögliche Konsequenzen. Diese treffen aber meist nur die Auftraggeberin bzw. den Auftraggeber nachteilig:

- Nachforderung der arbeitsrechtlichen Ansprüche, z. B. bezahlter Urlaub
- Entgeltfortzahlung bei Arbeitsunfähigkeit etc.
- kollektivvertragliches Mindestentgelt
- Überstundenvergütung
- Sonderzahlungen
- Kündigungsentschädigung
- Nachforderung der entsprechenden Sozialversicherungsbeiträge

Ansprüche auf Urlaub sind gesetzlich geregelt.

Werkvertrag

Der Werkvertrag beinhaltet eine typische Tätigkeit als selbstständiger Unternehmer. Mit einer Gewerbeberechtigung ist man nach dem GSVG in der Kranken- und Pensionsversicherung pflichtversichert. Eine Arbeitslosenversicherung kann man zusätzlich freiwillig abschließen.

Beispiel: Umqualifizierung in einen echten Dienstvertrag

Ein Ziviltechniker verpflichtete sich in einem als „Werkvertrag" bezeichneten Vertrag, statische Berechnungen für die AM Metallbau GmbH durchzuführen. Im „Werkvertrag" waren ein Wettbewerbsverbot sowie ein (nicht praktiziertes) Vertretungsrecht festgelegt. Der Ziviltechniker hatte keine wesentlichen eigenen Betriebsmittel. Darüber hinaus waren auch noch die „Anpassung der Arbeitszeit" sowie die Übernahme der Kosten der Haftpflichtversicherung durch den Auftraggeber vertraglich vorgesehen.

Die Abgabenbehörde beurteilte den Vertrag anhand der „gelebten Realität" und qualifizierte ihn zu einem echten Dienstvertrag um.

15.2.2 Arbeiter und Angestellte

Steht einmal fest, dass es sich um ein **echtes Dienstverhältnis** (und keinen Werkvertrag oder freien Dienstvertrag) handelt, sind noch weitere Unterscheidungen möglich:

Abgrenzung nach der Art der Verwendung	
Angestellte	**Arbeiterinnen und Arbeiter**
Arbeitnehmerinnen und Arbeitnehmer, die **kaufmännische** oder **höhere, nicht kaufmännische Tätigkeiten** bzw. **Kanzleiarbeiten** erledigen	Arbeitnehmerinnen und Arbeitnehmer, die **nicht Angestellte** oder **Lehrlinge** sind
gesetzliche Grundlagen: Angestelltengesetz (AngG), arbeitsrechtliche Gesetze (z. B. Urlaubsgesetz)	**gesetzliche Grundlagen:** Gewerbeordnung (GewO), Allgemeines Bürgerliches Gesetzbuch (ABGB), arbeitsrechtliche Gesetze (z. B. Urlaubsgesetz), Sondergesetze
Beispiele: Ein- und Verkäufer, Buchhalterinnen und Buchhalter, Sekretärinnen und Sekretäre, Abteilungsleiterinnen und Abteilungsleiter	**Beispiele:** Maurerinnen und Maurer, Kellnerinnen und Kellner, Lagerarbeiterinnen und Lagerarbeiter, Monteurinnen und Monteure

Angestellte bei der Büroarbeit

Die Rechtsstellung der beiden Gruppen wurde immer weiter angeglichen. Die jüngsten Gesetzesänderungen, die schrittweise zwischen 2018 und 2021 in Kraft traten bzw. treten, beseitigen noch bestehende Unterschiede weitgehend. Dies betrifft z. B. die Entgeltfortzahlung im Krankenstand, Dienstverhinderungsgründe, einvernehmliche Auflösung während eines Krankenstandes und Angleichung der Kündigungsfristen. Eine völlige Gleichbehandlung wurde jedoch nicht geschaffen – die begriffliche Unterscheidung insbesondere bleibt bestehen, was z. B. zur Folge hat, dass weiterhin getrennte Betriebsräte für Arbeiter und Angestellte bestehen.

- **Mischtätigkeit:** Werden sowohl Arbeiter- als auch Angestelltentätigkeiten verrichtet (liegt also eine Mischtätigkeit vor), kommt es auf das **zeitliche Überwiegen** an.
- **Vertragsangestellte:** Manchmal kommt es vor, dass Dienstnehmerinnen und Dienstnehmer von den überwiegend durchgeführten Tätigkeiten her eigentlich als Arbeiter einzustufen wären, vertraglich aber vereinbart wird, dass auf das Dienstverhältnis ganz oder teilweise trotzdem die Bestimmungen des Angestelltengesetzes angewendet werden. Dadurch kann die Rechtsstellung der betroffenen Dienstnehmer verbessert werden.

15.2.3 Befristetes und unbefristetes Dienstverhältnis, Probedienstverhältnis

Eine weitere Unterscheidung ist **nach der Dauer des Dienstverhältnisses** möglich:

Probedienstverhältnis	befristetes Dienstverhältnis	unbefristetes Dienstverhältnis
kann i. d. R. für maximal einen Monat (Lehrlinge: drei Monate) vereinbart werden.	endet mit Ablauf der Frist; Kündigung ist nicht erforderlich: kein Kündigungsschutz	wurde auf unbestimmte Zeit abgeschlossen
kann jederzeit von beiden Teilen ohne Angabe von Gründen aufgelöst werden	**Kündigungsmöglichkeit muss speziell vereinbart werden!**	Beendigung nur durch **Kündigung, Entlassung, Austritt** oder **einvernehmlich** möglich
	Verbot von Kettendienstverträgen!	

Eine **mehrmalige Aneinanderreihung befristeter Dienstverträge („Kettendienstverträge“)** kann sittenwidrig sein und zur Annahme eines **unbefristeten** Dienstvertrages führen. Man spricht hierbei von einer **„Umqualifizierung in einen unbefristeten Dienstvertrag“**.

Begründet wird dies damit, dass ansonsten der Kündigungsschutz leicht umgangen werden könnte, und Betroffene darüber hinaus Nachteile bezüglich jener Ansprüche erleiden würden, die sich an der Dauer des Arbeitsverhältnisses orientieren (z.B. Entgeltfortzahlung im Krankheitsfall).

Wiederholte Befristungen sind **ausnahmsweise** dann **zulässig**, wenn sie durch besondere sachliche Gründe **gerechtfertigt** sind. In diesem Fall kommt es zu keiner Umqualifizierung.

Beispiel: Befristete Dienstverträge

Der Betreiber eines Heurigenlokals hat zwei Kellnerinnen, die auf vier Monate befristet **beschäftigt** sind. Aufgrund der außergewöhnlich guten Saison überlegt der Betreiber, die Verträge um einen weiteren Monat zu verlängern.

In diesem Fall besteht zumindest eine gewisse Gefahr, dass Gerichte eine sittenwidrige Aneinanderreihung befristeter Dienstverträge annehmen, was zu einer Umqualifizierung in einen unbefristeten Dienstvertrag führen würde. Bei Saisonbetrieben wie im vorliegenden Fall kann aber unter Umständen eine Rechtfertigung vorliegen, sodass es schließlich zu keiner Umqualifizierung kommt.

15.2.4 Alte Selbstständige – neue Selbstständige

- **Alte Selbstständige** sind gewerblich selbstständige Erwerbstätige. Jeder Inhaber einer Gewerbeberechtigung ist Mitglied einer Wirtschaftskammer und unterliegt damit (ab einer bestimmten Höhe) der Pflichtversicherung nach dem Gewerblichen Sozialversicherungsgesetz (GSVG).
  Der Besitz einer Gewerbeberechtigung alleine macht aber niemanden zum Unternehmer oder zur Unternehmerin, solange nicht eigene Betriebsmittel eingesetzt werden, mehrere Aufraggeber existieren, eine eigene betriebliche Struktur sowie ein entsprechender Marktauftritt bestehen und eigene Mitarbeiter oder Subunternehmer beschäftigt werden.
- Als **Neue Selbstständige** werden solche Personen bezeichnet, die Einkünfte aus selbstständiger Arbeit haben, für diese Tätigkeiten aber **keine Gewerbeberechtigung** benötigen. Sie arbeiten auf Basis eines **Werkvertrages** oder **freien Dienstvertrages** und verwenden dabei meist **eigene Betriebsmittel** (Computer, Werkzeug etc.). Sie sind dann nach dem GSVG pflichtversichert, wenn sie nicht anderswo aufgrund dieser Tätigkeit sozialversichert (z.B. durch eine Anstellung) sind. Die Versicherungspflicht umfasst Pensions-, Unfall- und Krankenversicherung. Es besteht die Möglichkeit zur freiwilligen Arbeitslosenversicherung.
  Beispiele: selbstständige Autorinnen und Autoren, Künstlerinnen und Künstler, Psychotherapeutinnen und Therapeuten, Gutachterinnen und Gutachter oder Vortragende.

15.2.5 Ferialarbeit – Ferialpraktikum – Volontariat

Für **Heimarbeiterinnen und Heimarbeiter** gibt es ein eigenes Gesetz: das Heimarbeitergesetz (HeimArbG)

Praktika gibt es in verschiedenen Erscheinungsformen mit unterschiedlichen Rechtsfolgen. Diese können je nach Einzelfall als Arbeitsverhältnis, freies Dienstverhältnis oder als Ausbildungsverhältnis ausgestaltet sein. Auch hier kommt es nicht auf die Bezeichnung oder vertragliche Gestaltung an, sondern auf die tatsächlichen Verhältnisse.

Ferialarbeit	Ferialpraktikum	Volontariat
Arbeitsleistung steht im Vordergrund	Ausbildung steht im Vordergrund	Ausbildung steht im Vordergrund
„Ferienjob“	praktische Ausbildung, die absolviert werden muss	praktische Ausbildung, die aber **nicht** verpflichtend ist
normales Dienstverhältnis	**Ausbildungsverhältnis; auch Dienstverhältnis möglich**	meist **Ausbildungsverhältnis**, je nach Ausgestaltung auch **Dienstverhältnis** möglich

- **Ferialarbeiterinnen und Ferialarbeiter** sind meist Schülerinnen und Schüler oder Studierende, die zusätzlich zur Ausbildung Geld verdienen wollen. Hier steht die **Arbeitsleistung im Vordergrund**, sodass meist von einem **Dienstverhältnis** auszugehen ist („Ferienjob").

- **Ferialpraktikantinnen und Ferialpraktikanten** sind meist ebenfalls Schülerinnen und Schüler oder Studierende, die aufgrund der Vorschriften der jeweiligen Ausbildung eine bestimmte **praktische Ausbildung** absolvieren müssen („Pflichtpraktikum"). Die verrichteten Tätigkeiten müssen der Fachrichtung entsprechen, eine (persönliche) Arbeitspflicht besteht nicht. Steht auf diese Weise die **Ausbildung im Vordergrund**, liegt ein Ausbildungsverhältnis und kein Dienstverhältnis vor. Dadurch besteht auch kein Anspruch auf kollektivvertragliche Entlohnung oder Urlaub. Die Bezahlung eines Taschengeldes ist jedoch möglich. Ferialpraktikantinnen und Ferialpraktikanten sind in der **Unfallversicherung** pflichtversichert.
  Steht aber aufgrund der konkreten Ausgestaltung tatsächlich die **Arbeitsleistung im Vordergrund**, liegt ein Dienstverhältnis vor, weshalb auch alle arbeitsrechtlichen Vorschriften anwendbar sind (z. B. Anspruch auf kollektivvertragliche Entlohnung inkl. Sonderzahlungen, Urlaub).
  Um Umgehungen zu vermeiden, sind manche Praktika nur in Form eines Dienstverhältnisses möglich (z. B. Pflichtpraktika von Schülerinnen und Schülern der Höheren Lehranstalten für wirtschaftliche Berufe sowie der Höheren und mittleren Lehranstalten für Fremdenverkehrsberufe in Hotel- und Gaststättenbetrieben).

„Generation Praktikum" – was versteht man darunter?

- Bei einem **Volontariat** handelt es sich in der Regel um ein freiwilliges Ausbildungsverhältnis und nicht um ein Dienstverhältnis, sofern keine persönliche Abhängigkeit und keine Arbeitspflicht bestehen. Andernfalls liegt trotz Bezeichnung des Vertrages als Volontariat ein Arbeitsverhältnis vor. Anders als bei einem Ferialpraktikum besteht zu einem Volontariat jedoch keine Verpflichtung durch die Richtlinien eines Ausbildungsplanes.

15.2.6 Atypische Beschäftigungsverhältnisse

Definition

Von einem atypischen Beschäftigungsverhältnis spricht man, wenn es von einem **Normalarbeitsverhältnis** (unbefristete Vollzeit) **abweicht.**

Typisch atypisch: Leiharbeit und geringfügige Beschäftigung haben starke Zuwächse, während Normalarbeitsverhältnisse kaum zunehmen.

Zu den atypischen Beschäftigungsverhältnissen zählt man eine breite Palette von Beschäftigungsformen, die von freien Dienstnehmerinnen und Dienstnehmern, Selbstständigen ohne Gewerbeschein, Teilzeitbeschäftigten, geringfügig Beschäftigten bis hin zu Leiharbeitern reicht. Atypische Beschäftigungsverhältnisse werden praktisch immer bedeutsamer. So arbeitet fast jede zweite Frau in Teilzeit, während bei Männern diese Quote wesentlich geringer ist.

Ein atypisches Beschäftigungsverhältnis kann zum Teil zu großen Arbeitszeit- und Einkommensschwankungen führen.

Darüber hinaus haben viele der neuen Selbstständigen nur einen einzigen Auftraggeber und sind damit von diesem Unternehmen wirtschaftlich abhängig.

Check 15.2

1. **Lesen** Sie den folgenden Zeitungsartikel aufmerksam durch und fassen Sie den Inhalt mit eigenen Worten zusammen. **Diskutieren** Sie ihn in der Kleingruppe. **Gehen** Sie dabei auch auf die Vor- und Nachteile atypischer Beschäftigung **ein.**

Teilzeitarbeit: Gut oder böse?

Arbeiterkammer und Wirtschaftskammer streiten über den Nutzen von atypischer Beschäftigung.

Wien. Der Standpunkt der Arbeiterkammer (AK) ist klar: Der feste Vollzeitjob ist ein Auslaufmodell, und das ist schlecht. Leiharbeit und Teilzeit ersetzten zunehmend reguläre Arbeitsverhältnisse. In Österreich seien bereits 1,2 Millionen Menschen atypisch beschäftigt, Frauen öfter als Männer, schlecht Ausgebildete und Migranten öfter als gut Qualifizierte und Österreicher, wie die AK am Freitag auf Basis des Arbeitsklima-Index verlauten ließ.
Der Konter der Wirtschaftskammer (WKO) folgte prompt. Es gebe keinen Anhaltspunkt, dass „sogenannte prekäre Arbeitsverhältnisse“ reguläre Beschäftigungsverhältnisse verdrängen. Wo die Arbeiterkammer „prekär“ sagt, sagt die Wirtschaftskammer lieber „flexibel“. Es komme von immer mehr Arbeitnehmer/innen der Wunsch, zeitlich flexibler arbeiten zu können. Vor allem die Teilzeitbeschäftigung werde stärker nachgefragt, als es Teilzeitstellen gibt, so die WKO in einer Aussendung. Verdrängung gebe es jedenfalls keine.
Wer also hat Recht? Im Grund beide Seiten. Tatsächlich steigt die Teilzeitquote seit Jahren konstant an. Im Jahr 2000 betrug der Anteil der Teilzeitbeschäftigten an den unselbstständig Erwerbstätigen in Österreich noch 16,4 Prozent. Im Vorjahr waren es bereits 26,5 Prozent. Vor allem Frauen arbeiten Teilzeit. Im Durchschnitt des Vorjahres gingen 45,5 Prozent der Frauen in Österreich einer Teilzeitbeschäftigung nach, von den Männern lediglich zehn Prozent.

Teilzeit ist oft selbst gewählt

In einem Punkt hat die Wirtschaftskammer recht: nämlich damit, dass Teilzeitarbeit vielen Menschen ermöglicht, überhaupt zu arbeiten. Viele Frauen würden nämlich wegen Kinderbetreuung etc. gar keine Vollzeitstelle annehmen wollen beziehungsweise können. Eine gewisse Verdrängung findet jedoch schon statt – womit wiederum die AK teilweise Recht hat. Laut den Daten der Statistik Austria sank die Vollzeitbeschäftigung im Vorjahr gegenüber 2012 um 45.100 Personen. Die Teilzeitbeschäftigung stieg um 36.400 auf 1,1 Millionen. Teilzeit ersetzt also zunehmend Vollzeit – das ist ein Trend, der bereits länger anhält und für Krisen typisch ist. Auch in den Jahren 2009 und 2010 verschwanden viele Vollzeitarbeitsplätze.

In welchem Ausmaß Teilzeitarbeit freiwillig oder vom Arbeitgeber/von der Arbeitgeberin forciert ist, lässt sich so freilich nicht sagen. Für Firmen kann Teilzeit ein Weg sein, Personalkosten zu sparen und Kündigungen zu vermeiden. Dass Teilzeit aber oft auch selbst gewählt ist, zeigt eine Erhebung des Deutschen Instituts für Wirtschaftsforschung aus 2012: Nur ein Achtel der befragten Teilzeitbeschäftigten in Österreich gab an, lieber einen Vollzeitjob zu wollen. Auch beim Arbeitsmarktservice übersteigt die Nachfrage nach Teilzeitjobs das Angebot. (hie)

(Die Presse)

2. **Charakterisieren** Sie das im nachstehenden Rechtsfall geschilderte Vertragsverhältnis:
Ein Nachhilfelehrer wird von einem Auftraggeber für die Dauer eines Semesters mit Kursen beauftragt. Vertraglich wird festgelegt, dass er sich zur Abhaltung der Kurse an den vom Auftraggeber festgelegten Ort, die festgelegte Zeit und den Unterrichtsgegenstand des Kurses zu halten hat. Er hat dabei die organisatorischen Hinweise des Auftraggebers zu beachten. Die festen Arbeitszeiten an einem bestimmten Arbeitsort werden dann auch tatsächlich vom Auftraggeber kontrolliert. Eine Mindestarbeitszeit wird aber nicht vereinbart, und der Nachhilfelehrer ist im Lauf der Zeit schließlich unterschiedlich intensiv beschäftigt.

3. **Beurteilen** Sie den folgenden Sachverhalt in Hinblick auf das allfällige Vorliegen eines Kettenarbeitsvertrages:
In Ihrem Unternehmen haben Sie als Bürokraft eine Studentin beschäftigt, deren Studienabschluss sich zum wiederholten Mal verzögert. Sie bittet Sie, den befristeten Vertrag weiter zu verlängern.

4. **Beurteilen** Sie den folgenden Sachverhalt: Mit einem neuen Dienstnehmer wurde eine dreimonatige Probezeit vereinbart. Während des zweiten Monats löst das Unternehmen ohne Grund das Arbeitsverhältnis und will auch nichts mehr zahlen.
5. Ein berühmter Schauspieler wurde für einen neuen Film engagiert. Eine Vertretung ist vertraglich ausgeschlossen. **Kommentieren** Sie die vertragliche Gestaltung.
6 Julia absolviert in der AB Unternehmensberatungs GmbH ein im Lehrplan vorgesehenes zweimonatiges Pflichtpraktikum. Dem Geschäftsführer kommt das gerade Recht, da eine Mitarbeiterin schon länger krank ist. Bisher wurde Julia lediglich für Hilfsdienste herangezogen, obwohl sie sich schon gut im Unternehmen zurechtfindet, schnell lernt und tüchtig ist. Sie bekommt ein „Taschengeld“ in der Höhe von 950 € brutto. Julias Arbeitszeit wird mittels einer Chipkarte erfasst. Die Aufgaben für den Tag erhält sie jeweils um 8 Uhr zugewiesen. Vor der Mittagspause, die der gesamte Betrieb um 12.30 Uhr hält, kontrolliert der Geschäftsführer die bisher durchgeführten Aufgaben. Bei den spannenden Kundengesprächen durfte Julia bisher nicht dabei sein. **Bewerten** Sie das vorliegende Vertragsverhältnis.
7. **Beurteilen** Sie, ob in den folgenden Fällen ein Dienstverhältnis vorliegt.

Vertragliche Vereinbarung	Dienst-verhältnis	kein Dienst-verhältnis
Clara ist seit zwei Jahren als Reitlehrerin beschäftigt. Sie hat einen „freien Dienstvertrag“ unterschrieben, nach dem sie täglich acht Stunden Reitunterricht zu geben hat. Die Schülerinnen und Schüler werden ihr von Bertram, dem Eigentümer der Reitschule, zugewiesen, ebenso die Stundeneinteilung. Die Pferde stellt Bertram zur Verfügung. Clara hat ein vertragliches Vertretungsrecht, das sie jedoch nicht in Anspruch nehmen kann, weil dies „unerwünscht“ ist. Wenn sie auf Urlaub gehen will, muss sie dies vier Wochen zuvor genehmigen lassen.		
Max hat sich vertraglich verpflichtet, die Homepage der Cybershop GmbH zu programmieren und zu warten. Die Anforderungen an die Homepage und die jeweiligen Inhalte werden Max in regelmäßigen Besprechungen in den Räumlichkeiten der Cybershop GmbH bekanntgegeben. Wann und wo Max seine Arbeit erledigt, bleibt ihm überlassen.		
Ein Taxifahrer kann Ausmaß und zeitliche Gestaltung seiner Tätigkeit selbst bestimmen. Er benutzt ein Fahrzeug eines Taxiunternehmens und führt den wesentlichen Teil seiner Einnahmen an das Taxiunternehmen ab.		
Ein Praktikant steht in einem Ausbildungsverhältnis unter der Leitung des Arbeitgebers.		
Eine Reinigungskraft arbeitet regelmäßig einmal pro Woche für einen Auftraggeber. Sie verwendet Arbeitsmittel vom Auftraggeber. Arbeitszeit und Arbeitsort sind vom Auftraggeber bestimmt.		
Eine Schreibkraft wird nach Seiten bezahlt. Sie kann ihre Tätigkeit an jedem beliebigen Ort verrichten, kann Hilfskräfte heranziehen oder sich vertreten lassen.		
Ein Nachhilfelehrer eines Lerninstitutes übt die Lehrtätigkeit in den Räumen des Institutes aus. Arbeitszeit, Inhalte und Arbeitsort sind vom Institut vorgegeben.		
Ein Bauunternehmen schließt regelmäßig freie Dienstverträge mit Bauarbeitern ab. Diese verfügen über Gewerbescheine. Sie sind an fixe Arbeitszeiten gebunden.		

15.3 Der Arbeitsvertrag

Für den Abschluss eines Arbeitsvertrages gibt es keine Formvorschriften.

Definition

Ein **Arbeitsvertrag (Dienstvertrag)** ist eine zivilrechtliche Vereinbarung, mit der sich jemand zur Arbeitsleistung für einen anderen verpflichtet. Er regelt das Verhältnis zwischen Arbeitgeber und Arbeitnehmer, also insbesondere Rechte und Pflichten.

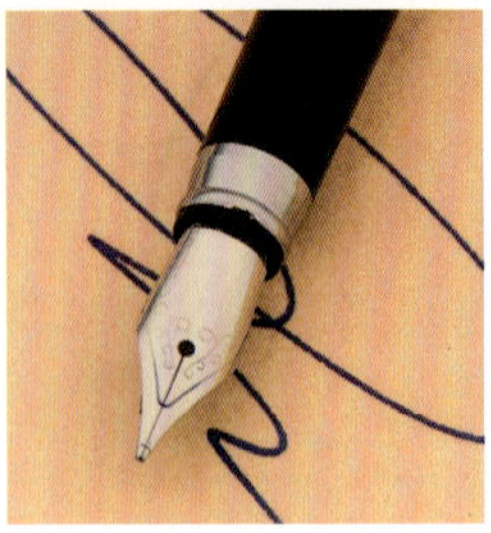

Ein Arbeitsvertrag kann mündlich, schriftlich und schlüssig abgeschlossen werden.

Die meisten Rechte und Pflichten beginnen erst ab Abschluss des Arbeitsvertrages. Gewisse Rechte und Pflichten können sich aber auch schon vor Abschluss eines Arbeitsvertrages ergeben (im Sinne vorvertraglicher Aufklärungs- und Sorgfaltspflichten). So haben Dienstgeberinnen und Dienstgeber z. B. schon vor Abschluss des Dienstvertrages die Privat- und Intimsphäre von Bewerberinnen und Bewerbern zu respektieren. Im Gegenzug haben Dienstgebende ein berechtigtes Interesse daran, von persönlichen Umständen der Bewerber zu erfahren, die für eine ordnungsgemäße Ausführung der Arbeit bedeutsam sind oder die Sicherheit des Betriebes gefährden könnten.

15.3.1 Abschluss eines Arbeitsvertrages

Arbeitsvertrag

- grundsätzlich keine Formvorschriften
- übereinstimmende Willenserklärungen
- frei von Willensmängeln wie Irrtum, List oder Drohung
- Geschäftsfähigkeit
- kein Verstoß gegen Gesetz oder die guten Sitten

Schlüssiger Abschluss: Jemand erbringt Arbeitsleistungen für einen anderen und dieser nimmt die Leistungen an.

- Für den Abschluss des Arbeitsvertrages bestehen grundsätzlich **keine Formvorschriften** – das heißt, er kann sowohl **schriftlich** oder **mündlich** als auch **schlüssig** („konkludent") abgeschlossen werden. **Lehr-** und **sonstige Ausbildungsverträge** müssen schriftlich abgeschlossen werden. In der Praxis kommen schlüssige Einigungen vor allem bei Änderungen und Ergänzungen schon bestehender Verträge vor (z. B. Änderungen bezüglich Tätigkeitsfeld oder -ort; Übergang eines befristeten Arbeitsverhältnisses in ein unbefristetes).

Dienstzettel: schriftliche Aufzeichnung über die wesentlichen Rechte und Pflichten

- Wenn kein schriftlicher Arbeitsvertrag ausgehändigt wird, ist ein „Dienstzettel" auszustellen, dessen **Mindestinhalt** gesetzlich geregelt ist. Entsprechende Informationspflichten mit dem Zweck der Schaffung größerer Transparenz wurden zuletzt mit dem Arbeitsrechts-Änderungsgesetz 2015 geschaffen.
- Der Arbeitsvertrag kommt gültig durch übereinstimmende, empfangsbedürftige **Willenserklärungen** (also Einigung) von Arbeitnehmerin bzw. Arbeitnehmer und Arbeitgeberin bzw. Arbeitgeber zustande und muss frei von Willensmängeln (z. B. Irrtum, List, Zwang oder Drohung) sein.

Grenzen des Fragerechts im Bewerbungsgespräch: Unzulässige Fragen, etwa nach Schwangerschaft, Kinderwunsch, Religion, Alkoholkonsum oder Alkoholabhängigkeit, müssen **im Allgemeinen** nicht (richtig) beantwortet werden.

- **Arbeitgeber** müssen voll geschäftsfähig sein. Für **Arbeitnehmer** gilt, dass mündige minderjährige Personen (also zwischen vollendetem 14. und vollendetem 18. Lebensjahr), wenn sie die Schulpflicht erfüllt haben, Arbeitsverträge abschließen können. Der gesetzliche Vertreter hat in diesen Fällen aber aus wichtigen Gründen ein vorzeitiges **Lösungsrecht**. Für den Abschluss von Lehrverträgen oder sonstigen Ausbildungsverträgen ist die **Zustimmung** des gesetzlichen Vertreters erforderlich (nähere Informationen zur Geschäftsfähigkeit ▸ Bereich 2.3).
- Verstößt der Vertrag gegen Gesetze oder die guten Sitten, sind – je nach Verstoß – verschiedene Rechtsfolgen wie Nichtigkeit oder Anfechtbarkeit möglich (z. B. Schmuggel von Waren, krasse Minderentlohnung).

Es ist besonders wichtig, den **Arbeitsvertrag** oder **Dienstzettel** ganz **genau durchzulesen** und bei unklaren Bestimmungen nachzufragen!

15.3.2 Rechte und Pflichten aus dem Arbeitsvertrag

Ein Arbeitsvertrag ist zweiseitig verpflichtend: Das heißt, beide Vertragspartner haben jeweils sowohl Rechte als auch Pflichten. Die Pflichten der Arbeitnehmerinnen und Arbeitnehmer stellen zumeist die Rechte der Arbeitgeberinnen und Arbeitgeber dar und umgekehrt.

Arbeitnehmerinnen Arbeitnehmer
- Arbeitspflicht
- Sorgfaltspflicht
- Treuepflicht
- Haftpflicht

Arbeitgeberinnen Arbeitgeber
- Entgeltzahlungspflicht
- Weisungsrecht
- Fürsorgepflicht
- Arbeitgeberhaftung

Lohnzahlung als Hauptpflicht des Arbeitgebers

	Hauptpflicht	wichtigste Nebenpflicht
Arbeitnehmerinnen Arbeitnehmer	Arbeitspflicht	Treuepflicht
Arbeitgeberinnen Arbeitgeber	Entgeltzahlungspflicht	Fürsorgepflicht

Arbeitspflicht

Die Hauptpflicht von Arbeitnehmerinnen und Arbeitnehmern aus dem Arbeitsvertrag ist es, der Arbeitgeberin bzw. dem Arbeitgeber die Arbeitskraft zur Verfügung zu stellen. Die vereinbarten Dienste sind persönlich zu leisten (man hat also keine Vertretungsbefugnis) und man unterliegt dabei den Weisungen des Arbeitgebers.

Die konkret auszuführenden Tätigkeiten ergeben sich primär aus

- dem Arbeitsvertrag,
- den Weisungen sowie
- der Treuepflicht.

Arbeitnehmerinnen und Arbeitnehmer haben sich zu bemühen, die ihnen übertragenen Aufgaben richtig auszuführen, schulden dabei aber – im Unterschied zum Werkvertrag – keinen bestimmten Erfolg. Sind Arbeitnehmerinnen und Arbeitnehmer an der Arbeitsleistung verhindert (etwa durch Krankheit, Arztbesuch), haben sie dies unverzüglich bekanntzugeben und auf Verlangen eine entsprechende Bestätigung vorzulegen.

Arbeitspflicht als Hauptpflicht des Arbeitnehmers

Sorgfaltspflicht

Arbeitnehmerinnen und Arbeitnehmer sind verpflichtet, die vereinbarte Arbeit nach besten Kräften und mit der notwendigen Sorgfalt zu erbringen.

Treuepflicht

Arbeitnehmerinnen und Arbeitnehmer sind verpflichtet, **berechtigte Interessen** der Arbeitgeberin bzw. des Arbeitgebers zu schützen. Es gibt keine abschließende gesetzliche Regelung oder Aufzählung. Die Intensität der Treuepflicht ist je nach Tätigkeitsfeld unterschiedlich ausgeprägt. Höhere Anforderungen bestehen zum Beispiel im öffentlichen Dienst, bei leitenden Angestellten und für Beschäftigte in Vertrauenspositionen (z. B. Geldtransport). Die wichtigsten Pflichten, die sich aus der Treuepflicht ergeben, sind:

Der Geldtransport ist eine verantwortungsvolle Aufgabe und mit besonderen Treuepflichten versehen.

- **Verschwiegenheitspflicht:** Da Mitarbeiter ja mehr oder weniger tiefe Einblicke in das Betriebsgeschehen erhalten, müssen sie Betriebs- und Geschäftsgeheimnisse wahren. Zum Beispiel wäre die Weitergabe von Kundenlisten, Rezepten oder Informationen zu technischen Produktionsverfahren eine Verletzung der Verschwiegenheitspflicht.

Häufig wird vereinbart, dass bei Verstoß gegen eine Konkurrenzklausel eine **Vertragsstrafe** („Pönale") zu zahlen ist. Eine solche Vertragsstrafe unterliegt jedoch zwingend dem **richterlichen Mäßigungsrecht**, kann also vom Richter herabgesetzt werden.

- Das **gesetzliche Konkurrenzverbot** besagt, dass Dienstnehmerinnen und Dienstnehmer während eines aufrechten Dienstverhältnisses grundsätzlich keine konkurrierende Tätigkeit ausüben dürfen.
- Vom gesetzlichen Konkurrenzverbot ist eine so genannte **Konkurrenzklausel** im Arbeitsvertrag zu unterscheiden, die erst **nach Beendigung des Arbeitsverhältnisses** wirkt: Möchten Dienstgeberinnen und Dienstgeber also verhindern, dass Dienstnehmerinnen bzw. Dienstnehmer dem Unternehmen nach dem Ende der Beschäftigung im selben Geschäftszweig Konkurrenz machen, muss es im Dienstvertrag entsprechend geregelt werden. Eine solche Klausel ist aber für **maximal 1 Jahr** nach Beschäftigungsende zulässig, und auch nur für Mitarbeiter, die zuletzt mehr als 3.580 € brutto (für 2020) verdient haben. Sie ist gänzlich unzulässig, wenn sie faktisch einem Berufsverbot gleichkommen würde.
- **Verbotene Geschenkannahme:** Die Annahme unberechtigter Vorteile ist verboten und kann unter gewissen Voraussetzungen sogar einen Straftatbestand darstellen.
  Beispiel: Die Leiterin der Marketingabteilung erteilt nur jener Marketingagentur Aufträge, die ihr eine private Reise finanziert.

Aus der Treuepflicht können sich aber auch noch weitere Pflichten ergeben, z. B. die Pflicht, Störfälle im Betrieb zu melden oder in betrieblichen Notfällen Überstunden zu leisten.

Verletzungen der Treuepflicht können **Entlassungsgründe** darstellen. Die Treuepflicht endet grundsätzlich mit Beendigung des Arbeitsverhältnisses. Zur Ausdehnung bestimmter Treuepflichten für die Zeit nach dem Ende des Arbeitsverhältnisses sollte eine entsprechende Regelung in den Arbeitsvertrag aufgenommen werden.

Haftpflicht von Dienstnehmerinnen und Dienstnehmern

Unachtsamkeit am Arbeitsplatz

Im Zuge der durchgeführten Arbeiten kann es schon einmal vorkommen, dass Dienstnehmer entweder dem Dienstgeber oder einem Dritten einen Schaden zufügen. Das Dienstnehmerhaftpflichtgesetz (DHG) sieht – abweichend vom allgemeinen Schadenersatzrecht – **Haftungserleichterungen** für Dienstnehmerinnen und Dienstnehmer vor (Näheres zum allgemeinen Schadenersatzrecht ▸ Bereich 9).

Dienstnehmerinnen und Dienstnehmer können für Schäden, die sie dem Dienstgeber oder Dritten zufügen, **nur eingeschränkt** haftbar gemacht werden. Das konkrete Ausmaß der Haftung sowie die Fristen zur Geltendmachung hängen vom **Grad des Verschuldens** ab:

Verschulden	Beschreibung	rechtliche Folge	Frist
entschuldbare Fehlleistung	kann nur bei außerordentlicher Sorgfalt vermieden werden	keine Haftung der Arbeitnehmerin oder des Arbeitnehmers	–
leichte Fahrlässigkeit	passiert gelegentlich auch sorgfältigen Arbeitnehmerinnen und Arbeitnehmern	Schadenersatzpflicht, die allerdings durch das Gericht gemäßigt oder ganz erlassen werden kann	6 Monate ab Kenntnis
grobe Fahrlässigkeit	auffallender Verstoß gegen die Sorgfalt	Schadenersatzpflicht, die allerdings durch das Gericht gemäßigt werden kann (nicht aber ganz erlassen!)	3 Jahre ab Kenntnis
Vorsatz	Schaden bewusst herbeigeführt	Volle Haftung der Dienstnehmerin oder des Dienstnehmers	3 Jahre ab Kenntnis

Da der Grad des Verschuldens erst im Gerichtsverfahren geklärt wird, ist es in Zweifelsfällen aus Arbeitgebersicht empfehlenswert, binnen sechs Monaten ab Kenntnis des Schadens Klage einzubringen, um den Anspruch auch dann nicht zu verlieren, falls das Gericht das schädigende Verhalten der Arbeitnehmerin bzw. des Arbeitnehmers als bloß leicht fahrlässig qualifiziert.

Beispiele: Haftung des Dienstnehmers

1. Ein Arbeitnehmer beschädigt während der Arbeit **leicht fahrlässig** eine Maschine der Arbeitgeberin. Die Kosten der Reparatur betragen 1.000 €. Die Arbeitgeberin klagt den Betrag vom Arbeitnehmer ein. Das Gericht kann den Ersatz entweder zur Gänze **erlassen oder mäßigen,** da leichte Fahrlässigkeit vorliegt. Bei **entschuldbarer Fehlleistung** stünde der Arbeitgeberin überhaupt kein Ersatzanspruch zu.
2. Die Secura Bau GmbH wurde mit Umbauarbeiten im Haus des Anton beauftragt. Im Zuge der Arbeiten beschädigt der Arbeitnehmer Gustav den teuren Marmorboden. Anton kann (unter den Voraussetzungen des allgemeinen Schadenersatzrechts) entweder von der Dienstgeberin oder vom Dienstnehmer Ersatz verlangen. Zwischen Dienstnehmer und Dienstgeberin besteht allenfalls ein Rückgriffsrecht („**Regress**"):
   - Hat die **Dienstgeberin** Secura Bau GmbH den Schaden ersetzt, kann sie von Gustav – je nach dessen Verschulden – den gesamten Schaden oder einen Teil davon verlangen. Bei entschuldbarer Fehlleistung hat sie keinen Rückgriffsanspruch.
   - Hat der **Dienstnehmer** Gustav den Schaden ersetzt, kann er – je nach eigenem Verschulden – das Geleistete teilweise oder gänzlich von der Dienstgeberin zurückverlangen. Bei entschuldbarer Fehlleistung hat er Anspruch auf den gesamten geleisteten Betrag. Bei Vorsatz erhält er von der Dienstgeberin nichts ersetzt.

Arbeitgeberhaftung

Auch für den Fall, dass es zu einer Schädigung der Dienstnehmerin oder des Dienstnehmers durch die Dienstgeberin bzw. den Dienstgeber kommt, sind die Regeln des allgemeinen Schadenersatzrechts verändert. Während nach allgemeinem Schadenersatzrecht jeder Grad des Verschuldens (also auch leichte Fahrlässigkeit) für eine Begründung der Haftung ausreichen würde, haften Dienstgeber für **Personenschäden** (Arbeitsunfall oder Berufskrankheit) nur bei **vorsätzlicher Schädigung.** Der Grund für diese **Haftungserleichterung** liegt darin, dass Dienstgeber zur Gänze die Beiträge zur Unfallversicherung leisten. Bei bloß (grob oder leicht) fahrlässiger Schädigung müssen sich die Dienstnehmerinnen und Dienstnehmer mit den Leistungen der Unfallversicherung begnügen.

„Dienstgeber-Haftungsprivileg"

Bei grober Fahrlässigkeit oder Vorsatz hat der Sozialversicherungsträger ein **Regressrecht** gegenüber den Dienstgeberinnen und Dienstgebern.

Für **Sachschäden** gelten die allgemeinen Regeln des Schadenersatzrechts unverändert (▸ Bereich 9).

Entgeltzahlungspflicht und Entgeltfortzahlung

Die **Hauptpflicht des Arbeitgebers** besteht darin, die geleistete Arbeit zu **bezahlen.** Ist im Dienstvertrag diesbezüglich nichts geregelt, kann sich die Höhe des geschuldeten Entgelts auch aus einem Kollektivvertrag (▸ Bereich 15.5.2) oder einer Betriebsvereinbarung (▸ Bereich 15.5.4) ergeben. Eine **angemessene, ortsübliche Bezahlung** muss geleistet werden, wenn zur Entlohnung weder etwas im Arbeitsvertrag steht, kein Kollektivvertrag anwendbar ist noch eine entsprechende Betriebsvereinbarung existiert.

Unter Entgelt ist aber nicht nur der Grundlohn zu verstehen. Zum Entgelt zählen alle Arten von Geldbezügen, also etwa Überstundenentgelt, Prämien, Sonderzahlungen, Gewinnbeteiligungen, Provisionen, aber auch Sachbezüge.

- **Prämien** sind zusätzliches Entgelt, z. B. bei guter Geschäftslage.
- **Sonderzahlungen:** 13. und 14. Gehalt bei Angestellten bzw. Urlaubszuschuss und Weihnachtsgeld bei Arbeiterinnen und Arbeitern
- **Gewinnbeteiligung:** Beteiligung am Unternehmensgewinn
- **Provision:** Beteiligung in Prozent am Wert eines abgeschlossenen Geschäfts

Die wichtigsten **Entlohnungsformen** sind in der folgenden Grafik zusammengefasst:

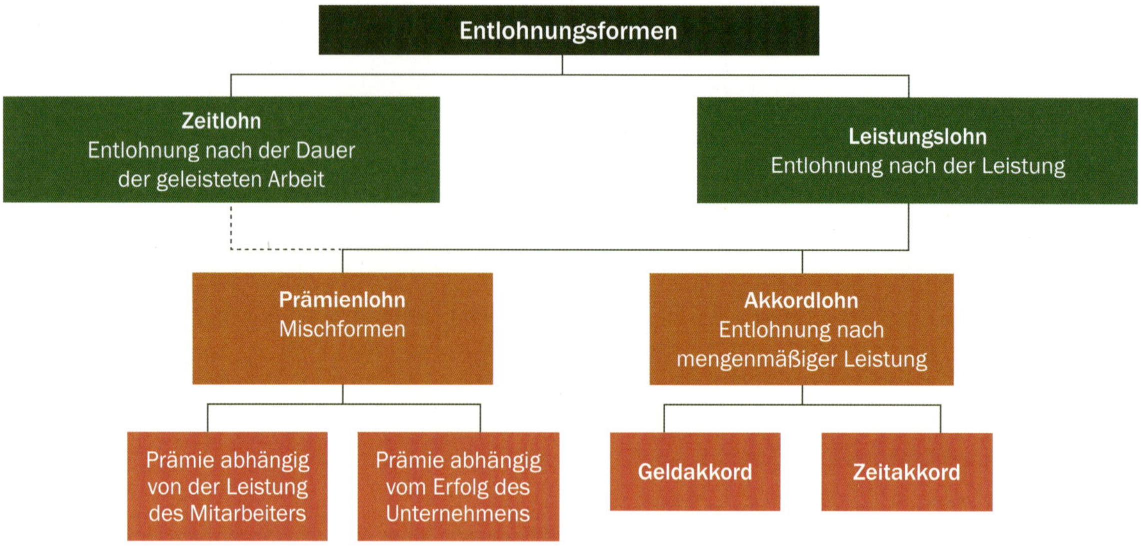

Beispiel: Kann irrtümlich zu viel bezahltes Entgelt zurückgefordert werden?

Einem Arbeitnehmer wird innerhalb weniger Tage das Gehalt zweimal auf das Konto überwiesen, jeweils mit demselben Verwendungszweck. Der Arbeitnehmer bemerkt dies erfreut und gibt das Geld in der Folge aus.

Die Rechtsprechung des Obersten Gerichtshofes (OGH) verneint einen Rückforderungsanspruch des Arbeitgebers dann, wenn der Arbeitnehmer den überhöhten Betrag **in gutem Glauben** empfangen und bereits **verbraucht** hat. Im vorliegenden Fall ist davon auszugehen, dass der Arbeitnehmer nicht gutgläubig war. Ein Rückforderungsanspruch besteht daher zu Recht.

Anders wäre der Fall zu beurteilen, wenn etwa aufgrund einer falschen Berechnung in der Buchhaltungsabteilung um 20 % zu viel überwiesen wird und der Arbeitnehmer dies nicht bemerkt. Unter den oben genannten Voraussetzungen besteht kein Rückforderungsanspruch des Arbeitgebers.

Verjährung: Rückforderungsansprüche zu viel bezahlten Entgelts verjähren in drei Jahren bzw. bei bewusster Täuschung in 30 Jahren.

Dienstnehmerinnen und Dienstnehmern gebührt in gewissen Fällen auch dann Entgelt, wenn z. B. aufgrund von Krankheit, Unfall oder kurzfristiger Arbeitsverhinderung aus wichtigen persönlichen Gründen tatsächlich nicht gearbeitet wird. Man spricht hier von Anspruch auf **„Entgeltfortzahlung"**. Die Rechtslage für Arbeiter und Angestellte wurde diesbezüglich schrittweise angeglichen.

Die wichtigsten Fälle der Entgeltfortzahlung sind:

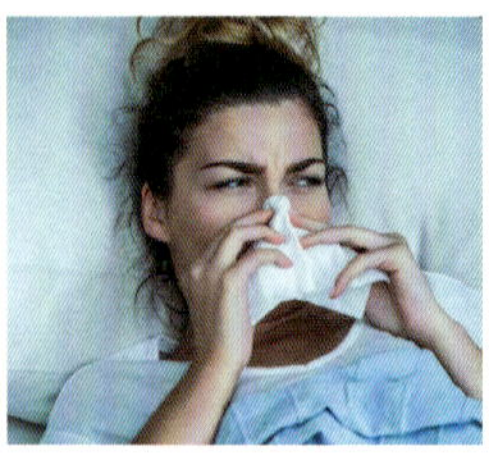

Bei Krankheit hat ein Dienstnehmer Anspruch auf Entgeltfortzahlung.

Auf Verlangen ist im Krankheitsfall zwar eine ärztliche **Bestätigung** vorzulegen, eine Diagnose muss dem Dienstgeber jedoch nicht bekannt gegeben werden.

- **Krankheit bzw. Unfall:** Die Dauer der Entgeltfortzahlung im Krankheitsfall hängt von der bisherigen Dauer des Dienstverhältnisses ab und beträgt **zwischen sechs und zwölf Wochen** (bei vollem Entgelt) und weiteren vier Wochen (bei halbem Entgelt). Wurde die Krankheit oder der Unfall grob fahrlässig oder vorsätzlich herbeigeführt, gebührt keine Entgeltfortzahlung. Bei Arbeitsunfällen und Berufskrankheiten besteht der Entgeltfortzahlungsanspruch je nach Dienstjahr acht bzw. zehn Wochen.
- **Urlaub:** Arbeitnehmerinnen und Arbeitnehmer haben Anspruch auf den gesetzlich vorgeschriebenen bezahlten Mindesturlaub (▶ Bereich 15.3.5).
- **Pflegefreistellung:** Für die Pflege von im gemeinsamen Haushalt lebenden Angehörigen gebührt Pflegefreistellung im Ausmaß von maximal **einer Woche** pro Jahr. Ist die Pflege eines noch nicht 12-jährigen erkrankten Kindes erforderlich, kann diese unter gewissen Voraussetzungen **zwei Wochen** betragen.
- **Sonstige persönliche Verhinderungsgründe** auf Seiten der Dienstnehmerin bzw. des Dienstnehmers: Arztbesuch, Eheschließung, Sponsionsfeier, Geburten, erster Schultag des eigenen Kindes, Begräbnisse, Gerichts- oder Behördentermine, Übersiedelungen und Katastrophenfälle. Eine Dienstverhinderung ist dem Dienstgeber schnellstmöglich bekanntzugeben. Dienstfreistellungen bestehen nur im unbedingt notwendigen Zeitausmaß.

- **Gesetzliche Feiertage** und **Postensuchtage** (Anspruch auf Freizeit zum Suchen einer Stelle)
- **Gründe auf Seiten des Dienstgebers** sind beispielsweise ein Stromausfall im Betrieb, die Nichtlieferung von Rohstoffen oder die Schließung der Ordination wegen eines Kongressbesuchs des Arztes bzw. der Ärztin.

In einigen anderen Fällen besteht zwar ein Anspruch auf Freistellung von der Arbeit, allerdings **ohne Entgeltfortzahlung** (z. B. Elternkarenz, Bildungskarenz). In solchen Fällen stehen gegebenenfalls aber andere Ansprüche zu (z. B. Kinderbetreuungsgeld).

Fürsorgepflicht

Arbeitgeberinnen und Arbeitgeber haben dafür zu sorgen, dass **schutzwürdige Interessen der Arbeitnehmerinnen** und **Arbeitnehmer** nicht gefährdet werden. Im Rahmen der Fürsorgepflicht sind die Arbeitsbedingungen so zu organisieren, dass Leben und Gesundheit, Sittlichkeit und Eigentum der Arbeitnehmerinnen und Arbeitnehmer möglichst gut geschützt sind.

Sexuelle Belästigung am Arbeitsplatz

Hierzu gehört nicht nur der gesamte **Arbeitnehmerschutz** (▶ Bereich 15.4). Arbeitgeber sind auch verpflichtet, Mitarbeiterinnen und Mitarbeiter vor **sexuellen Übergriffen** oder **Mobbing** zu schützen. Darüber hinaus haben Arbeitgeber bei Weisungen auch auf gesundheitliche Probleme oder Schwangerschaft Bedacht zu nehmen.

Die Fürsorgepflicht zeigt auch nach Beendigung des Arbeitsverhältnisses noch Wirkung: Arbeitgeberinnen und Arbeitgebern dürfen ehemaligen Mitarbeiterinnen und Mitarbeitern die Suche eines neuen Arbeitsplatzes etwa nicht durch ein schlechtes Dienstzeugnis erschweren.

Weisungsrecht

Die im Arbeitsvertrag geregelten Rahmenbedingungen (also Zeit, Ort, Art und Umfang der Arbeit) werden durch Weisungen der Arbeitgeberin bzw. des Arbeitgebers näher **konkretisiert** (z. B. hinsichtlich Arbeitsplatz, Arbeitszeiten, Arbeitsort und konkreter Tätigkeiten). Weisungen können auch bezüglich der Arbeitskleidung und Sicherheitsvorkehrungen getroffen werden. Gesetzes- oder sittenwidrige Weisungen oder solche, die schlicht undurchführbar sind, müssen allerdings nicht befolgt werden.

In der Praxis sind die Angaben zu den konkreten Tätigkeiten im Arbeitsvertrag eher knapp gehalten, um bei den Weisungen möglichst flexibel zu bleiben. Als Dienstnehmer sollte man daher besonders darauf achten, dass die Arbeitsleistung im Vertrag möglichst genau oder zumindest unmissverständlich beschrieben ist.

Weitere Pflichten der Arbeitgeberinnen und Arbeitgeber

- Unverzügliches **An- und Abmelden der Pflichtversicherten** beim zuständigen Krankenversicherungsträger
- Pflicht zur **Ausstellung eines Dienstzeugnisses** auf Verlangen der Arbeitnehmerin oder des Arbeitnehmers
- Gewährung von Postensuchtagen
- Abfertigung NEU (▶ Bereich 15.3.4)
- Gleichbehandlung, Diskriminierungsverbot, Gebot der geschlechtsneutralen Stellenausschreibung

Recht auf Beschäftigung?

Wenn jemand zwar einen fixen Job hat, aber trotzdem keine Tätigkeiten zugewiesen bekommt, kann man dagegen kaum etwas unternehmen. Es gibt nämlich **nur ausnahmsweise** ein Recht auf Beschäftigung, etwa, wenn die Qualifikation unter dem Nichtstun leiden würde (z. B. bei Chirurginnen und Chirurgen, Pilotinnen und Piloten, Lehrlingen). Abgesehen von diesen Fällen bleibt den Betroffenen nur, sich letztendlich einen anderen Job zu suchen.

15.3.3 Die Beendigung eines Arbeitsverhältnisses

Während es früher üblich war, das ganze Arbeitsleben bei einem einzigen Arbeitgeber zu verbringen, ist heute der mehrmalige Wechsel des Arbeitsplatzes eher die Regel. Auch sind Kündigungen durch den Dienstgeber an der Tagesordnung. Daher ist es umso wichtiger, die verschiedenen Möglichkeiten der Beendigung eines Arbeitsverhältnisses und deren Voraussetzungen und Folgen genau zu unterscheiden. Eine kurze Übersicht bietet die folgende Tabelle:

DN = Dienstnehmer/in
DG = Dienstgeber/in

Art der Auflösung	Beendigung durch wen?	Beschreibung	Voraussetzungen
Kündigung	DN oder DG	einseitige Auflösung des Dienstverhältnisses	**Termine, Fristen** sind einzuhalten; kein Grund erforderlich
Entlassung	DG	sofortige Auflösung aus wichtigem Grund durch den **DG**	**Entlassungsgrund** erforderlich; keine Termine oder Fristen einzuhalten!
Berechtigter vorzeitiger Austritt	DN	sofortige Auflösung aus wichtigem Grund durch den **DN**	**Austrittsgrund** erforderlich; keine Termine oder Fristen einzuhalten!
Einvernehmliche Auflösung	DG und DN einvernehmlich	Vereinbarung, dass das Dienstverhältnis aufgelöst werden soll	**Einigung** zwischen DN und DG über die Einzelheiten
Zeitablauf	–	Befristete Dienstverhältnisse enden mit Zeitablauf.	Vorliegen eines befristeten Dienstverhältnisses
sofortige Beendigung (Probedienstverhältnis)	DN oder DG	Ein Probedienstverhältnis kann auch ohne Grund sofort beendet werden.	Vorliegen eines Probedienstverhältnisses
Tod des DN	DN	Tod des DN beendet das Dienstverhältnis. (Der Tod des DG beendet das Dienstverhältnis nur ausnahmsweise.)	Tod des DN

Die Kündigung ist die wichtigste Art der Beendigung.

Kündigung, Entlassung, berechtigter vorzeitiger Austritt und sofortige Beendigung des Probedienstverhältnisses erfolgen jeweils durch **einseitige und empfangsbedürftige Willenserklärung.** Das heißt, es reicht aus, dass der jeweils andere Vertragspartner von der Erklärung Kenntnis erlangt. Eine Annahme ist nicht erforderlich.

Nach der **Judikatur** reicht es aus, wenn die Erklärung in den „Machtbereich" der Empfängerin bzw. des Empfängers gelangt.

Kündigung

Definition

Die Kündigung ist die Auflösung des Dienstverhältnisses unter Einhaltung von **Kündigungsfristen** und **Kündigungsterminen**. Sie ist an **keine Form** gebunden; das heißt sie kann mündlich, schriftlich oder schlüssig (konkludent) erfolgen.

Form der Kündigung: Der Arbeitsvertrag oder Kollektivvertrag kann eine **schriftliche** Kündigung vorsehen.

Die Kündigung ist – neben der einvernehmlichen Auflösung – die wichtigste Form der Beendigung eines Dienstverhältnisses und kann durch Dienstnehmer oder Dienstgeber erfolgen. **Gründe** für die Kündigung müssen im Gegensatz zu Entlassung und zum berechtigten vorzeitigen Austritt **nicht** genannt werden oder vorliegen.

Erfolgt die Kündigung aber aus **„verpönten Gründen"** oder ist sie **sozialwidrig**, kann die Kündigung unter bestimmten Voraussetzungen gerichtlich angefochten werden. Verpönte Gründe sind im Arbeitsverfassungsgesetz (§ 105 Abs. 3 Z 1) genannt, ebenso die Sozialwidrigkeit (in Z 2). Bestimmte Gruppen von Arbeitnehmern genießen besonderen **Kündigungsschutz**.

Bei Kündigungen sind Fristen und Termine zu beachten.

Die **Kündigungsfrist** bezeichnet den Mindestzeitraum, der zwischen dem Zugang der Kündigungserklärung und dem tatsächlichen Ende des Dienstverhältnisses liegen muss. **Kündigungstermin** ist der Zeitpunkt, zu dem das Dienstverhältnis beendet werden kann (z. B. Monatsende, Quartalsende).

- Bei Angestellten ist die **Kündigungsfrist** bei Dienstgeberkündigungen von der **Zahl der Dienstjahre** abhängig (Tabelle).
- Bei **Dienstnehmerkündigung** beträgt die Frist mindestens **einen Monat**, eine längere Frist kann vereinbart werden.

Bei **Arbeiterinnen und Arbeitern** ist derzeit die Kündigungsfrist noch unterschiedlich geregelt. Sie ist aber meist kürzer (14 Tage oder vier Wochen). Hierbei kommt in der Praxis den Kollektivverträgen große Bedeutung zu. Ab 1.1.2021 gilt die nebenstehende Tabelle gleichermaßen für Arbeiter und freie Dienstnehmer.

Kündigungsfristen bei Dienstgeberkündigung nach dem Angestelltengesetz

Dienstzeit	Kündigungsfrist
bis 2 Jahre	6 Wochen
ab 2 Jahren	2 Monate
ab 5 Jahren	3 Monate
ab 15 Jahren	4 Monate
ab 25 Jahren	5 Monate

Beispiele: Berechnung von Kündigungsfrist und Kündigungstermin

1. Sie sind als Angestellte bzw. Angestellter beschäftigt und wollen per 31.5. aus dem Unternehmen ausscheiden, weil Sie eine andere Stelle gefunden haben, die Sie am 1.6. antreten wollen. Bei Dienstnehmerkündigung gilt eine mindestens einmonatige Kündigungsfrist. Unter der Voraussetzung, dass vertraglich keine längere Kündigungsfrist vereinbart wurde, muss die (schriftliche oder mündliche) Kündigungserklärung dem Dienstgeber daher spätestens am 30.4. zugehen.
2. Nach langem Überlegen haben Sie sich nun endgültig entschieden, Ihre derzeitige Stelle als Angestellte bzw. Angestellter zu kündigen. Es ist der 5.12. und im Arbeitsvertrag steht, dass Kündigungen „zum Monatsende mit einmonatiger Kündigungsfrist" möglich sind. Sie wollen wissen, wann das Dienstverhältnis frühestmöglich enden kann. Aufgrund der einmonatigen Kündigungsfrist und des Kündigungstermins können Sie eine neue Stelle frühestens am **1.2. des nächsten Jahres** antreten, wenn Ihr Dienstgeber Ihnen nicht entgegenkommt.

Bei **Massenkündigungen** (zuletzt z.B. bei der Insolvenz des Supermarkts „Zielpunkt") ist ein so genanntes **„Frühwarnsystem"** vorgesehen, nämlich die vorherige Verständigung des Arbeitsmarktservice (AMS). Bei **Insolvenz** der Dienstgeberin bzw. des Dienstgebers bleiben die Arbeitsverhältnisse grundsätzlich aufrecht. Für Kündigungen sind aber besondere Vorschriften zu beachten.

Entlassung

Definition

Die Entlassung ist die vorzeitige Beendigung des Dienstverhältnisses **aus wichtigem Grund durch die Dienstgeberin** bzw. **den Dienstgeber.** Die Entlassung muss **unverzüglich** nach Kenntnis des Entlassungsgrundes ausgesprochen werden.

Eine relevante **„abschreckende Krankheit"** könnte theoretisch z.B. das Vorliegen einer ansteckenden Hautkrankheit im Gesicht einer Kellnerin sein.

Entlassungsgründe

Gerechtfertigt ist eine Entlassung zum Beispiel durch folgende Gründe: Beharrliche Pflichtenverletzung, beharrliche Verweigerung gerechtfertigter Weisungen, Schwarzarbeit, Schmiergeldannahme, Diebstahl, Veruntreuung, Verletzung des Konkurrenzverbotes oder sexuelle Belästigung. Auch bestimmte „abschreckende Krankheiten" wären theoretisch als Entlassungsgrund möglich.

Auch wenn eine **Entlassung ungerechtfertigt** ausgesprochen wurde, kommt es zur Beendigung des Dienstverhältnisses, es sei denn die Entlassung erfolgte aus verpönten Motiven oder war sozialwidrig. Ungerechtfertigt Entlassene sind aber schadenersatzrechtlich so zu stellen, als ob die Dienstgeberin bzw. der Dienstgeber **gekündigt** hätte (insbesondere ist Kündigungsentschädigung zu zahlen).

Die Art der Beendigung hat besonders im Bereich der Abfertigung ALT Auswirkungen (▸ Bereich 15.3.4).

Berechtigter vorzeitiger Austritt durch den Dienstnehmer

Definition

Der berechtigte vorzeitige Austritt ist die vorzeitige Beendigung eines Dienstverhältnisses aus **wichtigem Grund durch** die **Dienstnehmerin** oder den **Dienstnehmer**. Er muss **unverzüglich** nach Kenntnis des Grundes erfolgen.

Wie bei der Entlassung muss auch beim berechtigten vorzeitigen Austritt ein **wichtiger Grund** vorliegen, der unverzüglich geltend zu machen ist.

Wichtige Gründe, die zum vorzeitigen Austritt berechtigen können, sind etwa Nichtzahlung von Lohn oder Gehalt (z. B. im Zuge von Insolvenz), sexuelle Belästigung, körperliche Misshandlungen, unheilbare Allergien, das Fehlen vorgeschriebener Schutzkleidung oder Gesundheitsgefährdung.

Einvernehmliche Auflösung

Dienstnehmer und Dienstgeber einigen sich auf Bedingungen, unter denen das Dienstverhältnis gelöst werden soll. Eine einvernehmliche Beendigung ist also auch ohne Einhaltung von Terminen oder Fristen möglich.

Zeitablauf bei befristeten Dienstverhältnissen

Die Judikatur lässt die Vereinbarung einer Kündigungsmöglichkeit nur bei längeren Befristungen zu.

Befristete Dienstverhältnisse enden mit Zeitablauf, ohne dass es einer weiteren Erklärung der Vertragsteile bedarf. Zu beachten ist, dass befristete Dienstverhältnisse **nicht gekündigt** werden können, wenn nicht ausdrücklich eine **Kündigungsmöglichkeit** vereinbart wird. Eine einvernehmliche Auflösung ist aber auch bei befristeten Dienstverhältnissen möglich. Wird ein befristetes Arbeitsverhältnis über das vereinbarte Ablaufdatum hinaus (ohne neue Fristsetzung) **fortgesetzt**, so geht dieses Arbeitsverhältnis schlüssig in ein **unbefristetes** Arbeitsverhältnis über.

Sofortige Beendigung eines Probedienstverhältnisses

Bei Vorliegen eines Probedienstverhältnisses ist eine sofortige Beendigung ohne die Nennung von Gründen möglich. Während der Probezeit gibt es daher keinen Kündigungs- und Entlassungsschutz.

Tod

Der Tod **der Dienstnehmerin** bzw. **des Dienstnehmers** beendet das Dienstverhältnis, da die Arbeitsleistung eine **höchstpersönliche Pflicht** ist. Der Tod **der Dienstgeberin** oder **des Dienstgebers** hingegen beendet das Dienstverhältnis nur ausnahmsweise (z. B. bei einer privaten Pflegerin), da die Pflichten von Dienstgebern **keine höchstpersönlichen** sind.

15.3.4 Ansprüche bei Beendigung eines Arbeitsverhältnisses

Eine Reihe von Ansprüchen ergibt sich erst im Zuge der Beendigung eines Dienstverhältnisses. Die wichtigsten sind im Folgenden kurz dargestellt:

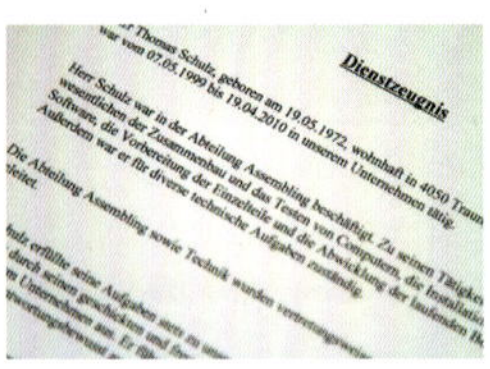

Dienstzeugnisse verlieren an Bedeutung.

- **Dienstzeugnis:** Unabhängig von der Art der Beendigung haben Dienstnehmerinnen und Dienstnehmer Anspruch auf ein Dienstzeugnis. Da es gesetzlich verboten ist, Formulierungen zu verwenden, die es Arbeitnehmern erschweren, eine neue Stelle zu finden, haben sich Codes entwickelt, mit denen Personalchefs einander signalisieren, was sie von der Mitarbeiterin bzw. vom Mitarbeiter tatsächlich halten. Diese Codes können aber mittlerweile im Internet nachgelesen werden. Aus diesem Grund dürfte die Bedeutung von Dienstzeugnissen in der Praxis eher geringer werden.

Dienstzeit	Höhe der Abfertigung ALT
3 Jahre	2 Monatsentgelte
5 Jahre	3 Monatsentgelte
10 Jahre	4 Monatsentgelte
15 Jahre	6 Monatsentgelte
20 Jahre	9 Monatsentgelte
25 Jahre	12 Monatsentgelte

- **Abfertigung ALT:** Hat das Dienstverhältnis **vor dem 1. 1. 2003** begonnen und durchgehend **beim selben Arbeitgeber** mindestens drei Jahre gedauert, haben Dienstnehmerinnen und Dienstnehmer bei Beendigung einen Abfertigungsanspruch. Die Höhe des Anspruchs ist von den Dienstjahren im Unternehmen abhängig (siehe Tabelle). Bei Selbstkündigung, begründeter Entlassung oder unbegründetem vorzeitigem Austritt steht nach den alten Abfertigungsregeln allerdings **kein Abfertigungsanspruch** zu. Kollektivverträge können günstigere Regelungen vorsehen.
- **Abfertigung NEU:** Die neuen Abfertigungsregeln gelten für alle Dienstverhältnisse, die **ab dem 1. 1. 2003** abgeschlossen wurden. Hierbei werden von Arbeitgeberinnen und Arbeitgebern 1,53 % des Bruttoentgeltes (inkl. Sonderzahlungen) als Beitrag in betriebliche Vorsorgekassen eingezahlt. Ein Abfertigungsanspruch entsteht, wenn man insgesamt (egal ob bei einem oder mehreren Dienstgeberinnen oder Dienstgebern) mindestens drei Jahre beschäftigt war. Im Unterschied zur Abfertigung ALT bleiben die **Abfertigungsbeiträge erhalten**, auch wenn das Dienstverhältnis durch Arbeitnehmerkündigung, Entlassung oder unberechtigten Austritt endet. Die Abfertigung NEU ist insgesamt zwar niedriger, kann aber im Gegensatz zur Abfertigung ALT nicht verloren gehen.
- **Rückersatz von Ausbildungskosten:** Wenn dies ausdrücklich im Dienstvertrag vereinbart wurde, können unter gewissen Umständen Teile der Kosten einer Ausbildung zurückgefordert werden. Nach dem Arbeitsrechts-Änderungsgesetz 2015 ist dies für vier Jahre (in besonderen Fällen acht Jahre) nach der Ausbildung zulässig.

Eine Vereinbarung zum Rückersatz von Ausbildungskosten ist möglich.

- **Postensuchtage:** Von Arbeitgeberseite gekündigten Arbeitnehmerinnen und Arbeitnehmern steht während der Kündigungsfrist wöchentlich mindestens ein Fünftel der regelmäßigen Wochenarbeitszeit als bezahlte Freizeit zu, die in der Regel zur Arbeitssuche verwendet wird. Bei einer 40-Stunden-Woche wäre das wöchentlich ein Arbeitstag.
- **Urlaubsersatzleistung:** Es besteht der Anspruch auf finanzielle Abgeltung von nicht verbrauchtem Urlaub.
- **Rückgabe von Arbeitsmitteln:** Nach Beendigung des Dienstverhältnisses hat die Dienstgeberin bzw. der Dienstgeber Anspruch auf Rückgabe der zur Verfügung gestellten Arbeitsmittel (z. B. Diensthandy, Notebook, Schutzkleidung, Werkzeuge und Geräte) sowie Dienstabzeichen, Ausweise, Schlüssel, Dokumente, Datenträger und Ähnlichem.
- **Verschwiegenheitspflicht:** Auch nach Beendigung des Dienstverhältnisses sind Dienstnehmerinnen und Dienstnehmer zur Verschwiegenheit und zur Wahrung von Geschäftsgeheimnissen verpflichtet.
- **Konkurrenzklausel:** Im Bereich der Angestellten-Dienstverhältnisse können Dienstgeber durch vertragliche Regelung für **maximal ein Jahr** nach dem Ende der Beschäftigung verhindern, dass Dienstnehmer im selben Geschäftszweig für Konkurrenz sorgen. Die Konkurrenzklausel darf jedoch zu **keiner unbilligen Erschwerung des Fortkommens** der Dienstnehmerin oder des Dienstnehmers führen. Für den Fall ungerechtfertigter Entlassung oder bei gerechtfertigtem, vorzeitigen Austritt sind betroffene Dienstnehmerinnen und Dienstnehmer nicht an die Konkurrenzklausel gebunden.

15.3.5 Urlaub

Rechtsquelle:
Urlaubsgesetz (UrlG)

Bezahlter Urlaub (Erholungsurlaub)

Arbeitnehmerinnen und Arbeitnehmer haben Anspruch auf den **gesetzlichen Mindesturlaub** unter Fortzahlung des Entgelts. Der Anspruch beträgt **30 Werktage** (= 25 Arbeitstage) und erhöht sich nach einer Dienstzeit von 25 Jahren auf **36 Werktage** (= 30 Arbeitstage).

Samstage sind immer Werktage, unabhängig davon, ob im Unternehmen tatsächlich gearbeitet wird. Sonn- und Feiertage sind keine Werktage.

Der Urlaubsanspruch entsteht in den ersten sechs Monaten des Dienstverhältnisses nur **anteilsmäßig** (aliquot), ab Beginn des siebenten Monats entsteht der Urlaubsanspruch des ersten Jahres in voller Höhe.

Der konkrete **Urlaubsantritt** ist mit der Dienstgeberin bzw. dem Dienstgeber zu **vereinbaren.** Ein **einseitiger** Urlaubsantritt ist unzulässig und kann einen Entlassungsgrund darstellen.

Der Urlaub ist möglichst im Jahr der Entstehung zu verbrauchen, sonst besteht die **Gefahr der Verjährung**. In einer Betriebsvereinbarung kann ein **Betriebsurlaub** von max. drei Wochen vorgesehen sein. Der restliche Urlaubsanspruch muss aber frei zur Verfügung stehen. Der Jahresurlaub kann auch in Teilen verbraucht werden, der Urlaub sollte aber nicht zu stark zerstückelt werden. Dies würde dem Erholungszweck widersprechen. **Auf Wunsch des Arbeitnehmers** kann aber auch der Verbrauch einzelner Urlaubstage vereinbart werden.

Erkrankt man während des Urlaubs für mehr als drei Tage, wird der Urlaub **unterbrochen**; vorausgesetzt, man verständigt den Arbeitgeber rechtzeitig und legt eine ärztliche Bestätigung vor.

Auch **Teilzeitbeschäftigte** haben Urlaubsanspruch. Bei einer Teilzeitbeschäftigung entspricht eine Urlaubswoche einer Arbeitswoche, so dass ihnen unabhängig vom Ausmaß der wöchentlichen Arbeitszeit fünf (bzw. sechs) Wochen Urlaub zustehen.

Urlaub **verjährt** nach Ablauf von zwei Jahren ab dem Ende des Jahres, in dem er entstanden ist, wobei immer der zuerst entstandene Urlaub verbraucht wird.

Beispiele: Berechnung der Urlaubstage

- **Anteilsmäßige Entstehung des Urlaubs im ersten halben Jahr des Dienstverhältnisses**
  Eine Dienstnehmerin hat am 1.4. ihre neue Arbeitsstelle angetreten. Nach vier Monaten, also am 1.8., möchte sie erstmalig Urlaub nehmen. Im ersten halben Jahr (ca. 182 Kalendertage) entstehen die ersten 15 Urlaubstage nur anteilsmäßig, sodass jeweils ca. alle 13 Kalendertage ein Urlaubstag entsteht (182/15). Es ist somit ein Anspruch auf zehn Urlaubstage entstanden.
- **Urlaubsanspruch bei Teilzeitbeschäftigung**
  Bei einer Teilzeitbeschäftigung mit z. B. drei Arbeitstagen pro Woche stehen insgesamt 15 Arbeitstage Urlaub zu.

Unbezahlte Urlaube (Karenz)

Neben bezahltem Urlaub gibt es noch unbezahlte Urlaube. Es gibt Karenzurlaube mit Rechtsanspruch und solche ohne Rechtsanspruch:

Rechtsgrundlagen für die Elternkarenz sind das Mutterschutzgesetz und das Väterkarenzgesetz.

Karenzurlaube mit Rechtsanspruch	Beschreibung
Elternkarenz	Während des Elternkarenzurlaubes besteht gegenüber der Arbeitgeberin bzw. dem Arbeitgeber kein Entgeltanspruch, allerdings hat man Anspruch auf **Kinderbetreuungsgeld.** Dieser Anspruch besteht aber gegenüber der **Krankenkasse**, wobei man hinsichtlich der Dauer verschiedene **Varianten** wählen kann.
Karenzurlaub wegen Präsenz- oder Zivildienst	Während der Ableistung des Präsenz- oder Zivildienstes bleibt das Arbeitsverhältnis weiter aufrecht, es ruhen aber Arbeitspflicht und Entgeltanspruch.
Familienhospizkarenz	Karenzurlaub zur Sterbebegleitung naher Angehöriger über die Dauer von drei (bzw. sechs) Monaten
Karenzurlaub ohne Rechtsanspruch	**Beschreibung**
Bildungskarenz	Unbezahlter Urlaub zu Fortbildungszwecken; muss mit dem Dienstgeber vereinbart werden; Dauer: sechs bis zwölf Monate
frei vereinbarte Karenzurlaube	Bei Vorliegen wichtiger Gründe kann ein Karenzurlaub frei vereinbart werden.

Check 15.3

1. **Nennen** Sie die Hauptpflichten von Dienstgeberinnen und Dienstgebern sowie Dienstnehmerinnen und Dienstnehmern.
2. Der Dienstvertrag eines Angestellten enthält eine Konkurrenzklausel, nach welcher er für drei Jahre nach Beendigung des Dienstverhältnisses nicht in der Branche des Dienstgebers tätig sein darf. **Beurteilen** Sie die Zulässigkeit dieser Klausel.
3. Ein Angestellter erhält am 5.4. eine Zusage für seinen neuen Traumjob. Er soll aber schon in vier Wochen beginnen. Im noch aufrechten Dienstvertrag wurde vereinbart, dass Kündigungen zum Monatsende mit einmonatiger Kündigungsfrist möglich sind. **Geben** Sie an, ob er seine neue Stelle antreten kann und welche Möglichkeiten sich ihm bieten.
4. Sie hätten gerne eine Dienstnehmerin oder einen Dienstnehmer, der schneller arbeitet als der derzeit seit über fünf Jahren bei Ihnen beschäftigte Angestellte. Ihre Wunschkandidatin hätten Sie bereits gefunden und wollen sie möglichst schnell anstellen. **Beurteilen** Sie möglichst umfassend die sich Ihnen bietenden Möglichkeiten.
5. Die Dienstnehmerin Sandra hat nach dem Probemonat eine feste Anstellung erhalten. Einen weiteren Monat später wird sie schwanger und meldet dies dem Unternehmen. Ihr Chef ist wütend und erklärt, dass es so kurz nach Ende der Probezeit keinen Kündigungsschutz gäbe und sie daher auch keine weiteren Zahlungen erhalten würde. Darüber hinaus habe sie beim Bewerbungsgespräch die Frage nach einem Kinderwunsch verneint. **Beraten** Sie die Dienstnehmerin.
6. Ein Pilot wird zu einer teuren Schulung für ein neues Verkehrsflugzeug vier Wochen lang in die USA geschickt. Kurz nach erfolgreicher Absolvierung verlässt er das Luftfahrtunternehmen und nimmt ein Angebot der Konkurrenz an. Im Arbeitsvertrag findet sich eine Regelung, wonach der Pilot Ausbildungskosten teilweise zurückzuzahlen hat, sofern das Dienstverhältnis innerhalb von drei Jahren ab der Schulung aus seinem Verschulden oder aus seiner Initiative endet. **Beurteilen** Sie die Zulässigkeit dieser Bestimmung.
7. Ein Arbeitnehmer ist seit einer Woche krank gemeldet. Der Hausarzt hat ihm Bettruhe verordnet. Er wird von zwei Kollegen im städtischen Schwimmbad angetroffen. **Beurteilen** Sie den Sachverhalt in Hinblick auf das allfällige Vorliegen eines Entlassungsgrundes. **Gehen** Sie auch auf einen allenfalls bestehenden Anspruch auf Resturlaub bzw. Urlaubsabfertigung **ein.**
8. Reinhold ist Berufsfußballspieler. Bei seinem Fußballklub (Arbeitgeber) gab es gerade einen Trainerwechsel. Reinhold wurde infolgedessen aus der Kampfmannschaft genommen und schließlich dienstfrei gestellt. Deswegen durfte er auch nicht mehr an den Trainingseinheiten mit der Kampfmannschaft teilnehmen. Darüber hinaus wird er von Spielerbesprechungen und wettkampfvorbereitenden Veranstaltungen ausgenommen. **Beurteilen** Sie den Sachverhalt in Zusammenhang mit der Frage nach einem allfälligen „Recht auf Beschäftigung".
9. Eines Tages bemerken Sie, dass einer Ihrer Angestellten regelmäßig und in größeren Mengen private Kopien auf dem unternehmenseigenen Kopiergerät anfertigt und auch den Farbdrucker regelmäßig für private Zwecke benützt. **Erläutern** Sie die sich Ihnen bietenden Möglichkeiten.
10. **Diskutieren** Sie in Kleingruppen von drei Schülerinnen und Schülern Situationen, in denen Ihrer Meinung nach eine Kündigung sozialwidrig sein könnte. **Erstellen** Sie einen Katalog und **vergleichen** Sie Ihre Ergebnisse mit jenen der anderen Gruppen.
11. **Beurteilen** Sie den Urlaubsanspruch, wenn der Dienstnehmer das Dienstverhältnis ...
    a. nach drei Dienstmonaten kündigt.
    b. nach neun Dienstmonaten kündigt.
12. Einer Dienstnehmerin in einer Bäckerei fällt bei kleinen Reparaturarbeiten an einer Knetmaschine eine Schraube in den Brotteig. Der Kunde Karl beißt sich in der Folge zwei Zähne aus (Schaden: 2.000 €). **Beurteilen** Sie die Haftungen (inkl. Regressfragen) unter der Voraussetzung, dass die Dienstnehmerin ...
    a. sehr zuverlässig ist, die Reparatur sorgfältig durchgeführt hat und sie die Schraube nicht bemerkt hat;
    b. die Reparatur schlampig durchgeführt hat.

    Wie wäre der Sachverhalt zu beurteilen, wenn unternehmensinterne Vorschriften vorsehen, dass diese Art der Reparatur nicht durchgeführt werden darf, während sich Brotteig in der Maschine befindet?

15.4 Die wichtigsten Bestimmungen des Arbeitnehmerschutzes

Medientipp
www.arbeitsinspektion.gv.at

Die Rechtsvorschriften des Arbeitnehmerschutzes entspringen der Fürsorgepflicht und sollen die Sicherheit und Gesundheit der Arbeitnehmerinnen und Arbeitnehmer gewährleisten und vor übermäßiger Beanspruchung schützen. Die wichtigsten Teilgebiete des Arbeitnehmerschutzes sind der **technische Arbeitnehmerschutz**, das **Arbeitszeitrecht** und der **Schutz bestimmter Personengruppen (Verwendungsschutz)**.

Eine Sicherheitsausrüstung ist bei manchen Tätigkeiten verpflichtend.

Die **Überwachung** der Regelungen zum Arbeitnehmerschutz erfolgt durch **Betriebsrat** und **Arbeitsinspektorat**. Ab einer bestimmten Betriebsgröße ist eine **Sicherheitsvertrauensperson** zu bestellen. Vom Arbeitsinspektorat können zum Teil empfindliche **Geldstrafen** verhängt werden.

15.4.1 Technischer Arbeitnehmerschutz

Der technische Arbeitnehmerschutz (**Gefahrenschutz**) umfasst eine Vielzahl von Vorschriften, die vor Gefahren am Arbeitsplatz und bei der Durchführung der Arbeit schützen sollen. Die Gefahren können sich aus den technischen Einrichtungen, den Produktionsverfahren, den Arbeitsmitteln oder durch die Zusammenarbeit mehrerer Menschen ergeben.

Diese Bestimmungen regeln z. B. die Gestaltung von Arbeitsplätzen und Arbeitsmitteln und enthalten Vorschriften zu Arbeitskleidung, Schutzausrüstung, Sicherheitsvorkehrungen auf Baustellen, Sanitäreinrichtungen sowie zum Brandschutz, Nichtraucherschutz etc.

15.4.2 Arbeitszeit und Ruhezeit

Rechtsquellen: Arbeitnehmerschutzgesetz (ANSchG) und viele andere Bestimmungen

Eine Verlängerung der täglichen **Normalarbeitszeit** auf neun Stunden ist zulässig („kurzer Freitag"), ebenfalls die Einarbeitung von „Fenstertagen".

Durch die gesetzlichen Regelungen von Arbeitszeiten und Ruhezeiten soll gewährleistet werden, dass es zu **keiner übermäßigen Beanspruchung** der Dienstnehmerinnen und Dienstnehmer kommt. Die gesetzlichen Regelungen bezwecken aber nicht nur den Schutz der Arbeitenden, sondern auch die **Schaffung von Arbeitsplätzen** durch **Arbeitszeitverkürzung** und **-flexibilisierung**.

Definition

Arbeitszeit ist die Zeit vom **Arbeitsbeginn** bis zum **Arbeitsende**. Ruhepausen zählen meist **nicht** zur Arbeitszeit, Wegzeiten von der Wohnung zum Arbeitsplatz ebenfalls nicht, Wegzeiten vom Betrieb zu einer außerhalb gelegenen Arbeitsstelle jedoch schon.

Überstundenzuschläge: 100 % für Überstunden an Sonn- und Feiertagen, 50 % für alle anderen Überstunden

Zeitausgleich: Abgeltung der Überstunden nicht in Geld, sondern in Form von zusätzlicher Freizeit; auch der Überstundenzuschlag ist zu berücksichtigen.

Kollektivvertrag oder Dienstvertrag können **Verfallsfristen** für Überstunden festlegen (z. B. drei oder sechs Monate)!

Die tägliche **Normalarbeitszeit** beträgt acht Stunden, die wöchentliche Normalarbeitszeit 40 Stunden. Viele Kollektivverträge sehen jedoch eine verkürzte Normalarbeitszeit (z. B. 38,5 Wochenstunden) vor. In manchen Fällen ist auch eine längere Normalarbeitszeit zulässig. Nach einem Arbeitstag steht Dienstnehmerinnen und Dienstnehmern eine ununterbrochene **Ruhezeit** von mindestens elf Stunden zu.

Eine allfällige Differenz zwischen gesetzlicher Normalarbeitszeit von 40 Stunden und einer kollektivvertraglich verkürzten Normalarbeitszeit (z. B. 38,5 Stunden) heißt **Mehrarbeit**.

Von **Überstunden** spricht man, wenn die tägliche oder wöchentliche Normalarbeitszeit überschritten wird. Für geleistete Überstunden sind **Überstundenzuschläge** zu bezahlen. Eine Verpflichtung, Überstunden zu leisten, besteht grundsätzlich nicht, außer es ist im Kollektivvertrag oder Arbeitsvertrag festgelegt oder es ergibt sich aus einer Betriebsvereinbarung. Eine Verpflichtung zu Überstunden kann sich aber z. B. in betrieblichen Notfällen aus der Treuepflicht ergeben. In solchen Fällen ist eine **Interessensabwägung** durchzuführen. Hinsichtlich der maximal zulässigen Überstunden gibt es Sonderbestimmungen für eine Reihe von Berufen.

Kollektivverträge oder Betriebsvereinbarungen können die **Durchrechnung** der Normalarbeitszeit über mehrere Wochen oder Monate festlegen, um **flexibler** während Zeiten mit höherem Arbeitsanfall eine längere Arbeitsdauer und in Zeiten mit geringerem Arbeitsanfall eine geringere Arbeitsdauer zu ermöglichen.

Bei der Vereinbarung von **gleitender Arbeitszeit (Gleitzeit)** müssen Arbeitnehmerinnen und Arbeitnehmer nur zu gewissen **Kernzeiten** anwesend sein. Beginn und Ende der Arbeitszeit können aber selbst festgelegt werden.

Beginn und **Ende der täglichen Arbeitszeit** können im **Arbeitsvertrag** vereinbart werden, auch eine Regelung mittels **Betriebsvereinbarung** ist möglich. Letztlich kann eine Vereinbarung auch **schlüssig** (konkludent) zustande kommen.

Beispiel: Schlüssige Vereinbarung der täglichen Arbeitszeit

Ein Dienstnehmer kommt regelmäßig täglich erst um 9.30 Uhr in die Arbeit, macht dann von 14.30 Uhr bis 15.00 Uhr Mittagspause und geht um 18.00 Uhr wieder nachhause. Der Arbeitgeber nimmt dies widerspruchslos zur Kenntnis. Es ist davon auszugehen, dass eine entsprechende **Vereinbarung konkludent** zustande gekommen ist. Der Arbeitgeber kann dies dann grundsätzlich einseitig nicht wieder ändern.

15.4.3 Schutz bestimmter Personengruppen (Verwendungsschutz)

Unter Verwendungsschutz versteht man die Summe aller Vorschriften, die bei der Beschäftigung **besonders schutzwürdiger Personengruppen** zur Anwendung gelangen. Besonders schutzwürdig sind z. B. Schwangere und Mütter, Kinder und Jugendliche, Behinderte, Zivil- und Präsenzdiener sowie Mitglieder des Betriebsrates.

Kinder- und Jugendlichenschutz

Unter-15-Jährige dürfen grundsätzlich nicht zur Arbeit herangezogen werden. Ausnahmen gelten aber für den familiären Bereich oder wenn eine besondere Bewilligung für den Bereich Film oder Theater vorliegt. Weitere Schutzvorschriften für **Jugendliche** verbieten z. B. die Beschäftigung in bestimmten Betrieben (z. B. Sexshops) oder die Arbeit mit gefährlichen Substanzen oder Maschinen. Spezialvorschriften gelten auch für **Lehrlinge**. So muss etwa der Lehrvertrag schriftlich abgeschlossen werden und braucht die Zustimmung des gesetzlichen Vertreters. Die Berufsschulzeit ist auf die Arbeitszeit anzurechnen. Nach Abschluss der Lehre muss der ehemalige Lehrling für eine Behaltezeit von drei Monaten weiter beschäftigt werden.

Mitglieder des Betriebsrates

Betriebsrätinnen und Betriebsräte genießen während ihrer Funktionsperiode einen besonderen **Kündigungs- und Entlassungsschutz** und dürfen nur nach Zustimmung des Arbeits- und Sozialgerichtes gekündigt oder entlassen werden.

Zivil- und Präsenzdiener

Zivil- und Präsenzdiener haben ebenfalls einen besonderen Kündigungs- und Entlassungsschutz. Kündigung und Entlassung dürfen nur mit Zustimmung des Arbeits- und Sozialgerichtes erfolgen.

15.4.4 Mutterschutzgesetz

Für schwangere Dienstnehmerinnen gelten in Österreich die Regelungen des **Mutterschutzgesetzes (MSchG)**, um das Leben des ungeborenen Kindes und das der Mutter zu schützen. Sobald die werdende Mutter die Arbeitgeberin oder den Arbeitgeber von der Schwangerschaft informiert hat, sind die Bestimmungen dieses Gesetzes anzuwenden.

- **Geltungsbereich:** Das MSchG gilt für alle Arbeitnehmerinnen (auch für nur geringfügig Beschäftigte), in öffentlich-rechtlichen oder privaten Dienstverhältnissen, für Lehrlinge und Heimarbeiterinnen, unabhängig von Staatsbürgerschaft, Alter, Einkommen, Familienstand sowie Dauer und Ausmaß der Beschäftigung.
- **Inhalte:** Das Mutterschutzgesetz enthält eine Reihe von Vorschriften, insbesondere zum Kündigungs- und Entlassungsschutz und zu Beschäftigungsverboten.

Medientipp
www.oesterreich.gv.at
www.arbeiterkammer.at
www.wko.at

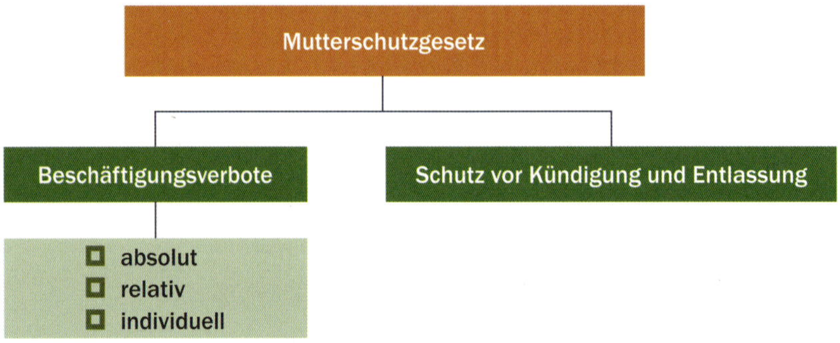

- **Bekanntgabe der Schwangerschaft:** Die Schwangerschaft ist der Arbeitgeberin bzw. dem Arbeitgeber ab Bekanntwerden unter Mitteilung des voraussichtlichen Geburtstermins mitzuteilen. Eine spätere Bekanntgabe der Schwangerschaft bleibt sanktionslos, jedoch gelten die Schutzbestimmungen des Mutterschutzgesetzes erst ab der Meldung der Schwangerschaft. Auf Verlangen muss eine ärztliche Bestätigung über das Bestehen der Schwangerschaft und den voraussichtlichen Entbindungstermin vorgelegt werden.

  Fragen nach einer bestehenden oder geplanten Schwangerschaft bei Bewerbungsgesprächen sind meist unzulässig, da diese dem Gleichbehandlungsgesetz (Verbot der Diskriminierung wegen des Geschlechts) widersprechen.

Beschäftigungsverbote für werdende und stillende Mütter

- **Relative Beschäftigungsverbote:** Da das Leben und die Gesundheit der werdenden Mutter und des ungeborenen Kindes zu schützen sind, müssen Gefahren für die Sicherheit und Gesundheit am Arbeitsplatz vermieden werden. Wird bei der Überprüfung des Arbeitsplatzes eine Gefährdung für Mutter und Kind festgestellt, hat ein Wechsel auf einen weniger gefährlichen Arbeitsplatz mit gleicher Bezahlung zu erfolgen.

Schwere körperliche Arbeiten und für die Gesundheit schädliche Arbeiten sind verboten. Diese Verbote gelten auch für stillende Mütter, wenn sie dem Arbeitgeber bei der Rückkehr aus der Karenz mitteilen, dass sie stillen. Angemessene Ruhezeiten müssen gestattet werden und gelten als Arbeitszeit.

Bereich	Beispiele für verbotene Arbeiten
Arbeitszeit	◻ Verbot der Nachtarbeit von 20 Uhr bis 6 Uhr (Ausnahmen!) ◻ Überstunden ◻ Arbeit an Sonn- und Feiertagen
Schwere körperliche, gesundheitsgefährdende Arbeiten	◻ Heben und Tragen schwerer Lasten ◻ Arbeiten vorwiegend im Stehen (diese Arbeiten sind nach Ablauf der 20. Schwangerschaftswoche generell verboten, falls sie länger als 4 Stunden andauern) ◻ Arbeiten, die ständig im Sitzen verrichtet werden müssen, außer bei einer Möglichkeit zu kurzen Unterbrechungen ◻ Arbeiten mit hoher Tabakrauchbelästigung ◻ Arbeiten mit gesundheitsgefährdenden Stoffen (z. B. Staub, Gase, Dämpfe, Strahlen) ◻ Arbeiten unter Einwirkung von Hitze, Kälte oder Nässe, bei denen eine Schädigung nicht ausgeschlossen werden kann ◻ Arbeiten, bei denen die Gefahr einer Berufskrankheit besteht ◻ Arbeiten mit besonderer Unfallgefährdung
Arbeiten mit hoher psychischer Belastung	Arbeiten mit hohem Zeit- und Leistungsdruck (z. B. Akkord- und Fließbandarbeit; verboten ab der 20. Schwangerschaftswoche)
Entscheidung des Arbeitsinspektorats	Arbeiten, bei denen das Arbeitsinspektorat entscheidet, dass diese Arbeiten für den Organismus der werdenden Mutter oder des Kindes schädlich sind

- **Absolutes Beschäftigungsverbot (Schutzfrist; Mutterschutz):** Acht Wochen vor und acht Wochen nach dem voraussichtlichen bzw. tatsächlichen Geburtstermin darf keine Beschäftigung ausgeübt werden. Bei Mehrlingsgeburten, Frühgeburten und Kaiserschnitt beträgt die Schutzfrist nach der Geburt mindestens 12 Wochen. Die Arbeitnehmerinnen haben einen Anspruch auf Wochengeld aus der Krankenversicherung.

Die neue Mutterschutzverordnung listet Gründe für den **vorzeitigen Mutterschutz** auf.

- **Individuelles Beschäftigungsverbot:** Bei Gefahr für das Leben und die Gesundheit von Mutter und Kind bei fortdauernder Beschäftigung kann die werdende Mutter vorzeitig gänzlich vom Dienst freigestellt werden. Dies kann nach Vorlage einer Bestätigung eines Arztes für Frauenheilkunde oder für Innere Medizin erfolgen. Von der zuständigen Krankenkasse wird in diesem Fall ein „erweitertes Wochengeld" bezahlt.

Kündigungs- und Entlassungsschutz

Bei der Kündigung oder Entlassung einer werdenden Mutter muss das Arbeits- und Sozialgericht zustimmen. Der Schutz beginnt, sobald die Schwangerschaft bekannt gegeben wurde. Er dauert bis vier Monate nach der Geburt des Kindes oder bis vier Wochen nach Ende eines eventuell in Anspruch genommenen Karenzurlaubes. Wird einer Schwangeren vor der Meldung der Schwangerschaft gekündigt, hat die Schwangere fünf Tage Zeit, um eine ärztliche Bestätigung über die Schwangerschaft vorzulegen. Die Kündigung oder Entlassung wird dadurch rechtsunwirksam.

Das Behinderteneinstellungsgesetz fördert die Integration von Menschen mit Behinderung.

15.4.5 Behinderteneinstellungsgesetz

Das Behinderteneinstellungsgesetz dient dem Schutz von Menschen mit Behinderung in der Arbeitswelt. Es beinhaltet wichtige Regelungen bei Einstellung, Entgelt, Arbeitsbedingungen und Beendigung eines Arbeitsverhältnisses. Es umfasst vier grundlegende Bereiche:

Diskriminierungsschutz	Beschäftigungspflicht
Besonderer Kündigungsschutz	Behindertenvertrauenspersonen

Medientipp
www.sozialministerium.at
www.wko.at

Diskriminierungsschutz

Der Diskriminierungsschutz beinhaltet die Vermeidung von Benachteiligungen von begünstigten Behinderten in verschiedensten Bereichen.

	Im Rahmen eines Arbeitsverhältnisses	Außerhalb eines Arbeitsverhältnisses
Beispiele	**Diskriminierungsschutz bei** ▫ Bewerbungen ▫ Einstellungen ▫ Gehältern ▫ Sozialleistungen ▫ Aufstiegschancen ▫ Arbeitsbedingungen ▫ Beendigung des Arbeitsverhältnisses	**Keine Benachteiligungen bei** ▫ Möglichkeiten der Berufsausbildung ▫ Weiterbildungen und Umschulungen ▫ Mitgliedschaft in einer Interessensvertretung (z. B. Österreichischer Gewerkschaftsbund) ▫ selbstständiger Erwerbstätigkeit

Beschäftigungspflicht

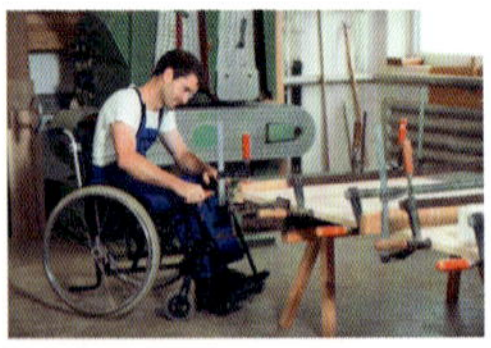

Falls keine Einstellung erfolgt, ist eine nach der Unternehmensgröße gestaffelte **Ausgleichstaxe** zu bezahlen. Diese ist an den **Ausgleichstaxfonds** zu entrichten.

Definition

Begünstige Behinderte sind österreichische Staatsbürgerinnen und Staatsbürger, die einen Grad an Behinderung von mindestens 50 % aufweisen.

Ab 25 Dienstnehmerinnen und Dienstnehmern muss eine **begünstigte Behinderte** bzw. ein **begünstigter Behinderter** eingestellt oder ersatzweise eine **Ausgleichstaxe** bezahlt werden.

Kündigungsschutz

Um Personen mit Behinderung am Arbeitsmarkt besonders zu schützen, besteht für diese ein **besonderer Kündigungsschutz.**

Durch die erschwerten Kündigungsbestimmungen ist der **besondere Kündigungsschutz** für Unternehmen oft ein Einstellungshindernis.

Kündigungsschutz für ab 2011 Eingestellte	Kündigungsschutz für bis 2011 Eingestellte
Besonderer Kündigungsschutz **ab 4 Jahren** Beschäftigung	Besonderer Kündigungsschutz **nach 6 Monaten** Beschäftigung

Der Behindertenausschuss des Sozialministeriumservice muss bei jeder Kündigung einer begünstigten behinderten Person zustimmen. Vor der Einbringung eines Antrags auf Zustimmung zur Kündigung müssen der Betriebsrat oder die Personalvertretung sowie die Behindertenvertrauensperson informiert werden und Stellung nehmen. Die Novelle zum Behinderteneinstellungsgesetz mit einem besonderen Kündigungsschutz erst ab 4 Jahren soll mögliche Nachteile bei der Einstellung vermeiden.

Behindertenvertrauenspersonen

Die Behindertenvertrauensperson vertritt die Interessen der Arbeitnehmerinnen und Arbeitnehmer im Betrieb.

Bei mindestens 5 begünstigten Behinderten ist eine Behindertenvertrauensperson zu wählen, welche die Rechte von Menschen mit Behinderung in einem Unternehmen vertritt.

Rechtsfolgen bei Verletzung des Behinderteneinstellungsgesetzes

- **Außergerichtliches Schlichtungsgespräch:** Bei Verletzungen des Behinderteneinstellungsgesetzes muss vor der Geltendmachung von eventuellen gerichtlichen Ansprüchen ein Schlichtungsgespräch unter Leitung einer Schlichtungsreferentin oder eines Schlichtungsreferenten beim **Sozialministeriumservice** erfolgen.
- Ist eine Einigung nicht möglich, können Ansprüche bei **Gericht** geltend gemacht werden. Benachteiligte Personen können eventuelle Forderungen auf Schadenersatz, auf vorenthaltene Leistung oder Aufrechterhaltung des Dienstvertrages stellen. Sie müssen bei Gericht eine Diskriminierung beweisen können.

15.4.6 Gleichbehandlungsgesetz

Das Gleichbehandlungsgesetz regelte ursprünglich nur die **Gleichstellung von Männern und Frauen in der Arbeitswelt.** In der derzeit geltenden Fassung bietet es zudem einen **Schutz vor Diskriminierungen in der Arbeitswelt** aufgrund von Alter, ethnischer Zugehörigkeit, Religion, sexueller Orientierung. Das Gleichbehandlungsgebot dieses Gesetzes gilt auch für Privatpersonen in verschiedensten Lebensbereichen.

Medientipp
www.wien.gv.at
www.gleichbehandlungsanwaltschaft.at
www.verbraucherrecht.at

Bereich 1	Bereich 2	Bereich 3
Gleichbehandlung von Frauen und Männern in der Arbeitswelt	**Gleichbehandlung von bestimmten Personengruppen in der Arbeitswelt**	**Gleichbehandlung in sonstigen Bereichen**
Gleichstellung von Frauen und Männern □ Privatrechtliche Arbeitsverhältnisse □ Sonstige Bereiche: z. B. Berufsberatung, Berufsausbildung, Gründung, Einrichtung oder Erweiterung eines Unternehmens	**Gleichbehandlungsgebot** Keine Benachteiligung aufgrund von □ Alter □ ethnischer Zugehörigkeit □ Religion □ Weltanschauung □ sexueller Orientierung □ Behinderung, z. B. keine Diskriminierung von Menschen mit Behinderung aufgrund baulicher Maßnahmen	**Gleichbehandlungsgebot für Privatpersonen** Keine Benachteiligung aufgrund von □ Geschlecht □ Alter □ ethnischer Zugehörigkeit □ Religion □ Weltanschauung □ sexueller Orientierung □ Behinderung

Das Gleichbehandlungsgesetz wurde 1979 beschlossen und galt ursprünglich nur für das Arbeitsleben. Durch Novellen wurde es auch auf andere Bereiche ausgedehnt.

Als Beispiele für das Gleichbehandlungsgebot für Privatpersonen sind der Zugang zu Gütern und Dienstleistungen (z. B. in Geschäften), in Restaurants, der Zugang zu Wohnraum, Bildung und zu sozialen Vergünstigungen zu nennen.

Man unterscheidet **zwei Arten von Diskriminierungen**, nämlich **unmittelbare** und **mittelbare Diskriminierung.**

Unmittelbare Diskriminierung	Mittelbare Diskriminierung
Diese liegt vor, wenn eine Person aufgrund ihres Geschlechts, ihres Alters, ihrer ethnischen Zugehörigkeit, ihrer Religion, ihrer Weltanschauung, ihrer sexuellen Orientierung oder ihrer Behinderung in einer vergleichbaren Situation eine weniger günstige Behandlung als eine andere Person erfährt.	Die Benachteiligung erfolgt aufgrund einer Regelung oder Maßnahme, die nachteilige Auswirkungen auf betroffene Personengruppen haben kann.

Beispiel: Unmittelbare und mittelbare Diskriminierung

Unmittelbare Diskriminierung:

- Eine Arbeitgeberin bzw. ein Arbeitgeber stellt einen Bewerber, der im Bewerbungsgespräch über seine homosexuelle Orientierung spricht, aufgrund dieser nicht ein, obwohl er die gleichen Qualifikationen aufweist wie ein heterosexueller Bewerber.
- Ein Vermieter vermietet aufgrund rassistischer Motive seine Wohnung nicht an einen Mann mit dunkler Hautfarbe.
- Eine Frau wird am Arbeitsplatz von ihrem Arbeitgeber sexuell belästigt.

Mittelbare Diskriminierung:

In einem Unternehmen sind Teilzeitarbeitskräfte bei der Möglichkeit zu betrieblichen Weiterbildungsmaßnahmen schlechter gestellt als Vollzeitarbeitskräfte. Da Frauen häufiger Teilzeit arbeiten, werden diese mittelbar aufgrund des Geschlechts diskriminiert.

Falls das Ziel der Regelung rechtmäßig ist und diese dadurch sachlich gerechtfertigt ist, liegt keine Diskriminierung vor.

Medientipp
www.gleichbehandlungs-anwaltschaft.at

Die Gleichbehandlungsanwaltschaft ist selbstständig und unabhängig, die Beratung ist vertraulich und kostenlos.

Gleichbehandlungsanwaltschaft

Im Falle einer Diskriminierung kann man sich an die Gleichbehandlungsanwaltschaft beim Bundeskanzleramt wenden. Die **Zielsetzung** und **Aufgaben** der Gleichbehandlungsanwaltschaft sind folgende:

- **Durchsetzung** des **Rechts auf Gleichbehandlung** und des Schutzes vor Diskriminierung nach dem Gleichbehandlungsgesetz
- **Beratung** von Personen, die sich benachteiligt fühlen
- **Information** über die rechtlichen Möglichkeiten
- **Unterstützung bei Verhandlungen** mit der Arbeitgeberin/dem Arbeitgeber
- Hilfe bei **Beschwerden an die Gleichbehandlungskommission**

Der **Beratungsprozess** läuft folgendermaßen ab:

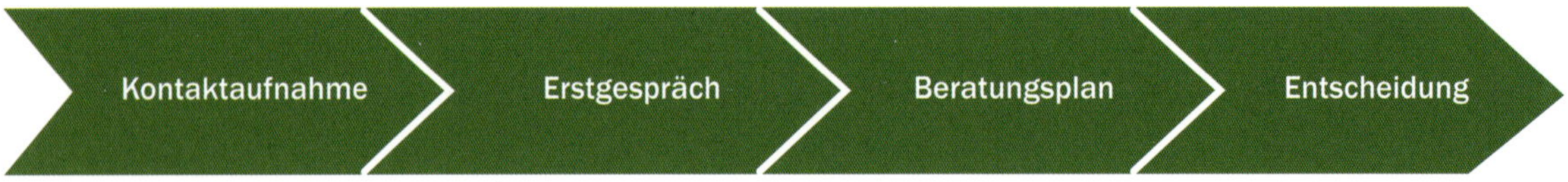

Die Gleichbehandlungsanwaltschaft hat folgende **Entscheidungsmöglichkeiten:**

- **Kontaktaufnahme** mit dem Betrieb
- Unterstützung bei **selbstständiger Konfliktlösung**
- Befassung der **Gleichbehandlungskommission** (falls keine Lösung gefunden werden konnte)

Gleichbehandlungskommission

Diese ist den **Arbeits- und Sozialgerichten** als Einrichtung zur Seite gestellt. In **Dreier-Senaten** soll im Vorfeld der Gerichtsbarkeit ein **Vermittlungsversuch** erfolgen. Das Verfahren läuft folgendermaßen ab:

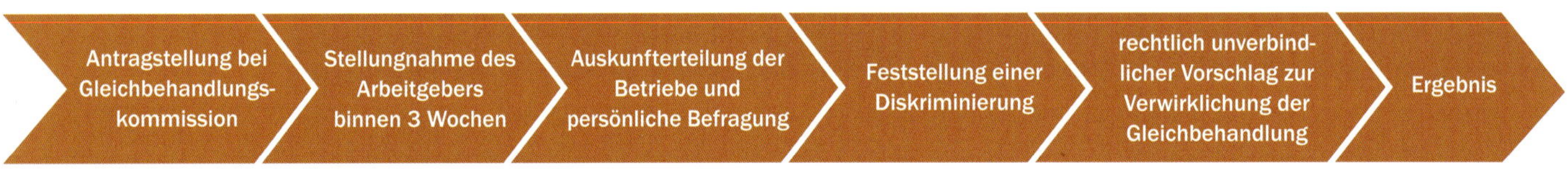

Verfahrensablauf der Gleichbehandlungskommission

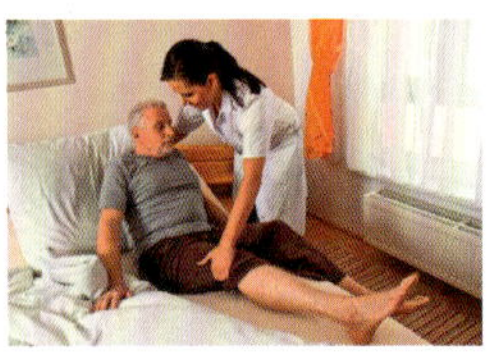
Frauen arbeiten vermehrt in sozialen Berufen, die oft schlechter bezahlt sind. Es kann jedoch nur weniger als die Hälfte der Lohndifferenz durch strukturelle Unterschiede (Branche, Bildung, Ort etc.) erklärt werden.

Sollte weder durch die Gleichbehandlungsanwaltschaft noch durch die Gleichbehandlungskommission eine Lösung gefunden werden, können etwa **Schadenersatzansprüche bei den Zivilgerichten** geltend gemacht oder **Kündigungen angefochten** werden.

Situation in Österreich

Laut Statistik Austria verdienten **Frauen** 2018 um **36,7 % weniger als Männer.** Die Teilzeitbeschäftigung von Frauen wird häufig als eine Ursache für die großen Lohnunterschiede angeführt. Vergleicht man ganzjährig Vollzeitbeschäftigte miteinander, dann beträgt der Einkommensunterschied zwischen Frauen und Männern 15,2 %. Im EU-Vergleich zählt Österreich zu den Ländern mit den größten Lohnunterschieden zwischen den Geschlechtern.

Check 15.4

1. **Beschreiben** Sie die Teilgebiete des Arbeitnehmerschutzes.
2. Herr Steindl möchte seinen Urlaub tageweise nehmen, und zwar jeweils Freitag und Montag, um mit seiner Freundin, die etwas weiter weg wohnt, häufig ein verlängertes Wochenende verbringen zu können. **Beurteilen** Sie die Zulässigkeit.
3. Die Arbeitgeberin Frau Weber ordnet für einen bestimmten Tag Überstunden an, ohne dass ein betrieblicher Notfall besteht. Herr Müller muss aber genau an diesem Tag seinen neunjährigen Sohn zu einer ärztlichen Untersuchung in einer anderen Stadt begleiten. **Führen** Sie eine Interessenabwägung **durch**.
4. Maximilian jammert in seinem Freundeskreis immer über seine langen Arbeitszeiten. Er fährt täglich um 6.30 Uhr von zu Hause weg, damit er rechtzeitig um 7.30 Uhr im Büro ist. Um 16.30 Uhr begibt er sich auf den Heimweg, sodass er um 17.30 Uhr zuhause ist. Seine Freunde weisen ihn darauf hin, dass er schließlich auch eine lange Mittagspause von jeweils einer Stunde macht. Ärgert sich Maximilian zu Recht? **Beurteilen** Sie seine tägliche Arbeitszeit.

   Lösen Sie – eventuell mit einer Lernpartnerin oder einem Lernpartner – die Fallbeispiele und entwerfen Sie Handlungsoptionen für die betroffenen Personen.
5. Firma Huber, die nichts von der Schwangerschaft von Frau A. wusste, kündigt dieser. Frau A. legt vier Tage nach der Kündigung ein ärztliches Attest vor, aus dem ihre Schwangerschaft hervorgeht. **Beurteilen** Sie die Rechtslage.
6. Die schwangere Frau Berger möchte bis zum errechneten Geburtstermin arbeiten gehen. Außerdem will sie nach dem absoluten Beschäftigungsverbot von zwei Monaten nach der Geburt wieder arbeiten. Einen Monat nach ihrem neuerlichen Arbeitsbeginn wird ihr vom Arbeitgeber gekündigt.
7. Frau Dunst bezieht drei Jahre Kinderbetreuungsgeld und bleibt bei ihrem Kind zuhause. Der Arbeitgeber kündigt ihr zwei Jahre nach Beginn ihres Karenzurlaubes.
8. Frau Ernst meldet ihre Schwangerschaft dem Dienstgeber. Dieser verpflichtet sie trotzdem, als Kellnerin in seiner Bar täglich bis 24.00 Uhr zu arbeiten und Überstunden zu machen.
9. Herr Adler, der von Geburt an blind ist, bewarb sich um die Stelle einer Bürokraft und wies gleich bei der telefonischen Terminvereinbarung zum Bewerbungsgespräch auf seine vollständige Erblindung hin. Beim Warten auf das Bewerbungsgespräch beim potentiellen Arbeitgeber wurde er von einer Angestellten gefragt, wie er die Arbeit ohne Hilfe bewältigen könne. Herr Adler wies auf die entsprechenden Hilfsmittel hin. Wenige Minuten später wurde er darüber informiert, dass man ihn nicht nehmen könne, da er aufgrund von gesundheitlichen Beeinträchtigungen den Anforderungen nicht entsprechen könne. Es wurde ihm keine Gelegenheit zu einem Vorstellungsgespräch gegeben. **Beurteilen** Sie die Rechtslage im obigen Fallbeispiel und **überlegen** Sie Handlungsmöglichkeiten für Herrn Adler.
10. Das Arbeitsverhältnis von Herrn Berger (begünstigter Behinderter) wurde von seinem Arbeitgeber einen Monat vor Ablauf der 4-Jahres-Frist mit besonderem Kündigungsschutz grundlos beendet. Bis zur Beendigung des Arbeitsverhältnisses hatte es keinerlei Beschwerden gegeben. **Entwickeln** Sie Handlungsmöglichkeiten für Herrn Berger, der sich gegen die Kündigung zur Wehr setzen möchte.
11. Herr Pichler arbeitet schon seit fast zwanzig Jahren für dasselbe Unternehmen. Über sein Privatleben bewahrte er stets Stillschweigen. In einem Gespräch erwähnt er jedoch eines Tages gegenüber einem Kollegen, dass er homosexuell sei und überlege, mit seinem Partner eine eingetragene Partnerschaft einzugehen. Der Kollege berichtet seinem Chef in einem kurzen Vieraugengespräch davon. Einen Tag später kündigt der Vorgesetzte Herrn Pichler unter dem Vorwand nötiger Einsparungsmaßnahmen und überreicht ihm die schriftliche Kündigung noch während des Gesprächs. Von einer Kollegin erfährt Herr Pichler, dass sich sein Vorgesetzter abfällig über ihn, seine Homosexualität betreffend, geäußert habe. Er habe gesagt, dass er in diesem Job keinen Homosexuellen brauchen könne. **Beurteilen** Sie die Rechtslage und **entwerfen** Sie ein Lösungskonzept für Herrn Pichler.
12. Frau Bauer erfährt von einem männlichen Mitarbeiter, der genauso lange bei dem gleichen Unternehmen beschäftigt ist und dieselbe Tätigkeit verrichtet, dass dieser pro Monat 200 € netto mehr verdient. **Beurteilen** Sie die Rechtslage und **entwickeln** Sie Handlungsmöglichkeiten für Frau Bauer.

15.5 Kollektives Arbeitsrecht bzw. Arbeitsverfassungsrecht

Definition

Während das Individualarbeitsrecht im Wesentlichen Rechte und Pflichten von Arbeitnehmern und Arbeitgebern enthält, umfasst das kollektive Arbeitsrecht das Recht der (freiwilligen und gesetzlichen) **Interessenvertretungen,** das **Kollektivvertragsrecht** sowie die **Mitbestimmungsrechte** in Unternehmen (z. B. Betriebsrat).

15.5.1 Die freiwilligen und gesetzlichen Interessenvertretungen

Sowohl Arbeitgeberinnen und Arbeitgeber als auch Arbeitnehmerinnen und Arbeitnehmer sind in Interessenvertretungen zusammengeschlossen. Neben **freiwilligen** Interessenvertretungen gibt es solche mit **Pflichtmitgliedschaft.** Eine kurze Übersicht bietet die folgende Tabelle:

	Arbeitnehmerseite	Arbeitgeberseite
Pflichtmitgliedschaft	Arbeiterkammern, Landarbeiterkammer	Kammern (z. B. Wirtschaftskammer, Landwirtschaftskammer, Ärzte-, Apotheker-, Notariats- und Rechtsanwaltskammer)
Freiwillige Mitgliedschaft	Österreichischer Gewerkschaftsbund (ÖGB)	z. B. Industriellenvereinigung, Gewerbeverein, Verband der Versicherungsunternehmen Österreichs

15.5.2 Kollektivvertrag

Arbeitsrechtlich relevante Regelungen finden sich nicht nur in Gesetzen, sondern ergeben sich neben dem Arbeitsvertrag auch aus Betriebsvereinbarungen und Kollektivverträgen.

Über 800 Kollektivverträge sind derzeit in Österreich in Geltung.

Medientipp
www.oegb.at
www.arbeiterkammer.at
www.wko.at

Definition

Kollektivverträge sind Vereinbarungen zwischen den kollektivvertragsfähigen Interessenvertretungen der Arbeitnehmerinnen und Arbeitnehmer sowie der Arbeitgeberinnen und Arbeitgeber über die **Rechte und Pflichten** einer jeweiligen Branche. Geregelt werden die **wichtigsten Arbeitsbedingungen** wie **Entlohnung** und **Arbeitszeit**, aber auch Sonderzahlungen, Urlaub, Überstunden oder Abfertigung.

Rechtswirksamkeit erlangt ein Kollektivvertrag erst nach Hinterlegung beim Bundesministerium für Arbeit, Soziales und Konsumentenschutz sowie nach Veröffentlichung im Amtsblatt der Wiener Zeitung.

Von den Regelungen in Kollektivverträgen darf **nur zu Gunsten** der Dienstnehmerinnen und Dienstnehmer abgegangen werden. Regelungen in Arbeitsverträgen, die dem konkret anwendbaren Kollektivvertrag widersprechen, sind nichtig. Verbesserungen für die Dienstnehmerinnen und Dienstnehmer sind jedoch zulässig. Bekanntestes Beispiel hierfür ist die **„Überzahlung“**, also wenn tatsächlich mehr bezahlt wird als das kollektivvertragliche Minimum.

In Kollektivverträgen können in gewissem Ausmaß Überstunden vorgesehen sein oder Durchrechnungszeiträume festgelegt werden.

Kollektivvertragsfähigkeit

Darunter versteht man die Berechtigung einer Interessenvertretung, Kollektivverträge abschließen zu dürfen. Diese Berechtigung erlangt eine Interessenvertretung entweder durch Gesetz (z. B. bei den Kammern) oder sie wird behördlich verliehen (z. B. dem ÖGB).

Im Zuge von **Versetzung** oder **Umstrukturierungen** kann ein anderer Kollektivvertrag anwendbar sein und es dadurch zu einer Verschlechterung der Bedingungen kommen.

Welcher Kollektivvertrag ist anwendbar?

Aufgrund der unterschiedlichen Regelungen in den jeweiligen Kollektivverträgen ist es besonders wichtig zu wissen, welcher Kollektivvertrag für das jeweilige Dienstverhältnis gilt. Für die Anwendbarkeit eines bestimmten Kollektivvertrages ist nicht die jeweilige konkrete Tätigkeit maßgeblich, sondern die Zugehörigkeit der Dienstgeberin bzw. des Dienstgebers zu einer bestimmten Fachgruppe der Wirtschaftskammer. Diese richtet sich nach der Gewerbeberechtigung.

Beispiel: Kollektivverträge

Anton betreibt ein kleines Hotel und unterliegt damit dem Kollektivvertrag für Hotel- und Gastgewerbe. Darüber hinaus hat er in der Nähe des Hotels noch eine Reitschule, mit der er dem Kollektivvertrag für Pferdebetriebe unterliegt. Anton leitet den Hotelbetrieb, die Reitschule leitet sein Bruder Karl. Die Arbeitnehmerin Sabine gibt ungefähr 30 Stunden pro Woche Reitunterricht in der Reitschule und arbeitet die restlichen zehn Stunden im Hotel als Kellnerin.

§ 10 Abs. 1 Arbeitsverfassungsgesetz: Wird ein Arbeitnehmer in zwei oder mehreren Betrieben eines Arbeitgebers oder in organisatorisch abgegrenzten Betriebsabteilungen beschäftigt, für die verschiedene Kollektivverträge gelten, so findet jener Kollektivvertrag Anwendung, der der überwiegend ausgeübten Beschäftigung entspricht.

Im vorliegenden Fall gilt für die Betriebe Antons jeweils ein anderer Kollektivvertrag. Es liegt eine organisatorische Trennung der Betriebe vor. Es kommt der Kollektivvertrag der überwiegend ausgeübten Beschäftigung zur Anwendung; das ist hier der Kollektivvertrag für Pferdebetriebe.

- **Satzung** ist die behördliche **Ausdehnung des Geltungsbereiches** eines Kollektivvertrages auf Bereiche, die eigentlich vom Kollektivvertrag nicht erfasst sind, um Arbeitnehmerinnen und Arbeitnehmern die gleichen Arbeitsbedingungen zukommen zu lassen.
- **Mindestlohntarife**: Bei Fehlen eines Kollektivvertrages oder einer Satzung können Mindestlohntarife behördlich festgesetzt werden.

15.5.3 Betriebsverfassungsrecht – Die betriebliche Mitbestimmung

Das Arbeitsrecht soll einen Ausgleich der Interessensgegensätze zwischen Arbeitnehmer und Arbeitgeber erreichen sowie die Arbeitnehmerinnen und Arbeitnehmer schützen. Neben den Vorschriften des Individualarbeitsrechts und der Interessenvertretungen hat der Gesetzgeber Möglichkeiten zur **Mitbestimmung** geschaffen. Dazu hat die Belegschaft eine Reihe von **Organen**:

Medientipp
www.betriebsraete.at

Organe der Belegschaft				
Betriebsversammlung	Betriebsrat	Zentralbetriebsrat	Jugendvertrauensrat	Betriebsausschuss

Betriebsversammlung

Die mindestens einmal jährlich stattfindende Betriebsversammlung besteht aus allen Arbeitnehmern eines Betriebes. Dabei erfolgt ein Informationsaustausch über grundlegende Angelegenheiten und es werden die wichtigsten Entscheidungen innerhalb der Arbeitnehmerschaft getroffen. Die Betriebsversammlung dient auch der Vorbereitung der Betriebsratswahl.

Betriebsratsmitglieder dürfen nicht mit der Dienstgeberin bzw. dem Dienstgeber verwandt sein.

Betriebsrat

Der Betriebsrat ist – neben der Betriebsversammlung – das wichtigste Belegschaftsorgan. Betriebe, die dauerhaft **mehr als fünf volljährige Arbeitnehmer** beschäftigen, müssen einen Betriebsrat einrichten. Die Größe des Betriebsrates hängt von der **Anzahl der Dienstnehmerinnen und Dienstnehmer** im Betrieb ab. Die Wahl des Betriebsrates erfolgt jeweils auf fünf Jahre. Betriebsratsmitglieder haben eine besondere Rechtsstellung, die sich in einer Reihe von besonderen **Rechten und Pflichten** äußert:

Ein Betriebsrat hat einen umfassenden Aufgabenbereich.

Rechte und Pflichten des Betriebsrates

Rechte	Pflichten
- Anspruch auf teilweise **Freistellung von der Arbeit** zur Ausführung der Tätigkeiten als Betriebsrat (in Großbetrieben komplette Freistellung von der Arbeit möglich) - Freistellung von der Arbeit zur Teilnahme an **Schulungen** - **Kündigungs- und Entlassungsschutz** (Kündigung oder Entlassung nur mit Zustimmung des Arbeits- und Sozialgerichtes möglich)	- **Verschwiegenheitspflicht** - zwecks Erfüllung der **Aufgaben** vertrauensvolles Zusammenarbeiten mit dem Arbeitgeber - **Kooperationspflicht**, Wille zur Einigung mit dem Dienstgeber

Die **Aufgaben des Betriebsrates** sind vielfältig und reichen von bloßen Auskunfts- und Informationsrechten bis hin zum „**Vetorecht**". Die wichtigsten sind hier aufgezählt:

Größe des Betriebsrats

Anzahl Dienstnehmer	Betriebsratsmitglieder
5 - 9	1
10 - 19	2
20 - 50	3
51 - 100	4
101 - 200	5
201 - 300	6
u. s. w	

- Abschluss von **Betriebsvereinbarungen**
- Überwachung der **Einhaltung** aller für Arbeitnehmerinnen und Arbeitnehmer geltenden **Rechtsvorschriften**
- **allgemeines Auskunftsrecht** bezüglich Angelegenheiten, die die Interessen der Arbeitnehmerinnen und Arbeitnehmer betreffen
- Mitwirkung in **personellen Angelegenheiten** wie der Einstellung von Arbeitnehmerinnen und Arbeitnehmern, bei Versetzungen, Beförderungen, Kündigungen oder Entlassungen
- Recht auf mindestens vierteljährliche **Beratungen** mit der Dienstgeberin bzw. dem Dienstgeber
- Einsicht in **Lohn-** und **Gehaltsaufzeichnungen**
- Informationsrechte im Zusammenhang mit der automationsunterstützten Aufzeichnung und Verarbeitung von personenbezogenen **Arbeitnehmerdaten**
- Mitwirkung bei der Einführung von **Kontrollmaßnahmen**, einer Disziplinarordnung oder Personalfragebögen
- Mitwirkung bei **Betriebsänderungen**, z. B. der Verlegung des Betriebes oder im Fall eines Verkaufs
- Mitwirkung im **Aufsichtsrat** einer Kapitalgesellschaft
- Mitwirkung in Angelegenheiten der betrieblichen **Ausbildung** und **Schulung** sowie der betrieblichen Wohlfahrtseinrichtungen
- Einberufung einer **Betriebsversammlung**

Die Mitwirkung in **wirtschaftlichen Angelegenheiten** ist relativ schwach ausgestaltet und beschränkt sich meist auf Informationsrechte.

Jugendvertrauensrat

Der Jugendvertrauensrat nimmt die Interessen der jugendlichen Arbeitnehmerinnen und Arbeitnehmer in einem Betrieb wahr. Ein Jugendvertrauensrat ist einzurichten, wenn in einem Betrieb mindestens fünf Arbeitnehmer beschäftigt sind, die das 18. Lebensjahr noch nicht vollendet haben.